11
스페인역사
다이제스트100

SPAIN

이강혁 지음

KB192884

가람
기획

머리말

《스페인 역사 100장면》이 세상에 나온 지 20년이 넘었다. 이 책이 출간된 당시에는 스페인 역사와 관련된 서적들이 모두 전문성을 띠고 있어서 독자들이 스페인 역사에 쉽게 다가설 수 없었다. 스페인의 생소한 지명이나 역사 속의 낯선 인명들이 걸림돌이 되었다. 그래서 어렵고 복잡한 내용이 배제된, 스페인 역사를 좀 더 재미있게 접할 수 있는 쉽고 간결한 내용의 책이 필요했다. 스페인은 자신의 문화(가톨릭 문화)와 타문화(유대 문화나 이슬람 문화)를 서로 융화시켜 독특한 문화를 만들어 낸 나라다. 이런 독특한 문화적 전통을 가진 스페인을 쉽고 간결하게, 그것도 한 권의 책으로 조망한다는 것은 어쩌면 무모한 일인지도 모른다.

그러나 한 나라를 제대로 알기 위해서는 언어 습득과 함께 그 나라의 역사와 문화를 이해해야 한다. 가급적 간결하게 설명하면서도 주관적이거나 가벼운 이야깃거리로 흐르지 않도록 노력했다. 독자들이 이 책을 통해서 스페인을 제대로 이해할 수 있을 뿐만 아니라 편협하고 획일적인 사고에서 벗어나 다양성을 존중하는 유연한 자세를 가질 수 있기 위함이었다.

다행히 출간 이후 많은 독자들로부터 이 책을 통해서 스페인의 다양한 모습을 알게 되었다는 말을 들었다. 분에 넘치는 사랑이었다. 이 과분한 사랑에는 막중한 책임감이 따른다. 끊임없는 연구와 보완을 통해서 더 나은 결실을 맺으라는 독자들의 준엄한 요구, 바로 그것이었다. 그러나 바쁜 일상을 핑계로 이를 애써 외면했다. 처음 시작했을 때의 치열함이 게으름으로 변한 것이다. 그러던 차에《스페인 역사 100장면》이 '다이제스트 100'시리즈로 새 옷을 입게 되었다는 소식을 들었다. 그동안 미루었던 작업을 다시 시작했다. 독자들에 대한 부채 의식을 조금이나마 떨쳐 버리고 싶었다. 그동안 많은 독자들로부터 지적받은 내용들은 관련 참고 문헌과 전문가의 조언을 토대로 수정, 보완했다. 최근에 스페인에서 일어났던 사실들을 새롭게 추가했음은 물론이다.

흔히 역사를 공부하는 목적은 "과거를 되돌아보고 현재를 이해하여 미래를 전망하는 데 있다."고 한다. 필자는 《스페인 역사 다이제스트100》을 통해서 이 세상은 결코 우리에게 익숙한 몇 개의 언어권으로만 되어 있지 않다는 사실을 알리고 싶었다. 아울러 이 책이 스페인 역사뿐만 아니라 고대 원주민 문명과 스페인 문화의 역동성이 함께 존재하는, 스페인의 식민지였던 라틴 아메리카를 이해하는 데 밑거름이 되길 기대한다.

'교학상장(教學相長)'이라고 했던가? 이 책은 대전외국어고등학교 제자들의 스페인을 알고자 하는 열정이 있었기에 이 세상에 나올 수 있었다. 이기적인 남편과 아빠를 믿고 성원해 준 가족 역시 든든한 힘이 되었다. 끝으로 《스페인 역사 다이제스트100》으로 다시 태어나는 데 여러모로 도움을 주신 가람 기획 대표님과 편집부 여러분께 감사드린다.

2024년 10월 대전에서
이강혁

차례

제3장. 합스부르크 왕조

DIGEST100SERIES

제1장
선사 시대에서
서고트족의
침입까지

SPAIN

세계사의 증인
: 에스파냐, 스페인, 서반아

두 대륙과 두 바다의 교차로: 이베리아 반도

스페인과 포르투갈이 자리 잡은 이베리아 반도는 대서양과 지중해에 에워싸인 사람 주먹처럼 생긴 땅덩어리다. 그 주먹이 손목으로 이어지는 것 같은 좁은 부분에 피레네 산맥이 동서로 가로놓여 프랑스와 경계를 이루고 있다. 반도 남쪽에는 유럽 대륙과 아프리카 대륙 사이에 살짝 뚫려 두 개의 대륙을 영원히 갈라지게 만든 지브롤터 해협이 있다. '지브롤터(Gibraltar)'라는 말은 '타리크의 산'이란 뜻이다(711년에 북아프리카의 이슬람교도들을 이끌고 이베리아 반도에 침입했던 타리크Tarik 장군과 '산'이라는 의미의 '지브르Gibr'가 합쳐져서 만들어졌다). 그리스 신화에서는 헤라클레스가 그의 우람한 두 팔로 유럽과 아프리카를 쪼개 지브롤터 해협을 만들었다고 하여 '헤라클레스의 기둥'이라고도 부른다.

스페인은 반도의 스페인, 지중해의 발레아레스 제도, 대서양의 카나리아 제도, 북아프리카에 있는 세우타와 멜리야를 포함해서 총 50만 5,957제곱킬로미터(한반도는 22만 제곱킬로미터)의 면적을 갖고 있다.

한반도의 두 배 반 정도 되는 스페인은 다양한 지역적 특성을 갖고 있다.

스페인 지도. 스페인은 유럽과 아프리카, 지중해와 대서양이 교차하는 지점에 위치해 있다.

비가 적고 여름에는 몹시 더운 남부의 안달루시아 지방에는 푸른 하늘과 올리브, 포도밭에 내리쬐는 타는 듯한 태양이 있다. 그야말로 '태양의 스페인'이다. 그리고 잿빛 하늘에 비가 많고 녹색 목초지와 그 사이를 흐르는 맑은 시내가 보이는 북부 스페인, 바스크·아스투리아스 두 지방에 해당하는 '태양 없는 스페인'이 있다. 여기서 북서쪽으로 가면 초목의 푸른빛이 한층 진해진다. '스페인의 아일랜드'인 갈리시아 지방이다. 이곳은 숲이 울창하며 구름 낀 하늘 아래서 사람들이 요술쟁이 이야기를 하면서 살고 있다.

반도의 동쪽 끝인 피레네 산맥과 지중해 사이에는 카탈루냐 지방이 있다. 이 지방은 노동과 조화와 예술의 스페인, 말하자면 '유럽적인 스페인'이다. 여기서 잊지 않고 덧붙여야 할 것은 이베리아 반도의 중심에 있으며 중앙 고원에 펼쳐진 카스티야라 불리는 흙빛 황야다. '메세타(meseta)'라고도 불리는, 해발 600~1,200미터의 높은 분지 지역으로서 광대한 평원과 높은 산들로 대표되는 이곳이 바로《돈 키호테》의 무대가 된 지역이다.

세계사의 증인

스페인 역사는 40만년 전, 아프리카에서 이베리아 반도 남동쪽으로 이주해 온 이주민들의 문명으로부터 시작된다. 그들은 사냥과 채집 생활을 했으며, 후기 구석기 시대에 들어와 예술적인 면모를 보이기 시작했다. 반도에서 발견된 80개 이상의 동굴 벽화는 대부분 북부 칸타브리아 지방의 것인데, 그중에서 가장 유명한 것은 '2만 년 전의 시스티나 성당'이라 불리는 알타미라 동굴 벽화다. 신석기 시대에 접어들면서 농경 생활이 시작되었고, 가축의 사육과 정착 생활이 이루어졌다. 기원전 1200년에서 서기 400년경(로마 제국의 지배)까지 스페인에는 많은 문명이 발달했는데, 이는 외부 문명과의 접촉에 의한 것이었다. 이 외부 문명은 지중해를 통해 들어온 페니키아, 그리스, 카르타고 문명이다.

카르타고와의 전쟁에서 승리한 로마인들이 기원전 19년에 이베리아 반도를 완전히 점령했다. 로마는 풍부하고 다양한 광물과 자원 획득을 주목적으로 반도를 로마 제국의 경제적 착취의 중심지로 삼았다. 로마인들의 지배 하에서 반도에 가톨릭이 전파되었으며, 지금 스페인어의 근간이 된 라틴어가 도입되었다. 5세기 초, 로마 제국이 쇠퇴기를 맞이하자 북유럽의 야만족들이 스페인을 침입하기 시작했다. 그중 서고트족이 반도 중앙에 위치한 카스티야-레온 지역에 정착하여 반도의 새 주인으로 등장했다. 7세기 말부터 전염병, 경제적 불황, 권력 투쟁에 의한 내분 등으로 서고트 왕국의 위기가 시작되었다.

711년, 이슬람교도들의 침입으로 서고트족이 멸망하고 1492년까지 약 800년간 이베리아 반도는 이슬람교도들의 지배 아래 놓였다. 이슬람교도들은 반도에 아름다운 도시들을 건설했고, 이 도시들은 상업 활동의 번성과 수공업의 발달로 경제의 중심지가 되었다. 11세기부터 이슬람교도 사이에 정치적 분쟁이 일어나 여러 왕국으로 분열되었다. 이러한 이슬람교도들의 분열로 인해 가톨릭 왕국의 재정복(레콘키스타)이 달성될 수 있었다.

1492년, 이베리아 반도에서 이슬람 왕국이 사라지면서 반도 내에는 가톨릭으로 통일된 강력한 국가가 형성되었다. 카스티야의 이사벨라 여왕과 아라곤의 페르난도 왕(이들을 '가톨릭의 왕들'이라고 부른다)은 강력한 중앙집권화로 왕권을 강화했다. 이사벨라 여왕과 페르난도 왕은 스페인 제국을 정치적·군사적으로 통합함과 동시에, 종교적·민족적·문화적 통합까지 이루려 했다. 이를 위해 가톨릭으로 개종하지 않은 유대인과 이슬람교도들을 추방했다. 다른 한편으로 새로운 상업적 도약을 위해 콜럼버스를 후원해서 신대륙 탐험에도 열을 올렸다. 그 결과 엄청난 부와 영토를 획득하여 명실공히 세계 최강의 제국이 되었다. 그러나 과다한 재정 지출과 계속되는 전쟁으로 인해 스페인 제국은 점점 쇠퇴했다. 네덜란드가 스페인으로부터 독립했고, 프랑스와의 주도권 싸움에서 패해 유럽의 많은 영토를 프랑스에 양도했다. 유럽 내에서 제국의 주도권을 상실한 스페인은 사기 저하, 국고 고갈, 경제 불황 등 어려운 국면을 맞이했다.

18세기에 스페인은 제국주의에서 절대주의 국가 체제로 전환되었다. 이 시기에는 대외적으로도 전략적 요충지와 상권의 상실로 국가의 위신이 크게 떨어졌다. 19세기에 스페인은 나폴레옹의 팽창 세력에 맞서 스페인의 전통적인 정신을 지켜냈다. 1812년, 카디스 의회에서 헌법을 제정하여 절대 군주제가 입헌 군주제로 전환되었다. 그러나 주권이 왕과 의회에 속한다는 전통적 가치관의 '온건파'와 주권재민을 내세우는 '급진파'의 의견 대립으로 혼란기를 맞이했다. 1873년에 제1공화국이 탄생했지만 1년도 안 되어 무너졌다. 이어 왕정복고가 이루어져 새로운 정치 체제의 안정을 가져왔다. 그러나 여러 계층이 정치에 참여함으로써 스페인은 또다시 혼란에 빠지게 되었다. 여기에 19세기 초부터 불어닥친 신대륙에서의 독립 운동으로 인해 스페인을 지탱하고 있던 아메리카의 식민지를 상실하였다.

1917년, 프리모 데 리베라의 쿠데타로 모든 헌정 활동이 중지되었다. 그러나 1931년에 스페인의 제2공화국이 시작되어 일련의 개혁이 시작되었다. 1936년, 총선거에서 우익을 제치고 좌익 정당과 노동자 연맹의 연합으로 구성된 인민전선이 승리했다. 그 후 인민전선 정부에 의해 많은 개혁이 실시되었으나 급진적인 개혁은 군부의 저항과 보수 계층의 반발을 불러일으켰다. 시간이 흐를수록 좌우익의 정치적·사회적 긴장과 갈등은 더욱 고조되었다. 이러한 갈등의 폭발이 3년간의 스페인 내전으로 나타났다. 우익의 승리로 내전 후 36년 동안 프랑코의 긴 독재가 시작되었다. 프랑코의 독재 시대는 스페인의 국제적 고립과 국내의 절대 통제의 시대였다. 1975년에 프랑코가 사망했다. 후안 카를로스 1세는 스페인에 민주주의가 정착하는 데 커다란 역할을 했다. 그 후 스페인에 민주화가 정착되면서 스페인은 유럽 공동체에 가입하여 어엿한 유럽의 일원으로 자리 잡게 되었다.

알타미라 동굴 벽화에서 잉태된 스페인
: 스페인의 선사 시대 (기원전 4만~3천 년경)

"아빠, 소!"

1879년 11월 어느 날, 어두운 동굴 안에서 한 남자가 램프를 밝혀들고 발 밑을 비추면서 열심히 무엇인가를 찾고 있었다. 그의 옆에는 어린 딸이 있었다. 소녀는 처음에는 아버지의 손놀림을 열심히 바라보고 있었지만, 곧 지루해져서 혼자서 동굴 안을 여기저기 뛰어다니면서 놀았다. 그러다가 문득 아버지의 램프 불빛에 비친 천장에서 무언가 본 듯한 느낌이 들어 자세히 살펴보니, 거기에는 달리거나 뛰어오르거나 웅크리고 있는 수많은 들소 그림이 있었다. 소녀는 자기도 모르게 "아빠, 소!"하고 외쳤다. 아버지는 반신반의하며 램프를 치켜들고 딸이 가리키는 쪽을 유심히 살펴보았다. 놀랍게도 천장에는 수많은 들소 그림이 그려져 있었다. 그것은 방금 그린 것처럼 색채가 선명했고 마치 살아 있는 것처럼 정교했다.

소녀의 아버지는 이 동굴이 있는 스페인 북부 산탄데르 지방의 영주인 돈 마르셀리노 사우투올라 자작이었다. 인류 최고(最古)의 미술인 동굴 벽화의 발견자는 바로 자작의 어린 딸인 마리아였다. 이 소녀의 발견이 동굴 벽화에서 잉태된 스페인을 세계에 드러낸 계기가 된 것이다.

선사 시대의 스페인

이베리아 반도에 거주했던 선사 시대 원주민에 관한 자료는 그리 많지 않다. 그중 가장 특기할 만한 것은 후기 구석기 시대(4만~1만년 전)의 것으로, 북부 산탄데르 지방에서 발견된 알타미라 동굴 벽화다. 이는 구석기 시대에 그려진 인류 최고(最古)의 회화로 평가받고 있다. 전기 구석기 시대의 이베리아 반도인들은 소집단을 형성하면서 식량을 찾아 이동 생활을 했다. 그들은 열매를 채취하거나 야생 동물을 사냥하면서 자연 동굴 같은 곳을 거처로 사용했다. 주로 동굴에서 생활하고 수렵 활동을 했던 구석기 시대와는 달리 반도인들은 신석기 시대(4~5천년 전)에는 도구가 발달하면서 정착 생활을 시작했다. 정착 생활의 시작으로 식량을 비축할 수 있었고, 그에 따라 인구가 증가했다. 초보적이지만 상업 활동도 시작되었고 개인이 재산을 소유하기 시작했다.

기원전 4500년 무렵에 반도의 동부 연안에 최초의 집단 부락이 출현했다. 이는 스페인의 신석기 문명이 외부로부터 들어와 반도에 전개되었음을 나타내주는 것이다. 이베리아 반도 남동부 알메리아의 미야레스 문화는 지중해 동부 지역과의 밀접한 접촉을 통하여 이루어졌다. 그 후 그들은 외부로부터 받아들인 문화를 반도에 확산시켰다.

아우구스투스 시대의 유명한 박물학자인 스트라본이 쓴《지리학 또는 대륙의 묘사》라는 책에는 "이베리아 반도에 거주했던 원시 부족은 북부 산악 지대에 거주하던 피레네-칸타브리아 지역의 부족, 남부 안달루시아에 거주하던 타르테소스족, 외래 기원이긴 하지만 토착화된 종족으로 아프리카에서 동부 연안에 진출한 햄족 기원의 이베로족과 피레네 산맥을 넘어와 반도 중앙부와 서북부에 정착한 켈트족 등이 존재했는데, 이베로족과 켈트족은 나중에 서로 합쳐져서 셀티베로족이라는 새로운 종족으로 변해 스페인의 직계 조상이 되었다."고 씌어 있다.

스페인의 늑골

이베리아 반도에서 선사 시대의 예술은 기원전 4만 년에서 8천 년 사이의

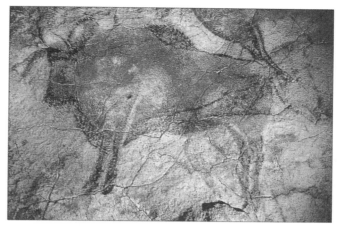

알타미라 동굴 벽화. 세계에서 가장 오래된 동굴 벽화로서 스페인을 대표하는 작가 우나무노는 이곳을 '스페인의 늑골'이라고 불렀다.

후기 구석기 시대부터 나타나고 있다. 구석기 시대 예술의 기본적 표현은 동굴 안에 음양으로 새긴 회화다.

최초의 스페인 사람들은 추위와 맹수들을 피해서 동굴로 몰려들었다. 그들이 알타미라나 북소(Buxo), 북부 아스투리아스의 칸타브리아 지방의 티토 부스티요 동굴 속에서 스페인의 역사를 만들기 시작했다. 그들은 동굴 속에서 넓은 공간을 확보하고 의식을 행했다. 이렇게 반도에 처음으로 정착한 스페인 사람들이 남겼던 그림들은 인류 최초의 성상(聖像)이었다. 그것들 중에는 사람의 손바닥 서명도 있고, 동물의 힘과 번식력을 표현하는 강력한 이미지도 있었다. 특히 수만 년의 세월이 흘렀음에도 불구하고, 동굴에서 보게 되는 들소의 모습은 그 윤곽이 매우 뚜렷한데, 스페인 최고의 철학자이자 문인으로 평가되는 미겔 데 우나무노는 이를 '스페인의 늑골'이라 불렀다.

'스페인의 늑골'은 반도의 북부인 프랑코-칸타브리아 지방과 동부 지역에서 많이 발견되는데, 이곳에 남아 있는 그림에는 말·소·사슴·산양 등의 동물들이 다양한 모습으로 묘사되어 있다. 이 그림들은 동굴의 벽에 조각한 다음 광물이나 동물에서 채취한 염료를 칠했다. 색채는 주로 빨강, 노랑, 황갈색, 검정 등으로 되어 있어 오늘날까지도 현대인들이 그 신성함을 느낄 수 있다.

동굴 벽화는 종교적·마술적 감정을 느끼게 했고, 동굴 내부는 풍요를 비는 성전으로 생각되었다. 그들은 섬세한 솜씨로 들소들을 세밀하게 묘사했다. 특히 알타미라 동굴의 작품들은 특별한 종교적·상징적 의미를 지니고 있어서, 그 지역 사람들뿐만 아니라 훨씬 더 멀리서 온 사람들에게도 동굴은 의례를 위한 성소가 되었다.

동굴의 회화와 함께 신석기 말부터 출현한 것이 거석(巨石) 구조물이다. 이는 청동기 시대에 해당하는데, 장의(葬儀)적 기념물로서의 고인돌과 종교적 의미를 지닌 거석이 있다. 이 거석 기념물은 그 시대에 살았던 사람들의 신앙과 밀접한 관계를 갖고 있으며, 고고학적으로도 큰 의미를 지닌다. 이와 함께 청동기 시대를 대표할 만한 문화는 도기, 장식용 칼, 금과 은 등의 유물로 동부 연안에서 안달루시아까지 확대되었던 아르가르 문화와 거석 구조물로 유명한 마요르카와 메노르카 등 지중해의 발레아레스 제도에서 번영했던 탈라요티카 문화가 있다.

두 민족의 만남
: 이베로족과 켈트족
(기원전 1천 년경, 기원전 600년경)

'이베리아'의 기원: 이베로족

이베로족은 기원전 10~3세기경인 신석기 시대에 북아프리카에서 건너와 주로 반도의 남부와 동부의 해안지대에 자리 잡았으며, 북쪽으로는 해안을 따라 프랑스 남부까지 올라갔다. 이베로족이라는 명칭은 특정한 인종을 지칭하는 것이 아니고, 로마인들이 이베리아 반도에 처음 들어왔을 당시 지중해의 해안 지대에 거주하고 있던 종족들을 통틀어 부르던 이름이다. 이들은 여러 시대에 걸쳐 들어왔고 기원 또한 다양하지만 종교나 생활 풍습, 언어 등은 유사했다. 그리고 각 부족들이 서로 밀접하게 교류를 하며 생활해왔기 때문에 대체로 단일 종족으로 여겨지고 있다. '이베로'라는 말은 그들이 오늘날 에브로(Ebro) 강의 옛 이름인 이베르강 지역에 살았다고 해서 붙여진 이름이다. 이베리아(Iberia)라는 이름은 바로 이 '이베르(Iber)'에서 유래한 것이다.

이베로족은 다산과 풍요를 상징하는 여신을 숭배했다. 이 여신을 표현한 작품으로 엘체의 귀부인(Dama de Elche) 상이 있다. 1897년에 발견된 이 석상은 매우 고전적인 미를 지니고 있으며 이베리아 여성의 실물 크기 조각상이

다. 기원전 4세기 작품으로 추정되는 이 조각상은 이베로족 예술의 극치를 보여준다. 이와 함께 토지에 대해서 보여준 애착과 농사를 짓기 위해 부린 소를 예술적으로 표현한 석상도 남아 있다.

학자들은 이베로족을 강인하고 호전적이라고 평가하며, 이것은 스페인 내륙 지형의 특성에 그 까닭이 있다고 말한다. 이베로족은 지형적인 특성에서 오는 어려움을 약탈과 전쟁을 통해 극복하려 했다. 그들은 마을을 작은 단

엘체의 귀부인 상. 기원전 4세기의 작품으로 추정되며 이베로족 예술의 극치를 보여준다. 마드리드에 있는 스페인 국립 고고학 박물관이 소장하고 있다.

위로 나누었다. 작은 마을 단위의 사람들은 부족의 우두머리에게 충성을 다하는 강력한 제도를 갖고 있었다. 그래서 대장이 죽으면 모두가 자살하는 식의 충성과 용기를 갖고 있었다.

역사적으로 스페인 사람들은 자기가 속한 무리의 지도자에게 충성을 다하지만, 전체 틀 속에서 추상적인 규칙이나 규율 따위에 복종하는 것을 혐오해 왔다. 이런 성격은 이베로족으로부터 세습된 것이라 할 수 있다. 지금도 스페인 사람들은 커다란 조직 속에서 단체의 한 일원으로 행동하기보다는 개인주의적인 경향이 강하다. 이러한 특징은 현재의 스페인이 중앙정부에 구속되지 않고 지역주의에 강하게 집착하는 계기가 되었다.

범 유럽적인 민족: 금발의 켈트족

켈트족은 기원전 2천년부터 기원전 1세기까지 유럽 대부분의 지역에 살던 인도-유럽어를 사용하던 종족이었다. 켈트족은 이탈리아의 에트루리아인과 그리스인에게서 철과 수공예에 관한 기술을 배웠다. 그들은 대서양과 발칸 반도 사이의 수많은 철광을 기반으로 북부 유럽에서 세력을 떨쳤다. 그 후

몇 세기 동안 이들 지역에서는 켈트 문명이 발달했다.

켈트족 사회는 상부에 지배 왕조 및 기마병인 전사 귀족이 존재하는 부족들을 중심으로 조직되었다. 켈트족은 로마인들이 제국을 알프스 서쪽과 북쪽으로 확대시킬 때까지 중부와 서부 유럽에서 우위를 지키고 있었다. 켈트족은 이탈리아와 그리스를 전진 기지로 삼아

이베로족과 켈트족의 분포도. 북아프리카에서 건너온 이베로족은 반도의 남동부에, 유럽 북부에서 들어온 켈트족은 반도의 북서부에 거주했다. 이 두 민족이 만나 켈트-이베리아족(셀티베로족)이 되었다.

흑해에서 대서양에 이르는 지역으로 세력을 확장했다.

켈트족은 기원전 약 6세기 무렵에 이베리아 반도에 들어왔다. 이베로족이 주로 동부와 남부 해안 지대에 정착한 반면, 이들은 주로 반도의 북서부 지역, 즉 현재의 칸타브리아·아스투리아스·갈리시아와 포르투갈 등지에 정착했다. 이들은 땅을 일구며 살아가는 게 아니라 자기들끼리 또는 주변의 다른 부족들을 약탈하며 생활할 정도로 매우 호전적인 종족이었다. 도시와 문명을 건설하지 못하고, 주로 수렵이나 유목, 약탈 등을 행하며 생활했다. 언어학적인 면에서도 켈트어의 영향은 주로 지명에 많이 남아 있는데, 이들이 남긴 지명에는 주로 전쟁이나 힘과 관련된 용어가 많다.

켈트족의 유물은 전략적으로 주요 시설인 성곽, 도시 또는 성터에서 발견되고 있다. 무덤에 묻는 부장품으로 목축의 보호자를 의미하는 기산도의 소(Toros de Guisando)가 유명하며, 이와 함께 켈트족 특유의 유물로 금과 청동으로 만든 목걸이를 들 수 있다. 켈트족은 단일 민족을 형성하지는 않았지만 북쪽의 게르만족이나 슬라브족과는 확연히 구별된다. 켈트 문명은 유럽 선사 시대의 절정이었다. 켈트족은 중부 유럽에서 최초의 유럽적인 문화를 창조했던 것이다. 스페인에는 지금도 켈트족의 영향이 남아 있다. 특히 갈리시아 지역에서 주로 나타나는데 갈리시아 사람의 신체적 특징은 켈트족에서

유래한 아일랜드인과 유사하다.

두 민족의 만남, 켈트-이베로족

그리스의 역사가인 디오도로스 시켈로스는 《세계사》에서 켈트-이베로족
의 기원에 대해 다음과 같이 이야기하고 있다.

> "이 두 민족, 이베로족과 켈트족은 서로 영토를 차지하고 싸우기도 했지만 평화시
> 땅을 공유했고 훗날 혼인을 통해 그들 사이가 더 가까워지고, 이름 또한 켈트-
> 이베로라 불렀다."

반도 남쪽 아프리카에서 온 이베로족과 북쪽 유럽 대륙에서 온 켈트족이
합쳐져서 켈트-이베로 문화를 창조했다. 이들은 농업뿐 아니라 목축에도 종
사했다. 내륙에서 두 민족이 합쳐지는 동안, 반도의 지중해 연안에서는 이민
족의 침입이 끊이지 않았다.

켈트-이베로족은 채색된 도기 등 여러 가지 색채를 사용한 최상의 문화를
만들어냈다. 이들 문화의 중심지는 소리아의 누만티아였다. 그들이 만든 채
색 도기류들은 매우 정교하고 천문학적인 특성을 나타내고 있다.

마레 노스트룸
: 페니키아와 그리스인들
(기원전 11~3세기)

우리들의 바다(마레 노스트룸): 지중해

1)동서 길이 약 4,000킬로미터, 면적 2,511,215제곱킬로미터(흑해 제외).
2)에게해 문명, 미케네 문명 시대로부터 그리스 문화로 대표되는 유럽적인 것과
아시아, 아프리카적인 것이 만나는 무대.
3)아시아·아프리카를 유럽에, 유럽을 아시아·아프리카에 매개하는 바다.

위는 백과사전에 나오는 '지중해'에 대한 설명이다. 지중해는 물의 평야라
고 불릴 정도로 항해가 쉬워서 각 지역의 문화가 전파되는 데 큰 어려움이
없었다. 예를 들어 가톨릭이 로마 제국의 한 모퉁이인 아시아의 팔레스타인
에서 시작하여 사도들의 활동에 의해 전 로마 제국으로 확산되었다는 사실
은 지중해의 활동적인 성격을 잘 나타낸다. 그래서 로마인들은 지중해를 '우
리들의 바다'라는 뜻의 '마레 노스트룸(Mare Nostrum)'이라고까지 불렀다.
지중해는 옛 오리엔트와 그리스 · 로마 그리고 중세까지 문명의 모태, 그
자체였다. 유럽 문명의 씨앗을 실어온 것도 지중해였으며 뿌리를 키우고 줄

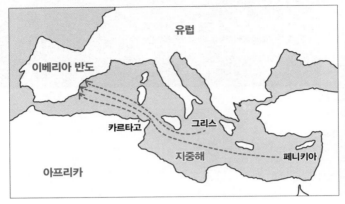

유럽

이베리아 반도

카르타고

그리스

지중해

페니키아

아프리카

페니키아 · 그리스 · 카르타고인들의 이베리아 반도 유입 경로. 지중해는 유럽 문명의 씨앗을 전달하고 뿌리를 키우고 줄기를 뻗게 했던 바다였다. 이 바다를 통해 페니키아 · 그리스 · 카르타고인들은 이베리아 반도에 많은 문물을 전파했다.

기를 뻗게 한 것도 지중해였다. 화약 · 나침반 · 인쇄술 등 중세 3대 발명품을 비롯해 중국에서 발명된 온갖 문물이 유럽에 전해지는 통로가 된 것도 지중해였다. 아라비아의 상인들은 비단길을 통해 중국의 선진 문물을 지중해를 통해 부지런히 유럽으로 실어 날랐으며, 인도의 과학이나 아라비아에서 발생한 그리스 고전 연구의 성과들을 유럽 세계에 전해주었다. 지중해가 없었다면 서양 문명의 발생과 전파 및 발전은 불가능했을 것이다.

스페인과 지중해

이처럼 서양 문명의 발생과 전파에 지대한 공헌을 한 지중해는 스페인의 역사와 밀접한 관계를 맺고 있었다. 지중해는 어떤 면에서 '스페인에서 시작해서 스페인에서 끝난다'고 할 수 있다. 바다는 대서양에서 시작하여 지브롤터 해협을 통해 지중해로 들어간다. 그러나 콜럼버스 이전에는 대서양에서 지중해로 항해해 들어온 사람은 아무도 없었다. 오랫동안 스페인은 지중해를 빠져나가는 유일한 관문이었다. 그러나 마레 노스트룸 너머에는 무엇이 있었던가? 대서양에서 '우리들의 바다, 지중해'로 들어가려면 오로지 '헤라클레스의 기둥' 즉, 지브롤터 해협을 통과해야만 했다. 수에즈 운하가 열리기 전까지는 이 바다를 빠져나갈 수 있는 방법이 달리 없었던 것이다.

그러나 스페인은 지중해 연안에 있으면서도 혜택을 누리지 못했다. 오히려 지중해 때문에 피해를 입었을 뿐이었다. 지리적 여건상 당연히 스페인 사람들도 한몫을 차지해야 했음에도 지중해 무역은 베네치아와 제노바를 비롯한 이탈리아 도시 상인이 독점했다. 동방의 문물은 일단 이탈리아의 항구에 모였다가 육로와 해로를 통해 알프스 이북의 서유럽에까지 전달되었다. 육로는 이베리아 반도와 아무 상관이 없었고, 해로는 이탈리아와 네덜란드 상인들이 장악했다. 스페인 사람들은 그들이 이베리아 반도를 빙 돌아가며 큰돈을 벌어들이는 모습을 그저 바라만 보고 있어야 했다.

바람직한 정복

페니키아인들과 그리스인들은 서부 지중해의 실질적인 식민지 경쟁을 벌였다. 이베리아 반도 남부 연안에 최초로 도착한 민족은 페니키아인들이었다. 그들은 기원전 1100년 무렵에 서부 유럽 최초의 도시인 카디스를 건설하여 주요 식민 거점의 하나로 활용했다. 이들은 정치보다는 상업적인 것에 더 치중했기 때문에 켈트-이베로족과 전쟁은 하지 않았다. 그들은 단지 무역에만 전념했으며, 켈트-이베로족에게 화폐의 사용, 알파벳, 금속 도구의 제작 기술, 그리고 의복 직조 기술을 알려주었다.

오늘날 베이루트 북쪽으로 20마일쯤 떨어진 곳에 있는 페니키아는 스페인, 북아프리카, 아라비아에 염료를 비롯해서 건어, 여러 가지 금속 및 금속 제품, 섬유 제품, 상아, 흑단, 술, 향료, 보석 등 모든 물품을 사들이는 도매상의 역할을 했다. 페니키아인들은 교역로 인접 지역의 광산 및 전략적 요충지인 아프리카 북부와 이베리아 반도 남부지역에 공장을 건설하여 방대한 해상 교역망을 구축했다. 그러나 카르타고시의 번영으로 페니키아인들의 상권은 서부 지중해에서 서서히 사라져갔다.

유럽에 알파벳을 전했을 정도로 독자적인 문자 체계를 갖고 있던 페니키아인들은 언어면에서 스페인에 매우 중요한 흔적을 남기고 있다. 에스파냐의 어원인 히스파니아(Hispania)는 라틴어에서 유래되었지만 그 이전에 페니키아인들이 반도에 첫발을 내디뎠을 때 이미 이 지역을 사판(Saphan)이라고 불렀다고 한다. 이 말은 '토끼가 많은 땅', '머나먼, 또는 미지의 땅', '피난처' 같은 여러 의미를 갖고 있는데, 이것이 로마인들에게 전해져 히스파니아로 변한 것이다.

페니키아인의 뒤를 이어 도착한 그리스인들은 기원전 8세기에 이베리아 반도에 들어와 반도에 거주하던 원주민들과 교역을 했다. 그 후 기원전 7세기에 들어 터키 지방의 그리스계 페르시아인들이 반도에 도착했다. 그들은 이베리아 반도 남부에 정착했으며 이베리아 반도인과의 금속 교역로를 확보하기 위해 말라가 근처에 마이나케를 건설했다.

프랑스 남부 마르세유에 거주하는 그리스인들은 '해상 교역지' 또는 '시장'이라는 의미를 가진 암푸리아(Ampuria, 엠포리온이 변형된 말)시를 건설하여 이베리아 반도 동부 연안의 교역권을 장악했다. 그리스인들의 최전성기는 기원전 3세기 무렵으로, 당시 그들은 이미 화폐를 사용하고 있었다. 그들의 유물은 스페인 동부 연안, 안달루시아 및 마요르카 등지에서 발견되었는데, 이 유물들은 스페인의 예술 발전에 커다란 영향을 주었다. 또한 그리스인은 포도와 올리브를 이베리아 반도에 들여와서 재배하기도 했다. 그 후 그리스인들은 서부 지중해에서 카르타고인들의 세력 확장과 교역의 쇠퇴로 이베리아 반도의 식민지를 상실하기 시작했다.

이처럼 이베리아 반도인들은 페니키아인들과 그리스인들과의 교역에 힘입어 반도의 지중해 지역을 교역의 중심지로 만들었다. 이로 인해 스페인은 농경 문화에서 지중해의 나라, 즉 바깥 세계로 눈을 돌리는 항해의 나라로 변신했다. 이것은 스페인이 고대 켈트-이베리아 문화에서 벗어나 새로운 지중해 문명과 호흡을 함께 한다는 것을 의미했다. 이런 의미에서 페니키아와 그리스인들의 이베리아 반도 정복은 스페인으로서는 매우 바람직했다.

코끼리와 범선의 싸움

: 포에니 전쟁 (기원전 264 ~ 241년, 기원전 218 ~ 201년, 기원전 149 ~ 146년)

DIGEST
5
SPAIN

지중해의 여왕: 카르타고

기원전 814년, 페니키아인들이 아프리카 북부에 세운 카르타고는 서부 지중해에서 거대한 상업과 산업 도시로 변모했다. 카르타고는 지중해의 심장부에 위치한 만큼 해상 무역이 발달해 일찍부터 '지중해 최대의 부자 도시'로 명성을 떨쳤다. 특히 알렉산더의 공격으로 페니키아 본국이 무너진 다음에는 사실상 지중해의 주인으로 군림하며 '지중해의 여왕'이라고도 불렸다.

카르타고인들은 로마 제국에 많은 영향을 끼쳤는데, 한 예로 로마인들에게 그들이 발전시켜왔던 재배형 농업을 전파했다. 또한 로마 제국은 카르타고 정치 제도의 일부를 도입했다.

카르타고인들은 페니키아인의 항해 생활과 해상 무역의 오랜 전통을 이어받아 해군력 증강에 힘을 쏟았다. 카르타고인들은 지중해의 섬인 이비사에 교역 기지를 설치하고, 대규모로 염전을 건설하여 그리스인들의 통상 활동을 차단했다. 카르타고인들은 기원전 535년에 코르시카의 알레리아 해전의 승리로 아프리카 북부와 이베리아 반도의 남단, 시칠리아, 세르데냐 및 지중해의 여러 섬 등 옛 페니키아인들의 식민지를 장악하여 로마 침공의 전진

기지로 활용했다. 이때부터 카르타고인들은 서부 지중해에서 주도권을 잡기 시작했다.

그 후 카르타고인들은 이베리아 반도에 진출하여, 페니키아인들의 뒤를 이어 경제적 부를 늘려갔다. 아울러 반도 내에 여러 식민 도시를 건설했는데, 그 중심 거점이 바로 카르타헤나(Cartagena, '새로운 카르타고'라는 뜻)였다. 또한 스페인 최대의 항구 도시이자 지중해에서 가장 큰 도시인 바르셀로나 역시 카르타고인들이 세운 도시다. 하지만 카르타고는 기원전 3세기 이후, 로마 제국과 1세기 이상 치렀던 포에니 전쟁에서 패배함으로써 지중해 패권을 로마 제국에 넘겨주었다.

카르타고와 로마 제국의 지중해 패권 다툼: 포에니 전쟁

기원전 265년, 로마 제국은 이탈리아 본토를 거의 전부 정복하고 병합했다. 로마 제국은 오늘날의 튀니지로부터 아프리카 북부 해안을 따라 지브롤터 해협까지 뻗어 있던 거대한 해상 제국이었던 카르타고와 전쟁을 벌였다. 이 카르타고와의 숙명적인 전쟁이 바로 포에니 전쟁이다. '포에니(poeni)'란 라틴어로 '페니키아인들'이란 의미를 지니고 있다. 카르타고는 본래 이 페니키아인들이 세운 도시였으므로 로마인들은 이들을 동일시했던 것이다.

제1차 포에니 전쟁(기원전 264~241년)은 카르타고인이 시칠리아 섬을 점령함으로써 일어났다. 23년에 걸친 전쟁 끝에 로마 제국이 승리하여 카르타고는 시칠리아를 포기하고, 동시에 많은 전쟁 배상금을 지불해야만 했다. 제1차 포에니 전쟁에서 로마 제국이 얻은 전리품은 시칠리아만이 아니었다. 지중해를 제패하려면 무엇보다도 함대의 건설이 필요함을 깨달은 것이다. 이렇게 해서 건설된 로마 제국의 함대는 제2차 포에니 전쟁에서 역전승을 거두는 데 결정적인 역할을 했다. 그 후 카르타고는 장기간의 전투로 로마 제국과 평화 조약을 체결하여 결국 시칠리아와 코르시카를 넘겨주었다.

한편, 이베리아 반도의 원주민들은 카르타고인들의 지배로부터 벗어나려 했다. 이에 카르타고는 이베리아 반도뿐만 아니라 시칠리아와 코르시카 섬까지 완전히 정복하려 했다. 하밀카르 바르카(기원전 ? ~229년 무렵)는 지브롤

시라고사의 필라르 대성당과 에브로강. 로마 제국과 카르타고가 이 에브르강을 사이에 두고 서로 침범하지 않는다는 협정(에브로 조약, 기원전 226년)을 맺었는데 로마 제국이 이 협정을 위반하여 사군토시와 동맹을 맺었다. 이에 카르타고는 제2차 포에니 전쟁을 일으켰다.

터 해협을 통해 이베리아 반도에 상륙하여 반도의 남부와 남동부 해안 지역까지 점령했다. 그러나 로마 제국과의 전투에서 그가 사망하자 뒤를 이어 아들인 한니발(기원전 247~183년)과 사위인 하스드루발이 이베리아 반도에 들어왔다. 하스드루발은 팽창주의 정책을 계속 추구하면서도 원주민과의 융화정책을 펴나갔다. 그는 풍부한 광산지대가 인접한 카르타헤나를 경제 및 군사적 중심지로서뿐만 아니라 지중해의 전략항으로 발전시켰다.

그런데 현재 발렌시아 북쪽 인근에 있는 사군토가 로마 제국과 동맹을 맺었다. 이는 기원전 226년에 카르타고와 맺은 에브로 조약(로마 제국과 카르타고가 이베리아 반도의 에브로 강을 사이에 두고 서로 경계를 이루어 서로 침범하지 않는다는 협정)을 위반한 것이었다. 이에 카르타고는 협정 위반을 이유로 기원전 219년에 로마 제국의 동맹시인 사군토를 공격했다. 사군토는 이에 동맹국인 로마 제국에 지원을 요청했다. 로마 제국은 자신들이 의도했던 대로 이베리아 반도 문제에 개입할 수 있는 명분을 얻게 되었다. 청년장군 한니발은 8개월 간의 포위 끝에 사군토를 점령한 후, 에브로 강을 건너 로마 제국의 동맹시들을 하나하나 점령해나갔다. 제2차 포에니 전쟁(기원전 218~201)이었다.

그는 이듬해 이베리아 반도인들과 아프리카인들로 구성된 강력한 군대와 60마리 코끼리 군단을 이끌고 피레네 산맥과 알프스 산맥을 넘어 이탈리아로 진격(기원전 212~211), 로마 제국과 동맹을 맺은 여러 도시들을 점령했다. 이 전쟁으로 한니발은 많은 병력을 잃고 보급상의 곤란을 겪기도 했으나, 16년간 이탈리아에 머물면서 로마 시를 제외한 거의 모든 지역을 점령했다. 이때 로마의 명장 스키피오(기원전 235?~185)는 전략을 바꿔 아프리카에 있는 카르타고 본토를 급습했다(기원전 204). 이 소식을 접한 한니발은 급히 카르타고로 철수하여 기원전 202년에 자마(Zama)에서 스키피오와 결전을 벌였으나 패배했다. 그 후 한니발은 소아시아로 건너가 본국 카르타고의 부흥에 전념했으나 실패하고 기원전 183년 자결로 생을 마감했다.

전쟁에서 승리한 로마는 카르타고에 대해 모든 해외 영토 포기, 군비 축소와 막대한 배상금 지불, 아프리카 이외에서의 전쟁 금지, 아프리카 내에서의 전쟁 시 사전 통고 등 가혹한 휴전 조약을 강요했다.

제3차 포에니 전쟁(기원전 149~146)은 카르타고인이 카르타고에 인접한 누미디아 왕 마시니사가 쳐들어오자 이에 무력으로 맞섬으로써 발발했다. 이것은 로마 제국과의 협정을 위반한 것이어서 로마 제국은 아프리카로 4개 군단을 파견했다. 기원전 146년, 로마 제국은 카르타고 시를 점령하고 파괴해버렸다. 이로써 한때 위용을 뽐냈던 카르타고의 도시는 완전히 파괴되었으며 25만의 주민 가운데 살아남은 5만 명은 모두 노예로 팔려갔고 카르타고의 영토는 로마 제국의 속주로 편입되었다.

한때 '지중해의 여왕', '지중해 최대의 부자 도시'로 불렸던 카르타고를 멸망시킴으로써 이베리아 반도를 차지하게 된 로마 제국은 이베리아 반도로부터 엄청난 부, 특히 스페인 은광으로부터의 부를 얻어 서유럽 팽창 정책에 유리한 고지를 점령하게 되었다.

지중해의 진정한 패자
: 로마 제국의 이베리아 반도 정복
(기원전 218년)

로마 제국

"지성에서는 그리스인보다 못하고, 체력에서는 켈트인이나 게르만인보다 못하고,
기술력에서는 에트루리아인보다 못하고, 경제력에서는 카르타고인보다 뒤떨어지는
민족인 로마인들이 어떻게 그토록 오랫동안 커다란 문명권을 형성하고 유지할 수
있었을까."

《로마인 이야기1》, 시오노 나나미

시오노 나나미에 따르면 로마 제국은 "로마가 라틴족만으로 구성된 도시
국가가 아니라 다양한 인종을 통합하여 이룩한 세계 제국"이라고 한다. 이는
로마 제국이 단순하게 정복을 통해 대제국을 건설한 것이 아니라 다양한 역
사와 민족성, 상이한 발전 수준과 국력을 지닌 1천 개 이상의 국가를 '로마'
라는 이름 아래 통합하여 공존시켰음을 뜻한다.

로마 제국은 기원전 275년에 북부를 제외한 이탈리아 반도 전체를 통치하
면서 세 번에 걸친 카르타고와의 전쟁(포에니 전쟁)으로 서지중해의 패자가

율리우스 카이사르. 히스파니아 울테리오르의 총독이었던 카이사르는 지성, 설득력, 지구력, 자제력, 굳은 의지 등 지도자에게 요구되는 다섯 가지 자질을 두루 갖춘 인물로 평가받고 있다.

되었고, 기원전 2세기에는 마케도니아와 페르가몬 두 왕국을 병합했다. 또 이베리아 반도를 점령했으며, 기원전 1세기에는 갈리아, 시리아, 유대, 이집트까지 수중에 넣어 지중해 세계를 평정했다. 이어서 기원전 1세기에는 브리타니아(오늘날 영국)까지 통합했다.

이 엄청난 넓이, 또 그것을 수백 년의 오랜 기간에 걸쳐 유지했던 영속성은 로마인들의 무한에 가까운 포용력과 통합 능력 때문에 가능했으며, 내부적으로는 귀족 계급과 평민 계급이 대립하고 상호 견제하는 가운데 계층적인 통합을 이룩했기 때문이다.

또한 특출한 현실 감각과 현실 적응력으로 그리스인처럼 뛰어난 철학적 사고 능력이나 예술적 창작 능력을 과시한 바는 없지만, 종교 · 철학 · 정치 · 문화 · 예술적인 성과를 실제적 사회 현실에 적용하는 능력이 어느 민족에도 뒤지지 않았다. 로마인들은 철학, 종교, 문예의 측면보다는 법률, 상업, 건축, 토목 등에서 뛰어난 문화 유산을 만들어냈다. 이 광대한 제국의 지배 구조를 보면, 하나의 도시 국가인 로마와 다른 여러 국가나 공동체 사이에 체결된 조약에 의해 다양한 형태의 지배와 종속 관계를 개별적으로 수립했다. 종속국 중에는 완전한 자치가 허용되어 로마에 대한 납세 의무까지 면제받고 로마에 외교권만 위임한 나라에서부터 로마에서 파견된 총독의 직접 통치 아래 있던 경우(속주)까지 그 형태는 천차만별이었다.

"왔노라, 보았노라, 이겼노라!"

이베리아 반도는 로마 제국 최대의 자원 공급처로서 로마 제국이 점령한 모든 영토 중에서 가장 풍요로운 지역이었다.

로마인들은 기원전 218년, 암푸리아스에 상륙했다. 그 후 기원전 197년에 로마 제국은 반도의 효율적인 관리를 위해 이베리아 반도의 행정 구역을 히스파니아 시테리오르(Hispania Citerior)와 히스파니아 울테리오르(Hispania Ulterior)로 양분했다. 시테리오르는 '더 가까운', 울테리오르는 '더 먼'이란 뜻이다. 반도를 이렇게 나눈 까닭은 로마군이 최초로 상륙해 근거지를 삼은 에브로 강 하류 지역을 중심으로 로마에서 '더 가까운' 지역과 '더 먼' 지역으로 나누었기 때문이다. 그러나 이는 반도의 절반도 채 안 되는 넓이였다.

반도의 절반 이상은 여전히 로마 제국에 굴복하지 않고 있었다. 반도 각지에서 로마군에 저항한 반란이 일어났다. 안달루시아와 동부의 레반테 해안 지역의 반란을 시작으로 오늘날 포르투갈 지역(당시는 히스파니아 울테리오르)에서 기원전 147년에서 139년까지 목동 비리아토가 주도한 루시타니아인의 봉기가 있었지만, 로마군은 이를 모두 진압했다. 기원전 133년에는 북부의 두에로 강 유역의 해발 1,087미터 구릉 지대에 위치한 누만티아에서 약 4천 명의 켈트-이베로족 주민이 6만여 명의 로마군을 맞아 8개월 동안 항전하다가 투항을 거부하고 모두 자결했다. 이로써 1단계 이베리아 반도 정복 과정은 마무리됐다.

그 후 로마 제국은 새로운 영토의 정복보다 기존의 점령 지역에서 주로 로마화 과정을 강력히 추진했다.

한편, 로마 제국 내부에서는 술라 주도 하의 귀족 과두집단과 마리우스 주도 하의 평민파가 정치적으로 대립했는데, 이베리아 반도는 그들의 투쟁 무대가 되었다. 카이사르(기원전 100~44)가 히스파니아 울테리오르의 식민지 총독으로 부임했고, 폼페이우스(기원전 106~48)는 히스파니아 시테리오르를 근거지로 삼아 대립했다. 카이사르가 갈리아 총독으로 떠나 있는 사이, 이베리아 반도가 폼페이우스의 수중에 들어갔다. 원로원마저 그에게 등을 돌리자 카이사르는 기원전 49년, 저 유명한 갈리아와 이탈리아의 국경선인 루비

콘 강을 건너 로마로 진격했다. 로마에 입성한 카이사르는 폼페이우스를 물리치고 기원전 47년에는 아나톨리와 동북부에서 보스포루스 왕 파르나케스와 잠시 국지전을 벌였다. 카이사르의 유명한 말 "왔노라, 보았노라, 이겼노라!(Veni, Vidi, Vici)"는 이 전투에 대한 자신의 설명이었다. 그는 이어 기원전 45년, 이베리아 반도에서도 폼페이우스의 지지 세력을 격파함으로써 반도에서 실권을 장악했다.

이베리아 원주민들의 저항

카이사르에 이어 집권한 아우구스투스 황제는 기원전 38년에 스페인의 로마 제국 편입령을 발표했다. 이는 이베리아 반도의 완전 평정을 의미한 것으로 스페인 역사에서 이른바 '원년(Era Hispánica o Española)'으로 불린다.

그러나 반도에 살았던 호전적인 주민들의 10년간에 걸친 완강한 저항으로 아우구스투스 황제가 직접 스페인에 와서 전투를 지휘했다. 그는 게릴라전에 대항하여 새로운 전술로써 스페인 북부의 칸타브리아와 아스투리아스, 갈리시아를 차례로 함락했다. 이로써 반도에서 로마 제국의 정복 전쟁은 끝을 맺었다. 로마 제국이 이베리아 반도에 상륙해 완전히 정복할 때까지 무려 200년이 걸린 것이다(기원전 218~서기 19년). 로마가 프랑스를 점령하는 데 9년이 소요된 것에 비하면, 이베리아 반도에 사는 원주민들의 개인주의나 지역 중심주의의 부산물인 게릴라 전법이 얼마나 그 위력을 발휘했는지 짐작할 만하다. 이를 두고《로마사》를 쓴 티투스 리비우스는 "이베리아 반도는 로마군이 최초로 대외 정복에 나선 곳이지만 가장 늦게 정복된 지역"이라 평하고 있다.

로마 제국과 한 몸이 되다
: 이베리아 반도의 로마화
(기원전 219~서기 411년)

로마화

로마화 과정은 우선 군대가 정복 및 점령 지역에 병영을 설치하면서 시작되었다. 로마 제국은 점령 지역에 거주하고 있던 원주민들을 로마군의 보조군으로 복무시킴으로써 로마 제국에 쉽게 동화시켰다. 그리고 도시 및 원주민 부족들과 협정을 체결함으로써 로마 제국의 영향력을 쉽게 행사했으며, 점령지의 관리직에 로마인들을 임명함으로써 로마에서 전달하는 사항들을 쉽게 전파할 수 있었다. 로마 제국은 점령지에서 도시를 건설한 후, 그곳 주민들을 로마 주민 자격으로 거주하게 하여 로마 제국과 점령지 간의 교류를 빈번하게 할 수 있게 했다. 이는 로마 시민과 원주민 간의 교역 및 사적 교류의 확대로 이루어졌다. 그리고 무엇보다도 로마화의 가장 중요한 역할은 종교, 즉 가톨릭에 의한 사상의 통합이었다.

이베리아 반도의 로마화는 단시일 내에 이루어지지는 않았다. 남부 안달루시아와 동부의 레반테 해안 지대는 비교적 초기에 정복되었고, 또 이미 오래 전부터 이민족들과의 교류에 익숙해 있던 터라 로마 문물을 쉽게 받아들였다. 그러나 내륙은 달랐다. 켈트족의 후예들은 막강한 로마 군단에 끊임없

메리다(엑스트레마두라 지방)의 원형극장. 로마 제국 시대에 건설된 것으로 스페인의 로마화를 잘 보여주는 건축물이다.

이 저항하며 타고난 호전적이고 독립적인 기질을 유감없이 발휘했다.

기원전 27년, 아우구스투스 황제는 카이사르가 편성한 '히스파니아 울테리오르'와 '히스파니아 시테리오르'의 두 개의 속주를 새로 정복한 지역을 포함하여 타라코넨세, 루시타니아, 베티카 등 세 개의 주로 다시 나누었다.

행정구역의 개편에 따라 반도 주민들의 법적 지위도 바뀌어갔다. 초기에는 로마화의 정도에 따라 지위가 차등 부여되었으나, 1세기 무렵에 전체 도시 주민들에게 로마 시민권이 부여되었다. 이베리아 반도의 로마화는 식민지화라기보다는 로마의 완전한 일부가 되었음을 의미했다. 이베리아 반도의 거주민은 하인이 아니었으며 모든 고유의 권리를 향유할 수 있는 로마 시민이었다. 이베리아 반도 출신으로 트라야누스, 아드리아누스, 마르쿠스 아우렐리우스, 테오도시우스 등 4명이 로마 제국의 황제가 되었다. 그중 트라야누스는 로마 제국의 영토를 가장 넓게 확장한 황제 중의 한 명이었다. 위대한 스토아 학파 철학자인 세네카(기원전 55~서기 39) 부자와 수사학자인 퀸틸리아누스도 모두 이베리아 반도 출신이다.

초기 로마인들의 주된 관심사는 자원의 획득에 있었지만 이베리아 반도의 군사 정복 이후 경제, 법률, 행정, 문화 등 각 영역에 로마 제국의 모든 요소들을 이식하여 이베리아 원주민 사회에 많은 영향을 끼쳤다. 로마화는 도시의 건설에서부터 시작해서 토지 사유제와 노예 제도의 도입, 가부장제 가족

제도의 확산, 화폐 경제의 발달, 신앙, 사상 및 교육 기관까지 다방면에 걸쳐 다양하게 실시되었다. 로마 제국은 이베리아 반도인에게 이미 세계적 언어가 된 라틴어를 보급하여 모든 이베리아 반도인들의 의사 소통을 가능하게 해주었으며 로마법을 통해 이베리아 반도의 사회를 체계화시키는 데 큰 공헌을 하였다.

이처럼 로마 제국에 의해 장악된 이베리아 반도는 완전히 로마화되었고, 반도인들은 로마 제국에 충성했다. 이에 로마 제국은 단순히 상징적인 이유에서 소규모의 군대만 스페인에 주둔시켰다. 이렇게 이베리아 반도가 로마화되면서 스페인은 로마 제국의 속국이기보다는 로마 제국의 일원으로 자리매김하는 데 성공했으며, 명실공히 유럽 세계의 일원이 되었다.

이베리아 반도의 사상 통합: 가톨릭 전래

이베리아 반도 내부의 가톨릭화는 1세기 중엽부터 로마인들의 이베리아 반도 통치 과정에서 시작되었다. 가톨릭은 7명의 사도가 이베리아 반도에서 포교를 시작한 후 64~66년 사이에 사도 바울이 전도한 것으로 알려지고 있으나, 스페인에서 본격적으로 가톨릭이 전파된 계기는 예수의 제자이며 스페인의 수호 성자인 사도 산티아고(Santiago, 야고보) 덕분이었다.

산티아고가 순교한 후에 제자들이 그의 유언에 따라 시신을 배에 싣고 건너오다가 풍랑을 만나 닿은 곳이 현재의 파드론인 이리아 플라비아이다. 전설에 따르면, 이후 그 자취를 찾을 길이 없었으나, 아랍인들을 상대로 재정복 전쟁을 벌이던 때(9세기 무렵), 갈리시아 들판에서 한 무리의 별빛이 어느 한 곳을 비추고 있었다. 이곳이 바로 야고보의 무덤이며, 이때부터 이곳은 '별이 비춘 들판'이라는 의미의 캄푸스 스텔라(Campus Stellae)라 불리기 시작했다. 이것이 변해 현재의 산티아고 데 콤포스텔라(Santiago de Compostela)가 된 것이다. 현재 사도의 무덤은 그 위에 지은 대성당 지하에 모셔져 있으며, 이후 유럽에서 가장 중요한 성지 순례지가 되었다.

초기 가톨릭의 전도는 토착 원시 신앙을 가진 이교도들의 거센 저항에 부딪쳤다. 그러나 4세기 초부터 칙령에 의하여 가톨릭이 공인됨으로써 교구의 조직이 확립되어 4세기 말에는 확고한 지위를 구축했다. 공인된 가톨릭은 콘스탄티누스 황제가 임종할 때 가톨릭으로 개종함으로써 더 많은 힘을 얻을 수 있었다.

스페인에서 태어난 테오도시우스 황제(380) 때 가톨릭은 제국의 공식적인 종교가 되었다. 그 후에도 가톨릭은 엄격한 금욕주의와 교리 문제로 여러 가지 어려움에 처했으나, 스페인 전역을 로마 문화로 동화시키는 데 결정적인 역할을 했다. 또한 가톨릭은 사상과 철학적으로 이베리아인들의 정신적 지주가 되어, 후일 아랍 민족의 침략에 따른 스페인의 국토 회복 운동에 크게 이바지했다.

로마 제국이 스페인에 남긴 것 1
: 정치, 경제, 사회

이베리아 반도의 행정구역

로마인들은 이베리아 반도에 로마의 행정 기구와 제도를 이식했다. 이베리아 반도의 행정 구역은 시대에 따라 여러 차례 개편되었다. 로마 지배 당시의 이베리아 행정 조직은 반도를 로마 제국과 통합하는 과정의 하나였다. 초기에 로마 제국의 한 개 주에 불과했던 이베리아 반도는 시간이 지나면서 식민지 총독에 의하여 지배되기 시작했다. 기원전 197년에는 이베리아 반도를 행정적으로 히스파니아 시테리오르와 히스파니아 울테리오르로 양분했다. 그러나 내륙 지방의 통치에는 여전히 장애 요소가 많이 남아 있었다. 기원전 27년 아우구스투스 황제는 이베리아 반도를 타라코넨세, 루시타니아 및 베티카 등 3개의 주로 분리했다. 그 후 216년, 타라코넨세를 분리하고 북부 지역을 갈리시아라 하여 4개 주로 개편했다.

그리고 디오클레티아누스(재위 284~305)가 집권하자 로마 제국을 현, 교구, 주로 나누었다. 당시 이베리아 반도를 갈리아스 현 소속의 1개 교구로 구성하고, 그 영토를 타라코넨세, 카르타히넨세, 베티카, 루시타니아, 갈리시아, 그리고 모로코 북부 지역의 마우레타니아 주 등으로 분리했다. 그 후 카르타히넨세가 분리, 발레아리카 주가 하나 더 추가됨으로써 7개 주가 되었다.

로마 지배 하의 스페인 경제

로마 제국 최대의 자원 공급처였던 이베리아 반도는 아우구스투스 황제의 집권 후부터 로마 제국과 경제적으로 통합체를 이루었다. 그런데 로마 지배 하의 이베리아 반도는 각 지역에 따라 균형 있게 발전하지 못했다. 남부와 동부 연안은 자원 개발에 따라 매우 번영을 이룬 지역이었고, 내륙은 도시의 건설이 미흡하여 개발이 덜 된 지역이었다. 당시의 이베리아 경제는 농업, 목축 및 광업을 기반으로 하고, 공업은 로마 제국의 다른 지역에 비하여 매우 낙후되어 있었다.

농업은 정복 초기와는 달리 집중적인 개발에 따라 일부 농지를 임대자 및 식민자들에게 양도해야 했다. 그 후 점진적으로 토지 소유의 집중 현상을 보여, 3세기에 들어서는 대농장의 형태를 이루었다. 이에 대농장주들은 관계 당국으로부터 독립성을 유지하면서, 농업 경제의 발달과 더불어 농촌 노동자들에게 일련의 법적 지위를 부여함으로써 영주(領主) 체제를 구축했다.

목축은 반도에서 농업보다 더 중시했던 분야였다. 특히 두에로 강 유역과 과달키비르 강 유역에서의 양의 목축은 양모 산업을 발달시키는 계기가 되었다.

광업에 있어서 이베리아 반도는 일찍부터 다양한 광물의 산지로 잘 알려져 있었다. 따라서 반도의 광물 생산은 로마 경제에서 자원의 주요 공급처가 되었다. 특히 시에라 모레나의 납과 북서부의 금과 주석, 카르타헤나의 은과 납, 남서부의 구리는 유명했다.

상업은 로마 제국에서 아우구스투스 황제 즉위 후부터 자유 교역 제도로 전환되었다. 이는 제국의 각 지역에서 상업 발달에 크게 이바지했다. 로마에서 제국의 중요 도시 지역으로 연결된 넓은 도로망은 이베리아 반도에서의 상업 발전에 크게 이바지했다.

로마 경제의 기본적 특징은 도시가 중요한 역할을 했다는 점이다. 따라서 반도에서의 도로망은 주로 교역로로서 주요 산물의 산지, 상공업 도시 및 연안의 항구 등으로 연결하는 데 커다란 역할을 했다. 로마 제국은 스페인에 수로교, 도로, 다리 등을 건설했으며, 각 도시에 자체 내의 소비와 다른 지역 및 반도와의 산물 교역을 위한 시장을 만들기도 했다. 당시의 교역은 올리브유, 포도주 그리고 보리, 밀 등의

로마 제국 지배 하의 이베리아 반도 행정구획. 로마인들은 이베리아 반도에 로마의 행정 기구와 제도를 그대로 이식했다.

곡류와 각종 광물이 과달키비르강의 내륙항인 세비야를 비롯하여 해안에 위치한 여러 항구 도시를 통해 이루어졌다.

로마 지배 하의 스페인 사회

이베리아 반도의 주민은 크게 자유민과 노예로 나뉘었다. 자유민 구성 집단은 원로원 계층, 관리 계층 및 평민 계층 등으로 구분되었다. 이들은 사회에서 각기 다른 역할을 담당했으나 완전히 폐쇄된 계층이 아니었기 때문에 각 계층 간의 이동은 가능했다. 평민은 도시와 농촌 거주자들로 양분되고, 도시 지역의 평민은 직능인들이 대부분이었다. 그리고 노예 계층에도 자유민과 노예의 중간에 속하는 해방 노예가 있었다.

이처럼 로마 지배 하의 스페인 사회는 계급의 형태로 구성되어, 정치적 · 경제적인 권력을 행사하는 '주인'과 지방 행정의 요직을 이루는 '지방 관료', 노예가 아닌 '자유 시민', 그리고 '노예'들이 피라미드 구조를 이루었다. 하지만 이러한 사회 구조 속에서도 원주민들은 스페인 사회의 지배 계층인 귀족 또는 기사 계층의 지위에 오를 수 있었다.

이처럼 로마 제국은 그들이 가진 문명화된 삶의 장점과 의무를 모두 국가와 결합시켰고, 한편에서는 이베리아 반도 현지의 문화와 전통을 존중했다. 이런 유연성 있는 의식을 가진 로마 제국은 이베리아 반도를 하나의 국가로

만들어 반도인 스스로가 세계사에 참가할 수 있다는 의식을 심어주었다. 동시에 국민들에게 지방의 긍지와 전통을 존중하는 의식을 갖게 했다. 이처럼 로마 제국의 스페인 통치에 나타난 특징은 절대적인 전제정치를 결코 강요하지 않았다는 것이었다.

로마 제국이 스페인에 남긴 것 2
: 건축, 사상, 법

'스페인의 세기'

로마 제국의 문화는 이베리아 반도에 깊이 뿌리를 내렸다. 물론 로마 제국 이전에도 이베리아 반도의 주민들은 여러 민족과 다양하게 접촉했다. 하지만 로마 제국만큼 광범위한 분야에서 스페인에 영향을 끼친 나라는 없었다.

로마 제국은 지중해 세계를 통합한 정치적 기반 위에서 그리스에서 발생한 수준 높은 독창적 문화를 중개하고 전파했다. 로마 제국은 여기에 그치지 않고, 에트루리아, 이집트 등 모든 문화를 거의 다 흡수하여 그들의 문화를 한층 더 종합적이며 보편적인 형태로 체계화했다.

이런 체계화된 로마 제국의 문화가 이베리아 반도에 전해져 여러 분야에서 이베리아 반도를 변화시켰다. 특히 수사학 등을 통한 교육의 확대로 많은 이베리아 출신들이 로마 제국에서 크게 명성을 떨쳤으며, 1세기에 들어서자 이베리아 반도 출신들은 이미 로마 문화의 주요 담당자들로 부상하여 크게 번영기를 맞이했다. 일찍이 스페인의 언어학자인 라몬 메넨데스 피달은 "라틴 문학에서 스페인 출신들이 명성을 떨침으로써 1세기는 가히 '스페인의 세기'였고, 또 로마 제국에서 오랜 기간 동안 사상과 문학 분야에서 가장 크

게 영향력을 발휘한 사람들은 이탈리아 출신이 아니라 거의 '스페인 출신'이
었다."고 피력했다.

건축

로마 제국의 문화적 성향은 실용적인 가치를 존중하는 것이었다. 추상적
이며 명상적인 면보다는 실용적인 토목 공법이나 의학을, 창작과 미학적인
면보다는 현실적인 해결 방법인 과학 기술과 법률을 더 발달시켰다. 이렇게
실질적인 측면을 중시하는 로마는 각종 공공 경기장과 신전, 도로, 항만, 다
리 등을 건설했는데, 특히 반도 전역에 확대된 길과 도로망은 경제적·전략
적 이해 관계 이외에 로마화를 확산시키는 데도 매우 중요한 역할을 했다.
즉 로마인들이 대규모 토목 공사를 벌이게 된 동기는 드넓은 제국을 좀 더
쉽게 통치하려는 데 있었다.

로마인들이 로마에서처럼 이베리아 반도에도 훌륭한 건축물을 만든 것은
로마 제국의 위용을 드높이고 반도를 효율적으로 통치하기 위함이었다. 이
베리아 반도에 남아 있는 원형 경기장, 극장, 다리, 사원 그리고 개선문 등이
바로 로마 제국의 대표적인 건축물이다. 특히 마드리드 북서쪽에 위치한 세
고비아의 수로가 유명한데, 이것은 회반죽을 사용하지 않고 화강암으로 축
조한 거대한 구조물이다. 이 수로를 통해서 세고비아 주민들은 이웃에 있는
과다라마 산맥으로부터 물을 끌어와서 사용했다. 엑스트레마두라 지역에 있
는 메리다 시의 원형 극장도 비교적 잘 보존되어 있는데 이 극장은 5,000명
까지 관객을 수용할 수 있는 규모이다.

세네카

이베리아 반도 출신의 대표적 인물로는 수사학자 세네카(기원전 54~서기
39)가 있다. 코르도바에서 태어난 그는 네로 황제를 교육시킴으로써 로마 정
치에 막강한 영향력을 행사했다. 스토아 학파인 세네카는 이베리아인들의
극단적인 개인주의와 누만티아 공략에서 보여준 그들의 집단 의식을 조화롭
게 포용하는 금욕주의를 주창했다. 그는 개인주의와 금욕주의가 서로 융합

세고비아의 수로
교. 이 수로교는 기
원전 1세기경 세
고비아 시내에서
17킬로미터 떨어진
프리오강에서 물
을 끌어오기 위해
축조되었다. 현재
수로교의 전체 길
이는 728미터이며
167개의 아치가 남
아 있고 가장 높은
곳은 28.29미터이
다.

함으로써 인간이 자기 자신을 인식하여 자신의 정열과 억제하기 어려운 본
능을 제어할 수 있다고 생각했다.

세네카는 인간이 힘들어할 때 인간 자신의 내적인 삶 말고는 신뢰할 수 있
는 힘의 원천은 없다고 주장했으며, 어려운 세계에 대처하는 방법으로서 "네
자신의 마음 이외의 그 어떤 것에도 현혹되지 말라."고 조언했다.

세네카는 무절제를 억제하고, 전쟁과 정복, 폭력, 죽음과 같은 인간의 여러
경험과 모험 끝에는 언제나 자기 자신으로 다시 돌아가야 한다고 설파했던
스페인 정신의 핵심을 말해주는 철학자였다.

로마법의 영향

흔히 로마인은 세계를 세 번 정복했다고 말한다. 첫 번째는 무력으로, 두
번째는 법률로, 세 번째는 종교를 통해서. 그리스인의 교과서가 호메로스라
면 로마인의 교과서는 '12표법'이다. 그만큼 로마법이 끼친 영향이 현대까지
미치고 있어서 대부분의 현대 국가들은 영국법과 함께 로마법 체계를 채택
하고 있다.

로마의 법은 본래 그리스법으로부터 영향을 받아 로마의 시민법으로 출발
했다. 그 후 로마 제국 내의 모든 민족에게 적용되는 만민법(萬民法)으로까지

확대 발전했는데, 이는 원래 배타적이었던 로마 시민법이 로마 제국이 지배하게 된 민족과 지역이 확장됨에 따라 널리 개방되어 모든 민족과 지역에 보편적으로 적용되었음을 뜻했다.

로마법이라는 것은 '12표법' 이전의 법에서 보이는 것처럼 순전히 관례나 구전으로 전해져 내려오는 것이 아니었다. 이것은 모든 사람들이 그 법을 준수해야 하는 것을 의미했다.

이렇게 로마의 만민법에서 유래된 성문법은 스페인 사람들의 삶에 뼈대가 되는 중요한 법이었다. 스페인이 오랫동안 지배해왔던 신대륙에서도 이 로마법에 기초한 성문법의 전통이 존재했다. 한 장의 토지 문서는 비록 낡고 찢어져 있더라도 성문 헌법과 똑같은 중요성을 갖고 있었으며, 그것을 갖고 있다면 농부는 빼앗긴 농지에 대한 권리를 주장할 수 있었다. 이런 모든 전통의 원천은 로마법에 있었다. 이처럼 로마법은 스페인과 신대륙 식민지에서 모든 전통의 원천이 되었다.

'말을 더듬는' 야만인
: 서고트족의 침입
(409년)

게르만족의 대이동

게르만족은 인도-유럽어족 가운데 게르만어를 사용하는 민족의 총칭이다. 게르만족은 수많은 부족과 민족으로 구성되어 있었으며, 이들은 문화적으로도 서로 달랐다. 인류학상으로는 북방 인종에 속하며, 남방 인종에 비해키가 크고 금발에 파란 눈이 특징이다. 원래 거주지는 스칸디나비아 반도의남부에서 지금의 북독일에 걸친 지역이었다

게르만족의 대이동은 372년, 훈족이 볼가강을 건너 동고트족을 정복함으로써 시작되었다. 이에 두려움을 느낀 서고트족이 로마 제국의 허락을 얻어376년에 로마 영토 안으로 이주했다. 그러나 로마 제국 관리들의 학대로 서고트족이 반란을 일으켰다. 로마 제국이 진압에 나섰으나 실패한 후, 게르만의 여러 부족들은 로마 제국의 거의 모든 지역을 마음대로 이동하면서 로마의 행정 조직을 마비시켰다. 이로써 로마시는 거대한 세계 제국의 수도로서의 기능과 면모를 완전히 상실하고 말았다. 476년, 로마 최후의 황제 로물루스 아우구스툴루스는 게르만족의 오토아케르에 의해 폐위되었다. 이로써 로마 제국은 멸망하고 말았다.

이처럼 게르만족은 전 유럽의 대륙에 걸쳐 광범위하게 이동하면서, 게르만 왕국을 유럽과 아프리카 각지에 세웠다. 북아프리카의 반달 왕국, 스페인의 서고트 왕국(415~711), 이탈리아의 동고트 왕국, 남프랑스의 부르군트 왕국, 북프랑스의 프랑크 왕국, 영국의 앵글로색슨 왕국 등이 바로 그것이다. 원 거주지인 발트해 연안에 남아 있던 북게르만인은 스웨덴 · 노르웨이 · 덴마크의 3왕국을 세웠다.

두 민족의 공존: 로마 제국과 게르만족

훈족의 남하로 인하여 로마 제국 내로 이주한 서고트족은 378년에 로마인들에게 무기를 들고 대항했다. 그 이유는 로마인들이 그들을 먹을 것도 없는 협소한 지역에 거주시키고, 개나 혐오 동물의 고기를 매우 비싼 값으로 팔았으며, 자기의 자식들을 노예로 삼았기 때문이다. 로마인들은 게르만족에 대해 전통적으로 이중적인 태도를 취했다. 상황에 따라 로마인들은 게르만족에게 적대적인 태도를 취하기도 하고 동맹시민으로서 그들의 고유한 법과 풍습을 존중해주기도 했다.

게르만족은 장기간에 걸쳐 로마인과 접촉해왔기 때문에 로마 제국으로부터 상당한 문화적 영향을 받았다. 라인강과 도나우강을 경계로 마주하고 있던 게르만족과 로마인 상호간에는 꾸준히 교역이 행해지고 있었다. 심지어 로마인들은 특정 게르만 부족들에 맞서 전쟁을 치르는 동안 다른 게르만 부족과는 동맹을 맺기도 했다. 게다가 4세기에는 게르만 부족들이 무력해진 로마 군대의 보조 부대로 복무하기도 했고, 때로는 로마 제국으로부터 로마 농민들이 경작을 포기한 변경 지대에 거주해도 좋다는 허락을 받기도 했다.

하지만 게르만족은 대표적인 야만족으로 분류되었다. 로마군과의 전투에서 그들은 도끼를 휘두르고 괴성을 지르며 돌격하다가 로마군의 체계적인 방어와 공격에 패배하며 후퇴했다. 당시 로마인들의 눈에 게르만족은 무자비함과 흉폭함으로 무장한 야만인 그 자체였다. 그러나 게르만족은 로마군의 용병으로 발탁될 만큼 힘과 전투력을 가졌다. 그로 인해 로마군에는 게르만족 출신의 용병 수가 증가했다.

서고트족의 이베리아 반도 침입

406년, 반달족이 얼어붙은 라인 강을 건너 갈리아를 거쳐서 서고트족에 앞서 이베리아 반도에 들어왔다. 그러나 서고트족이 뒤따라 이베리아 반도로 들어옴에 따라 반달족은 해협을 건너, 당시 로마 제국 최대 곡창 중의 하나였던 북아프리카로 건너가 반달 왕국을 세웠다(429~533). 그들은 아프리카를 거점으로 해서 중부 지중해를 장악했으며 455년에는 바다로부터 서로마의 수도인 로마시로 쳐들어와서 약탈하기도 했다[이때 반달족이 자행한 만행으로 말미암아 반달리즘(vandalism, 야만적인 문화 파괴 행위)이란 말이 생겨났다.

한편 1,000여 년 동안이나 고대 세계를 지배했던 로마 제국의 질서는 서서히 무너져가고 있었다. 쇠퇴해가고 있던 로마 제국은 북쪽에서 쳐들어온 게르만족의 침입으로 붕괴 일보 직전에 있었다. 410년 서고트족이 스페인 내륙을 약탈하고 공격을 시작했을 때, 로마의 지배 하에 있던 스페인은 아무런 힘을 발휘할 수 없었다.

게르만족은 유목민으로서 강한 민족이었다. 로마인들은 이들을 라틴어가 아닌 다른 언어로 '말을 더듬는다(balbucear)'고 하여 바르바로(bárbaro, '야만인'이란 뜻)라 불렀다. 반면 로마 제국은 내부로부터 서서히 붕괴해가고 있었기 때문에 이베리아 반도에서 그들의 정치적인 힘을 사용할 수 없었다.

서고트족과 이베리아 반도

서고트족은 이베리아 반도에서 정착하게 되었으나, 제한된 숫자로 말미암아 인구·경제·정치적인 면에서 커다란 영향을 남기지는 못했다. 그 당시 이베리아 반도에는 약 400만의 주민이 거주했는데, 그중 서고트인은 약 10만 명 정도였다. 이런 현실적인 인구의 한계로 서고트족은 현재의 세고비아 지역을 중심으로 매우 한정된 지역에 거주했다. 나머지 중요한 각 지방의 도시에는 군대와 관리들만 주둔시켰다.

507년과 586년 사이에 서고트인은 로마 지배 하에 있던 스페인의 영토를 그대로 통치했다. 서고트인들은 국가의 완전한 통일을 이루기 위해서 갈리시아에 거주하던 수에보인들, 자연 지형에 의한 국경을 고집하고 있던 바스

프리지아인
색슨인
투링기아인
롬바르드인
프랑크 왕국
바스크인
동고트 왕국
라벤나
로마
서고트 왕국
부르군비인
콘스탄티노플
반달 왕국
동로마 제국

서고트족의 이베리아 반도 지배. 로마 제국의 쇠퇴로 이베리아 반도를 지배하게 된 서고트족은 게르만족의 일파로서 스페인을 약 300년간 통치했다.

크인들, 그리고 반도의 남서부에 자리 잡은 비잔틴인들을 소탕해야 했다. 수에비인들이 정복되고, 비잔틴인들이 추방되자, 칸타브리아인들과 바스크인들이 요새로 이루어진 국경을 구축하고 산 속에 은거하며 계속 항거했다.

701년 서고트 왕국의 위티사(재위 702~710) 왕이 죽자, 그의 아들 아킬라가 귀족들의 추대로 왕이 되었으나, 또 다른 왕위 희망자였던 로드리고가 그를 축출하고 왕위에 올랐다. 로드리고는 왕이 되자마자 아랍인들의 침략에 대항해야 했다. 그러나 내부의 갈등으로 군건한 결속을 유지하지 못했던 서고트 왕국은 711년, 마침내 이슬람교도들의 침공으로 붕괴되었다.

32번의 정권 교체
: 노예 사회에서 봉건 사회로의 전환
(5~7세기)

스페인 교회가 세속사에 간섭하게 된 이유

서고트족의 지배는 이미 로마화되어 있던 이베리아 반도인들의 문화와 언어에는 큰 영향을 끼치지 못했다.

서고트족 치하에서 열렸던 종교 회의는 사실상 서고트 왕국의 의회였다. 왕위 계승을 위한 갈등으로 인해 서고트 왕들은 공공의 일상사를 교회에 맡겼다. 이것이 바로 스페인과 신대륙의 식민지에서 가톨릭 교회가 세속적인 사건과 정치적인 문제에 끊임없이 간섭했던 원인이 되었다. 서고트 왕국의 주교들은 지역의 장(長) 역할을 하면서 교회가 국가의 업무에 참여할 수 있는 제도를 만들었던 것이다.

게르만족 고유의 종교적 · 문화적 세계관은 게르만족이 가톨릭화됨에 따라 대부분 사라졌다. 이는 게르만적인 문화는 이단시되고 세속시되어 멸시의 대상이 되었음을 의미했다. 가톨릭이 확산됨에 따라 문화 전반에 가톨릭적인 정서가 침투하여 지배하게 되었다. 그러나 교회는 왕위 계승의 질서를 확립시키거나 서고트 왕들에 의해서 저질러진 무자비한 행위를 막는 데에는 한계를 드러냈다. 비록 교회가 자신의 조직을 통해서 나라를 통치하려 했지만, 야만스러운 서고트 왕들이 지속적으로 저질렀던 잔학 행위를 막는 데는 무능력했던 것이다.

32명의 왕

신분제 사회였던 게르만족의 사회에는 세 가지 신분이 있었는데, 자유인 · 반자유인 · 노예가 그것이었다. 노예는 물건과 같은 취급을 받았고, 반자유인은 개인적으로는 자유스러웠지만 그들의 재산은 귀족들에 속해 있었다. 자유인들은 상류 계급으로서 귀족층을 형성했다.

자유인 사회에는 독특한 종사(從事) 제도가 존재했는데, 지위가 높은 사람에게 충성을 맹세하고, 그의 도움을 받아 무기를 지급받고, 전쟁을 할 때에는 그를 위해 싸웠다. 이 종사 제도가 봉건 시대의 봉건제의 시초인지는 분명치 않지만, 예전의 노예 제도와는 다른 형태를 띠고 있다는 것은 확실하다. 또 진보적인 봉건화를 추진하여 이전의 공공재산을 분산 또는 사유화했다.

이처럼 봉건 제도는 서고트족에 의해 스페인에 도입되었으나, 유럽의 다른 민족들에서처럼 광범위하게 발전하지는 못했다. 서고트 왕국의 봉건화는 귀족 사회화의 결과로 볼 수 있다. 이로 인해 국가의 모든 결정은 다수가 배제되고, 실제 독립된 영토를 다스리는 소수 귀족에 의해 이루어졌다.

왕위 계승에 있어서도 서고트 왕국은 왕위 세습제가 확립되어 있지 않아서 귀족 사이에서 선출제로 운영되었다. 따라서 왕위 계승이 이루어질 때마다 유혈 투쟁이 뒤따랐고, 때문에 약 300년에 걸친 서고트족의 지배기간 동안 32명의 왕들이 이베리아 반도를 통치했는데, 그중에서 10명의 왕이 왕위 계승 희망자들에 의해 암살되었다. 이렇게 서고트족 치하의 이베리아 반도는 왕위 계승 문제로 혼란 속에 빠졌다.

서고트족의 이베리아 반도 통치

스페인에 들어온 서고트족은 6세기에 단일 정치 구조를 만들고 톨레도를 수도로 삼았다. 그들은 용병술에는 강했지만 문화라곤 없던 민족이었다. 단지 로마 제국의 제도들을 그들의 필요에 맞게 채택하는 것으로 만족했다. 기존의 반도 거주 로마인들(히스파노로마노)과는 종교적인 차이로 인해 통합이 쉽지 않았다. 이들은 과거 니케아 종교회의(325)에서 예수의 신성을 부정함으로써 이단으로 몰려 추방당했던 아리우스의 교리를 신봉하고 있었다. 그들은 법적으로 반도인들과의 통혼을 금지하는 등 자기들만의 세계를 구축했다.

후에 레오비힐도(573~586) 왕이 집권해서 바스크와 갈리시아를 정복하고, 반도인들과의 결혼 금지령도 폐지함으로써 정치적·사회적 통합을 이룩해 왕국의 면모를 일신했다. 여기서 더 나아가 레카레도(588~601) 왕 때에는 제3차 톨레도 종교회의(589)에서 로마의 가톨릭 교리를 받아들임으로써 종교적·도덕적 통합을 이룩했다. 그리고 레세스빈토(653~672) 왕 때에는 서고트족과 이베리아 반도인들 사이에 남아 있던 많은 법률적 차별까지 철폐함으로써 완전한 통합을 이루었다.

비록 서고트족이 그들 고유의 문화를 만들어내지는 못했지만, 서고트족 지배 하의 스페인에서 레안드로(579~600)와 이시도로(600~636) 형제가 주교직에 있을 때에는 문화적인 활동이 활발했다. 특히 문화가 형성되고 유지되었던 곳은 수도원이었는데, 이곳에는 작업장이 있어서 장인(匠人)들과 예술가들의 기술학교 역할을 했다. 또한 필사본 보관소의 역할을 함으로써 지적인 문화를 보존하는 곳이 되었다. 수도

레세스빈토 왕(653~672)의 왕관. 레세스빈토 왕은, 서고트족의 정치적·사회적 통합을 이룩한 레오비힐도 왕과, 종교적·도덕적 통합을 이룬 레카레도 왕과 더불어 서고트족과 이베리아 반도인들 간의 법률적 차별을 철폐함으로써 이베리아 반도의 완전 통합을 이룬 서고트 왕국의 대표적인 왕이다.

원은 또한 수도승과 예속자들의 노동으로 인해서 생산과 경제적 모형의 중심지가 되었을 뿐 아니라, 영적 생활의 중심지가 되기도 했다.

경제 체제에서도 서고트족의 속성은 여실히 드러났다. 그들은 다음 단계의 봉건주의를 예고하는 기사령(개인 소유 영지를 가진 직위인 엔코미엔다)과 같은 새로운 형태의 주종 관계를 만들었다. 이는 일반 농민이 토지의 주인에게 노동력을 제공하는 대신, 토지와 주인의 보호를 제공받는 조건으로 그 주인에게 충성 계약을 하는 것이었다.

그러나 서고트 왕국에서의 이러한 활발한 경제적인 활동과는 달리 정치적인 면에 있어서는 귀족들 간의 내분과 왕위 다툼, 유대인 박해 등으로 매우 혼란했다.

가톨릭으로 개종
: 세비야의 성인 '산 이시도로'
(560~636년)

개종

게르만족이 로마화되는 과정에는 여러 가지 장애들이 있었는데, 그중 가장 심각했던 것은 그들이 가톨릭으로 개종하지 않고 아리우스교(그리스도는 삼위일체의 신에 낄 수 없으므로 성부의 아들이 아닌, 단순한 예언자에 불과하다고 완강하게 주장했던 종파)를 신봉했다는 점이었다. 게르만족은 특히 로마 제국의 영토에 소집단으로 분산되어 정착하고 난 뒤에도 그들의 전통과 관습을 버리지 않으려고 했다. 이베리아 반도에 들어온 게르만족의 일파인 서고트족 역시 그들의 전통을 보호하려는 열망이 매우 강했다.

그러나 이베리아 반도에 들어온 서고트족은 반도에 이미 살고 있던 원주민에 비해서 그 수가 매우 적었다. 이러한 수적 열세로 인해 서고트족은 그들의 전통과 관습을 지키면서 이베리아 반도를 통치하는 데 매우 큰 어려움을 겪었다.

그러나 레오비힐도(573~586) 왕은 이베리아 반도에서 미점령 지역을 정복하고, 반도인들과의 결혼 금지령도 폐지함으로써 정치적 · 사회적 통합을 이룩해 왕국의 면모를 일신했다. 그 뒤를 이은 레카레도(588~601) 왕은 제3차 톨레도 종교회의(589)에서 이단인 아리우스교를 포기하고 로마 가톨릭 교리를 받아들임으로써 왕국의 종교적인 통합을 이룩했다.

세비야의 성인: 산 이시도로

> "오! 스페인이여! 서양과 인도 사이에 펼쳐져 있는 모든 나라 중에서 가장 아름다운
> 너는 분명히 여왕이다. 그 증거로 너를 통해서 동양과 서양은 빛을 받는다."
>
> 산 이시도로

이는 서고트족 치하의 스페인에 대한 세비야의 성인 산 이시도로(San Isidoro)의 찬미이다. 그는 가족이 쫓기는 망명의 와중에 태어났다. 가톨릭교도였던 그의 가족은 아리우스파의 박해를 피해서 세비야로 이주했다. 거기서 이시도로는 어린 나이에 양친을 잃었다.

이시도로가 성장했던 시기는 스페인의 주화에 처음으로 자신의 얼굴을 새겼던 서고트족 최초의 군주 레오비힐도 왕과 그의 아들들인 에르메네힐도와 레카레도 사이에 일어났던 격렬한 종교 분쟁의 와중이었다. 이 분쟁은 결국 에르메네힐도가 이단인 아리우스파의 교리를 포기함으로써 일단 종결되었다. 에르메네힐도는 세비야의 대주교이자 이시도로의 형이었던 레안드로 앞에서 아리우스교를 포기한다는 결정은 내렸다. 그러나 아리우스교를 믿었던 레오비힐도 왕은 세비야로 병사를 출동시켜 아들인 에르메네힐도를 체포한 뒤 그를 감옥에 보냈다. 에르메네힐도는 결국 가톨릭 신앙을 간직한 채 옥사했다.

한편, 에르메네힐도가 아리우스교를 포기하는 결정을 지켜보았던 레안드로 대주교 역시 부모와 똑같이 다른 지방으로 추방당했다. 그러나 연로한 레오비힐도 왕은 죽음이 가까워오자 자기가 저지른 행위를 후회하면서 레안드로 대주교에게 자신의 용서를 구했다. 그 후 레카레도 왕이 아리우스교에서 가톨릭으로 개종함으로써 종교적인 갈등은 해결되었다.

이렇게 가톨릭으로 통일된 서고트족 치하의 이베리아 반도에서 이시도로

와 그의 형 레안드로는 교회의 개혁을 위해서 많은 노력을 기울였다. 산 이시도로의 형 레안드로가 세비야의 대주교직에 있을 때 이시도로는 대수도원장이었다. 그는 교회에 검약의 전통과 엄격한 규율을 지킬 것을 명했다.

톨레도 종교회의에서 국왕이 국가 통일의 기반으로서 가톨릭으로 개종하는 모습을 지켜보았던 이

세비야 대성당. 서고트족과 이슬람교도들이 물러간 15세기에 지어진 것으로서 로마의 산 피에트로 대성당과 런던의 세인트 폴 대성당 다음으로 큰 성당이다.

시도로는 사이비 사제가 제멋대로 날뛰는 사회에 맞서 싸웠다. 그리고 이시도로는 교회를 조직화할 수 있는 힘이 교회에 없다는 것과 왕의 권력이 남용되고 있는 상황을 안타깝게 생각했다.

젊은 사제인 이시도로는 종교와 세속 정치의 양부문에서 법과 언어 체계를 확립하려고 노력했다. 특히 그는 《어원론(Origen de La Etimología)》이라는 저서를 통해 언어에 대한 국민 의식을 회복시키려고 했다. 여기에는 7개 교양 과목의 교과 과정과 지식에 대한 어휘, '이름은 사물의 본성을 아는 열쇠'라는 믿음, 세속의 문화는 성서의 정확한 이해를 위해 필요하다는 주장 등이 들어 있었다.

그는 이처럼 성직자로서 문화와 정치의 불모지에 놓여서 사라질 위험에 있는 스페인 문화 전체를 구하려고 했다. 스페인의 역사가인 메넨데스 이 펠라요의 말처럼, 이시도로는 "빈사 상태의 낡은 사회와 유치하고 야만적인 새로운 사회의 한가운데"에 있었던 것이다.

형이 죽자 이시도로는 43살의 나이로 세비야의 대주교직을 계승했다. 이제 그는 교회와 국가를 위해 진정한 역할을 할 수 있는 기회를 맞이했다. 그

는 왕정이 문란한 동안, 엄격한 규율을 통해서 교회의 기반을 확고히 했다. 또한 서고트족의 법률에 나타난 모순들을 모두 제거하고, 논리적이며 체계적인 로마법의 중요성을 강조함으로써 스페인에 법적인 공동체 의식을 불어넣었다.

로마 제국의 관료제도가 사라진 뒤 스페인의 주교들이 국가의 진정한 행정 담당자가 되자, 이시도로는 이제 정치적으로 유리한 입장에 서게 되었다. 그는 교회와 국가의 통합을 주장했다. 그러나 그는 교회와 국가의 어느 한쪽을 다른 쪽보다 우위에 놓지 않았던 균형 감각을 지닌 인물이었다. 즉, 그는 정신적인 문제에서는 국가가 교회에 종속되고, 세속적인 문제에서는 교회가 국가에 종속되어야 한다고 생각했던 것이다.

이처럼 세비야의 성인 이시도로는 중세 말까지 유럽의 정치를 지배하고 있던 두 개의 큰 주춧돌인 교회와 국가 간의 관계를 정비하여, 교회와 국가가 어느 한쪽에 치우치지 않고 나라를 이끌어갈 수 있도록 큰 공헌을 한 인물이었다.

제2장
이슬람교도의 지배

SPAIN

참을 수 없는 유혹
: 이슬람교도들의 이베리아 반도 침입
(711년)

이슬람교

7세기 초, 아라비아 반도 사막에 통일된 국가를 세우지 못하고 부족 단위로 흩어져 있던 아랍인들에게 유일신의 계시를 받은 예언자가 등장했다. 바로 메카에서 태어난 마호메트(570~632)였다. 그는 부유한 생활을 하다가 611년에 신의 계시를 받고 이슬람교를 창시하여 활발한 포교 활동을 했다.

그의 가르침에 환호를 보낸 것은 노예들과 가난한 사람들이었다. 반면에 기존의 질서를 지키려는 귀족들의 박해가 심해지자 마호메트는 622년에 메디나로 피신, 그곳을 포교의 중심으로 삼았다. 이것을 헤지라(Hegira, 성천聖遷)라고 하며, 이 해가 이슬람력의 원년이 되었다.

마호메트는 메디나를 장악한 후, 정치적 · 군사적 지도자가 되었으며 630년에는 군대를 이끌고 메카로 진격하여 무혈 입성했다. 여기서 멈추지 않고 아라비아 반도 전체를 알라신의 이름 아래 정치적 · 종교적으로 통일했다. 마호메트는 시리아 원정길에 올랐다가 632년에 메디나에서 사망했다.

참을 수 없는 유혹

이슬람교도들은 포교를 위한 전쟁을 계속했다. 동쪽으로는 메소포타미아와 페르시아, 북쪽으로는 시리아와 팔레스타인, 서쪽으로는 이집트까지 팽창해나갔다.

그들은 651년에 이미 북아프리카의 트리폴리까지 정복했다. 당시 북아프리카 일대는 반달족과 비잔틴 제국의 약탈로 경제적으로 매우 피폐해 있었고, 정치적으로도 매우 불안정한 상태였다. 이는 아랍인들에게 정복의 좋은 조건이 되었다. 680년에는 북부 아프리카의 모리타니아를 정복했다. 이 모리타니아에서 무어(moor, 스페인어로 모로moro)인이라는 말이 나왔다. 무어인은 아랍인, 스페인인, 베르베르인의 혼혈인 '스페인계 이슬람교도'를 의미하는데, 이를 확대 해석하여 이슬람교도 전체를 가리키기도 한다. 모리타니아라는 말은 라틴어의 마우리(Mauri)에서 유래했는데, 처음에는 로마인들이 오늘날의 알제리 서부 지역과 모로코 북동부 지역으로 이루어진 로마의 속주(屬州) 모리타니아 주민들을 일컫는 용어였다.

모리타니아는 아라비아 반도보다 더 혹독한 사막 지대였다. 그런데 지중해 건너 아름다운 이베리아 반도 남부는 그야말로 '맑은 물이 넘치고 푸른 숲이 우거진 지상 낙원'이었다. 풀 한 포기 자라지 않고 물 한 모금 얻기 힘든 황량한 모래 벌판에서 살던 그들에게는 '참을 수 없는 유혹'이 아닐 수 없었다.

이슬람교도들의 스페인 침공

서고트족 치하의 스페인은 왕위 세습제가 확립되어 있지 않아서 왕위 계승이 이루어질 때마다 유혈 투쟁이 뒤따랐다. 이러한 왕위 계승 문제로 인해 서고트 왕국은 항상 혼란한 상태에 놓여 있었다.

710년에 위티사가 죽고 로드리고가 왕위에 오르자, 위티사의 아들을 왕으로 추대하려 했던 세력이 로드리고 왕에 대항하여 반란을 일으켰다. 위티사의 아들들은 북아프리카의 회교 통치자였던 무사(Muza)에게 용병을 요청했고, 이에 무사는 자신의 부하인 타리크(Tarik)를 보냈다. 타리크는 아프리카의 베르베르족과 일부 아랍 귀족으로 구성된 부대를 이끌고 스페인 땅에 들어왔다.

그들은 아프리카 북부에서 바다 건너 이베리아 반도의 남단 '헤라클레스의 기둥'이란 높은 바위에 도착했다. 이곳이 바로 지금의 영국령인 지브롤터(자발 타리크, '타리크의 산'이라는 뜻)이다. 711년, 타리크의 군대는 스페인 남부 지역 과달레테 강가에서 서고트족의 로드리고 왕의 군대와 싸워 승리했다. 이것이 이슬람교도들의 이베리아 반도 침입의 시초가 되었다.

오래된 연대기 자료에 따르면, 서고트 왕국의 마지막 왕이었던 로드리고 왕이 톨레도의 타호 강가에서 목욕을 하고 있던 아름다운 규수를 능욕했다. 그녀는 지브롤터 해협 건너편에 위치한 세우타의 총독인 훌리안 경의 딸이었다. 훌리안 경은 자신의 명예가 훼손되었다는 생각에 복수하기로 결심하게 되었다. 이 복수를 위해서 이슬람교도들이 스페인으로 침략하는 지리적 요충지를 책임지고 있던 훌리안 경이 이슬람교도들에게 이베리아 반도를 손쉽게 침략하도록 출입구를 열어주었다는 전설도 전해진다.

그 후 이슬람교도들은 7년이라는 짧은 기간에 북서쪽의 고산 지대를 제외한 반도 전체를 점령하고 서고트 왕국을 멸망시켰다. 이렇게 정복이 쉽게 이루어졌던 것은 서고트 왕가의 내부적 분열과 원군을 요청한 위티사 측의 적극적인 동조 등이 있었기 때문이다.

모사라베

이슬람교도들은 711년 이베리아 반도에 들어와 1492년 물러날 때까지 무려 800년 동안이나 스페인을 통치했다. 그러나 반도를 지배한 이슬람교도들과 오래 전부터 거주하고 있던 가톨릭교도들과의 구별은 그리 명확치 않았다. 이는 이슬람의 문화를 수용한 가톨릭교도들의 존재 때문이었다. 종교는 달랐지만 이슬람의 문화를 수용하며 이슬람교도들과 함께 살았던 가톨릭교도들을 '모사라베(Mozárabe)'라고 불렀는데, 모사라베란 본래 '아랍화된 사람'이라는 뜻으로, '아랍 치하에 남아 있던 가톨릭교도'들을 가리키는 말이자 그들의 언어를 가리키는 말이다. 그러나 모사라베는 종교적 차이로 인해 이슬

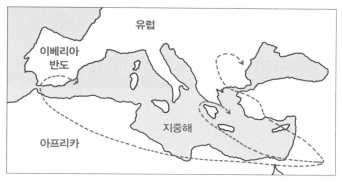

이슬람 제국의 팽창. 611년 마호메트가 이슬람교를 창시한 이래, 이슬람교도들은 동쪽으로 메소포타미아와 페르시아, 북쪽으로 시리아와 팔레스티나, 서쪽으로는 북아프리카와 이베리아 반도까지 그 세력을 넓혔다.

람교도로부터 많은 박해를 받았다.

이슬람의 정복자들이 여전히 자기들의 언어인 아랍어를 쓰고 있었으므로 모사라베는 종교뿐만 아니라 언어적으로도 상당 부분 '아랍화'되었다. 모사라베는 또한 이슬람교도들뿐만 아니라, 국토 회복을 위해서 투쟁했던 북부 가톨릭교도들에게도 정치적으로는 항상 약자였다.

반면에 이슬람교로 개종한 가톨릭교도들도 있었는데, 이들은 물라디(muladí)라 불렸다. 그리고 가톨릭교도가 국토를 회복한 지역에 남아 있던 이슬람교도들을 무데하르(mudéjar)라 했다. 가톨릭으로 개종한 이슬람교도는 토르나디소(tornadizo)라고 했는데, 이는 경멸적인 말로 '변절자'라는 의미도 갖고 있다. 가톨릭과 이슬람교의 경계선상에 있던 사람들을 일컬어 에나시아도(enaciado)라고 했으며, 이는 이슬람교도나 가톨릭교도들에 의해서 '스파이'의 의미로 사용되었다. 이들은 두 가지 언어를 모두 구사할 수 있어서 스파이 행위를 하는 데 뛰어난 능력을 발휘했기 때문이다.

이슬람교도의 지배
: 타리크의 침략에서 그라나다 왕국의 몰락까지 (711~1492년)

알 안달루스

이베리아 반도를 침공한 이슬람교도들은 그들의 정복지였던 반도 남부 지역을 '알 안달루스'라 불렀다. 이 명칭은 '반달족이 건너온 곳'이라는 뜻의 '반달루스(vandalus)'에서 유래된 것으로 '알(al)'은 아랍어 관사이다.

정복 후, 이베리아 반도에 들어온 이슬람교의 지배 계층과 상인들은 아랍의 사회 체제를 그대로 옮겨왔다. 아랍의 남자들은 이베리아 반도의 귀족 여자와 결혼할 수 있었지만, 아랍 여자들은 반도의 아랍인과만 결혼할 수 있었다. 정복 초기에는 아랍 본토에서 파견된 총독에 의해 통치되었다. 그러나 이슬람교도들 사이의 알력이 끊이지 않고, 이베리아 반도에 이미 정착해 있던 토착 귀족들의 세력이 여전히 남아 있어 이슬람교도의 통치력이 반도 전체까지는 미치지 못했다.

이슬람교도들이 이베리아 반도를 정복하고 있을 때, 아랍 본토에서는 바그다드의 아바스 가문이 반란을 일으켜 다마스쿠스를 중심으로 세력을 떨쳤던 옴미아드 가문을 몰아내고 칼리프의 지위를 빼앗았다. 이때 옴미아드 왕조 마지막 군주의 손자인 아브드 알라흐만은 아바스 왕조가 자행한 대량

학살을 피하여(750) 이베리아 반도로 들어왔다. 그는 스페인의 코르도바에 정착하여, 이슬람 세계의 최고 신분인 무하마드의 후예라는 점을 이용, 756년에 새로운 독립 이슬람 국가(emirato)를 세우고, 자신을 아브드 알라흐만(756~788) 1세라 칭했다.

1035년 무렵 이베리아 반도에 존재했던 왕국들. 타이파 왕국은 여러 이슬람 소왕국들로 이루어졌다.

이 나라가 바로 '알 안달루스'로서 수도는 코르도바로 정해졌다.

알 안달루스 국의 수도인 코르도바는 유럽에서 가장 문명화되고 번영한 거대 도시로 발전했다. 코르도바의 칼리프들인 아브드 알라흐만 2세와 3세 치하의 스페인은 문화적으로 가장 번창했으며 이베리아 반도의 정치 · 종교 세력을 통합하고, 북아프리카의 지중해 교역을 장악해 부를 축적했다.

코르도바 칼리프 왕조

그러나 시간이 지나면서 알 안달루스에는 불안한 조짐이 나타나기 시작했다. 왕은 어리고 나약했으며, 또 북쪽으로부터 가톨릭 세력이 남하하면서 이슬람교도들을 위협하기 시작했다. 이때 어린 왕을 대신해 재상의 자리에 올라 권력을 휘두른 사람이 바로 알만수르('승리자'라는 의미, 재임 977~1002)였다. 가톨릭교도들에 대한 불안감을 떨칠 수 없었던 그는 바르셀로나, 코임브라, 레온을 침공했으며 997년에는 산티아고 데 콤포스텔라까지 공격했다. 그는 예수의 열두 제자 가운데 하나인 산티아고의 무덤은 존중했지만 성당의 문짝들과 교회당의 종들을 전리품으로 코르도바로 가져갔다. 이는 북부 가톨릭교도들을 공포에 떨게 하기에 충분했을 뿐만 아니라, 그들에게는 커다란 충격이었다. 알만수르의 승리로 인해 모사라베뿐만 아니라 가톨릭교도들까지 그의 통치를 받게 되었다.

그러나 1002년 알만수르는 레온, 나바라, 카스티야의 가톨릭 왕국들에게 패배했다. 그 후 알만수르가 사망하자 코르도바에서는 무능한 왕과 분열된 귀족들의 내분이 격화되었다. 결국 1031년에 귀족들은 코르도바 왕국을 여러 이슬람 소왕국으로 분할했다.

국토 회복 운동의 결정적 계기: 타이파 시대

알만수르의 사망(1002)에 이어, 코르도바의 마지막 왕인 힉셈 3세가 1031년에 사망함으로써 왕국에서 동요와 반란이 일어나 한동안 진정되었던 종족 간 분쟁이 되살아났다. 그 결과 한 군주가 통치하는 칼리프 왕국이 사라지고(1031), 왕국은 주요 도시로 분할되어 각 도시마다 군주들이 난립하는 군웅할거 시대인 타이파(소왕국) 왕국의 시대로 넘어갔다(1031~1086).

세비야, 사라고사, 톨레도는 이슬람교도 또는 물라디(이슬람교도로 개종한 가톨릭교도들)에 의해, 그라나다는 베르베르인들에 의해, 무르시아, 데니아 등의 레반테 해안 지역은 슬라브 출신의 에스라본들에 의해 작은 왕국으로 분할되었다. 왕국이 여러 개로 분할됨에 따라 이슬람 세력은 정치적으로 약해졌다. 이 소왕국들은 대부분 끊이지 않는 분쟁으로 혼돈의 시대를 겪었는데, 이 혼란을 틈타 북쪽의 가톨릭 세력들이 소왕국의 내정에 개입하면서 영향력을 확대해나갔다. 가톨릭 세력은 이슬람 세력에게 '파리야스'라는 조공을 바치게 했는데, 이 조공은 가톨릭 세력이 이슬람교도들의 소왕국에 침공하지 않는다는 조건이었다. 이는 이슬람 소왕국들의 재정을 악화시키는 결과를 초래했다.

이렇게 정치적·재정적으로 약화된 소왕국의 왕들은 가톨릭 세력의 팽창에 맞서기에는 힘이 부족했다. 더욱이 1085년, 자신들이 지배하고 있던 톨레도가 가톨릭 세력의 수중에 들어가자 소왕국의 왕들은 아프리카 북부에 있던 알모라비데족에게 도움을 청하여 북부 가톨릭 세력의 남하를 저지했다. 그러나 도와주러 왔던 알모라비데족은 소왕국들이 내부 분열을 겪고 있음을 알고 오히려 그들을 지배했다. 알모라비데족들은 1147년까지 반도를 통치했으며, 뒤이어 온 광신적인 이슬람교도인 알모아데족에 의해 이슬람 세력은 재차 통합되었다(1147~1269).

이렇게 이슬람 왕국들 내에서 지배 세력이 바뀌는 과정에서 이슬람 세력은 1212년, 라스 나바스 데 톨로사 전투에서 카스티야 왕국을 주축으로 한 가톨릭 연합군에 크게 패배했다. 이 전쟁에서의 패배로 이슬람 세력은 전의를 상실한 반면, 가톨릭 세력은 자신감을 얻어 레콘키스타(이슬람 세력에 빼앗긴 가톨릭교도들의 땅을 되찾는 국토 회복 전쟁)의 발판을 마련했다.

그라나다 왕국

이와 같은 정치적 · 군사적 혼란 상황에서 무하마드 1세(재위 1231~1272)는 1231년, 그라나다에 이슬람의 마지막 왕국인 나스르 왕조를 세우고 독립 왕국임을 선포했다. 그라나다 왕국은 높은 산지로 둘러싸여 있어 외부의 침입을 막기가 매우 쉬웠으며 병력 또한 충분했다. 아울러 활발한 경제 활동에 힘입어 약 250여 년 동안 문화 왕국으로 풍요를 누렸다. 그러나 카스티야의 이사벨라 여왕과 페르난도 왕(가톨릭 왕들)에 의해 1492년 1월 2일에 정복당함으로써 이베리아 반도 내에서 이슬람 세력의 지배는 종식되었다.

이베리아 반도를 수놓은 무늬들
: 중세의 가톨릭 왕국들

이베리아 반도를 수놓은 무늬들

장기간에 걸친 국토 회복 전쟁 과정에서 많은 가톨릭 왕국들이 탄생했다. 이 왕국들의 경계는 자연적인 조건에 따라 구분되어 변화가 심했다. 가톨릭 왕국들이 이렇게 여러 왕국으로 나누어졌음에도 불구하고, 이베리아 반도를 가톨릭 세력으로 통일하겠다는 의지는 하나였다.

이슬람교도가 지배하던 이베리아 반도에서 반도 통일의 이상을 지니고 최초로 형성된 가톨릭 왕국은 반도 북부의 아스투리아스 왕국이었다. 아스투리아스 왕국이 코바동가에서 이슬람교도들을 물리침으로써 국토 회복 운동이 시작되었다. 아스투리아스 왕국의 영토는 곧바로 갈리시아, 레온, 포르투갈 북부 및 카스티야 일부 지역에까지 확대되었다.

10세기에는 포르투갈 백작령이 탄생했고, 그 후 카스티야는 1037년에 독립 왕국으로 확대되었다. 동부 지역 최초의 왕국은 팜플로나였으며, 아라곤 백작령은 1035년에 왕국으로 승격했다. 카탈루냐 지역에서는 바르셀로나 백작령이 생겼다.

이렇게 11세기에는 가톨릭 세력들이 여러 개의 백작령, 또는 왕국들로 분

세고비아의 알카사르. 스페인 전역에 흩어져 있는 성들은 수백 년 동안 전쟁 상태에 있던 스페인 사람들의 역사를 말해 주고 있다.

리되어 이슬람교도들과 대치했다. 그러나 12세기부터는 이러한 여러 가톨릭 왕국들이 카스티야-레온, 아라곤 연합 왕국, 나바라, 포르투갈과 13세기에 들어 이슬람교도들의 그라나다 나스르 왕국 등 5개의 왕국으로 나누어져 중세의 이베리아 반도를 수놓았다.

카스티야-레온 왕국

카스티야-레온 왕국은 카스티야 왕국과 레온 왕국이 통합하여 만들어진 왕국이다. 레온 왕국은 아스투리아스 왕국 출신의 알폰소 1세(재위 739~757)가 북부 칸타브리아 산맥을 넘어 남하하여, 남쪽에 위치한 레온을 정복함으로써 탄생했다. 여기서 더 나아가 알폰소 3세(재위 866~910)는 두에로 강 일대까지 영토를 넓혔다. 그의 뒤를 이은 가르시아 1세(재위 910~914)는 수도를 레온으로 옮김으로써 드넓은 중부 고원 지대로 뻗어나갈 수 있는 발판을 마련했다. 이때부터 왕국은 아스투리아스-레온 왕국 또는 레온 왕국이라 불리게 되었다.

한편 카스티야는 본래 아스투리아스-레온 왕국의 한 백작령이었는데, 페르난 곤살레스 백작(재위 927~970) 때부터 영토를 넓혀 레온 왕국으로부터 독립하면서 세력이 급팽창하기 시작했다. 카스티야 왕국은 반도 중앙부에 위치하여 남으로는 아라곤 백작령, 서쪽으로는 레온 왕국, 남으로는 알 안달루스와 국경을 맞대고 있었다. 이 때문에 카스티야 왕국은 각지의 개혁적이고 진취적인 세력들이 쉽게 모일 수 있는 여건을 갖추고 있었다[1].

페르난도 1세(재위 1035~1065)가 카스티야 왕국과 레온 왕국을 통합하여 통합 왕국 최초의 군주가 되었다.

그 후 알폰소 6세 시대인 1085년에 반도 중앙부의 전략 요충지인 톨레도를 점령함으로써 국토 회복 운동의 주도권은 완전히 카스티야-레온 왕국의 수중으로 넘어왔다. 그 후 카스티야-레온 왕국은 통합과 분열을 거듭하다 페르난도 3세(재위 1217~1250) 시대에 최종적으로 통합되었다. 그 후 카스티야-레온 왕국은 여세를 몰아 반도의 남부 지역을 차례로 점령해나가면서 사상 최대의 번영과 영광을 누렸다. 페르난도 3세의 아들이 스페인의 문화 발전에 큰 공헌을 했던 현왕 알폰소 10세이다.

나바라 왕국

나바라 왕국은 초기에 팜플로나 왕국이란 이름으로 출범했다. 나바라 왕국은 이미 10세기부터 국토 회복 운동에 적극 참여하여 에브로 강 유역까지 영토를 확대했다. 11세기에 들어 나바라 왕국에는 스페인 역사상 가장 위대한 왕 가운데 한 명으로 꼽히는 산초 3세 대왕(재위 1027~1035)이 등장, 카스티야 왕국과 아라곤 백작령 등을 점령하면서 반도 최강의 왕국이 되었다. 그 후 1034년에 레온 왕국마저 굴복시킴으로써 가톨릭 세계의 '대왕'으로 군림하게 되었다. 또한 클뤼니 수도사들을 대거 초빙해 교회와 문물을 개혁했다. 그러나 산초 3세 대왕의 죽음으로 나바라 왕국은 그의 아들들에 의해 분할되어 첫째인 산초 가르시아 3세는 나바라 왕국을, 둘째인 페르난도 1세는 카스티야 왕국을, 서자인 라미로 1세는 아라곤 왕국을 각각 물려받았다.

그러나 나바라 왕국을 물려받은 산초 가르시아 3세와 산초 4세는 과거 산초 3세 대왕의 화려했던 시대를 유지하지 못하고 나바라 왕국을 피레네 산

---

1   카스티야castilla는 라틴어 카스텔라castella에서 유래했다. 원래는 '소규모 군주둔지'라는 의미였으나, 현재에는 그 의미가 바뀌어 본래의 어원과 달리 '성(城, castillo)'을 의미하고 있다

맥의 소국으로 전락시키고 말았다.

아라곤 연합 왕국

아라곤 왕국은 영토는 작지만 피레네 산맥과 여러 강들을 끼고 있는 지형적 특성을 갖고 있었다. 이 왕국은 원래 9세기 초 원주민 귀족인 나바라 왕국의 한 백작령이었다. 1035년에 산초 3세 대왕이 죽고, 그의 서자인 라미로 1세(재위 1035~1076)가 왕국을 물려받았다. 그는 서쪽으로 세력을 넓혀, 이슬람 세력이 소왕국들로 분열되어 있는 틈을 타 본격적으로 국토 회복 운동에 뛰어들었다.

12세기에 접어들면서 알폰소 1세(재위 1104~1134)가 사라고사 및 에브로강 유역의 많은 도시들을 정복하여 방대한 영토를 차지했다. 그러나 알폰소 1세는 왕위를 계승할 왕자가 없었다. 왕위를 물려받을 사람이라곤 유일한 형제인 라미로 수사뿐이었다. 1134년, 알폰소 1세는 자신의 후계자로 산티아고, 칼라트라바, 알칸타라 등 세 기사단을 지명했다. 그러나 귀족들은 이를 받아들이지 않았다.

알폰소 1세가 죽자 동생인 수사 라미로가 임시로 왕위를 물려받았다. 그는 갈수록 확대되어가는 카스티야 왕국의 팽창에 맞서기 위해 형 알폰소 1세의 딸을 바르셀로나의 백작과 결혼시키고 그를 후계자로 삼았다. 이리하여 아라곤-카탈루냐 연합 왕국이 탄생했다(1137). 이 연합 왕국은 카스티야의 팽창에 맞설 수 있는 힘을 갖게 되었지만, 두 왕국이 갖고 있던 기존의 정치, 문화, 법률, 언어 체계 등은 그대로 존중된 연합체 성격의 통합이었다.

연합 왕국은 지중해의 마요르카, 이비사, 메노르카를 정복해 지중해로 뻗어나갈 수 있는 교두보를 확보, 지중해 교역을 담당하는 상공업 도시들을 많이 거느리게 되었다. 이 도시들에 상인 계급이 탄생함으로써 교역이 활발해지고, 또 많은 사람들이 이곳으로 이주하여 정착했다.

코바동가 전투
: 국토 회복 운동 시작
(722년)

국토 회복 운동

스페인어로 '정복'은 콘키스타(conquista)이다. 여기에 '다시, 재(再)'의 의미가 있는 접두사 re-를 붙여 '재정복'을 뜻하는 레콘키스타(Reconquista)란 단어가 생겨났다. 이 말은 '가톨릭교도들이 이베리아 반도를 지배하고 있던 이슬람교도들을 축출하는 운동 또는 전쟁'의 의미로 사용한다. 이 전쟁은 정복이 아닌 재정복의 전쟁으로서 1492년에 이슬람 세력의 마지막 왕국인 그라나다 왕국이 함락될 때까지 계속되었다. 가톨릭교도들은 이슬람교도들로부터 빼앗긴 국토를 되찾기 위해 거의 800년 동안 많은 피와 땀을 흘렸다. 그러나 이 800년에 걸친 국토 회복 운동 기간은 가톨릭 세력과 이슬람 세력이 뚜렷한 국경도 없이 서로 마주하면서 때로는 싸우기도 하고 화해도 하면서 서로의 피와 정열과 지혜를 교환했던 시기이기도 했다.

스페인은 유럽에서 성지 탈환을 위한 십자군 전쟁에 가담하지 않은 유일한 나라였다. 모든 힘이 레콘키스타에 집중되었기 때문이다.

이 국토 회복 운동은 가톨릭교도들이 이슬람교도들에 대항해 싸운 전쟁이었지만, 한편으로는 이슬람 세력을 물리치고 난 뒤에 얻을 수 있는 반도 내

코바동가의 성당. 코바동가는 반도 북부 아스투리아스 지방의 험준한 산으로 둘러싸인 곳이다. 이곳이 바로 이슬람교도들의 지배를 피해 모여든 소수의 가톨릭교도들이 800년에 걸쳐서 행했던 국토 회복 운동(레콘키스타)의 시발지였다. © David Alvarez Lopez

에서의 영향력 확대를 위해서 가톨릭 세력끼리 서로 투쟁했던 가톨릭 왕국들 사이의 전쟁이기도 했다.

레콘키스타의 시작: 코바동가 전투

이슬람교도들이 처음 스페인 땅에 들어왔을 때에는 분열된 가톨릭 왕국들로부터 별다른 저항을 받지 않았다. 그러나 큰 어려움 없이 스페인 북쪽으로 올라가던 그들이 더 이상 영토를 확장하지 못했던 이유는 아스투리아스 지방의 산중에 남아 있던 가톨릭교도들 때문이었다. 반도 북부 지역만큼은 어떻게든 지키려 했던 이들은 남부에서 이슬람교로 개종하고 살아가는 무기력한 동포(물라디)들을 비난하며 재기를 꿈꾸었다.

남쪽에서 반도 북부 대서양 연안의 아스투리아스 산악지대로 가려면 험준한 칸타브리아 산맥을 넘어야 한다. 718년, 서고트 왕국의 귀족들이 이곳에서 펠라요를 중심으로 최초의 가톨릭 왕국인 아스투리아스 왕국을 세웠다. 이곳의 가톨릭 세력이 722년에 칸타브리아 산악 지대의 코바동가라는 작은 마을에서 북으로 세력을 넓히고 있던 이슬람교도들을 처음으로 격퇴했다.

이를 시작으로 가톨릭교도들은 이슬람교도 축출을 위한 국토 회복 운동인 레콘키스타를 시작했다. 북부의 산악지대에서 시작된 국토 회복 운동이 남쪽의 레온까지 내려오면서 많은 지역이 가톨릭교도들의 세력 아래 놓이게 되었다. 이렇게 회복된 땅은 왕족 형태의 독립적인 가톨릭 국가들로 각각 발전해나갔다. 이때 형성된 여러 가톨릭 왕국들은 지금까지도 각각의 지역에서 그들 나름의 전통을 이어오고 있다. 이렇게 오랜 역사를 두고 내려온 이베리아 반도 내의 언어적 · 문화적 다양성은 스페인 문화와 국민성의 특징을 이루었다고 할 수 있다.

산티아고의 길: 성지 순례

스페인의 국토 회복 운동에는 엘 시드(El Cid)보다 더 위대한 존재가 있었다. 그는 다름 아닌 예수의 제자 산티아고(Santiago), 즉 성 야고보로서 그는 이베리아 반도 포교 후 예루살렘에서 순교했다. 후에 제자들이 그의 유언에 따라 시신을 배에 싣고 건너오다 풍랑을 만나 닿은 곳이 이리아 플라비아(현재의 파르돈)였으나 이후 그의 자취를 찾을 길이 없었다. 그러나 이슬람교도들을 상대로 재정복 전쟁을 벌이던 중, 이베리아 반도 북서부 갈리시아의 들판에서 한 무리의 별빛이 어느 한 곳을 비추고 있었다. 이곳이 바로 사도의 무덤이었으며 이때부터 이곳은 '별이 비춘 들판'이란 의미의 캄푸스 스텔라(Campus Stellae)라 불리기 시작했다. 이것이 변해 현재의 산티아고 데 콤포스텔라(Santiago de Compostela)가 되었다.

가톨릭교도들은 성 야고보(산티아고)를 산티아고 마타모로스(Santiago Matamoros, '무어인을 죽이는 산티아고'라는 뜻)로 부르기도 했다. 이는 이슬람교도들에 대한 가톨릭교도들의 저항 의식을 고취시키고 국토 회복 운동의 사기를 드높이기 위함이었다. 산티아고는 가톨릭의 스페인을 정신적 · 군사적 요소에서 하나로 묶었다. 가톨릭교도들은 산티아고가 우리들 편에 있다면, 신(神) 역시 우리와 함께 있고 우리의 전쟁 또한 성전이 될 것이라고 믿었다. 군대와 교회는 이 산티아고에 대한 숭배를 통해서 굳게 결속했다. 이처럼 산티아고는 이슬람교도와의 재정복 전쟁에서 정신적인 지주 역할을 했다.

한편, 그의 무덤이 있는 산티아고 데 콤포스텔라는 중세 시대에 유럽인의 순례지로 변했다. 당시 최대의 성지였던 예루살렘은 멀고 또 아직 이교도들

의 수중에 있었으므
로 매우 위험했다. 이
에 예루살렘을 대신
할 성지로 바로 '산티
아고 데 콤포스텔라'
가 각광받게 되었다.
특히 프랑스인들이
대거 피레네 산맥을
넘어 멀고도 험한 북
부 해안길을 따라 산
티아고 데 콤포스텔
라로 오기도 했다. 후
에는 남쪽의 새로운
길이 개척되어 더 많

산티아고 데 콤포스텔라 대성당의 위용. '별이 비춘 들판(캄푸스 스텔라) 산티아고'라는 의미를 가진 산티아고 데 콤포스텔라는 국토 회복 운동 당시 가톨릭교도들의 사기를 높이는 데 큰 역할을 했다.

은 순례자들이 찾아왔다. 한 줄의 진주 목걸이처럼 이어진 수도원, 대수도원, 도서관, 그리고 그것을 잇는 길을 통해서 많은 순례자들이 프랑스에서 스페인의 산티아고 데 콤포스텔라로 향했는데, 이는 마치 지상에서 천상으로 올라가는 것 같았다.

아울러 스페인의 성직자들은 이슬람교도들을 추방하기 위한 성전에 대한 지원을 아끼지 않았고, 산티아고 데 콤포스텔라의 순례를 위한 기반 시설도 마련해주었다. 그들은 북부 스페인에 수도원 네트워크를 만들어 도로, 책, 문화 공동체, 그리고 순례자를 위한 수용처를 제공했다. 독일인, 부르고뉴인, 노르만인, 영국인, 왕후 귀족이나 대수도원장, 상인, 도둑, 산적, 나병 환자 등 모든 사람들이 서로 섞여 순례의 길을 떠났다. 이는 이슬람교도들과 맞서 싸우느라 소홀했던 스페인의 서유럽 가톨릭 세계와의 교류가 이 순례자들을 통해 다시 활짝 열리게 되었음을 의미한다.

활짝 핀 중세의 스페인 문화
: 현왕 알폰소 10세
(재위 1252~1284년)

알폰소 10세

한때 서고트 왕국의 수도였던 톨레도에서 현왕 알폰소 10세가 태어났다. 그는 카스티야와 레온 왕국을 완전히 통합한 페르난도 3세의 아들이었다. 페르난도 3세는 유대교도와 가톨릭교도, 그리고 이슬람교도들이 함께 살아가면서 스페인을 발전시켜야 한다고 생각했다. 현왕 알폰소 10세는 선왕의 유업을 이어받아 중세 스페인의 문화와 언어 발전에 큰 공헌을 했다.

알폰소 10세는 수많은 유대인 지식인과 아랍인 통역사, 그리고 프랑스의 음유 시인들을 궁전으로 불러들였다. 그는 그들에게 코란이나 탈무드 및 인도 동화를 번역시켰고, 유대인 지식인들의 도움을 받아 《7부 법전》,《왕실 법론》,《스페인사》,《세계사》를 집필했다. 알폰소 10세는 또한 아랍인들의 놀이였던 체스에 관한 책을 서구 최초로 펴내기도 했다.

또한 그는 이슬람교, 유대교, 가톨릭의 문화를 융합하여 새로운 스페인 문화를 만들려고 노력했다. 특히 톨레도의 대주교 라이문도에 의해서 만들어진 '번역자 학교'에서 유대교도, 이슬람교도, 가톨릭교도로 구성된 당시 최고의 학자들이 아랍어로 쓰여진 문학, 천문학, 점성술 등에 대한 모든 작품들을 라틴어나 로망스어(로마 제국이 멸망한 후, 각 지역에서 사용되던 라틴어가 독립적으로 발전한 언어)로 번역하는 데 지원을 아끼지 않았다.

이러한 번역 사업은 고급 지식에 목말랐던 서유럽 지성계에 자양분을 공급했다. 당시까지는 모든 주요 서적들은 거의 대부분 라틴어로 씌어졌다. 그런데 로망스어로 옮겨진다는 것은 가능한 한 발음이 나는 대로, 즉 구어로 글을 쓴다는 것을 의미했다. 당시에는 철자와 발음이 일치하지 않는 경우가 많았는데, 로망스어로 번역되었다는 사실은 발음과 철자의 불일치가 상당 부분 해소되어 일반 사람들이 사용하는 말(속어)이 글로 쓸 수 있는 말(문어)로 정착되었음을 의미했다.

그는 또한 서양 음악 발달의 발자취를 아는 데 있어서 매우 귀중한 유산인 《성모 마리아 송가집》을 편찬했다. 이 작품은 400개 이상의 가곡으로 이루어졌는데, 알폰소 10세는 그중 몇 작품을 몸소 지었다. 이 가곡 편집에는 아랍과 유대의 문인, 음악인들이 직접 참가했다. 이처럼 현왕 알폰소 10세는 스페인에서 중세 최대의 문화 운동을 힘차게 추진했다.

대학

중세에는 수도원 학교와 교회 학교가 교육을 담당했다. 그러나 이 학교들은 12세기에 활짝 핀 학문과 교육의 발전에 큰 영향을 끼치지 못했다. 여기에 대학이란 새로운 교육 제도가 대두되었는데, 13세기 초의 대학은 공인조합(工人組合)이나 다름없는 집단으로서 공동의 이익을 스스로 보호하려는 교수와 학생의 조합이었다. 이런 유형의 대학이 이탈리아와 스페인, 남프랑스 일원에서 생겨났다.

남유럽 지역 대학의 기준이 되었던 대학은 이탈리아의 볼로냐 대학이었다. 여기서는 학생들이 조합을 결성, 교수를 채용하고 그들에게 봉급을 지불했다. 또 직무에 태만하거나 강의가 시원찮은 교수에 대해서는 해고하거나 벌금을 부과했다. 이 대학들의 수업 방법은 주로 강의와 토론에 의존했는데 교수가 강의한 후에 학생들은 서로 토론을 하고 교수는 공개 토론 시간을 마련, 질의를 받아 응답했다.

플라사 마요르(살라 망카). 알폰소 10세는 번역 학교를 만들어 아랍어로 쓰여진 모든 작품들을 라틴어로 번역 하는 데 지원을 아끼지 않았다. 그는 또한 살라망카 대학을 설립, 중세 스페인 학문의 발전에 큰 공헌을 했다.

스페인에서는 카스티야 왕국의 알폰소 8세가 1212년 무렵에 스페인 최초의 대학인 발렌시아 대학을 인가했다고 알려져 있다. 당시 이 대학은 명성이 자자하여 외국에서 교수들이 오기도 했으나, 알폰소 10세가 이 대학을 바야돌리드로 이전시켰다. 그 후 스페인의 왕들은 각 왕령지에 대학을 만들었다. 카스티야와 레온 왕국의 현왕 알폰소 10세는 1254년, 살라망카에 스페인 최고의 대학을 만들었다. 살라망카 대학은 스페인의 교육 수준을 한 단계 높이는 데 큰 공헌을 했다.

도미니크 수도회

910년, 프랑스의 클뤼니에서 기예르모 공작이 수도원을 건립하여 가톨릭 초기의 청빈과 순수성을 회복하자는 운동을 폈다. 그는 교황 직속으로 교회 개혁을 주도했으며, 이는 곧 유럽 각지로 확산되었다. 스페인에는 카스티야 왕국의 알폰소 6세 통치 때 클뤼니파 수도사들이 들어왔다. 이들 프랑스 성직자들은 이베리아 반도의 교회에 대한 개혁 운동을 전개했다. 이는 결국 교회의 지위를 더욱 강화하는 계기가 되었고, 로마 교황청에 절대 복종하는 원칙을 확립했다.

12세기에는 육체 노동을 주장하는 시스테르파 수도회가 이베리아 반도에서 활발하게 세력을 떨쳤다. 12세기 중엽에는 산티아고, 칼라트라바, 알칸타라 기사 수도회가 창설되어 국토 회복 운동에 적극 참여했다.

13세기에 들어와 스페인의 고위 귀족 출신인 도밍고 데 구스만(도미니쿠스)이 도미니크 수도회를 설립했다. 젊은 주교좌 성당 참사회원으로 주교와 동행하면서 이단 운동의 확산과 그에 대한 교회 설교의 무력감을 경험하게 된 그는, 일생을 사도적인 청빈과 순회 설교에 바치려고 이 수도회를 만들었다. 도미니쿠스와 그의 추종자들은 확신을 갖고 고위 성직자들보다 더욱 확실하게 전도 사업을 수행했다. 또한 한창 발전하고 있던 도시와 도시 대표자들을 위한 전도 사업을 해나갔다. 도미니크회 수도사들이 지킨 회칙을 "중세에 형성된 수도 단체의 정수(精髓)"라고 표현한 학자도 있었다.

그들은 특히 이단과의 싸움에, 그리고 유대교도과 이슬람교도들의 개종에 헌신적이었다. 당시 많은 도미니크 수도사들은 당시 갓 태어난 유럽의 각 대학에서 교수로 재직했으며 철학과 신학의 발전에 크게 이바지했다. 13세기에 가장 큰 영향력을 발휘했던 사상가 성 토마스 아퀴나스(1225~1274)는 도미니크 교단의 수도사였는데, 그는 자신의 신학적 노력의 주요 목적이 '이교도(즉 모든 비가톨릭교도)'를 개종시키는 데 있다고 공언했다. 이처럼 도미니크 교단의 수도사들은 종교 재판소의 주도적인 이단 심문관이기도 했다. 그들은 '가톨릭 신앙의 경비견' 역할을 했다(이는 도미니크 교단에 붙여진 별명 '도미니카네스Domini canes, 곧 하운드 오브 갓Hounds of God'을 빗대서 한 표현이다).

중세 기사의 전형
:《엘 시드의 노래》
(1140년)

로드리고 디아스 데 비바르

엘 시드(1043~1099)는 국토 회복 운동 기간에 산티아고(성 야고보)에 버금갈 정도로 유명했던 인물이다. '엘 시드'는 아랍어로 '나의 군주(mi Señor)'라는 뜻을 갖고 있다. 본명이 '로드리고 디아스 데 비바르'인 그는 이슬람교도들에게서 빼앗은 땅을 부하들에게 분배했으며 왕의 신하로서의 충성됨과 자식들과 부인에게 자애롭기 그지없는 품성을 갖춘 인물이었다.

1065년, 카스티야-레온 통합 왕국 최초의 군주인 페르난도 1세가 죽으면서 첫째인 산초 2세에게 카스티야를, 둘째인 알폰소 6세에게 레온을, 그리고 셋째인 가르시아에게 갈리시아와 포르투갈을 물려주었다. 딸들인 엘비라와 우라카에게는 자신이 통합한 왕국에 있던 모든 수도원을 물려주었다. 그러나 페르난도 1세가 죽자 형제지간인 산초 2세와 알폰소 6세는 서로 싸웠다. 이 과정에서 등장한 인물이 중세 기사의 전형으로 평가받는 엘 시드이다.

엘 시드는 1043년경, 부르고스 부근 비바르에서 태어났다. 그는 카스티야의 페르난도 1세의 장자인 산초 2세의 무장 기사였는데 1072년에 주군인 산초 2세가 암살당하는 사건이 일어났다. 그의 뒤를 이어 카스티야의 왕권이 산초 2세의 동생 알폰소 6세에게 돌아가자, 엘 시드는 신하로서 임무를 충실히 수행했다. 그러나 엘 시드는 알폰소 6세에게 자신의 주군이었던 산초 2세의 암살 사건 진상을 밝힐 것을 공개적으로 요구했다. 새 군주인 알폰소 6세는 이를 모욕으로 여겼다. 또한 귀족들은 용맹스럽고 강직한 엘 시드를 시기하여 그가 받은 공물 중 일부를 횡령했다고 모함했다. 알폰소 6세는 이 기회를 이용하여 그에게 추방령을 내렸다. 엘 시드는 1081년, 300명의 친

엘 시드의 동상. 엘 시드는 용맹과 충성, 애끓는 가족애와 적까지 포용하는 아량을 가진 중세 기사의 전형이었다. 유명한 그의 말 바비에카를 타고 있는 이 엘 시드의 동상은 뉴욕 브로드웨이 155번 가에 위치한 '미국 스페인 협회' 건물 입구에 있다.

지와 부하를 거느리고 카스티야를 떠나야 했다. 그러나 그는 새로 북상해오는 알모라비데족과 싸워 여러 전투에서 승리를 거두었고, 1094년에는 발렌시아까지 정복했다. 엘 시드는 비록 자기를 버렸지만 자신이 충성을 맹세했던 카스티야의 알폰소 6세에게 발렌시아의 왕관을 바침으로써 변함없는 충성을 과시했다.

《엘 시드의 노래》의 문학적 의의

엘 시드의 용맹과 충성, 애끓는 가족애와 적까지 포용하는 덕목 등 중세 기사의 전형을 보여준 무용담을 노래한 것이 바로 《엘 시드의 노래(Cantar del Cid)》다. 《엘 시드의 노래》는 카스티야어로 된 최초의 작품으로 스페인 문학의 효시라 할 수 있다. 구전으로만 전해오던 엘 시드의 무용담은 1140년에 메디나셀리의 한 방랑 시인에 의해 최초로 카스티야어로 기록되었는데, 1307년에 페르 아밧(Per Abbat)이 3,730행으로 지은 《엘 시드의 노래》 필사본

이 유일하게 전해온다.

작품의 특성은 역사성과 사실성이라 할 수 있다. 카스티야의 비바르 지방 출신인 엘 시드는 스페인 역사상 실존했던 인물이었다. 엘 시드뿐만 아니라 작품에 나오는 모든 인물들은 역사에 등장하는 실제 인물들이어서 역사적 가치를 지닌 작품이라 할 수 있다. 또한 작품에 나오는 지명들이 모두 실제로 존재하는 것이기 때문에 사실주의적 특성이 돋보인다.

스페인 사람들의 시기심과 종교적 배타성

그런데 《엘 시드의 노래》에 나오는 소설화된 영웅상과 실제의 엘 시드는 서로 달랐다고 한다. 멕시코의 역사학자 알라토레는 "엘 시드는 자신의 군주인 알폰소 6세의 명령을 무시하고 혼자 톨레도를 공격한 벌로 추방당한 후, 사라고사를 통치하던 이슬람 왕국의 군주를 섬기기도 했고, 1088년에는 발렌시아 지방의 이슬람 왕국의 왕과 자신의 옛 군주를 공격했으며, 발렌시아 인근의 여러 이슬람 소왕국의 군주들을 보호해주는 조건으로 그들로부터 조공을 거두었다. 1094년에 엘 시드는 북아프리카에서 북상해오는 알모라비데 족을 물리치고 발렌시아 왕국을 정벌했는데, 한 왕국의 군주가 된 뒤에도 여전히 주변의 이슬람 소왕국들로부터 조공을 거두어들였다."라고 주장하기도 했다. 이처럼 엘 시드는 세속적으로 기회주의적인 정치가이기도 했다.

한편 20세기 스페인의 대표적 사상가인 우나무노는 《엘 시드의 노래》를 통해서 '스페인인들의 시기심'을 언급했다. 그는 "이러한 시기심이 어디서부터 시작되었는지, 어떻게 그러한 결점을 갖게 되었는지 그 뿌리는 알 수 없지만 이 작품에 나타나고 있다. 모든 사람들이 엘 시드를 시기하고, 왕도 엘 시드의 재능을 지혜롭게 이용하는 대신에 그의 재산을 압류하고 그를 추방함으로써 그에 대한 시기심을 극대화시켰다."라고 지적했다.

또한 이 작품에서 당시 스페인 사회의 종교적 배타성도 볼 수 있는데, 돈 한 푼 없이 쫓겨난 엘 시드는 자기의 부하 알바르 파녜스로 하여금 유대 상인에게 사기를 치도록 사주하는 등 가톨릭이 아닌 종교를 가진 유대인들에 대한 반감을 극명하게 드러내고 있기도 하다.

《엘 시드의 노래》의 국가적 가치

《엘 시드의 노래》는 문학적 가치와 함께 스페인의 정신을 담고 있다. 당시 최고조에 달했던 이슬람 세력에 대항할 수 있는 국가 의식이 절실히 요구되던 때에《엘 시드의 노래》는 스페인의 정신을 한 군데로 모아서 진정한 '스페인의 혼'을 제시해주고 있다. 즉, 가족에 대한 사랑과 주군에 대한 변치 않는 충성심, 부하를 배려하는 따뜻한 마음 등이 바로 그것이라 할 수 있다.

이슬람 지배 하의 사회와 경제
: 농업에서 수공업과 상업으로 전환

사회 구조

이슬람교도들은 서고트족이 물러난 뒤, 군사력의 우위를 바탕으로 다시 스페인 사람들을 지배했다. 이베리아 반도를 침략한 아라비아인들과 시리아인들 그리고 베르베르인(북아프리카인)들은 여자를 데려오지 않고, 대신 이베리아 반도에 거주하던 귀족 출신의 여자들과 결혼했다. 9~10세기에 이슬람교도들은 새로운 도시를 건설했는데, 이로 인해 도시 지역에서 이슬람교도의 수가 상당히 증가했다.

이처럼 이슬람교도들은 유목 생활을 청산하고 지주 계급으로 변신하여 스페인의 도시로 이주했다. 다시 말해 일단 군사와 농업의 기반이 마련되자, 이슬람 세력은 도시를 거점으로 그들의 군사, 농업 그리고 상업의 이권을 보다 효율적으로 관리했다. 코르도바, 세비야, 그라나다 같은 도시들은 화폐 경제의 급속한 발전과 효과적으로 운용되는 관료 체제, 그리고 서비스 부문의 발달을 기반으로 건설되고 발전해나갔다.

이 시기의 스페인 사회는 이슬람교도와 비이슬람교도로 구분되었는데, 이슬람교도들은 아랍인, 시리아인, 베르베르인, 페르시아인들이었고, 비이슬람교도들은 인두세와 토지세 등의 특별세를 지불하던 유대인과 모사라베(이슬람교도 치하에 남아 있던 가톨릭교도)들이었다.

대토지를 소유한 아랍인들은 최고의 귀족층을 형성했으며, 침략군의 보조병으로 건너왔던 시리아인들이 두 번째 귀족층을 이루었는데, 토지를 분배받은 그들은 수리 관개 시설을 이베리아 반도에 들여왔다. 북부 아프리카 출신인 베르베르인들은 전투 부대를 결성하여 가톨릭 왕국들과의 접경인 산악지대에서 방어군 역할을 했다. 그들은 후에 중앙지대의 산맥과 엑스트레마두라의 산악지대를 점유하여 목축에 종사했다. 이들 외에 토지를 잃지 않기 위해 이슬람교로 개종한 물라디(그들은 가톨릭교도들에 의해 '배교자'라 불렸다)가 있었는데, 그들은 자유민 신분을 얻고 조세도 경감되었다. 자유민 신분을 얻거나 조세 경감을 목적으로 시골 지역의 열악한 환경에서 살았던 사람들이나 노예들이 이슬람교로 많이 개종했다.

비이슬람교도로서 유대인들은 많은 자유를 누리면서 경제 분야에서 두각을 나타냈다. 가톨릭교도들인 모사라베는 그들이 살던 지역에 남아 세금을 내고 토지를 소유할 수 있었고, 고유의 종교나 언어 및 풍속들을 유지할 수 있었다. 그러나 그들은 이슬람교도들이 지배하던 지역에서 고립된 채 매우 어려운 생활을 했다.

농업과 목축업

이베리아 반도 정복 후, 이슬람교도들은 농민들에게 토지를 임대하여 경작시켰다. 대토지 소유주인 이슬람교도들은 농업 분야에서 수리 관개 시설을 확충시키면서 메소포타미아 지역에서 배운 새로운 농업 기술을 이베리아 반도에 이식했다. 레몬, 감자, 목화, 쌀, 사탕수수 따위의 새로운 산물도 소개했다. 그리고 비록 코란에서는 주류의 소비를 금하고 있었지만, 건조 지대에 포도를 재배하여 포도주를 생산했으며 올리브도 재배했다. 이슬람교도들은 목축업에도 큰 관심을 가졌다. 이베리아 반도는 목초지가 풍부하여 양과 소의 방목이 크게 발달했다. 그들은 특히 '안달루스 종(種)'이라는 새로운 말 품종을 탄생시켰다. 이동 목축은 예전부터 있었지만 북부 아프리카 출신의 베르베르인들이 이베리아 반도에 정착함으로써 이동 목축 또한 크게 발전했다.

상공업

이슬람교도 지배의 이베리아 반도에서는 서부 유럽과는 달리 도시와 농촌 간의 물물교환이 활발했다. 이와 같은 교역은 로마 시대에 건설한 도로망을 따라 전국적으로 쉽게 확산되고 발전될 수 있었다. 이렇게 활발했던 교역의 중심지는 코르도바였는데, 이 도시는 주변 도시들과의 교역로가 잘 발달되어 있었다.

이슬람 세력은 압데라만 3세때 이미 200척의 범선을 갖고 지중해를 통해 북부 아프리카 및 근동 지역의 항구들과 대외 교역을 해왔다. 거래 품목으로는 모피와 각종 금속 제품, 직물, 무기와 노예 등을 들 수 있다. 아프리카 북부에는 주로 곡물류, 염료, 올리브유 및 무기를 수출하고 근동 지역에서는 서적과 보석, 향료 등을 들여왔다. 당시의 이슬람 세계와 비교해볼 때 경제적으로 열등했던 유럽으로부터는 배를 건조하기 위한 목재나 무기(이교도와 무기를 교역해서는 안 된다는 교황의 칙령이 있었음에도 불구하고)를 들여왔다. 이슬람교도들은 아프리카와 근동 지역과 교역을 할 때에는 금화, 은화, 동화 같은 화폐를 주조하여 사용했다.

공업 분야에서는 가내 공업 성격의 양모업이 가장 발달했으며 각 도시마다 특징 있는 공산품들이 생산되었는데 코르도바와 톨레도의 철제 무기, 사라고사의 아마, 알메리아의 비단 등이 유명했다. 그밖에 상아, 구리 제품 및 유리도 유명했고 조선업도 발달했다.

중세의 수공업자. 이슬람교도들은 가내공업 성격의 양모업과 금속, 직물 산업을 발전시켰으며, 지중해 연안 국들과의 교역에도 힘썼다.

스페인 속의 이슬람 세계
: 코르도바, 세비야, 그라나다

이슬람교도 지배 하의 스페인은 세 도시가 중심을 이루었다. 즉, 711년 에서 1010년까지는 코르도바, 1010년에서 1248년까지는 세비야, 그리고 1248년에서 1492년까지는 그라나다에서 이슬람 문화가 꽃을 피웠다.

알 안달루스의 신부, 코르도바

옴미아드 왕조의 마지막 군주의 손자인 압데라만 1세가 아바스 왕조의 학 살(이슬람교도들이 이베리아 반도를 정복하고 있을 때, 아랍 본토에서는 다마스쿠스를 거점으로 지배하던 옴미아드 왕조와 그 반대 세력인 아바스족 간의 분쟁이 일어났다. 결 국 아바스족이 승리하여 아바스 왕조가 바그다드를 중심으로 세력을 잡았는데, 이 과정에 서 발생한 아바스 왕조의 옴미아드족 학살)에서 피신하여 756년, 스페인에 새로운 독립 이슬람 왕국을 세워 국호를 '알 안달루스(Al-Andalus)'라고 했다. 이 독립 이슬람 왕국의 수도가 된 곳이 코르도바였다.

압데라만 1세의 뒤를 이은 압데라만 2세는 그의 30년 치세를 통해 코르도 바를 바그다드보다 훌륭한 도시로 만들려고 했다. 두 번에 걸쳐 증축한 대 모스크(이슬람 사원)의 1,200개나 되는 석조 기둥(지금은 80여 개만이 남아 있다)

에는 스페인을 거쳐 간 지중해의 모든 문명—그리스, 카르타고, 로마, 비잔틴—의 양식들이 표현되었다. 그는 아라베스크 무늬로 장식된 호화로운 궁전을 지었으며 시에라 모레나 산으로부터 물을 끌어오는 수로를 만들었다. 또한 유리, 천, 가구, 가죽 등의 산업을 발전시켰다.

그 무렵 유럽에는 인구 3만이 넘는 도시가 적었던 반면에 코르도바 인구는 50만이었으므로 코르도바와 어깨를 나란히 할 수 있는 도시는 콘스탄티노플 이외에는 없었다. 상층 계급의 저택이 5만 호, 서민 계급의 집이 10만 호, 모스크가 700개, 병원이

코르도바의 이슬람 사원. 독립 이슬람 왕국 알 안달루스의 수도였던 코르도바는 10세기경에는 50만 명의 인구를 자랑하는 거대 도시였다. 이 사원은 25,000명의 신자를 한꺼번에 수용할 수 있는 규모로 바그다드의 이슬람 사원에도 뒤지지 않을 정도였다.

50개, 상점이 8만 개, 대학 등 교육 기관이 17개, 도서관이 70개나 되었다. 도로는 포장되어 우마차가 청소했으며 밤에는 가로등이 켜졌다. 이처럼 당시 유럽에서 가장 문명화되고 번영된 거대 도시였던 코르도바는 이슬람 문화를 북유럽으로 보내는 도로 역할을 했다.

압데라만 2세의 뒤를 이은 압데라만 3세는 코르도바를 하나의 독립된 칼리프로서 바그다드로부터 분리시켰다. 그 후 그는 바그다드와의 정치적 종속 관계를 깨고 자신의 모든 정치적인 힘과 종교적인 권력을 한 군데로 모았다. 이로 인해 알-안달루스 왕국은 독립적인 황금 시대를 구가할 수 있었다. 압데라만 3세는 배척이 아닌 포용과 개방성을 원칙으로 왕국을 통치했다. 때문에 그가 통치했던 코르도바는 그리스 철학이나 로마의 법률, 비잔틴과 페르시아의 예술을 받아들였고, 유대교와 가톨릭 신학까지 연구했다.

그러나 끊이지 않았던 가톨릭교도와의 전쟁으로 인하여 이러한 황금 시대는 위협받았다. 1085년에 이슬람교도의 지배를 받던 톨레도가 가톨릭교도의 수중에 떨어지자, 코르도바 왕국은 북아프리카의 광신적인 알모라비데족에게 도움을 청했다. 마침내 알모라비데족은 지브롤터 해협을 건너와 가톨릭교도들을 물리치지만, 동시에 코르도바 왕국도 정복하는 바람에 '알 안달루스의 신부(新婦)' 코르도바의 영광은 사라지고 말았다.

군주와 노예의 사랑, 세비야

코르도바의 옴미아드 왕조가 멸망한 후 수십 년 동안, 이베리아 반도 전역에는 소규모 이슬람 왕국이 난립하는 전국 시대가 계속되었다. 그중 가장 번영을 누린 왕조가 세비야에서 3대째 계속된 아바스 왕조였다. 즉 세비야는 1010년에서 1248년까지 이베리아 반도에서 이슬람 문화의 새로운 중심지가 되었다.

코르도바 왕국에 이어 200여 년 이상 이슬람의 문화를 꽃피웠던 세비야에는 군주와 노예의 사랑 이야기가 전해온다. 1060년대 후반, 아바스 왕조의 최후의 군주인 알 무타미드(1040~1095)는 신하들과 과달키비르 강가를 산책하고 있었다. 그때 조용히 흐르던 강물이 갑자기 일진광풍에 거칠어지기 시작했다. 알 무타미드는 시정(詩情)을 자극받아 시 한 수를 읊었다. 시의 다음 구를 누군가가 붙이길 원했으나, 아무도 말이 없었다. 그때 강가에서 빨래를 하던 아가씨가 일어나 응답했다. 알 무타미드는 아가씨의 재기와 젊음, 아름다움에 감탄하여 주인으로부터 이 노예 신분의 아가씨를 사들이고 그녀와 결혼까지 했다. 그는 전쟁터에서도 그녀를 위해서 끊임없이 시를 지었다. 알 무타미드는 그 후 모로코로 납치되어 5년 동안 갇혀서 고생하다 옥사했다.

이런 군주와 노예의 사랑 이야기가 전해 내려오는 세비야에는 많은 이슬람 건축물들이 있다. 그 대표적인 것으로 1181년 아부 야콥이란 왕을 기리기 위해 지어진 알카사르가 있다. 이것은 '무데하르 양식(스페인의 이슬람 건축 양식)'의 전형을 보여주고 있다. 알카사르와 함께 세비야를 대표하는 건축물로는 이미 12세기에 이슬람교도들이 만들어놓은 98미터 높이의 히랄다(Giralda)

탑이 있다. 이렇게 이슬람 문화가 꽃피었던 세비야는 16세기에는 아메리카와의 교역의 중심지로서, '해가 지는 일이 없다'고 불렸던 해양 제국의 수도이기도 했다.

집시의 피를 받은 땅, 그라나다

집시의 피를 받은 땅 그라나다에 군사적·정치적 혼란 속에서 무하마드 1세가 나스르 왕조를 세웠다. 이 왕국은 이베리아 반도에 머물렀던 이슬람교도 최후의 왕국으로 1248년에서 1492년까지 존속했는데, 이슬람교도가 이베리아 반도에 나라를 세우고 처음으로 수도를 정한 곳이 코르도바라면, 그라나다는 이슬람교도 통치 제3기, 즉 쇠퇴기를 장식하는 도시로서 이슬람 세력이 반도에서 물러날 때까지 250여 년 동안 이베리아 반도에 존속했다.

이슬람교도들의 마지막 왕국이 존재했던 그라나다에는 알람브라 궁전이 있다. 이슬람 문화의 진수를 그대로 보여주고, 지상의 모든 기쁨이 머물고 있는 듯한 착각에 사로잡히게 하는 궁전이다. 그리고 그 앞에 펼쳐진 언덕에는 원시인들의 혈거(穴居) 같은 구멍들이 있는 사크로 몬테(Sacro Monte, '신성한 언덕'이라는 뜻)가 있다. 이처럼 그라나다에는 아랍에서 들어온 왕족이 살았던 반면에 또 다른 한쪽에서는 이민족이었던 집시들이 거주하고 있었다.

1212년의 라스 나바스 데 톨로사 전투에서 이슬람교도들이 패배한 이후, 1248년에는 카스티야 왕국의 공격으로 세비야가 함락되었다. 그 후 스페인에서 이슬람 세력은 쇠퇴하기 시작하여, 이슬람 세력의 마지막 유산을 지키기 위해 남아 있던 그라나다의 나스르 왕조도 1492년, 가톨릭 왕들의 공세에 굴복하여 역사의 뒤안길로 사라졌다.

알람브라 궁전의 추억
: 이슬람 문화의 영향

DIGEST
21
SPAIN

스페인어에 끼친 아랍어의 영향

약 8세기 동안 이베리아 반도에서 이슬람교도들이 사용했던 아랍어는 라틴어 다음으로 스페인어에 많은 영향을 끼쳐서 스페인어에 약 4천 개의 어휘를 남겼지만 음성·음운 분야에서는 아무런 흔적을 남기지 못했다. 즉 발음상으로는 아랍어가 라틴어 체계에 아무런 영향을 끼치지 못했다는 것이다. 그 이유는 아랍인들의 언어가 정치적·종교적 적대감으로 인해 가톨릭교도들에게 철저히 배척당했기 때문이다.

스페인어에 대한 아랍어의 영향은 시대에 따라서 크게 변했다. 아랍어는 이슬람 세력의 중심지였던 코르도바에 어떠한 장애나 경쟁 없이 들어와 스페인어에 큰 영향을 끼쳤다. 그러나 시간이 흐르면서 라틴어의 영향은 점차 커져간 반면에 아랍어의 영향력은 약화되었지만 그 흔적은 다방면에 걸쳐 광범위했다. 그중에서도 특히 농업과 원예에 관한 용어들—아로스(arroz, 쌀), 나랑하(naranja, 오렌지), 하스민(jazmín, 재스민)—과 정복자로서의 면모를 과시하는 전쟁에 관한 용어들—알카사르(alcázar, 성채), 알미란테(almirante, 해군 제독)—과 뛰어난 과학 기술을 보여주는 수학·천문·역법 등의 용어들—세로

(cero, 제로), 알코올(alcohol, 알코올), 알칼리(álcali, 알칼리)—이 있다.

술 마시고 돼지고기를 먹는 철학자

이슬람교도 치하의 이베리아 반도에는 아베로에스(Averroes, 이븐 루슈드)라는 이슬람 철학의 거장이 있었다. 그는 아리스토텔레스 연구에 탁월한 능력을 발휘했다. 그는 비록 맹목적으로 아리스토텔레스의 사상을 받아들이지는 않았지만, 그 자신의 사상을 정립하는 데 큰 영향을 받았다. 그는 신의 계시를 인정했으며 지식이 신앙에 종속된다고 주장했다. 아베로에스는 아리스토텔레스에 대한 많은 논평들을 발표하여 중세 서구의 여러 학파들의 이론에 큰 영향을 끼쳤다. 성 토마스 아퀴나스는《신학대전》을 편찬할 영감을 아베로에스의 사상들로부터 얻었다고 고백하기까지 했다.

이처럼 아베로에스는 아리스토텔레스를 유럽에 다시 소개한 철학자였다. 그는 대담하게도 종교적으로 계시된 진실과 과학적으로 검증된 진실이라는 '이중 진리'를 고찰하고자 했다. 이 종교와 과학의 분리는 근대 사상이 지닌 특징 가운데 하나가 되었다. 그 후 아베로에스는 아리스토텔레스 사상을 바탕으로 '아베로에스주의'라 불리는 철학을 확립했다.

이렇게 독자적인 철학 사상을 구축했던 아베로에스는 코르도바 칼리프의 알만수르(어린 왕을 대신하여 재상 자리에 올라 가톨릭교도들에게 큰 위협을 주었던 인물, 재임 977~1002)의 주치의를 지냈다. 그는 이슬람교도임에도 불구하고 술을 마시고 돼지고기도 먹는 철학자였다. 이런 아베로에스는 당연히 이슬람교 율법학자들에게 시기와 증오의 대상이었다. 결국 알만수르는 아베로에스를 파문하고 그의 모든 책들을 불태우라고 명령했으며, 그때까지 왕국의 자랑거리였던 아베로에스를 추방시켰다.

알람브라 궁전의 추억

이슬람교도들의 이베리아 반도 지배는 코르도바 칼리프 왕조, 이슬람 소왕국 시대, 그리고 그라나다 나스르 왕국 등 세 단계로 구분할 수 있다. 그들이 이베리아 반도에 남긴 문화 유산 가운데 으뜸으로 꼽을 수 있는 것은 건

알람브라 궁전. '붉은 궁전' 또는 '붉은 요새'라는 뜻을 가진 이 궁전은 이베리아 반도에서 마지막 이슬람 왕국의 수도인 그라나다의 언덕 위에 자리잡고 있다. "그라나다에서 장님이 되는 것만큼 더 큰 형벌은 없다"라는 찬사가 있을 정도로 아름다움의 극치를 이루는 건축물이다.

축물인데, 그중 코르도바 칼리프 왕조 시대의 메스키타(Mezquita, 회교 대사원)와 메디나 아사하라 궁전, 그리고 그라나다 나스르 왕국의 알람브라 궁전을 들 수 있다.

코르도바의 거대한 회교 사원은 786년에 건설이 시작되어 압데라만 1세, 2세, 3세와 알 하켐 2세 및 알만수르에 이르기까지 계속 확장되어 11세기에 들어서 완성되었다. 카스티야-레온 통합 왕국의 페르난도 3세가 13세기에 코르도바를 정복했을 때, 그는 이 거대한 회교 사원을 대성당으로 바꾸었다. 붉은 줄무늬의 아랍식 아치들과 작은 간격을 두고 850개의 기둥들로 이루어져 있는 사원의 내부는 다양한 크기와 형태의 기둥들로 분리되어 있어서 건물 안에 들어서면 환상적인 동양의 숲 속에 들어온 듯한 느낌을 받게 된다. 남북으로 180미터, 동서로는 130미터의 길이로 만들어진 코르도바의 메스키타는 회교 사원 중에서는 메카에 있는 아카바 대사원 다음으로 크고 웅대한 사원이다.

코르도바의 또 다른 이슬람 문화를 대표할 만한 건축물로는 압데라만 3세가 코르도바를 떠나면서 자기의 부인을 기리기 위해 세운 메디나 아사하라 대궁전을 들 수 있다. 4,300개의 기둥 위에 세워진 이 궁전에서는 약 14,000명의 하인들과 3,500명의 시동, 노예, 내시가 시중을 들었다. 연못 속의 물고기들에게 줄 음식으로 매일 1,200개나 되는 커다란 빵이 소비되었다고 한다. 그러나 이런 모든 영화의 덧없음을 깨달았던 압데라만 3세는 외국 사절들을 접견할 때에는 누더기옷을 걸치고 온몸을 모래로 덮고 나왔다고 한다. 그는 임종 때에 "내 생애를 통틀어 행복했던 날은 오직 며칠밖에 되지 않았다."고 탄식하기까지 했다.

이슬람교도들이 이베리아 반도에 나라를 세우고 처음으로 수도를 정한 곳이 코르도바라면, 그라나다는 1238년부터 가톨릭 세력들이 레콩키스타를 완성했던 1492년까지 나스르 왕국의 수도였다. 이 나스르 왕국의 수도 그라나다의 언덕 위에 알람브라 궁전이 자리 잡고 있다. '알람브라(Alhambra)'라는 말은 '붉은 궁전' 또는 '붉은 요새'를 의미한다. 이 궁전은 이름의 의미처럼 가톨릭교도들이 즐겨 썼던 돌보다는 붉은 흙을 그대로 드러내어 자연에 가까운 분위기를 자아내며, 외부에서 보이는 단조로운 사각형의 평범한 성벽들은 궁전 내부의 아름다움을 숨기고 있다. 이 궁전은 즐겁고 호화로운 삶을 위해 만들어진 평화와 안식을 표현하는 건축물이다. 다양한 색상의 아라비아 타일로 이루어진 거실과 마당이 20개 이상이며, 기둥에는 믿을 수 없을 만큼 섬세하게 세공된 회반죽 작품들이 나타나 있다.

코란은 인간의 육체를 형상으로 표현하는 것을 금한다. 따라서 알람브라 궁전 내에도 섬세한 세공의 기하학에 기초한 곡선으로 장식되어 있는데, 이것은 예술과 사랑의 환희를 체험할 수 있는 천상의 기호들인 셈이다. 멕시코의 비평가 프란시스코 데 이카사는 그의 시에서 "그라나다에서 장님이 되는 것만큼 더 큰 형벌은 없다."고 말할 정도로 알람브라 궁전을 극찬했다.

스페인의 샐러드 볼
: 고도 톨레도

샐러드 접시

"미국은 더 이상 멜팅 팟(melting pot)이 아니라 샐러드 볼(salad bowl)이다."

이 말은 미국이란 나라가 온갖 주물을 녹여 하나의 쇠를 만들어내는 용광로가 아니라 상추·양배추·피망·순무 등 각기 다른 채소들이 어우러져 하나의 맛있는 샐러드를 만드는 것처럼 각 민족이 정체성과 문화를 지니면서 서로 조화를 이루면서 살아가는 나라임을 나타내는 표현이다.

스페인에도 샐러드 볼에 해당하는 도시가 있다. 마드리드에서 남쪽으로 한 시간 반 거리에 있는 고도(古都) 톨레도. 톨레도는 유대 문화와 가톨릭 문화 그리고 이슬람 문화가 한 도시에 공존하면서 멋진 조화를 이루는 역사의 공간이다.

세 가지 문화의 공존

마드리드에 스페인 왕궁이 들어선 것은 400년 전인 16세기 후반이다. 로마나 파리에 비해 유럽 국가의 수도로는 역사가 짧은 셈이다. 그 대신 스페

타호강으로 둘러싸인 톨레도, 고도 톨레도는 유대 문화와 이슬람 문화 그리고 가톨릭 문화가 멋진 조화를 이루고 있는 역사의 공간이다. "톨레도를 보기 전에 스페인을 말하지 말라"라는 말이 있을 정도로 스페인의 역사를 고스란히 간직하고 있다.

인에는 지역 단위의 중심지가 여러 곳 있다. 바르셀로나, 세비야, 발렌시아, 톨레도 등이 그곳이다. 마드리드 천도 전까지 톨레도는 이런 도시 가운데 으뜸이었다. 마드리드에서 70킬로미터 떨어진 톨레도는 자타가 공인하는 스페인의 정신적인 수도이자 성지이다. 현재 톨레도는 인구 10만의 중소도시에 불과하지만 도시의 역사는 기원전으로 거슬러 올라간다.

기원전 2세기, 로마 제국은 스페인의 중부 지역인 라만차 지방을 점령했다. 그러나 현지인의 저항이 얼마나 거셌던지, 로마의 정복자들은 이 저항의 중심지를 '참고 견디어 항복하지 않는다'는 뜻의 톨레라툼(Toleratum)이라 불렀다. 지금의 톨레도(Toledo)는 여기에서 나온 말이다. 5세기 들어 톨레도는 각광받는 도시로 떠올랐다. 이베리아 반도의 새 지배자로 등장한 서고트족이 톨레도를 수도로 하는 서고트 왕국을 세운 것이다. 자연스럽게 톨레도는 이베리아 반도의 정치, 경제, 문화 등 모든 분야에서 중심지가 되었다. 종교적인 면에서도 톨레도 대주교가 이베리아 반도를 대표하는 교회의 수장으로 간주되었다.

711년, 이슬람교도들이 서고트 왕국을 멸망시키고 톨레도의 새 지배자가 되었다. 이때부터 톨레도는 이슬람 세력이 완전히 물러나는 1492년까지 국토 회복 운동의 거점이 되었다. 1085년에 톨레도는 국토 회복 운동을 통해 가톨릭교도의 손으로 넘어왔다.

비록 가톨릭교도의 수중에 들어갔지만, 11세기부터 13세기까지 톨레도는 스페인에 살던 유대인들에 의해 그 문화를 꽃피웠다. 예루살렘 멸망 후, 삼삼 오오 흩어져 천하를 유랑하던 유대인들은 톨레도의 유대 교회당을 '서양의 예루살렘'이라 부를 정도였다고 한다. 유대 문화가 이슬람 문화와 가톨릭 문화 아래에서도 번영할 수 있었던 것은 무엇보다 유대인들의 뛰어난 자질 때문이지만, 어떤 문화라도 받아들이려는 스페인 사람들의 포용성에 있다.

이처럼 톨레도는 이슬람 문화뿐만 아니라, 가톨릭 문화와 유대 문화의 모습이 함께 존재하는 동서 문화의 교차로라 할 수 있다.

톨레도와 함께 한 인물들

세 가지 문화가 공존하던 톨레도에는 스페인 역사에 크게 공헌한 인물이 많이 살았다. 그중에서 현왕 알폰소 10세는 대표적이다. 톨레도에서 태어난 그는 이슬람·유대·가톨릭 문화를 융합하여 독창적인 스페인 문화를 육성하는 데 많은 노력을 했다. 톨레도에 번역 학교를 설립하여(세비야, 무르시아에도 같은 종류의 학원을 만들었다) 유대교도, 이슬람교도, 가톨릭교도로 구성된 당대 최고의 학자들을 모아 아랍어로 씌어진 문학 작품과 천문학, 점성술 등의 모든 작품을 라틴어로 번역시켰다. 이렇게 현왕 알폰소 10세는 유대인이나 아랍인 사상가들에게 코란, 카발라, 탈무드, 인도 동화 및 아랍어로 된 모든 문헌을 라틴어로 번역하게 함으로써 톨레도를 중세 최대의 문화 운동의 중심이 되게 했다.

이 중세 최대의 문화 운동의 중심지 톨레도와 밀접한 관련이 있는 화가가 있다. 바로 엘 그레코(El Greco, '그리스 사람'이라는 뜻)다. 그는 그리스의 크레타 섬 출신이었으나 38년 동안 톨레도에서 머물며 자신의 신앙을 화폭에 담았다. 예술가, 그중에서도 화가들은 모국이나 고향의 문화에 큰 영향을 받지만, 엘 그레코는 그리스인의 정서 위에 톨레도에서 보고 느낀 인상을 더해서 작품 활동을 했다.

이렇게 문화적으로 중심적인 역할을 했던 톨레도는 1936년부터 1939년까지의 스페인 내전을 겪었던 현대사의 비극을 품고 있는 도시이기도 하다. 도시 한가운데 우뚝 솟은 성채는 프랑코 장군 측과 인민전선 측이 서로 뺏고 뺏기는 격전장이었다. 성채를 지키던 프랑코 군측의 모스카르도 대령의 아들이 인민전선 측에 인질로 잡혔다. 아들은 아버지에게 절대로 항복하지 말라고 말했다.

"적들은 요새를 내놓지 않으면 나를 총살한다고 합니다. 적들은 나를 이용하려 합니다."

모스카르도 대령은 참을 수 없는 슬픔을 억누르고 외쳤다.

"그래, 넌 긍지 있는 스페인 사람, 자랑스런 가톨릭교도로 남아라……."

결국 아들은 인민전선 측에 의해 죽게 되었다.

"톨레도를 보기 전에 스페인을 말하지 말라"

이처럼 톨레도는 정치적으로나 문화적으로 스페인의 역사에서 항상 중심에 서 있었다. 톨레도는 오래 된 도시로서, 스페인의 역사를 압축시켜 보여주는 '역사의 나이테' 같은 곳이다.

톨레도에 있는 트란시토 교회의 종루는 이슬람 첨탑이면서도 건물 자체는 로마 시대 양식이고, 애초에는 유대인들의 교회였다. 이렇게 톨레도는 이질적인 문화가 부딪칠 때마다 새로운 유산을 창조했다. 톨레도 대성당은 스페인 가톨릭의 본부이다. 무려 90미터의 종루가 시내를 굽어보는 이 성당은 원래는 이슬람의 모스크였지만 13세기에 성당으로 개축하면서 15세기까지 공사를 했다. 성당 안의 성찬현치대(聖餐顯置臺)는 16세기에 제작된 것으로 높이 3미터, 무게 200킬로그램에 달하는데, 금은과 보석 등으로 세공되어 옛 스페인의 영화를 말해주고 있다. 여기에는 콜럼버스가 아메리카에서 가져온 황금도 섞여 있다. 길이가 113미터이고 폭이 57미터인 엄청난 규모의 이 대성당 한쪽에 남아 있는 이슬람교도를 위한 기도실은 무적함대로 세계를 제패하면서도 이교도를 포용하는 아량을 보여주는 스페인의 상징적인 의미를 담고 있다.

이런 역사적인 배경으로 인해 톨레도는 거의 도시 전체가 유네스코 세계문화유산으로 지정되어 있다. 때문에 처음 이 도시를 방문하는 사람은 마치

타임머신을 타고 중세로 되돌아간 듯한 느낌을 받게 된다. 톨레도는 역사의 도시가 아니라 역사 그 자체이다. 톨레도는 스페인의 역사를 고스란히 간직하고 있는 도시로서 "톨레도를 보기 전에 스페인을 말하지 말라."는 말이 있을 정도다.

순수하고 인간적인 통합
: 아라곤과 카스티야의 통합
(1469년)

아라곤 왕국과 카스티야 왕국

중세 시대의 스페인은 이슬람 세력의 위협에 대한 서구 문명의 방패막이 역할을 충실히 했다. 그러나 소왕국들로 분열된 채 국토 회복 운동(레콘키스타)에 몰두하여 유럽 내에서의 주도권은 잡지 못하고 있었다. 그러나 현왕 알폰소 10세(재위 1221~1284)가 나폴리를 정복, 지중해로 진출한 것을 시작으로 스페인은 유럽에서의 영향력 확대를 꾀했다. 14세기 후반, 이베리아 반도에 존재하고 있던 여러 가톨릭 왕국 가운데 아라곤과 카스티야 왕국이 국토 회복 전쟁에서 가장 넓은 땅을 차지함으로써 두각을 나타냈다.

아라곤 왕국은 1137년에 카탈루냐 왕국과 통합했다. 이 아라곤 연합 왕국은 이베리아 반도에서 남으로는 카스티야와, 북으로는 프랑스와 국경을 맞대고 있으면서 더 이상 영토를 확장할 수 없었다. 그래서 아라곤 연합 왕국은 지중해의 발레아레스 제도 정복을 시작으로 코르시카 섬과 시칠리아 섬 그리고 사르데냐를 점령함으로써 지중해 서쪽 일대에서 영향력을 행사했다.

여기서 더 나아가 1319년에는 그리스 남부의 아테네 지역을 합병하여 지중해 일대의 영향력을 확대했으며, 1442년에는 나폴리 왕국 점령을 시작으로 지중해에서의 활동 영역을 넓혀나갔다. 이러한 지중해에서의 세력 팽창으로 인해 아라곤 연합 왕국은 15세기 르네상스와 인문주의를 직접 이베리아 반도에 들여오는 통로 역할을 수행했다.

아라곤 연합 왕국의 후안 2세(재위 1458~1479)가 사망하자 페르난도 왕자가 뒤를 이었다. 그는 페르난도 2세(재위 1479~1516)가 되어 아라곤 지역뿐만 아니라

가톨릭 왕들이 후안 왕자와 함께 있는 것을 형상화한 그림. 아라곤 왕국의 페르난도 왕과 카스티야 왕국의 이사벨라 여왕의 결혼으로 스페인은 비로소 종교적으로 뿐만 아니라 정치적으로도 완전한 통일을 이루는 계기가 마련되었다.

카탈루냐와 발렌시아, 발레아레스 제도와 시칠리아를 포함하는 거대 왕국의 왕으로 군림했다.

한편 카스티야 왕국은 15세기 말로 접어들면서 많은 변화를 겪었다. 이탈리아에서 시작된 르네상스와 인문주의의 기운이 이베리아 반도에까지 미쳐 카스티야 왕국은 새로운 학문과 문화를 받아들이기 시작했으며, 새로운 영토의 확장으로 대제국의 기틀을 마련하기도 했다. 이러한 일련의 사건의 중심에 서 있던 인물이 이사벨라 여왕(재위 1474~1504)으로 그녀는 후안 2세의 딸이었다.

후안 2세의 뒤를 이은 엔리케 4세는 이사벨라의 이복오빠였는데, 그는 후계자로 자신의 딸인 후아나 라 벨트라네하를 지명했다. 그러나 많은 귀족들이 그녀를 왕의 총신이던 벨트란 데 라 쿠에바의 딸이라고 주장하자 엔리케 4세는 귀족들의 주장에 굴복하여 1468년에 딸의 후계권을 박탈했다. 그 후 이사벨라 공주가 카스티야의 여왕으로 즉위했다. 이처럼 국왕과 귀족들 간의 권력 투쟁의 와중에 이사벨라의 결혼 문제는 서유럽 제국 사이에서 중요

한 관심사로 떠올랐다.

순탄치 않은 결혼

1469년 10월 19일, 시칠리아의 왕이며 아라곤의 왕위 계승자인 페르난도 2세와 카스티야의 왕위 계승자인 이사벨라 1세가 바야돌리드에서 결혼식을 올렸다. 그러나 결혼에 이르는 과정은 결코 순탄치 않았다. 당시 18세인 이사벨라는 그녀의 이복오빠이며 카스티야의 왕이었던 엔리케 4세의 추격을 받았으며, 마드리갈에 있는 그녀의 집에서 톨레도 대주교가 보낸 군대에 의해 구출되어 지지자들이 있는 안전한 도시 바야돌리드로 이동했다. 그녀보다 한 살 어린 아라곤 왕국의 페르난도 2세는 결혼식 며칠 전에야 상인으로 변장한 몇 명의 측근들과 함께 아라곤 왕국의 수도 사라고사를 출발했다. 그는 주로 밤을 이용하여 신부보다 더 위험한 고비를 넘기면서 바야돌리드에 도착했다.

이 예비 부부는 가진 것이 아무것도 없었기 때문에 결혼식 비용을 마련하기 위해 돈을 빌리지 않으면 안 되었다. 또한 금지된 근친 간의 결혼이었기 때문에 교황의 특면장(特免狀)을 받아내야만 했다.

이 결혼이 이렇게 은밀하게 이루어져야 하는 데는 그럴 만한 이유가 있었다. 즉 많은 사람들이 이 혼인을 어떻게든 막으려고 했던 것이다. 프랑스의 루이 11세는 카스티야와 아라곤이라는 두 지배 가문이 결합하면 프랑스에 큰 위협이 될 것이라고 생각했다. 또한 국내의 대귀족들도 카스티야에서 왕권을 크게 강화시키게 될 이 결혼에 필사적으로 반대했다.

'가톨릭 왕들': 통합된 국가

마침내 많은 어려움을 물리치고 1469년에 아라곤 왕국의 페르난도 2세와 카스티야 왕국의 이사벨라 1세가 결혼했다. 스페인으로서는 매우 중요한 의미를 지니고 있던 이 결혼은 이베리아 반도 내에 있던 중세의 모든 가톨릭 왕국을 통합시키는 계기가 되었다.

페르난도 왕과 이사벨라 여왕은 정실이 아닌 능력 위주의 정책을 통해 관료 제도를 수립했다. 또한 로마법을 바탕으로 군주제, 국가의 주권, 사법권 및 중앙 집권 체제 등을 확립했다. 그리고 두 사람은 이 법을 통해 신민들이 새롭게 충성을 바칠 대상은 영주가 아닌 국왕임을 인식시켰다. 귀족도 왕 밑에 종속시키고 군사 체제도 왕국에 통합시켰다.

그러나 두 사람의 결합은 두 왕국 간의 완전한 정치적 통합은 아니었다. 그들은 스페인이 장기간에 걸쳐서 전쟁을 치르면서 '이사벨라와 페르난도는 같은 권리를 갖고 있으며, 카스티야 왕국과 아라곤 왕국은 동등하다'는 생각을 갖게 되었다. 이처럼 두 왕국은 두 명의 군주를 각각 인정했다. 비록 두 왕국이 통합은 되었지만 여전히 공통적인 정치적, 사법적, 행정적인 여러 제도를 갖지 못했다. 유일하게 하나의 체제로서 그 권한을 행사한 기관은 종교 재판소뿐이었다. 이 두 왕국의 국민들 사이에 일치된 의식은 거의 없었다.

하지만 이들이 이룬 가장 큰 업적은 무엇보다도 1492년에 마지막으로 이베리아 반도에 남아 있던 그라나다의 이슬람교도들을 축출한 것이다. 가톨릭교도들의 오랜 숙원이었던 가톨릭교도들에 의한 반도의 종교적 통일을 이룬 것이다. 이에 고무된 교황 율리우스 2세는 아라곤의 페르난도 2세를 '예루살렘의 왕'에 봉했다. 이는 성지 예루살렘을 속히 되찾아주기를 염원하는 의미이기도 했다. 카스티야의 이사벨라 여왕과 아라곤의 페르난도 왕은 후에 '가톨릭 왕들'이라 불렸다. 이는 두 왕이 유럽 내에서조차 초기 종교개혁의 물결에 밀려 세력이 약화되어가던 가톨릭교리를 가톨릭 개혁운동을 통해 방어해냈기 때문이다.

이사벨라 여왕은 명석하고 활발했지만, 종교적으로는 매우 배타적이었다. 그녀는 유대교나 이슬람교 같은 다른 문화나 종교를 결코 허용하지 않았다. 그녀는 통일된 반도에 강력한 중앙 집권화로 왕권을 강화하고, 종교 재판소를 통한 이교도들의 재침 기회를 차단하려 노력했다. 그녀는 정치적 · 종교적 통합을 이룩하는 것만이 진정한 스페인을 건설하는 것이라고 믿었다.

이교도 처단

: 종교 재판
(1478년)

두 가지 집착

8세기 동안 이슬람 치하의 스페인 사람들은 모든 종교와 여러 문화를 받아들일 정도로 포용력이 있었다. 가톨릭교도였던 스페인 사람들은 반도 안에서 이교도들인 이슬람교도, 유대교도와 함께 살았다. 그러나 스페인의 가톨릭교도들은 종교적인 흥분의 물결 속에서 이교도, 즉 유대인과 이슬람교도를 모두 추방했다. 스페인 사람들에게 있어서 스페인 내에 거주하는 사람들은 모두 가톨릭교도들이어야만 했다. 그러나 사실상 많은 스페인 가정들은 수세기 동안 유대교도나 이슬람교도로 구성되어 있었다. 다만 추방을 피하기 위해 가톨릭을 받아들였을 뿐이다. 그들은 나름의 전통적인 종교 의식을 고수했다. 그러나 안전을 위해 자신들이 가톨릭교도라는 사실을 겉으로 드러내려고 노력했다.

가톨릭교리에 입각한 그들의 외면적인 생활은 매우 엄격했고, 또 그렇게 하는 것만이 자기가 훌륭한 스페인 사람임을 증명하는 방법이라고 생각했다. 그러나 '가톨릭 왕들(이사벨라 여왕과 페르난도 왕)' 입장에서 이들은 진정한 가톨릭교도가 아니었다. 이들은 스페인의 종교적 정통성에 완전히 동화되지

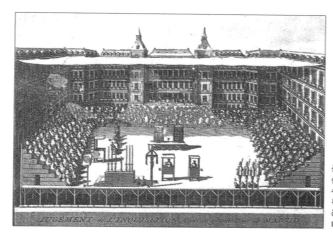

종교 재판 모습. 신앙의 순수성과 함께 피의 순수성에 대한 과도한 집착은 종교 재판소라는 폭력적인 형태로 나타났다.

않은 세력들이기 때문이다. 이들에게 경계심을 품는 것은 당연했다.

가톨릭 왕들은 이베리아 반도의 완전한 통합을 위해 피의 순수성 유지와 종교적 정통성을 추구했다. 이를 위해 그들은 종교 재판을 실시하여 이교도들에게 고문을 가했다. 만약 이교도들이 가톨릭으로 개종하지 않으면, 이슬람교도든 유대교도든 모두 스페인을 떠나야만 했다.

종교 재판소는 종교적인 정통성의 강요뿐만 아니라, 인종의 순수성을 확보하려는 의도가 있었다. 인종적으로 동일해야만 종교에 있어서도 완전한 일체감을 느낄 수 있다는 논리였다. 이렇게 '신앙의 순수성'에 대한 집착과 함께 '피의 순수성'에 대한 집착이 바로 종교 재판소라는 가장 폭력적인 형태로 나타났다.

하늘이 내려보낸 치유책: 종교 재판소

종교 재판소의 역사는 13세기로 거슬러 올라간다. 교회는 점점 늘어만 가는 이단에 맞서고 종교적 통일성을 유지하기 위해 종교 재판소(Inquisición)라는 제도를 만들었다. 종교 재판소는 이단 혐의를 받은 사람을 심문했다. 종교 재판에 회부된 사람은 자신의 이단 행위를 '고백'이라는 과정을 통해 교회에 순종해야 했다. 자발적으로 고백하지 않으면 고문을 받게 되며, 고문을 해도 말을 듣지 않으면 이단자로서 세속 당국에 넘겨져 화형에 처해졌다.

스페인에서는 공식적으로 1478년에 교황 식스투스 4세의 허락을 받아 스페인 국왕의 칙령으로 강력한 종교 재판소를 만들었다. 종교 재판소는 도미니크 수도회 사제들이 주관했으며 이단자들을 잔혹하게 처단했다. 종교 재판소는 이단자뿐만 아니라 개종자까지도 탄압했다.

종교 재판소는 탄압 대상이 확대됨에 따라 점점 더 비대한 힘을 가지게 되었다. 그런데 종교 재판소는 커다란 모순을 지니고 있었다. 당시 개종했던 유대인들이 자기 동족의 박해자로 바뀌어 순수 가톨릭교도들보다 더 잔인하고 철저하게 탄압에 앞장섰던 것이다. 카스티야와 아라곤의 초대 종교 재판소장이었던 토르케마다가 대표적인 인물이었다. 그는 개종한 유대인 가문의 출신으로서 이교도들에 대한 탄압을 앞장서서 실천했다.

'가톨릭 왕들'의 연대기 작가인 에르난도 델 풀가르는 거의 2,000명의 이교도들이 화형을 당했다고 주장한다. 각국의 종교 재판소들도 이교도 색출에 앞장섰지만, 특히 스페인 종교 재판소는 악명이 높았다. 우선 절차가 매우 은밀하고 과정 또한 매우 길었다. 예를 들면 수사 루이스 데 레온(1527~1591)은 판결을 받기 전에 종교 재판소 감옥에서 5년이나 기다려야 했다.

감옥에 들어가는 것은 피고인의 명예뿐만 아니라, 그 후손들의 평판에도 지울 수 없는 낙인이 되었다. 그는 명예만 잃는 것이 아니었다. 종교 재판소가 공포의 대상이 되었던 또 다른 이유 중의 하나는 유죄 판결을 받은 사람의 경우 전 재산을 종교 재판소가 몰수할 권리를 가졌다는 점이다. 그러므로 종교 재판소에 이단으로 기소된 자 중에서 비교적 혐의가 가벼운 자들은 화형을 면하는 대신 벌금, 구금, 공직 박탈 등 이른바 '가벼운 처벌'을 받았다.

그러나 이 '가벼운 처벌'만으로도 모든 재산을 박탈당하고, 대대로 이단의 낙인이 찍혀 차별과 수난을 당하는 것은 면할 수 없었다. 이는 사회적 파멸뿐만 아니라 경제적 파멸도 의미했다.

그러나 종교 재판소의 가장 부정적인 면은 일반 대중과 밀고자와의 상호 불신을 조장했다는 것이다. 스페인 전역에 약 2만 명의 이단 심문관들이 있었는데, 그들은 각 지구를 정기적으로 방문하여 이교적인 행위들을 적발하는 등, 이단의 출현에 항상 신경을 곤두세우고 있었다. 이단 심문관들은 이교 행위를 적발한 후, 사람들을 모이게 하여 큰 소리로 이교 행위를 읽어주었다. 이렇게 큰 소리로 이교 행위를 읽은 후에 청중들을 충동질하여 그런 이교 행위들을 비난하도록 했다. 그리고 만약 그러한 요구에 침묵하는 자는 엄중한 처벌을 받을 수도 있다고 협박했다.

종교 재판 과정에서 피고는 결코 자신을 고발한 사람이 누구인지 알 수 없었다. 종교 재판소는 사적인 원한을 갚기 위한 절호의 기회를 제공했으며 서로 간의 고발과 밀고를 조장했다.

이러한 공포와 의심의 분위기 속에서 활발한 토론은 억제될 수밖에 없었다. 상호 간의 의심은 또 다른 억압과 구속을 낳았다. 학자들은 자기가 쓴 책이 종교 서적이 아니어도 일종의 자기 검열을 실시했다. 이는 자기가 쓴 글이 무지한 사람들을 오도하지는 않을까, 또는 이교도들에게 또 다른 무기를 제공하지는 않을까 하는 우려 때문이었다.

이렇듯 종교 재판소로 인한 스페인 사람들 상호 간의 불신은 불가피하게 학문의 자유로운 토론과 연구를 방해했으며, 스페인 사람들의 생활 영역을 협소하게 만들어 풍요롭고 활력이 넘쳤던 스페인 사회를 순종과 억압의 굴레 속에 가두어놓는 결과를 낳았다.

권력과 부의 2인자
: 중세의 스페인 교회

권력과 부의 2인자, 교회

중세 스페인에서 교회의 힘은 교회가 가진 엄청난 부와 광범위한 특권들에 의해서 강화되었다. 당시 스페인에는 7개의 대주교구와 40개의 주교구가 있었다. 그중에서 네 개의 대주교구(톨레도, 그라나다, 산티아고 데 콤포스텔라, 세비야)와 카스티야 지역 주교구들의 연간 수입은 상상을 초월했다. 특히 스페인의 수석 대주교인 톨레도 대주교는 그 권력과 부에서 왕 다음의 제2인자라고 할 수 있을 정도로 엄청난 개인 수입을 거두어들였다.

성직자들의 특권 또한 막강하여 성직자들은 모두 국왕이 부과하는 세금을 면제받았고, 해당 도시들이 부과하는 세금은 교묘한 방법으로 회피했다. 그들은 이러한 특권을 자기들 휘하의 농민들과 하인들에게까지 확대시키기 위해서 노력했다. 또한 고위 성직자들은 대영지를 소유하고 있었고 영지 내에서 세속적인 사법권을 행사했다. 심지어 그들은 자신의 성채와 사병을 보유하고 있었고 자신의 군대를 이끌고 전장에 나가는 것을 주저하지 않았다. 그러므로 왕위를 둘러싸고 일어나는 갖가지 분쟁에 대해서도 전혀 두려움이 없었다.

'가톨릭 왕들'의 교회 장악

　가톨릭 왕들(페르난도 왕과 이사벨라 여왕)은 귀족들을 장악하고 사법 제도를 재정비함으로써 왕권을 강화했다. 그러나 이러한 세속적 제도들을 장악하는 것만으로는 왕권을 강화할 수 없었다. 가톨릭 왕들은 엄청난 힘을 갖고 있는 스페인의 교회를 장악하지 않고는 결코 이베리아 반도에서 절대적인 지배자가 될 수 없다는 사실을 잘 알고 있었다. 가톨릭 왕들은 교회를 적절하게 통제하려 했으나, 교회의 힘은 너무나 강력했다. 주교들의 세속적인 힘을 박탈하는 것은 현실적으로 어려웠다. 이러한 현실적인 어려움을 극복하기 위해서는 가톨릭 왕들이 '주교 임명권'을 갖고 있어야 했다.

　15세기 스페인에서 성직 임명권 문제는 매우 민감하고 복잡했다. 이는 왕과 교회 사이의 고질적인 불화의 원천이기도 했다. 교황은 전통적으로 주교 선출권을 갖고 있었던 대성당 참사회원들의 권리를 빼앗아 교황 자신이 지지하는 사람을 주교에 임명했다. 그러나 교황의 이런 태도에 이사벨라 여왕은 단호하게 반대했다. 그녀는 1475년에 사라고사 주교 자리가 공석이 되었을 때 자신의 생각을 분명히 했다. 그녀는 교황의 주교 임명에 대한 자신의 반대 근거를 예로부터의 관습에서 구했다. 이 관습에 의하면, 옛날부터 스페인의 국왕은 자신이 원하는 사람을 주교에 임명해줄 것을 간청할 권리를 갖고 있었고, 교황은 국왕이 추천한 사람을 바로 임명해왔다는 것이다.

　사라고사 주교의 임명으로

톨레도 대성당. 중세 스페인의 7개 대주교구 중에서 톨레도는 수석 대주교구였다. 이 톨레도 대성당은 1227년에 짓기 시작하여 266년이 지난 1493년에 완성되었다.

가톨릭 왕들의 주교 임명권이 결국 사라고사 주교의 임명에 이사벨라 여왕의 의지가 반영되었지만, 교황의 권한을 능가하기에는 역부족이었다. 가톨릭 왕들은 국토 회복의 마지막 거점이었던 그라나다 왕국에 앞으로 세워질 모든 교회들에 대한 성직 임명권을 행사하려 했다. 이것이 스페인 왕실 교회 정책의 제1목표가 되었다.

한편, 교황 인노켄티우스 8세는 이탈리아에서 자신의 이익을 증진시키기 위해 아라곤의 왕으로서 이탈리아 지역에서 큰 영향력을 행사해왔던 페르난도 왕의 도움이 절실했다. 그는 1486년, 교황 칙서를 통해서 스페인 국왕에게 새로 정복될 그라나다 나스르 왕국의 모든 주요 성직에 대한 감독과 추천권을 허락했다. 이는 성직 임명권을 단계적으로 자신의 모든 지배 영역으로 확대시키려 했던 가톨릭 왕들의 생각에 거의 근접한 해결 방식이었다. 더 나아가 가톨릭 왕들은 아메리카가 발견되고 난 후, 아메리카 식민지의 모든 교회에 대한 왕실의 절대적 지배권을 교황으로부터 얻어냈다.

교회의 폐단에 대한 개혁, 수도회 운동

신앙심이 매우 깊었던 이사벨라 여왕은 막강한 권력과 부를 갖고 많은 폐단을 드러내고 있던 당시 교회 상황에 깊은 우려를 표명했다. 교회는 15세기 유럽 전역에 보편적으로 나타나고 있던 폐단, 즉 성직 겸임, 부재 성직자 그리고 성직자들의 낮은 도덕성 등이 스페인에서도 심각한 문제가 되고 있었다. 특히 성직자들의 축첩은 당연시되었고, 그것은 스페인 교회의 관행처럼 되어 있었다. 그러나 교회 일각에서, 특히 수도회들에서는 이처럼 널리 퍼져있는 타락에 대하여 많은 불만을 갖고 있었다. 특히 여왕의 고해 사제였던 헤로니무스 수도회의 에르난도 데 탈라베라는 이사벨라 여왕에게 전면적으로 교회를 개혁해야만 하는 필요성을 끊임없이 제기했다.

탈라베라의 조언에 따라 이사벨라 여왕은 주교직에 대한 실질적 임명권을 행사했다. 그리하여 주교가 되려면 높은 사회적 지위보다는 후보자들의 도덕성과 지적 능력이 무엇보다 중시되었고, 그 결과 가톨릭 왕들의 치하에서는 스페인 주교들의 수준이 매우 향상되었다.

이처럼 가톨릭 왕들이 성직자들의 수준을 높이기 위해 열심히 노력하는 동안 수도회들의 개혁 운동 역시 활발해져갔다. 이런 수도회 개혁 운동의 한 가운데에는 히메네스 데 시스네로스가 있었다. 1492년, 이사벨라 여왕은 그녀의 원래 고해 사제였던 탈라베라가 그라나다의 초대 대주교가 되어 떠나자 탈라베라의 후임으로 시스네로스를 임명했다. 시스네로스는 특유의 정열을 갖고 교회의 개혁 작업을 시작했으며, 1495년에 톨레도의 수석 대주교직을 계승한 후에도 불굴의 의지를 갖고 개혁 작업을 이끌었다.

제3장
합스부르크 왕조

SPAIN

이슬람교도 축출
: 국토 회복 운동 완료
(1492년)

국토 회복 운동의 전개

711년에 이슬람교도가 이베리아 반도를 침략하자, 그들의 지배 아래 들어가지 않은 스페인의 가톨릭교도들은 북부 산악지대인 아스투리아스의 산속에 집결했다. 가톨릭교도들은 718년, 코바동가에서 처음으로 승리하며 국토 회복의 발판을 마련했다. 그 후 10세기에서 14세기까지 이베리아 반도의 가톨릭교도와 프랑스에서 피레네 산맥을 넘어온 용병들 그리고 산티아고 데 콤포스텔라의 순례를 지원했던 프랑스의 클뤼니 수도원의 수도사들이 힘을 합쳐 이슬람 치하의 거의 모든 스페인을 재정복하는 데 성공했다.

재정복의 결정적인 사건은 1085년, 카스티야 왕국의 알폰소 6세 때의 톨레도 정복이었다. 톨레도는 그곳에 거주하던 모사라베(이슬람교도 치하에 남아 있던 가톨릭교도)들의 협조로 쉽게 점령되었다. 카스티야 왕국의 톨레도 정복으로 에브로 강 유역으로 통하는 이슬람교도의 보급선이 차단되었다. 이로써 이슬람교도들의 영토는 상당히 줄어들었다.

발렌시아 지방은 1094년 엘 시드에 의해서 재정복되었지만, 12세기 중엽까지 북부 아프리카에서 건너온 알모라비데족과 알모아데족이 침입하여 가

그라나다 나스르 왕국의 항복. 1492년 1월 2일, 거의 800년에 걸친 국토 회복을 위한 전쟁이 끝났다. 이슬람의 마지막 왕국인 그라나다 나스르 왕국의 보압딜 왕이 알람브라 궁전의 열쇠를 가톨릭 왕들에게 넘겨주고 있는 모습을 그린 그림이다.

톨릭교도들에 의한 재정복은 일시적인 소강 상태를 겪었다. 그러나 1212년에 카스티야, 아라곤, 나바라의 왕들이 라스 나바스 데 톨로사 전투에서 코르도바 왕국의 이슬람교도들에 대하여 승리를 거둠으로써 가톨릭 세력은 안달루시아 지방을 점령하고 있던 이슬람 세력을 약화시킬 수 있었다.

이에 그라나다 나스르 왕국의 이슬람교도들은 아프리카 북부의 새로운 세력인 베닌메리족들에게 원군을 청했다. 이들은 지브롤터 해협을 건너왔지만, 알폰소 11세의 군대가 1240년에 이들을 물리쳐 아프리카로 쫓아내 버렸다. 1252년, 성왕 페르난도 3세가 죽을 무렵에는 이슬람 세력은 그라나다 지방에 국한되었고, 가톨릭 세력은 거의 전 국토를 회복하기에 이르렀다. 페르난도 3세는 1248년에 이슬람교도들로부터 세비야를 탈취했다. 16개월이나 세비야를 포위한 가톨릭 전사들은 눈앞에 보이는 적이란 적들은 모조리 색출하여 살해했다. 또한 페르난도 3세는 이 함락된 도시 세비야로부터 10만 명의 이슬람교도를 추방했다.

이렇게 이슬람교도들을 공격하고 잔인하게 살해한 데는 북부 아프리카 출신의 이슬람교도인 정복자 알만수르의 만행에 대한 보복 성격이 강했다. 997년, 알만수르는 산티아고 데 콤포스텔라 대성당의 종들을 코르도바로 갖고 간 뒤, 이를 모두 녹여 300개의 촛대를 만들어 이슬람 사원을 장식했다. 그러자 가톨릭 왕으로서 국토 회복 운동에 앞장섰던 카스티야 왕국의 페르난도 3세는 코르도바를 탈환하면서 촛대로 변한 이 종들을 전쟁에 패한 이슬람교도들로 하여금 산티아고 데 콤포스텔라까지 등에 지고 가게 했다.

그 후 1490년에 가톨릭 왕들의 군대는 그라나다 성 밑에 진을 쳤고, 몇 달 동안 그라나다를 공격하기 위한 만반의 준비를 했다. 가톨릭교도들이 최후의 공격을 준비하는 동안, 이슬람교도의 진영에는 절망감이 확산되어 명예로운 항복이 군사적 패배보다 더 낫다는 분위기가 우세해졌다. 이에 따라 1491년 10월, 두 세력 사이에 협상이 시작되었다. 합의는 11월 말에 이루어져, 1492년 1월 2일, 그라나다는 가톨릭 세력의 수중으로 들어왔다. 이슬람교도의 마지막 왕이었던 보압딜 왕 스스로 페르난도 왕에게 그라나다의 알람브라 궁전 열쇠를 넘겨주었던 것이다. 가톨릭의 상징인 십자가와 깃발이 가장 높은 탑 위에 세워짐으로써 장장 800년에 걸친 가톨릭교도들의 국토 회복 운동(레콩키스타)은 막을 내렸다.

내부의 적과 불타는 신앙심

이베리아 반도에서 이슬람교도들이 가톨릭교도들에게 패한 가장 큰 이유는 이슬람 소왕국들간의 정치적 분열과 모사라베에 대한 박해 때문이었다. 특히 이슬람교도 치하에서 함께 살고 있던 가톨릭교도(모사라베)들은 이슬람교도들에게는 내부의 적이었다. 이들을 박해함으로써 국토 회복 운동 이전에 이미 가톨릭교도들에게 호의적인 내부의 적이 되게 했던 것이다.

이들 모사라베들과 함께 국토 회복 운동에 커다란 힘을 불어넣었던 것은 9세기 스페인 북서부 갈리시아 지방에서 발견된 사도 '산티아고'의 무덤이었다. 이로 인해 유럽으로부터 순례 행렬이 이어지고, 불타는 종교심으로 무장한 가톨릭 세력은 강성해지기 시작했다. 11세기 중엽, 아프리카에 대제국을 건설하여 이베리아 반도의 이슬람 세력에 원군을 보냈던 알모라비데족과 이들을 멸망시켰던 알모아데족의 원군들도 이렇게 불타는 종교심으로 무장한 가톨릭 세력을 격퇴시킬 수 없었다. 결국 내부의 후원자였던 모사라베들의 도움과 사도 산티아고의 무덤 발견을 계기로 불붙기 시작한 신앙심이 이슬람교도들을 이베리아 반도에서 축출할 수 있었던 바탕이 되었다.

하나의 끝, 또 하나의 시작

1492년 1월 2일, 페르난도 왕과 이사벨라 여왕은 이슬람교도들의 수중으로부터 이베리아 반도를 재탈환했다. 거의 800년이 걸려 이슬람 세력의 마지막 거점이었던 그라나다 시에 당당히 입성한 것이다. 레콩키스타가 완료된 지 석 달 후인 4월 17일에 그라나다로부터 약 6마일 떨어진 산타페라는 가톨릭 세력의 주둔지에서는 이탈리아 제노바 출신인 크리스토퍼 콜럼버스와 국왕 사이에 대항해를 위한 합의가 이루어졌다.

세 척의 범선으로 이루어진 콜럼버스 함대는 8월 3일에 팔로스 항을 출발하여 10월 12일, 바하마 제도의 한 섬에 닻을 내렸다. 레콩키스타의 완료와 새로운 해외 식민지의 개척이 시작된 것이다. 그라나다 정복과 아메리카 대륙의 발견은 하나의 종결인 동시에 또 하나의 시작이었다.

스페인어의 발전
: 스페인어 문법서 발간
(1492년)

스페인어 발달사

기원전 3세기말 무렵 이베리아 반도 전 지역이 로마 제국에게 점령되어 스페인은 로마 문화의 중심지 중의 하나가 되었다. 그 후 스페인은 로마 문화를 더욱 발전시켰는데, 거기에는 언어가 중요한 역할을 담당했다. 그 언어가 바로 로마 제국이 사용했던 라틴어였다. 라틴어는 성직자나 학자 등 상류층이 사용하던 고전 라틴어와 평민들이 사용하던 통속 라틴어로 구별되어 있었다. 이 중에서 평민들의 언어인 통속 라틴어가 로마 제국이 지배하던 거의 모든 나라에서 사용되었는데, 스페인어 역시 로마 제국의 평민들이 말하던 통속 라틴어에서 파생되었다. 이 통속 라틴어는 스페인, 포르투갈, 이탈리아, 프랑스, 루마니아 등지에서 지역마다 차이를 보이면서 변화되어 해당 국가의 언어가 되었다.

그 후 서고트족의 침입으로 로마 제국이 분열되자 스페인은 로마 제국과 멀어졌고, 이에 따라 이베리아 반도와 기타 다른 지역에서 사용되던 통속 라틴어는 지역에 따라 나름대로 발전되어갔다. 711년, 이슬람교도들이 침입했을 때는 벌써 이베리아 반도 내에서의 언어는 통속 라틴어라기보다는 현대 스페인어에 가까울 정도로 변화되었다. 특히 알폰소 10세(재위 1252~1282)는 번역자 학교를 세워 라틴어, 아랍어, 그리스어 등 여러 언어를 연구하게 했는데, 특히 그가 통치하던 시기에 스페인어를 사용한 첫 산문들이 나타남으로써 스페인어는 문학적인 언어로 완전히 입지를 굳혔다.

《카스티야어 문법서》의 표지(1492년판). 이슬람교도들을 반도에서 축출시켰던 해인 1492년, 현대 스페인어의 모습을 갖추는 데 큰 역할을 했던 문법서가 안토니오 데 네브리하에 의해서 발간되었다.

1492년은 스페인어의 지역적인 확장에 결정적인 역할을 한 신대륙이 발견된 해임과 동시에 아랍어를 사용하던 이슬람교도를 이베리아 반도에서 완전히 몰아낸 레콘키스타(국토 회복 운동)가 완료된 해였다. 같은 해에 스페인어(카스테야노)에 대한 문법책이 안토니오 데 네브리하(1444~1522)에 의해서 발간되었다. 이후 스페인어는 지역적인 확장과 함께 문법적으로 많은 발달을 보여 요즘 사용되는 스페인어의 모습을 갖추게 되었다.

아울러 콜럼버스와 함께 대서양을 건너간 스페인어는 신대륙의 원주민 언어를 밀어내고 공식적인 언어가 되었다. 18세기에 들어와 스페인은 한림원을 만들어 언어를 보존하고 발전시켰으며, 특히 중남미 국가의 스페인어와의 언어적인 차이를 줄이려는 노력을 많이 했다.

《카스티야어 문법서》 발간

1492년 1월 2일, 가톨릭 왕들(이사벨라 여왕과 페르난도 왕)은 이슬람교도들을 축출한 뒤 이베리아 반도를 가톨릭으로 통일했다. 이로 인해 가톨릭 왕들의 위상이 높아져 스페인이 세계적인 대제국으로 발돋움하고자 하는 분위기가 고조되었다. 이러한 분위기 속에서 스페인어 문법서가 탄생되었다.

이 문법서를 쓴 안토니오 데 네브리하는 1444년 세비야 근교에서 태어났다. 살라망카 대학에서 5년간 공부한 후, 19살에 이탈리아 볼로냐 대학으로 유학, 10년 동안 공부한 뒤 1470년에 귀국하여 살라망카 대학에서 교수로 재직했다. 당시 스페인의 교육 현실은 참담했다. 중세 이래 학문은 퇴조하고 라틴어는 천박해져 있었다. 네브리하는 새롭고 엄격한 교수법으로 정선된 라틴어를 가르치는 데 노력했으나, 그의 이러한 노력은 보수 기득권자들의 질시와 경계의 대상이 되기에 충분했다. 그는 대학 교수를 그만두고 연구에 몰두, 1492년 라틴어가 아닌 최초의 스페인어 문법서인 《카스티야어 문법서(Gramática de La Lengua Castellana)》를 펴냈다. 카스티야(Castilla)란 스페인 중심부 카스티야 왕국의 이름으로서, 이 말은 이슬람교도들의 침입을 막기 위해 쌓았던 카스티요(castillo, 성)에서 유래한다. 이 왕국에서 사용하던 언어를 카스테야노(castellano)라고 불렀는데, 후에 이 카스테야노가 스페인어와 동일시되어 지금의 스페인어가 되었다.

당시까지 '문법'이란 '라틴어에 대한 지식'을 가리키는 말이었다. 그리고 아직까지는 라틴어에 대한 동경과 미련을 완전히 떨쳐버리지 못하고 있었기 때문에 일반 평민들이 사용하는 통속어만을 대상으로 문법서를 발간한다는 것은 어려운 일이었다. 이 책은 애초에 대중들의 체계적인 언어 교육을 위해서 씌어진 것은 아니었고 카스티야어를 세계 보편의 언어로 만들고자 하는 의도로 씌어졌다.

하지만 이 역작은 초판만 출판되었을 뿐 후학들에게는 인기가 없어서 2판이 나오기까지 무려 2세기가 걸렸다. 신학적으로나 학문적으로 늘 개혁적이었던 그는 여러 모로 다른 학자들과 의견 충돌을 빚었고, 도처에 그를 시기하는 자들이 많았다. 하지만 그는 시스네로스 추기경에 의해서 알칼라 대학의 교수직을 임명받아 연구에 몰두할 수 있었다. 1517년, 네브리하는 《카스티야어 정자법(Reglas de Ortografía en La Lengua Castellana)》을 집필하여 스페인어의 정자법 체계 확립에도 큰 공헌을 했다. 정선된 라틴어 교육과 스페인어의 통일에 크게 이바지했던 안토니오 데 네브리하는 1522년, 알칼라 데 에나레스에서 세상을 떠났다.

현대 스페인어

현대의 스페인어는 스페인 및 중남미 20여 개 국에서 약 4억의 인구가 공식적으로 사용하고 있는 언어다. 미국에서도 로스앤젤레스를 비롯한 남서부 지역과 마이애미의 플로리다, 그리고 뉴욕 등 북동부에 이르기까지 많은 지역에서 영어와 함께 공용어로 사용하고 있다. 또한 미국 내의 다른 지역에서도 일반적으로 제 1외국어로 사용하고 있다. 스페인어는 유엔의 5대 공용어(영어, 중국어, 러시아어, 스페인어, 프랑스어) 중의 하나이며, 사용자 수에 있어서도 중국어와 영어에 이어 세계 제3위의 언어다.

스페인에서는 스페인 전 지역에서 사용되는 스페인어(카스테야노라고도 한다) 말고도 세 개의 공식 언어가 별도로 있는데, 그것은 갈리시아 지방에서 사용되는 가예고(gallego), 카탈루냐 지방에서 사용되는 카탈란(catalán), 그리고 바스크 지방에서 사용되는 바스크어(vascuence)이다. 1978년에 제정한 헌법 제3항에는 카스테야노가 아닌 다른 언어도 각 자치구역의 법령에 따라 그 지역의 공식 언어가 될 수 있음을 밝히고 있다. 따라서 스페인의 주 공식 언어는 스페인어(카스테야노)지만 지역에 따라 두 개의 언어를 공용어로 사용하고 있다.

모래 속에 묻힌 야망
: 대주교 시스네로스의 북아프리카 점령 정책
(1505년)

북아프리카로부터의 위협

1492년, 그라나다를 함락시킨 가톨릭교도들은 시에라 네바다 산맥의 알 푸하라스 지역에 살고 있던 이슬람교도들이 반란을 일으키지 않을까 우려 를 많이 했다. 또한 오랜 기간 같은 문화를 영위해왔던 북아프리카의 이슬람 교도와 반도 내의 이슬람교도들이 레콘키스타에 의해 갑자기 인위적으로 구 분됨으로써 그들의 반란에 대한 가톨릭 왕들의 걱정은 시간이 흐를수록 더 욱더 커져만 갔다. 가톨릭 왕들은 이 두 지역의 이슬람교도들 사이의 공모를 염려하여 안달루시아 해안에 감시 초소를 세우고 해안 경비대를 만드는 등, 이들을 분리시키기 위해 최선을 다했다. 또한 1493년에는 그라나다 왕국의 마지막 왕 보압딜과 6천여 명의 이슬람교도들을 아프리카로 추방하는 등, 레 콘키스타 완료 후에도 그라나다 지역에 남아 있던 이슬람교도들을 왕국으로 부터 쫓아내기 위해 많은 노력을 기울였다.

그러나 이러한 추방과 감시에도 불구하고 카스티야 왕국은 그라나다에 살 고 있는 불만에 가득 찬 이슬람교도들이 북아프리카에 사는 그들의 동족에 의해서 선동당하고, 그들의 도움을 받아 반란을 일으킬 위험이 있다는 생각을 떨쳐 버릴 수 없었다. 이런 반란의 위험을 없애기 위해서 카스티야 왕국은 지브롤터 해협을 건너 아프리카 원정을 계획했으나 실행에 옮기지는 못했다. 그 후 카스티야 왕국이 북아프리카로부터의 위험을 진정으로 인식하게 된 것은 1499년에 일어났던 제1차 알푸하라스 반란(1499년 11월에 이슬람교도들이 많이 살던 알푸하라스에서 일어난 반란으로 1500년 3월에 페르난도 왕에 의해 진압되었다. 항복한 이슬람교도들은 이주와 개종 중에서 택일할 것을 강요받았다) 때문이었다. 이 반란은 스페인 사람들에게 가톨릭에 대한 종교적 열정과 이슬람교에 대항할 새로운 십자군의 필요성을 느끼게 했다.

시스네로스와 페르난도 왕의 대립

이러한 필요성에 불을 지핀 사람이 바로 톨레도의 대주교인 시스네로스였다. 그는 그라나다의 대주교였던 에르난도 데 탈라베라를 몰아냈다. 탈라베라는 이슬람교도들을 포용하는 관대한 태도를 취하여 이슬람교도들로 하여금 카스티야 왕국에 진심으로 순종하도록 만든 인물이기도 했다. 이렇게 이슬람교도들에게 관대한 정책을 취했던 탈라베라와 달리 시스네로스는 이슬람교도들에 대한 강제 개종과 집단 세례 의식을 거행했다.

이처럼 이슬람교도들에게 매우 호전적이었던 그는 북아프리카 원정을 최우선 과제로 삼았다. 그는 드디어 1505년, 아프리카에 원정대를 보내어 북아프리카 공격을 위한 필수적인 전초 기지로서의 역할을 하고 있던 메르스-엘-케비르를 점령하는 데 성공했다. 그러나 북아프리카 해안을 완전히 점령하려는 시도에 있어서 페르난도 왕과 시스네로스 간에 의견 차이가 있었다. 십자군 정신으로 충만해 있던 시스네로스는 사하라까지 진격해 들어가, 북아프리카에 스페인-마우리타니아 제국을 건설하려고 했다. 반면에 페르난도 왕은 북아프리카를 아라곤 왕국이 예전부터 보유하고 있던 이탈리아 내의 지역보다 훨씬 덜 중요한 것으로 생각했다. 따라서 그는 북아프리카에 거주하는 이슬람교도들의 침략으로부터 스페인을 보호하려면 아프리카 북부 해안을 정복하는 정도면 충분하다고 생각했다. 1504년, 이사벨라가 죽기 직전 시스네로스에게 "아프리카를 정복하고 이슬람교도들에 대항해서 성전을

북아프리카 점령을 주장했던 시스네로스 톨레도 대주교.

치르는 데에 끝까지 헌신하도록 남편 페르난도를 설득하라."는 유언을 남길 정도로 시스네로스와 페르난도 왕과의 견해차는 컸지만 극복되지 못했다.

결국 시스네로스는 1509년에 페르난도 왕과 결별했다. 페르난도 왕이 통치했던 시기에는 1497년에 메디나 시도니아 공작이 아프리카 북부의 멜리야 항을 점령한 것 말고는 북아프

리카 점령 정책에 커다란 진전은 없었다. 단지 북아프리카의 몇몇 중요한 거점을 장악하고 거기에 수비대를 주둔시키는 것으로 만족할 뿐이었다.

모래 속에 묻힌 시스네로스의 야망

페르난도 왕의 소극적인 아프리카 점령 정책과 스페인 사람들의 상대적 무관심 때문에 아프리카 대륙의 해안선에는 해적들이 자주 출몰했다. 이로 인해 스페인은 알제리와 튀니지 등 아프리카 북부의 해안선 지대를 잇따라 해적들에게 빼앗겼다.

이제 스페인으로서는 더 큰 피해를 입기 전에 해적 소굴을 소탕하는 것이 시급한 과제가 되었다. 페르난도 왕의 뒤를 이은 카를로스 5세는 튀니지에 원정군을 파견했지만 해적들을 완전히 소탕하지는 못했다. 그 이후로 카를로스 5세는 유럽 내 문제에 전념해야 했고, 아프리카에 있는 영토에는 소홀할 수밖에 없었다. 이렇게 스페인이 아프리카에 대해서 소극적인 점령 정책을 펼침으로써 마그레브(북서부 아프리카, 즉 오늘날의 모로코·알제리·튀니지 지역을 가리키며, 때로 리비아까지 포함된다)에 진정한 영향력을 행사하는 데에는 실패했고, 이로 인해 스페인의 지배 영역은 점차 멜리야, 오랑, 메르스-엘-케비르의 기지 정도로 축소되었다.

이처럼 스페인이 북아프리카를 효과적으로 지배하지 못했던 가장 큰 원인은 무엇보다도 다른 지역에 신경을 더 써야 했기 때문이다. 페르난도 왕과 그의 뒤를 이은 카를로스 5세와 펠리페 2세 모두 국내외 여러 가지 시급한 문제들에 발이 묶여 있었기 때문에 아프리카에는 적극적인 관심을 갖지 못했다. 이로써 북아프리카 전체를 스페인의 지배 하에 두기를 꿈꾸었던 시스네로스의 야망은 아프리카 대륙의 모래 속에 묻히고 말았다.

뜨거운 감자
: 하급 귀족 이달고의 폐해

귀족의 서열화

가톨릭 왕들의 통치 기간 동안 귀족들의 사회적 · 경제적 힘은 증대했다. 이들은 새로 정복한 그라나다 왕국의 토지 재분배로부터 이득을 취했으며, 이 토지를 항구적으로 자신의 가문에 귀속시킨 뒤 이를 고스란히 다음 세대에 물려주었다. 그들은 또한 카스티야의 대가문들끼리의 통혼을 통해 대규모 토지를 소유할 수 있었다. 그 결과 15세기 말에는 전체 인구의 3%밖에 안 되는 귀족들이 카스티야 전체 토지의 97%를 소유했다.

레콘키스타가 완료된 후, 가톨릭 왕들의 뒤를 이은 카를로스 5세는 귀족들을 여러 등급으로 서열화했다. 귀족 서열의 맨 꼭대기에는 24명의 그란데(Grande)가 있었다. 그들은 카스티야 왕국과 아라곤 왕국의 가장 오래된 가문의 대표들이었다. 이들은 왕 앞에서도 모자를 쓸 정도로 그 위세가 대단했다. 그란데 바로 밑에는 티툴로(título), 그 바로 밑에는 세군돈(Segundón)이 있었는데, 이들은 그란데와 티툴로 가문의 차남 이하의 아들이었다. 이들은 작위를 갖지 못했을 뿐만 아니라 마요라스고(mayorazgo, 한 가문의 재산을 장남에게 통째로 물려주는 제도)의 희생자들이었다. 그들은 재산의 소유조차 제한되었기 때문에 주로 군대나 교회, 또는 외교관이나 행정관으로서 국가에 봉사하는 쪽으로 진출했다.

하급 귀족으로는 이달고(hidalgo)가 있었다. 이들은 부유한 사람, 빈곤한 사람, 오래된 가문에 속한 사람, 최근에 귀족으로 편입된 신흥 부르주아 등 매우 다양한 사람들로 구성되어 있었다. 이달고 계급의 사람들 중에도 가난하게 생

마드리드 에스파냐 광장에 있는 돈 키호테와 산초 판사의 동상. 세르반테스의 소설 《돈 키호테》의 원제는 '만차 지방의 영특한 시골 귀족 돈 키호테'이다. 돈 키호테는 바로 하급 귀족 신분인 이달고였다.

활하는 사람들이 있었지만 대부분 토지를 갖고 토지에 예속된 농민들에 대한 사법권을 갖거나 도시에 살면서 상층 시민들과 비슷한 생활을 했다. 무엇보다도 서열과 가문을 중시했던 이달고들은 집이나 교회, 혹은 수도원이나 묘지를 그들의 문장(紋章)으로 화려하게 장식했다. 많은 이달고들은 세금 징수와 상업 활동에 종사했다.

이달고들은 세금을 면제받기도 했으며 법 앞에서도 신분적 특권을 누렸다. 이러한 특권으로 인해 이달고는 모든 사람들에게 선망의 대상이 되었다. 그래서 많은 사람들이 많은 시간과 돈을 들여 조상이 귀족이었음을 입증하는 족보를 제작하거나 날조했다. 페르난도 왕과 이사벨라 여왕은 자신들에게 봉사할 법률가, 성직자, 행정가, 주요 가문 출신의 귀족들뿐만 아니라 하급 귀족인 이달고들도 임명했는데, 귀족 지위를 수여하는 데는 매우 관대했기 때문에 이달고 계층은 계속해서 증가했다. 1520년대부터 이달고의 특권은 절박한 국왕의 재정에 숨통을 틔워주기 위한 수단으로써 매각되었다. 이달고의 특권은 어느 정도 현금을 가진 사람이면 누구든지 살 수 있었다.

그런데 이달고 특권이 대개는 부유하지만 자질이 부족한 사람들에게 매각

되면서 많은 폐단을 낳게 된다. 귀족들은 이러한 폐단을 경계했다. 돈만 지불하면 천박한 신분의 사람들이 자신들과 동등한 권리를 갖게 되고, 그럼으로써 귀족 전체가 비난의 대상이 되는 현실이 못마땅했던 것이다. 평민들 또한 자기들보다 나을 것도 없는 출신의 사람들이 단지 재산이 많다는 이유로 우월한 지위를 차지하는 것에 분노했다. 이런 불만이 스페인 사회에 날로 고조되어갔지만 이러한 불만을 억제할 방법은 없었다. 오히려 새로운 이달고들만 늘어갈 뿐이었다.

국토 회복 운동 후의 도시와 농촌

하지만 이러한 현상은 예전에 특권적 지위를 획득할 수 없었던 많은 사람들에게 사회적 신분 상승의 기회를 제공하는 것이기도 했다. 이러한 신분 상승을 위해서는 재산이 커다란 역할을 했지만, 교육을 통해서도 국왕의 관리가 되는 것이 가능했다. 이처럼 가톨릭 왕들 시대의 도시에서는 신분상의 변화가 가능했다.

그러나 농촌은 도시와 그 상황이 달랐다. 1480년에 만들어진 법령으로 인해 장원의 농노들은 해방되었고, 농민들은 자유롭게 자기 재산을 팔 수도 있고 원하는 데로 갈 수 있는 자유를 얻게 되었다. 그러나 그들은 여전히 영주들에게 세금을 바쳐야 했고, 영주들의 사법권 아래에 있었다.

하지만 시간이 지남에 따라 스페인 인구의 대부분을 차지했던 농민들에게도 상당한 계층화가 나타났다. 농민 중에는 소농민 귀족이라고 할 만한 부유한 농민들과 도시 거주 농민들이 있었다. 이들은 농촌에서 자기 소유의 토지를 경작하는 한편, 도시에서도 기능공이나 소상인으로서의 직업도 갖고 있었다.

그러나 대부분의 농민들은 가난에 찌든 상태로 농촌에서 살았다. 대토지 소유자들은 그들이 보유하고 있는 토지 대부분을 임대했다. 이 토지는 가난한 농민들에 의해서 경작되었고, 그들의 변변치 못한 수입은 각종 세금으로 더욱 줄어들었다. 한두 번 흉작이라도 들면 그들은 빚더미에 올라앉았다.

중요한 수입원과 인적 자원의 공급처: 양모 산업

농업이 스페인의 경제에 미미한 영향력을 행사했던 반면에, 양모 무역은 스페인의 경제에 활력을 불어넣었다. 특히 카스티야 지방의 양모 산업은 농업의 희생 위에서만 발전할 수 있었다. 이 양모 산업은 1484년 이래, 유대인 자본의 유출로 재정적인 어려움에 직면해 있던 가톨릭 왕들에게 매우 중요한 수입원이 되었다. 그래서 가톨릭 왕들은 양모 산업에 많은 특권과 시혜를 베푸는 법령을 제정했다. 이 법은 양떼가 한 번 지나가면서 풀을 뜯었던 땅은 비록 주인이라 할지라도 목초지 외에 다른 용도로 전용할 수 없게 했다. 이것은 곧 이베리아 반도 남부의 안달루시아와 엑스트레마두라 일대의 농민들이 방대한 땅을 전혀 경작할 수 없게 된다는 뜻이었다.

양을 기르는 일은 곡물 경작에 비해서 노동력이 훨씬 덜 들어 광대한 목초지는 곧 노동력 과잉을 초래했다. 이는 곧 군대를 징발하고 신대륙의 식민화를 위해서 필요한 인적 자원의 공급을 원활하게 하는 데 많은 도움이 되었음을 의미했다. 이처럼 가톨릭 왕들은 양모 산업으로부터 많은 이득을 얻을 수 있었다.

두뇌 유출
: 유대인 추방
(1492년)

이베리아 반도의 유대인

유대인을 언급하지 않고 스페인의 역사를 이야기할 수 없을 것이다. 유대인은 2세기에 처음으로 이베리아 반도에 들어왔다. 그들 중에는 지식인뿐만 아니라 수공업자, 농민, 상인, 의사들도 있었는데, 대부분 자신들의 경제적 이익만을 추구했기 때문에 서고트족 치하에서는 많은 비난을 받았다. 스페인의 성인 이시도로 대주교조차도 유대인들이 선조들의 죄로 인해 세계 각지로 흩어질 수밖에 없었고, 그들이 살고 있는 곳에서 억압받고 있다는 사실을 굳이 부정하지 않았다.

서고트족에게 억압받았던 유대인들은 이슬람교도들의 스페인 침공을 환영했다. 이슬람교도들이 자신들을 아브라함의 자손으로 인정해주었고, 이슬람교도 치하의 사회에서 하나의 구성원으로 살아갈 수 있다고 생각했기 때문이다. 실제로 유대인들은 왕과 귀족들의 재정을 관리하기도 했고, 대사나 사절단으로 활약하기도 했다. 그들은 또한 정직성을 인정받아 세금 업무를 도맡아 했는데, 이는 오히려 일반 노동자들이나 서민들의 증오를 불러일으키기만 했다. 유대인들은 학술적인 면에서도 많은 활약을 했다. 위대한 철학자 마이모니데스(1135~1204)도 코르도바에서 태어난 유대인이었으며, 당시 코르도바에 있던 탈무드 학교에서는 유럽 전역에 흩어져 있던 많은 유대인 사상가들이 모여서 학술적인 연구를 했다.

한편, 1055년부터 1269년까지 스페인을 통치했던 아프리카 북부 출신의 이슬람교도들인 알모라비데족과 알모아데스족은 스페인에 거주하고 있던 모사라베와 유대인을 포함한 전체 비이슬람교도들에게 엄격한 이슬람교의 정통 신앙주의를 강요했다. 이에 유대인들은 재빨리 북쪽의 가톨릭교도들이 지배하는 영토로 도피했다.

이렇게 이슬람 왕국에서 가톨릭 왕국으로 피신해온 유대인들은 재정 관리 능력을 인정받아 궁정에서 왕실의 보물 관리 및 재정을 담당하기도 했다. 그들은 또한 상업과 의학에 관한 특별한 재능이 있어서 일반 서민들의 삶에 많은 영향을 끼치기도 했다. 특히 현왕 알폰소 10세(1252~1284)가 톨레도에 설립한 번역자 학교에서 가톨릭 학자, 이슬람교 학자와 함께 유대교 학자들은 성경과 코란뿐만 아니라 탈무드를 번역하는 일을 했다.

유대인 탄압과 학살

여러 방면에 걸친 유대인들의 활약에도 불구하고 일반 서민들의 유대인에 대한 증오는 점차 커져갔다. 페스트로 수백 명의 가톨릭교도들이 죽자 광신적인 가톨릭교도들은 유대인들에게 그 잘못을 돌려서 반유대주의 감정을 부추겼고, 이 때문에 유대인들은 가톨릭교도와 똑같은 집에 거주할 수 없었다. 그들의 거주지는 불에 타고, 많은 유대인이 살해당했다. 결국 유대교는 금지되었는데, 특히 카스티야에 거주했던 유대인들은 가톨릭으로 개종하거나 스페인을 떠나야 했다. 또한 유대인들의 경제에 대한 자치권과 사법권도 박탈되었다. 이슬람교도와의 싸움에서 스페인 군대가 패배하면, 개종한 유대인(콘베르소converso)들이 참가해서 패배했다고 그들에게 패배의 원인을 돌리기까지 했다.

1391년에는 유대인 대학살이 일어났다. 세비아에서는 4천 명의 유대인들이 학살당했고, 코르도바에서는 어린 아이들을 포함하여 유대인 2천 명의 시

추방 전 유대교도들을 접견하는 가톨릭 왕들. 1492년 3월, 가톨릭 왕들은 가톨릭으로 개종하지 않은 이교도들을 추방했다. 방된 이교도들 중에는 유대교도들이 많았는데, 그들을 추방함으로써 스페인 사회에서 없어서는 안 될 소중한 재능과 서비스를 잃었다.

체가 불태워져 시나고그(유대인 교회당)에 산처럼 쌓이기도 했다. 바르셀로나에서는 가족들이 학살당하는 모습을 목격해야만 하는 끔찍스런 고통에서 벗어나기 위해 수백 명의 유대인들이 자살하기도 했다. 그 결과 개종한 유대인이 늘어갔다. 목숨을 구하고자 했던 이 스페인계 유대인들에게 개종 말고는 달리 선택의 길이 없었다. 개종해서 스페인에 남은 유대인은 그때까지 갖고 있던 직업을 버리지 않으면 안 되었다. 그렇게 하지 않으면 '순수한 피'를 갖지 않은 유대인으로 낙인찍혀 대대로 박해를 받아야만 했기 때문이다.

자국 내 순수 가톨릭교도 또는 가톨릭으로 개종한 유대인은 종교 재판관들의 의심의 눈총에서 벗어나기 위해서, 또한 자신들이 순수 가톨릭교도임을 알리기 위하여 유대인들이나 이슬람교도들이 가졌던 직업조차 갖기를 회피했다. 능력이 있고 없음을 떠나 모두가 땅이나 경작하면서 사는 스페인 사람이 가진 순수한 피를 보여주고자 했던 것이다. 이렇게 편협한 종교 정책은 스페인이 지적인 활동이나 과학 발달로 나아갈 수 있는 길을 봉쇄해버리는 결과를 초래했다.

'우리를 부자로 만들기 위해 스페인은 가난을 택했다'

1492년 3월, 가톨릭 왕들은 개종하지 않은 이교도들을 국외로 추방했다. 추방된 이교도들 중에서도 특히 유대인 추방은 가톨릭 왕들이 저질렀던 최악의 실수였다. 유대인의 추방은 먼저 신앙적인 이유에서 추진되었다. 가톨릭 왕들은 가톨릭의 정통 신앙과 인종의 순수한 피를 기반으로 가톨릭 왕국의 통일을 확고히 하고자 했다. 여기에 적합한 희생양은 늘 그래왔듯이 유대인들이었다.

1492년 스페인의총 인구 700만 명 중에서 유대인과 개종자는 50만 명에 불과했지만, 도시의 인구 가운데 약 1/3은 유대계였다. 유대인 추방 칙령이 나온 지 1년 후, 세비야의 집세는 절반으로 떨어졌고 바르셀로나의 시영은행들은 파산했다. 그러나 유대인 추방은 무엇보다 스페인이 앞으로 스페인 제국을 유지하기 위해 절실히 필요했던 수많은 재능과 서비스를 잃어버리는 사태를 초래했다. 당시 스페인에 있던 의사는 거의 유대인이었다. 세금을 징수하는 사람도 유대인이었고, 주 납세자도 유대인이었다. 그들은 또한 은행가, 상인, 고리대금업자였으며, 여러 왕들 밑에서 재정 관리를 담당했었다. 유대인들은 또한 스페인의 귀족들이 자신의 품위에 맞지 않는다고 꺼리던 일까지도 기꺼이 떠맡았다. 유대인 관리들이 없다면 왕실 재정은 파탄에 이르고 스페인 사회에 큰 악영향을 끼친다는 사실은 불을 보듯 뻔한 일이었다. 실제로 유대인이 스페인에서 추방되자 이런 예상은 현실로 나타났다.

유대인 추방은 스페인 역사에 치명적이었다. 우선 스페인은 앞으로 제국을 유지하기 위하여 절실히 필요했던 수많은 재능과 서비스를 잃어버렸다. 다시 말해 스페인의 브레인이 빠져나간 것이다. 유대인과 함께 이슬람교도들이 스페인을 떠났을 때, 그들을 받아들인 아랍 본토에서는 다음과 같이 말했다. "우리를 부자로 만들기 위해 스페인은 가난을 택했다."

세계의 역사를 바꾼 인물
: 크리스토퍼 콜럼버스
(1451 ~ 1506년)

'콜럼버스'라는 이름

우리가 흔히 말하는 콜럼버스는 영어식 이름 '크리스토퍼 콜럼버스'로 널리 알려져 있다. 하지만 그의 본국인 이탈리아에서는 크리스토포로 콜롬보(Christoforo Colombo), 스페인에서는 크리스토발 콜론(Cristóbal Colón)으로 불린다. 크리스토퍼의 원형인 '크리스토퍼런스(Christoferens)'는 예수를 의미하는 '크리스트(Christ)'와 '운반자(Bearer)'를 뜻하는 '퍼런스(Ferens)'가 합쳐진 말로, 콜럼버스의 이름인 크리스토퍼는 결국 '예수 전도자(Christ Bearer)'라는 뜻이 된다. 따라서 많은 사람들은 콜럼버스가 대서양 항해를 나섰던 이유가 그의 이름에 나타나 있는 것처럼 가톨릭을 전파하려는 종교적 동기 때문이었다고 주장하기도 했다. 이런 주장은 그의 아들 페르디난드 콜럼버스가 쓴 《콜럼버스 전기》에 잘 나타나 있다.

> 우리가 그를 라틴식 이름인 크리스토포루스 콜로누스(Christophorus Colonus)로 부른다면, 크리스토퍼 콜럼버스가 위험천만한 망망대해 너머로 예수를 전파했기 때문에 그런 이름을 얻게 되었다고 말할 수 있을 것이다.

콜럼버스 탐험의 지리학적 배경

콜럼버스는 포르투갈의 탐험대와는 달리 대서양 서쪽으로 항해하여 아시아 대륙에 도달할 생각은 있었지만, 개인의 힘으로 달성하기에는 매우 어려운 일이어서 막대한 재력을 갖춘 왕궁의 후원이 필요했다. 그는 자신이 세운 계획의 타당성과 실현 가능성을 입증하기 위해 당대의 지리적인 지식을 탐구하기 시작했다. 콜럼버스는 프톨레마이오스의 학설을 받아들여 지구 둘레를 1만 8천 마일로 추산했고, 피에르 다일리 추기경이 쓴 책의 내용을 바탕으로 지구의 6/7은 육지, 나머지 1/7은 바다로 되어 있기 때문에 황금향인 지팡구(Cipango, 일본을 가리킴)까지의 바다는 길어야 2,600여 마일을 넘지 않을 것이라고 생각했다(그러나 이는 실제 거리인 12,000마일보다 1/4로 작게 계산한 것이다).

콜럼버스는 이러한 프톨레마이오스의 학설과 다이이 추기경의 책 내용, 《동방견문록》에 "아시아 본토로부터 남동쪽 1,500마일에 황금이 가득한 지팡구라는 섬이 있다."고 썼던 마르코 폴로의 묘사, 토스카넬리의 서한에 나오는 "향료와 금은 보석으로 가득한 카타이(Cathay, 중국을 가리키는 말로 1123년부터 200년 동안 북중국을 통치했던 거란을 키탄이라 부른 데서 유래한 것으로 추측)에 도달하려면 항로를 서쪽으로 잡아야 하며, 서쪽의 바다는 그리 넓지 않다."는 지리학적인 사실들에서 자신의 탐험을 보다 구체화할 수 있는 근거를 마련했다.

산타페 협약

콜럼버스는 이러한 지리적 지식을 바탕으로 대서양 탐험을 실천에 옮기려고 했다. 그는 1484년, 처음으로 자신의 탐험에 대한 지원을 포르투갈의 주앙 2세에게 요청했으나 거부당했다. 그래서 콜럼버스는 스페인의 가톨릭 왕들(이사벨라 여왕과 페르난도 왕)을 만나 자신의 계획을 설명했지만 가톨릭 왕들의 지시로 구성된 조사위원회의 거부 결정으로 1490년, 지원은 무산되었다. 그 후 포르투갈 궁정에 재차 후원 요청을 했으나 거절당한 콜럼버스는, 동생인 바르톨로메를 통해 영국과 프랑스의 왕에게 지원을 요청했지만 역시 거

예수 전도자라는 의미를 지닌 크리스토퍼 콜럼버스(스페인어로는 '크리스토발 콜론'이다)는 이사벨 여왕의 후원으로 네 차례에 걸쳐 아메리카 대륙을 항해했다.

부당했다. 여러 나라 궁정의 후원을 얻는 데 실패한 콜럼버스는 팔로스 항 근처의 수도원에 머물면서 후안 페레스의 도움으로 이사벨라 여왕에게 재차 지원을 요청했지만, 2차 조사위원회 역시 그의 계획에 대한 지원을 거부했다.

이에 콜럼버스는 모든 것을 단념하고 그라나다를 떠났다. 그 후 우여곡절 끝에 콜럼버스는 스페인 왕실의 후원을 받아낼 수 있었다. 1492년 4월 17일, 스페인 왕실과 '산타페 협약'을 맺었다. 스페인 왕실은 이 협약에서 콜럼버스에게 귀족(Don)의 칭호를 주고, 콜럼버스는 앞으로 발견할 지역의 대제독(Great Admiral)과 식민지 총독 및 부왕(副王)이 될 수 있다고 명시했다. 또한 이 협약에는 이러한 직위들은 그의 자손들에게 영구히 상속되며, 그곳에서 산출된 모든 금과 은 등 귀금속의 1/10은 콜럼버스가 소유하는 등의 내용을 포함하고 있다. 이는 콜럼버스 개인의 열망과 스페인 왕국의 대내외적인 필요성이 서로 일치된 결과였다.

육지다! 육지다!

1492년 10월 12일 그날, 로드리고 데 트리아나는 말했다. '육지다! 육지다!' 그 고대해 왔던 말에 모두가 뛰어나갔다. 정말 그 말이 사실인지를 확인하기 위하여……. 배 안에 있던 모든 선원들이 사실인 것을 알았을 때, 모두는 무릎을 꿇고, 기쁨의 눈물을 흘렸다…….

1492년 8월 3일, 핀타 호, 니냐 호, 산타 마리아 호로 구성된 세 척의 범선 대는 스페인의 팔로스 항을 출발했다. 서쪽으로 계속 항해했던 콜럼버스는 긴 항해에서 오는 선원들의 불평과 폭동 등 갖은 고초를 겪은 후에 1492년 10월 12일, 드디어 육지에 상륙했다. 그곳은 바하마 제도의 과나하니라는 조그만 섬이었다. 콜럼버스는 구세주와 관련지어 이 섬을 산 살바도르(San Salvador, 구세주, 구원자라는 뜻)라고 명명했다. 그는 자신이 도착한 곳을 인도로 생각하여, 카리브 해의 원주민을 인디오(indio)라고 불렀다. 콜럼버스는 "나는 그들 몇 명에게 빨간 모자를 선물했고, 유리 목걸이를 그들의 목에 걸어주었 다. 그리고 별로 값어치가 나가지 않는 것들도 그들에게 많이 주었는데, 그들 은 기쁜 듯이 그것을 바라보았고 또 놀라워했다."라고 '인디오'들과의 만남의 순간을 묘사했다.

콜럼버스는 12년에 걸쳐 총 네 차례 탐험을 했는데 1506년에 죽을 때까지 자신이 발견한 곳이 '아시아의 인도'라고 굳게 믿었다. 그러나 1498년, 인도 항로를 개척한 포르투갈에 의해 인도의 실체가 알려지고 아메리고 베스푸치 등의 탐험으로 콜럼버스가 발견한 곳이 새로운 대륙이라는 사실이 알려짐에 따라 콜럼버스가 도착한 카리브 해 지역은 서인도로 불리게 된 것이다.

인류 역사상 가장 위대한 사건

콜럼버스는 신대륙 탐험을 위해 7년 여 동안 온갖 어려움을 겪으며 어렵 사리 왕실의 후원을 얻어낸 뒤에도 12년에 걸쳐 온갖 고난과 역경을 겪었다. 그의 온갖 어려움에 비하면 콜럼버스가 이룩한 실질적인 성과는 미미한 것 에 지나지 않았다. 자신이 약속했던 대륙을 발견하지도 못했고 막대한 경제 적 이익을 얻지도 못했다.

그러나 그의 탐험을 계기로 스페인은 식민지 개척을 위한 하나의 근거지 를 마련했고, 신대륙에서 광산이 개발된 후 17세기 중반까지 유럽으로 막대 한 양의 귀금속이 유입되는 계기가 되었다. 그러나 이는 유럽의 화폐 가치 폭락과 가격혁명을 촉발시켰으며, 이는 다시 상업혁명으로 이어져 유럽 자 본주의의 성장과 발전에 밑바탕이 되기도 했다. 아울러 콜럼버스의 탐험으로 스페인은 자국의 언어와 문화, 인종을 중남미 전역에 걸쳐 이식할 수 있는 발판을 마련했다.

식민정복자의 입장에서 라틴아메리카 정복사를 썼던 프란시스코 로페스 데 고마라가 콜럼버스의 신대륙 발견에 대해 주장한 "예수의 탄생과 죽음을 제외하고 인류 역사상 가장 위대한 사건"이라는 말을 전적으로 받아들일 수는 없지만 "신대륙을 유럽에 소개함으로써 세계를 바라보는 지평을 크게 넓힌 사건이었다."는 점에서 그 역사적 의의는 매우 크다고 할 수 있다.

인류 역사상 최대의 인종 학살
: 인디오들의 인구 감소
(1500년대 중반~1650년)

인류 역사상 최대의 인종 학살

여러 가지 과학적 조사 결과 1500년 당시 세계 인구는 약 4억 명 정도였고, 그중 약 8천만 명이 아메리카에 거주했던 것으로 추정되고 있다. 유럽인이 아메리카에 진출한 지 약 50년 후인 1500년대 중반, 이 8천만 명의 아메리카 원주민 인구는 1천만 명으로 감소했고, 다시 50년이 지난 1600년경 아메리카 원주민의 인구는 1500년 당시 인구의 1/10로 줄어들었다. 또 다른 최근의 연구에서는 1492년에서 1650년 사이 아메리카의 인구는 5천만 명에서 500만 명으로 감소했다고 밝히고 있다. 아무튼 유럽인들이 아메리카에 도착하고 약 100년 사이에 아메리카 원주민 수가 급감했음을 알 수 있다.

좀 더 지역적인 인구 변화를 살펴보면, 콜럼버스가 도착한 1492년에 카리브 해 지역에는 약 20만 명의 원주민이 살고 있었다. 그러나 20년 뒤에는 1만 4천 명으로, 다시 30년 뒤에는 200명으로 감소했다. 1500년대 초에 지금의 멕시코 중앙 고원에 거주하고 있던 인구는 약 2,500만 명 정도였다고 추정되는데, 이 인구는 100년 정도가 지난 1500년 말에 가서는 135만 명이라는 믿기 어려운 숫자로 감소했고, 그나마 이 가운데 약 10만 명은 스페인 사

개의 먹이가 된 인디오들. 신대륙의 태평양 연안을 처음 발견한 발보아가 개 먹이로 인디오들을 던져주는 장면을 묘사한 그림으로 잔혹한 스페인 식민 통치의 일면을 잘 보여주고 있다.

람들이었다. 멕시코의 인구가 유럽인들과 만났을 당시의 수준을 회복한 것은 20세기 중반에 이르러서였다.

예일 대학의 역사학자 데이비스는 이러한 믿기 어려울 정도의 원주민의 인구 감소를 가리켜 "인류 역사상 최대의 인종 학살"이라고 말했다. 전체 인구에 대한 희생자의 비율(90% 이상)이나 희생자의 절대 수(약 7천만 명)의 측면에서 볼 때, '대량 몰살'이라는 용어로 원주민의 인구 감소를 말하는 학자도 있을 정도이다.

'대량 몰살'의 원인

이렇게 100년 사이에 인구가 1/10로 감소한다는 것이 과연 가능한 일일까? 무엇 때문에 이렇게 인구가 급감했을까?

인구 감소의 원인은 여러 가지가 있다. 우선 스페인 사람들과의 전쟁으로 많은 원주민들이 죽었고, 서구 문명과의 충돌 속에서 일부 원주민들은 집단 자살의 길을 택하기도 했다. 정복자들이 원주민들을 직접 살해한 수도 적지 않았다. 원주민들이 가혹한 노동을 견디지 못해 사망한 경우도 많았지만, 무엇보다도 가장 큰 원인은 유럽형 병원균의 전파로 인한 사망이었다.

오랫동안 고립되어 있었던 아메리카 원주민들은 이미 천연두나 흑사병을 경험했던 유럽인들을 맞이할 만한 충분한 면역성을 지니고 있지 않았다. 스페인 사람들이 전파했던 천연두, 홍역, 발진티푸스, 말라리아, 인플루엔자 등으로 아메리카 원주민들은 그야말로 파리떼처럼 죽어나갔다. 스페인 사람들의 고의성이 전쟁으로 인한 학살에 비해 상대적으로 낮은 요인이기는 했지만, 병원균의 전파로 가장 많은 수의 원주민들이 죽었다. 또한 그들이 이 지역에 갖고 들어온 말, 돼지, 양, 낙타 등의 세균에 의한 희생도 만만치 않았다. 결국 인디오들의 인구 감소의 근본적 원인은 스페인 사람들이 자행한 정복이었지만, 그중에서 가장 큰 원인은 스페인 사람들이 원주민에게 전염시킨 세균 때문이었다.

신대륙의 원주민 인디오

다음은 콜럼버스가 바하마 군도에 도착했을 때 만났던 아라와크족에 대한 콜럼버스의 묘사이다.

> "… 그들은 좋은 체격과 수려한 용모를 지닌 건장한 사람들이었다. 무기를 지니고 있지도 않았으며, 또 무기라는 것을 알지도 못했다. 왜냐하면 내가 그들에게 칼을 보여주었을 때, 칼날을 만지작거리다가 손을 베어버렸기 때문이다…….."

콜럼버스의 《항해일지》

인디오 사회에서 여자들이 좋은 대우를 받는 것을 보고 스페인 사람들은 깜짝 놀랐다. 라스 카사스 신부는 인디오들의 남녀 관계를 다음과 같이 묘사했다.

> "결혼법은 존재하지도 않는다. 남자나 여자는 공히 자기가 좋아하는 상대를 선택하고 무례함이나 질투, 분노심이 없이 그 상대에게서 떠난다. 그들은 다산(多産)을 한다. 임신한 여자들은 해산 당일까지 일하다가 거의 고통 없이 순산한다. 다음날 강에서 목욕하기 때문에 출산 전처럼 깨끗하고 건강해진다. 남편에게 싫증이 나면, 사산(死産)시키는 독한 풀을 먹고 나뭇잎이나 무명천으로

부끄러운 부위를 가리고서는 낙태시켜버린다. 인디오들은 벌거벗은 것을 우리들이
머리나 손을 바라보는 것처럼 아무렇지 않게 여긴다."

바르톨로메 데 라스 카사스 신부의 《서인도 제도의 역사》

참상의 고발

바르톨로메 데 라스 카사스 신부는 쿠바 정복에 참가했으며, 한때 인디오 노예들을 고용한 대농장의 소유주이기도 했다. 그러나 그는 그것을 포기하고, 스페인 사람들의 잔학성을 폭로하는 격렬한 비평가가 된 젊은 사제였다.

그가 쓴 《서인도 제도의 역사》에서 발췌한 인디오들의 참상에 대한 글을 읽어보자.

"그들은 사람들 사이로 뚫고 들어가 어린이건 노인이건 임신부건 가리지 않고 몸을 찢었으며, 칼로 베어서 조각을 냈다. 울타리 안에 가둔 한 무리의 양을 습격하는 것과 다를 바 없었다. 그들은 끼리끼리 그들 가운데 누가 단칼에 한 인간을 두 동강 낼 수 있는지, 창으로 머리를 부술 수 있는지, 또는 내장을 몸에서 꺼낼 수 있는지 내기를 걸었다. 그들은 갓난아기들의 발을 잡고, 엄마의 젖가슴에서 떼어내 머리를 바위에다 패대기쳤다. 어떤 이들은 아기의 어깨를 잡고 길로 끌고 다니면서, 놀리고 웃다가 결국 물 속에 던져 넣고, '이 작은 악질 놈아! 허우적거려 보라'고 말했다. …… 그들은 또 구세주와 12사도를 기리기 위해 13개의 올가미를 만들어 원주민 13명을 매달고 그들의 발밑에 모닥불을 피워 산 채로 태워죽였다."

"나는 똑똑히 들었다. 산토 도밍고에서 바하마 제도로 가는 배는 나침반 없이도 바다에 떠 있는 인디오의 시체를 따라 항해할 수 있다는 말을."

"산들은 봉우리에서 기슭까지 온통 벌거숭이가 되어버린다. 흙을 파내고, 바위를 쪼개고, 돌을 옮기며, 강물에 씻기 위해 사금 조각을 등으로 져 나른다. 물 속에서 허리를 굽힌 채로 줄곧 황금을 씻는 동안, 그들의 몸은 부서진다. 무엇보다도 고통스러운 일은 광산에 물이 차게 되면 물을 한 줌씩 퍼내 광산을 건조시키는 것이다."

브라질만 왜 포르투갈어를?
: 토르데시야스 조약
(1494년)

스페인어는 중남미 20여 개 국이 사용하는 언어다. 그런데 중남미에서 가장 큰 부분을 차지하고 있는 나라인 브라질만은 유독 포르투갈어를 사용한다. 그 이유는 바로 1494년에 스페인과 포르투갈 사이에 체결한 토르데시야스 조약 때문이다.

포르투갈의 항해왕 엔리케 왕자

프랑스와 영국이 서유럽의 패권을 놓고 백년전쟁을 벌이고 있을 때, 이탈리아와 플랑드르(지금의 네덜란드 지역)의 도시들은 지중해 무역에 몰두하고 있었다. 이때 포르투갈의 엔리케 왕자는 대서양에서 훨씬 더 크고 넓은 꿈을 이루기 위해 이탈리아에서 조선공, 항해장비 기술자, 천문학자 등을 불러모으기 시작했다.

엔리케 왕자는 포르투갈의 해양 탐험을 주도적으로 이끌었던 주앙 1세의 셋째 아들이었다. 주앙 1세는 1385년에 즉위하여, 포르투갈의 중앙집권화 정책을 추진하면서 아프리카 북단의 세우타(지금은 스페인령)를 정복했다. 이는 포르투갈의 첫 해외 팽창 정책이었다. 그의 뒤를 이은 사람이 바

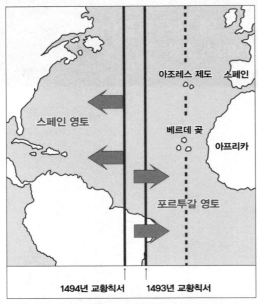

포르투갈-스페인의 영토 분계선. 1494년 교황 알렉산데르 6세의 중대로 스페인의 가톨릭 왕들과 포르투갈의 주앙 2세 사이에 체결된 토르데시야스 조약에 의해 브라질은 포르투갈 영토가 되었다.

로 항해왕 엔리케 왕자 (1394~1460)로서, 그는 본격적으로 아프리카 연안의 탐사작업을 주도했다.

1419년, 엔리케 왕자는 대서양의 마데이라와 아조레스 군도에 원정대를 파견하여 식민 사업을 전개했는데, 그 후 세네갈, 카보 베르데(베르데 곶), 기니 해안, 시에라리온까지 도달함으로써 포르투갈의 해외 팽창 정책은 그 어느 때보다도 활기를 띠게 되었다. 이때 포르투갈이 점령했던 아조레스 제도와 카보 베르데는 후일 포르투갈이 브라질을 식민지로 만드는 데 징검다리 역할을 했다.

스페인 최초의 해외 영토

1400년대 들어 포르투갈이 해외 탐험에 열중하고 있는 동안, 스페인은 여전히 카스티야, 아라곤과 나바라 등의 소왕국으로 분열되어 있었다. 또한 반도 남부에는 이슬람 왕국이 자리 잡고 있어서 스페인은 '가톨릭 왕국의 통합'과 이슬람교도를 반도로부터 몰아내는 '국토 회복 운동'을 동시에 수행해야 하는 어려운 입장에 처해 있었다. 1469년, 바야돌리드에서 카스티야 왕국의 이사벨라 여왕과 아라곤 왕국의 페르난도 왕이 결혼함으로써 두 연합 왕국은 이베리아 반도에서 통치의 주도권을 쥐게 되었다.

한편, 대외적으로 스페인 연합 왕국은 포르투갈과 대립 관계에 있었다. 마데이라 제도에서의 식민 사업에서 충돌한 바 있었던 두 나라는 카나리아 군도에서도 대립했다. 마데이라 제도는 포르투갈이 미리 점령했지만, 카나리아 제도는 그 누구의 소유도 아니었다.

1478년, 가톨릭 왕들은 카나리아 군도를 점령하기 위해 원정대를 파견했지만 원주민들의 저항으로 실패했다. 그러나 1482년, 스페인 연합 왕국은 다시 원정대를 파견하여 카나리아 군도를 점령함으로써 최초로 해외 영토를 소유하게 되었다. 가톨릭 왕들은 재정복 시기에 행했던 관례에 따라 카나리아 군도의 이주민들에게 '레파르티미엔토(Repartimiento, 식민지의 일정 지역을 이주민에게 할당하고, 그 지역에 거주하는 원주민들을 노예로 사역시킬 수 있는 권리까지 인정해주는 제도로서, 후일 아메리카에서 엔코미엔다 제도로 발전했다)'의 권리를 부여하면서 식민 사업을 전개해나갔다.

토르데시야스 조약

1492년 콜럼버스의 신대륙 발견으로 야기된 최초의 문제는 포르투갈과 스페인 사이의 영토 분계선 문제였다. 콜럼버스는 자신이 발견한 지역이 인도뿐만 아니라 중국, 일본 등을 포함하는 아시아의 일부라고 확신하고 있었다. 그러나 오랫동안 해양 탐험에 종사했던 포르투갈은 콜럼버스가 발견한 지역이 포르투갈령 마데이라 제도에서 얼마 떨어지지 않은 곳이라고 생각했다. 포르투갈은 1480년에 스페인과 맺은 조약과 교황의 칙서에 의해 기니와 보자도르 곶(대서양상의 카나리아 제도 아래에 위치) 남쪽에서 발견되는 모든 영토에 대한 지배권을 소유하고 있었다.

콜럼버스의 신대륙 발견으로 스페인과 포르투갈 사이의 영토 구분에 대한 분쟁이 생기자, 포르투갈의 주앙 2세는 교황 알렉산데르 6세에게 이 문제를 해결해 줄 것을 요청했다. 그러나 스페인 출신으로 페르난도 왕과 이사벨라 여왕의 비호를 받았던 교황 알렉산데르 6세는 1493년 5월 4일, 아조레스 제도와 베르데 곶에서 서쪽으로 100레구아(legua, 1레구아는 5.5727킬로미터) 떨어진 곳에 가상의 선을 긋고 그 선의 동쪽에서 발견되는 영토에 대해서는 포르투갈이 이미 보유하고 있던 모든 권리와 사법권을 인정하고, 그 선의 서쪽에서 발견되는 영토에 대해서는 스페인 국왕에게 모든 권리와 사법권을 인정한다는 칙서를 공표했다.

그러나 포르투갈의 주앙 2세는 이에 만족하지 않았다. 그는 교황이 칙서로 정한 경계선을 베르데 곶에서 370레구아 서쪽으로 옮겨, 그것을 기준으로 동쪽의 모든 영토(브라질에서 인도까지)는 포르투갈에, 그리고 서쪽의 모든 영토(카리브 해에서 태평양까지)는 스페인에 귀속시킨다고 하는 토르데시야스 조약을 스페인 국왕과의 직접 담판을 통해 1494년 6월 7일에 체결했다. 이 조약에 의하면, 경계선은 베르데 곶에서 서쪽으로 약 2,100킬로미터 지점이다. 이는 오늘날 서경 40도쯤에 해당하는데, 이 선에 의하면 브라질은 겨우 동쪽의 끝 부분만 해당되었다. 그러나 당시에는 브라질이 있는 남아메리카 대륙이 발견되지 않았으므로 포르투갈이 브라질을 자국의 식민지로 삼는 근거가 되었고, 이로 인해 오늘날의 브라질은 남아메리카에서 유일하게 포르투갈어를 쓰는 국가가 되었다.

한편 유럽의 다른 세력들은 이런 결정을 기꺼이 받아들일 수 없었다. 가톨릭 왕들의 뒤를 이은 카를로스 5세의 가장 강력한 라이벌이었던 프랑스 국왕은 "스페인 국왕에게 이 세계의 반쪽을 지배할 수 있는 권리가 아담의 유언장에 나와 있다면 몇 항 몇 조에 있는지 보여주시오."라면서 반발했다. 항해와 교역의 자유를 열렬히 주장했던 네덜란드인들 역시 불만스러워했다. 네덜란드와 갑작스런 동맹 관계를 맺었던 영국의 엘리자베스 1세는 '바다와 하늘은 모든 나라의 공유'라는 대원칙을 천명하고 "바다는 만인의 것이므로 그것은 당연히 짐의 소유다."라고 말했다. 이러한 반발은 바로 유럽의 제국주의 국가들이 해외로 세력을 뻗치려 했던 신호였다.

스페인 최초의 사랑 이야기
:《라 셀레스티나》
(1499년)

중세의 스페인 문학

스페인은 유럽에 속해 있었으나, 다른 유럽 국가와는 달리 외부의 새로운 변화를 항상 늦게 받아들이는 편이었다. 반도 내 이슬람 세력의 존재는 스페인 사람들로 하여금 항상 방어 태세를 취하게 했다. 이로 인해 스페인 사람들은 자신의 생활 방식에 집착하는 버릇과 함께 모든 혁신에 반발하는 자세와 자기 것, 전통적인 것을 결사적으로 수호하는 자세를 갖게 했다. 그러나 시간이 지남에 따라 이슬람의 문화를 수용하여 14~15세기에 들어서면서 스페인은 스페인만의 독특한 문화적 특성을 가지게 되었다.

이러한 문화적 특성이 문학 작품에도 그대로 반영되었다. 스페인 문학은 기교를 부리지 않고 까다로운 규칙을 배제한 단순한 형태를 취했다. 그리고 강한 사실주의를 선호했다. 아울러 주관적인 서정시보다는 작자 미상의 객관적 서사시를 더 선호했으며, 지역 전통과 국가에 대한 애착심 등이 문학 작품에 나타났다. 중세의 스페인 문학은 일반적으로 '11세기에 나타난 초기 서정시 형태의 문학에서부터 가톨릭 왕들 시대 초반까지의 문학'을 말한다.

중세에 나타난 두드러진 문학 장르로는 서민문학(Mester de juglaría)과 승려

《라 셀레스티나》를 묘사한 판화. 스페인 최초의 사랑 이야기 《라 셀레스티나》는 중세의 스페인에서 강조되던 정통 가톨릭과 국왕의 절대적 통치에 대항한 휴머니즘의 표현이었다.

문학(Mester de Clerecía)을 들 수 있는데, 전자는 글로 씌어지지 않고 후글라르(juglar, 방랑시인)들이 이 성 저 성, 이 마을 저 마을 다니며 하프나 만돌린 등으로 반주하면서 시로 낭송했던 무용담이나 서정적인 이야기였다. 스페인의 영웅 로드리고 디아스 데 비바르를 그린 《엘 시드의 노래》가 이 장르를 대표한다. 승려문학은 14음절로 된 4행시(cuaderna vía)의 규칙을 엄격히 지키고 있었으며, 종교적 테마뿐만 아니라 지적 탐구를 통해서 얻어질 수 있는 경험이나 사실들을 다루고 있다. 대표작으로는 곤살로 데 베르세오의 《성모 마리아의 기적들》이 있다. 이 작품은 성모 마리아를 대중에게 가깝게 하기 위해 성모가 행한 기적을 서정미 넘치는 언어와 유머로 노래한 작품이다.

13세기의 페르난도 3세 때에는 카스티야어의 문어체가 가장 많이 사용되기 시작했다. 페르난도 3세는 라틴어를 대신하여 카스티야어를 공식어로 발표했는데, 13세기의 현왕 알폰소 10세의 《성모 마리아 송가집》, 14세기의 현왕 알폰소 10세의 조카인 돈 후안 마누엘이 쓴 《루카노르 백작》, 이타(Hita) 지역의 사제인 후안 루이스가 쓴 《좋은 사랑의 서書》 등이 대표적인 카스티야어 작품들이다. 그리고 스페인 최초의 소설로 기록되는 《라 셀레스티나》가 1499년에 나오면서 중세 스페인 문학은 마감된다.

스페인 최초의 사랑 이야기 《라 셀레스티나》

이 작품은 한 늙은 중매쟁이와 그녀를 후견인으로 둔 고아 소녀들, 두 명의 젊은 연인과 이들의 두 하인에 관한 이야기다.

훌륭한 가문과 재산을 가진 남자 주인공인 칼리스토는 어느 날, 매를 쫓아 여자 주인공인 멜리베아의 정원으로 들어간다. 멜리베아를 본 순간 칼리스토는 사랑에 빠지지만 멜리베아가 그를 받아주지 않자 하인 셈프로니오에게 그 사실을 털어놓는다. 셈프로니오는 그의 주인 칼리스토에게 뚜쟁이 셀레스티나 노파를 찾아가 보라고 충고한다. 셀레스티나는 멜리베아를 만나 칼리스토의 구애를 받아들이도록 설득시켜 멜리베아의 집 정원에서 두 사람을 만나게 하는 데 성공한다. 한편, 셀레스티나는 칼리스토로부터 수고비를 받았지만, 탐욕스러운 칼리스토의 하인이며 심복인 셈프로니오와 파르메노에게 죽음을 당하고, 결국에는 그들도 역시 교수형을 받아 죽는다.

뚜쟁이 셀레스티나에 의해 서로 사랑하게 된 칼리스토와 멜리베아는 밤마다 몰래 만난다. 어느 날 밤, 멜리베아의 정원에 있던 칼리스토는 길에서 나는 사람들의 소리를 듣고 허둥지둥 사다리를 타고 담을 내려오다 실족하여 사다리에서 떨어져 죽는다. 그러자 멜리베아는 절망하여 탑 꼭대기로 올라가 몸을 던져 자살하고, 멜리베아의 죽음을 알게 된 부모 알리사와 플레베리오의 통곡으로 작품은 끝을 맺는다.

《라 셀레스티나》의 의의

《라 셀레스티나》의 작가에 대한 논쟁은 많지만 몬탈반 태생의 법률가인 페르난도 데 로하스가 썼다는 것이 정설이다. 그는 유대인의 후손으로 가톨릭으로 개종한 사람이다.

《라 셀레스티나》는 15세기 스페인 문학의 진수로 평가받고 있으며, 스페인 문학사에서는《돈 키호테》에 버금가는 작품으로 스페인 문학이 사실주의로 발전해나가는 데 큰 공헌을 했다. 주인공 셀레스티나는 돈 키호테, 산초, 돈 후안과 더불어 스페인 문학이 창출한 독특한 성격의 인물이다.《라 셀레스티나》는 로페 데 베가나 세르반테스, 케베도 같은 작가들에게도 큰 영향을 주었으며 독일어와 프랑스어, 이탈리아어, 영어, 네덜란드어 등으로 번역되기도 했다.

또한《라 셀레스티나》는 스페인 최고 교육의 중심지였던 살라망카 대학이 낳은 산물이었다. 이 작품은 스페인에서 강조되었던 정통 가톨릭과 왕권의 절대적 통치에 대항한 휴머니즘적인 표현으로 일관하여 중세를 지배하던 미덕은 모두 악덕이 되었고, 악덕은 모두 미덕이 되었다. 사랑과 돈을 쫓아 움직였던 이들은 모두 너무나 어처구니없는 죽음을 맞이했던 것이다. 이 작품은 인간의 운명이 모두 '변화'로 이루어져 있다는 메시지를 우리에게 던져주기도 한다. 로하스는《라 셀레스티나》에서 "이 세상은 '변화' 바로 그 자체이며, 그 변화는 모든 사람들을 '돌이킬 수 없는 파멸'로 이끌고, 운명을 예측할 수 없게 만든다."라고 말하고 있다.

프랑스 고립화 정책
: 페르난도 왕의 대외 정책

페르난도 왕의 영원한 주제: 프랑스 고립화

역사적으로 스페인과 프랑스의 관계는 그리 우호적이지 않았다. 아라곤-카탈루냐 왕국의 후안 2세(재위 1458~1479)가 통치하는 동안, 프랑스의 루이 11세가 스페인의 카탈루냐 문제에 간섭하여 아라곤-카탈루냐 왕국은 프랑스에 적대감을 갖기 시작했다. 그 후 1463년에 프랑스가 카탈루냐 지방에 있는 로세욘과 세르다냐 주를 점령하자 역사적으로 계속되었던 프랑스와 아라곤-카탈루냐 연합 왕국과의 적대감은 더욱 악화되었다.

이사벨라 여왕이 다스렸던 카스티야 왕국은 전통적으로 프랑스에게 우호적인 정책을 폈지만, 프랑스에 대한 적대감을 계승한 아라곤의 페르난도 왕이 아내인 이사벨라 여왕에게 카스티야 왕국의 친프랑스 정책을 포기하도록 부추겼던 것은 지극히 자연스러운 일이었다. 페르난도 왕은 1475년에서 1577년 사이에 독일, 이탈리아, 영국, 네덜란드에 사절을 보내 카스티야-아라곤 연합 왕국과 동맹을 맺고 프랑스에 대항할 것을 제의했다. 이는 카스티야-아라곤 연합 왕국이 유럽 여러 나라들과 관계를 맺게 되면서 유럽의 문제에 개입하게 되는 발단이 되었다. 그 후 프랑스를 외교적으로 고립화시키는 것은 페르난도 왕의 외교 정책에서 영원한 주제가 되었다.

로세욘과 세르다냐 획득

1492년, 가톨릭 세력의 페르난도 왕과 이사벨라 여왕은 지난 800년 동안 이베리아 반도를 지배하고 있던 이슬람교도들을 완전히 축출했다. 이 역사적인 사건은 이베리아 반도가 가톨릭으로 완전히 통일되었고, 이와 함께 페르난도 왕이 처음으로 자신의 의도대로 보다 적극적인 외교 정책을 추구할 수 있게 되었음을 뜻했다. 그가 특별히 관심을 갖고 외교 정책을 펼친 지역은 바로 카탈루냐와 프랑스의 국경 지방인 로세욘과 세르다냐 지방이었다. 로세욘과 세르다냐는 옛날부터 카탈루냐인들의 고향이었기 때문에 그라나다 왕국과 마찬가지로 스페인 왕들의 지배 영역 중에서도 매우 중요한 지역으로 간주되어, 이 지역을 회복하는 것이 페르난도 왕의 외교 정책의 주요 목표가 되었다.

1489년, 카스티야-아라곤 연합 왕국은 영국과 메디나 델 캄포 조약을 맺었다. 이는 영국으로 하여금 북쪽에서 프랑스를 공격케 하여 주의를 분산시키는 동안, 카스티야-아라곤 연합 왕국은 프랑스를 침공하여 그 지역들을 회복하려는 의도였다. 그러나 이 계획은 결국 실패로 돌아갔다.

그 후 이탈리아 원정을 계획한 프랑스의 샤를 8세는 그가 원정으로 나라를 비우는 동안, 카스티야-아라곤 연합 왕국에게 프랑스를 침공하지 않겠다는 약속을 해둘 필요가 있

아라곤 왕국의 페르난도 왕(왼쪽)과 카스티야 왕국의 이사벨 여왕 (오른쪽). 페르난도 왕은 프랑스, 영국, 신성 로마 제국 등과 활발한 외교 정책을 펼친 결과, 빼앗긴 옛 영토를 되찾았다.

었다. 1493년 1월, 마침내 프랑스와 카스티야-아라곤 연합 왕국은 바르셀로나 조약을 맺었다. 이 조약을 통해 프랑스는 카스티야-아라곤 연합 왕국이 자기 나라를 침공하지 않는 대신, 로세욘과 세르다냐를 페르난도 왕에게 돌려주는 데에 동의했다. 그리하여 이 두 지역은 그 후 약 50년 동안 카스티야-아라곤 연합 왕국에 복속되었으며, 이로써 프랑스와 카스티야-아라곤 연합 왕국 간의 국경은 피레네 산맥을 중심으로 북쪽은 프랑스, 남쪽은 카스티야-아라곤 연합 왕국으로 정해지게 되었다.

나폴리 정복

이렇게 피 한 방울 흘리지 않고 로세욘과 세르다냐를 다시 획득한 것은 카스티야-아라곤 연합 왕국에게는 기분 좋은 일이었다. 그러나 프랑스의 샤를 8세가 이탈리아를 침공했다는 사실은 카스티야-아라곤 연합 왕국에게 또 다른 위협을 의미했다. 시칠리아는 카스티야-아라곤 연합 왕국의 소유령이었고, 나폴리 왕국은 아라곤 왕가의 방계 가문에 속해있었기 때문이다. 이탈리아로 진격하려는 프랑스의 샤를 8세를 저지하기 위해서는 카스티야-아라곤 연합 왕국만의 힘으로는 어려운 문제였기 때문에 유럽의 다른 나라들과 대규모 동맹이 결성되어야 했다.

1495년에 영국, 스페인, 신성 로마 제국, 교황청이 포함된 동맹이 결성되었다. 소위 신성동맹 형태로 유럽의 여러 나라들이 서로 힘을 합친 것은 페르난도 왕의 외교 정책 가운데 가장 뛰어난 업적 가운데 하나였다. 이 동맹을 맺는 과정에서 페르난도 왕은 16세기 전체를 통틀어서 카스티야-아라곤 연합 왕국의 힘을 유지하고 확대해 나갈 수 있는 외교 정책의 토대를 구축할 수 있었다.

샤를 8세의 나폴리 정복을 포기시키기 위해 맺었던 스페인과 영국, 그리고 신성 로마 제국, 교황청 사이에 맺었던 신성동맹은 큰 효과를 보지 못했다. 결국 1495년에 샤를 8세는 나폴리를 점령했고, 이에 카스티야-아라곤 연합 왕국은 나폴리에 원정대를 파견하여 프랑스군을 격퇴했다. 패배한 프랑스는 1504년에 나폴리를 카스티야-아라곤 연합 왕국에 양도할 수밖에 없었는데,

나폴리 획득은 페르난도 왕의 외교 정책에서 최초의 의미 있는 승리였다.

포르투갈과의 유대 강화

　국토 회복 운동을 성공적으로 끝마친 이사벨라 여왕과 페르난도 왕은 이베리아 반도의 완전한 통일을 위해서 스페인과 포르투갈 간의 유대를 강화해야만 했다. 그 일환으로 가톨릭 왕들의 큰딸 이사벨라와 포르투갈의 왕자 아폰수와의 결혼을 1490년에 성사시켰다. 그러나 이 결혼은 불과 몇 개월 만에 아폰수 왕자의 죽음으로 막을 내렸다. 이사벨라 공주는 1497년에 포르투갈의 새로운 왕 마누엘과 재혼했으나 이듬해에 아들 미겔을 낳으면서 죽었고 그 미겔마저 두 살을 못 채우고 죽고 말았다. 그러나 페르난도 왕과 이사벨라 여왕은 단념하지 않고 1500년에 네 번째 자식인 마리아를 마누엘에게 시집보냈다. 가톨릭 왕들은 이처럼 카스티야-아라곤 연합 왕국과 포르투갈 두 나라 모두를 지배할 단일 후계자를 만들기 위해서 최선을 다했던 것이다. 이 결혼은 나중에 포르투갈이 스페인을 60년간 통합하는 하나의 계기가 되었다.

광녀 후아나와 카를로스 5세
: 합스부르크 왕조의 시작
(1516~1700년)

왕조 간의 결혼 동맹

페르난도 왕은 왕조 간의 결혼을 통하여 카스티야-아라곤 연합 왕국의 유럽에서의 입지를 확고하게 만들려고 노력했다. 그는 먼저 영국과의 동맹을 확실하게 하기 위해 아라곤의 카탈리나 공주와 영국의 아서 왕자의 혼인을 성사시켰다. 1497년에는 가톨릭 왕들의 하나밖에 없는 아들인 후안 왕자는 신성 로마 제국 황제의 딸 마르가레테와 결혼했고, 가톨릭 왕들의 둘째 딸 후아나는 신성 로마 제국 황제의 아들 펠리페 대공과 결혼했다. 두 왕가의 결혼을 통하여 카스티야-아라곤 연합 왕국과 신성 로마 제국 간의 동맹은 더욱더 확고해졌다. 그러나 후안은 결혼한 지 6개월 만에 죽었고, 마르가레테는 임신을 했으나 사산했기 때문에 가톨릭 왕들을 직접 계승할 자손을 얻지 못했다.

이로 인해 스페인의 왕위 계승은 포르투갈의 마누엘과 재혼했던 가톨릭 왕들의 큰딸 이사벨라가 낳은 아들에게로 이어질 가능성이 커졌다. 그러나 1498년에 이사벨라가 죽고 그녀가 낳은 아들 미겔이 1500년에 죽음으로써 스페인의 왕위 계승은 새로운 국면으로 접어들었다.

결국 스페인의 왕위는 신성 로마 제국 황제의 아들 펠리페 대공과 결혼한 가톨릭 왕들의 둘째 딸 후아나에게 돌아갔다. 후아나는 후에 카를로스 5세가 될 아들 카를로스를 낳았다.

늙은 카탈루냐인

이사벨라 여왕의 남편 페르난도 왕은 비록 주연은 아닐지라도 결코 무대의 중심에서 멀어진 적은 없었다. 이 '늙은 카탈루냐인(페르난도 왕에게 반감을 품은 사람들은 그를 이렇게 불렀다)'은 아내의 유언에 따라 남부러울 것 없는 위치에 있었다. 그는 비록 스페인 왕의 칭호는 갖지 못했으나 새로운 '여왕' 후아나가 왕위를 계승하지 않을 경우, 그녀의 아들 카를로스가 스무 살이 될 때까지 스페인을 다스리는 것으로 되어 있었다.

스페인의 많은 귀족들은 강력한 군주 페르난도 왕을 두려워했다. 대신에 유순한 페르난도 왕의 사위, 즉 후아나의 남편 펠리페가 집권하기를 원했다. 펠리페와 후아나의 실질적 왕위 계승을 추진하는 움직임이 활발하게 진행되는 동안, 페르난도 왕은 1505년에 루이 12세의 질녀인 제르멘 드 푸아와 재혼했다. 이는 자신이 지금까지 취했던 프랑스에 대한 고립 정책을 완전히 부정하는 것이었다. 이 결혼은 또한 이 둘 사이에서 태어날 아이가 통합 스페인의 왕위를 놓고 합스부르크 왕가의 후계자에 대항하는 라이벌로 부각될 가능성이 있음을 의미하기도 했다. 그러나 1509년에 태어난 아들은 불과 몇 시간 만에 죽고 말았다.

후아나의 광기

페르난도 왕의 두 번째 결혼은 스페인의 귀족들과 페르난도 왕의 사위인 펠리페 대공과의 유대를 강화시켰을 뿐이었다. 1506년 4월에 펠리페가 스페인에 도착하자, 페르난도 왕은 그의 딸 후아나와 사위 펠리페에게 스페인의 통치권을 넘겨주었다. 그런데 그해 9월, 펠리페가 갑자기 사망하는 불상사가 일어났다. 후아나는 남편의 매장을 오랫동안 거부했다. 그녀는 남편의 시체를 마차에 싣고 여러 수도원을 전전하였다. 그녀는 남편 펠리페의 불륜에 대

광녀 후아나. 가톨릭 왕들의 둘째 딸인 후아나는 열정적으로 사랑한 남편 펠리페가 죽자 정신이상이 되었다. 그 후 그녀는 46년 동안 정신이상 상태로 살아가야 했다.

한 강박 관념으로 정신 상태가 불안정했었는데, 바람둥이 펠리페가 죽어서도 수녀를 유혹할지도 모른다는 불안감에 수녀원으로 마차를 몰고 가는 일은 절대로 못하게 했다. 남편의 죽음으로 후아나의 정신 상태는 더 불안정해졌다.

1509년에 그녀는 완전히 미쳐서 남편의 유해와 함께 토르데시야스 성에 유폐되었다. 광녀(狂女) 후아나는 토르데시야스 성에서 이따금씩 제정신으로 돌아오기는 했지만, 나머지 46년간의 생애를 정신이상 상태로 보내야만 했다. 죽을 때까지 스페인의 여왕이긴 했지만 통치 능력은 없었다. 1510년에 스페인 의회는 페르난도 왕을 왕국의 관리자로 임명했다. 그러나 그는 스페인의 통치보다는 외교, 그중에서도 그의 숙원 사업인 이탈리아 문제에 전념했다.

합스부르크 왕조

합스부르크 왕조는 15세기 중반부터 18세기 중반까지 약 300년 동안 복잡한 혼맥을 통해 형성된 서유럽의 왕가로 스페인(합스부르크·부르봉), 영국(튜더·스튜어트), 프랑스(부르봉)의 여러 왕실들과 복잡하게 얽혀 있었다.

합스부르크의 황제 막시밀리안 1세(재위 1493~1519)는 가문과 제국을 함께 부흥시키는 방책으로 통혼이라는 고전적인 수단을 사용했다. 우선 그 자신은 부르고뉴의 상속녀인 마리아와 결혼하여 부르고뉴를 손에 넣었고, 마리아가 죽자 밀라노 공국의 지배자인 스포르차 가문의 딸과 재혼한 뒤, 여기서 낳은 딸은 스페인 왕자와, 아들은 스페인 공주와 각각 결혼시켰다. 그리고 그 손자들은 각각 헝가리의 왕자와 공주에게 결혼시켰다. 이로써 합스부르크 왕조는 스페인에서 헝가리에 이르는 방대한 영토를 지배하는 유럽 최대의 왕가로 떠올랐다.

막시밀리안 1세 자신은 프랑스의 반발로 통혼의 효과를 보지 못했으나 손자인 카를로스 5세(재위 1516~1556)는 독일 황제와 스페인의 왕이라는 두 개의 공식 명칭을 가지게 되었다. 카를로스 5세는 그밖에도 오스트리아, 보헤미아, 시칠리아, 네덜란드 등의 왕국들을 거느리면서 '합스부르크 제국'의 왕이라는 영광스러운 칭호를 얻었다(카를로스 5세는 스페인의 왕으로서는 카를로스 1세이다).

그러나 그는 당대에만 거대한 합스부르크 제국을 유지했고, 결국 동생(페르난도 1세)에게는 오스트리아를, 아들(펠리페 2세)에게는 스페인을 물려주었다. 한편 가톨릭 왕들의 또 다른 딸 카탈리나는 영국 튜더 왕실로 시집가서 스튜어트 왕조까지 이어지는 혈통을 만들었다. 이렇게 해서 18세기 초반에 스페인, 영국, 프랑스, 오스트리아의 왕실은 모두 '사돈의 팔촌'으로 엮이게 되었다.

세계를 한 손에!
: 카를로스 5세
(재위 1516~1556년)

세계를 한 손에!

1516년에 페르난도 왕이 죽고 난 뒤, 스페인의 왕위 계승권은 가톨릭 왕들의 딸인 후아나와 오스트리아 황제 막시밀리안 1세의 아들 펠리페 사이에서 낳은 카를로스에게로 넘어갔다. 그가 바로 스페인에서는 카를로스 1세, 신성 로마 제국에서는 카를로스 5세였다.

1519년, 막시밀리안 1세가 서거했다. 카를로스 5세는 할아버지의 뒤를 이어 합스부르크 왕조의 모든 영토를 물려받았다. 그리고 할머니 마리아 데 보르고냐로부터는 플랑드르와 프랑크 공국 및 보르고냐 백작령을, 외할아버지인 페르난도 왕으로부터는 카스티야-아라곤 연합 왕국과 나폴리, 시칠리아 및 세르데냐 등의 이탈리아 영토를, 외할머니인 이사벨라 여왕으로부터는 카스티야 왕국과 신대륙 및 아프리카 등의 해외 영토를 물려받았다. 즉 카를로스 5세는 스페인과 유럽의 주도권은 물론이고, 신대륙의 통치권과 함께 멕시코와 볼리비아, 페루에서 금광과 은광 채굴권까지 장악했던 것이다. 더 나아가 발보아가 1513년에 발견한 태평양과 필리핀까지도 그의 영토가 되었다. 이처럼 카를로스 5세는 근대에 존재했던 모든 제국들 중에서 가장 거대한 제국을 지배했는데, 이전의 그 누구도, 심지어 로마의 황제들조차도 그렇게 거대한 영토와 다양한 민족, 그리고 풍부한 재화를 한 손에 거머쥐지는 못했을 것이다.

스페인어를 모르는 국왕

이렇게 거대한 제국을 물려받은 카를로스 5세는 스페인에서 태어나지 않았다. 교육도 플랑드르(지금의 네덜란드 지역)에서 받았다. 카를로스 5세는 여섯 살에 플랑드르를 물려받았는데, 그때까지 정치 경험이 하나도 없는 것은 그렇다 쳐도, 더욱 기가 막힌 일은 스페인어를 하나도 몰랐다는 사실이다.

수염도 채 돋지 않은 이 소년은 합스부르크 왕조의 일족에게 유전되어 내려오는 결점을 세상에 보여주었다. 앞으로 삐죽 튀어나온 긴 턱이 바로 그것인데, 이 때문에 그는 음식을 제대로 씹을 수 없었으며, 입을 다물 수도 없었다. 카를로스 5세의 벌어진 입술 사이로 파리가 아무 때고 쉽게 입 안으로 날아들었다고 한다. 그리하여 이 젊은 왕은 수염을 기르기 시작했다.

이처럼 호감을 주지 못하는 외모는 차치하고라도, 스페인어를 모른다는 사실이 스페인 사람들에게는 참을 수 없는 모욕일 수밖에 없었다. 게다가 스페인의 사정에 대해서도 전혀 몰랐고 탐욕스러운 플랑드르인 측근들에 둘러싸여 있었다.

'모든 것을 감싸 안은' 제국의 통치

스페인의 왕위를 물려받은 카를로스 5세는 프랑스나 영국이 했던 것처럼 스페인을 중앙 집권 체제로 변모시켰다. 그는 스페인을 이베리아 반도만의 폐쇄된 지역에서 대륙의 제국, 즉 '모든 것을 감싸 안은' 제국으로 변모시키려고 했다. 카를로스 5세는 방대한 영토에 일단 가톨릭이란 종교를 앞세워 초국가적 통일체를 형성하는 데 온 힘을 쏟았다.

가톨릭 왕들이 스페인과 신대륙의 종교적 통일을 위해 투쟁했다면 카를로스 5세는 유럽의 종교적 통일을 위해 투쟁했다. 그런데 그가 우선 합스부르크 왕조 지역인 독일에 먼저 초점을 두고, 그 다음 플랑드르, 스페인 순으로 관심을 갖다 보니 스페인은 단지 유럽 제국의 보조적인 관심의 대상으로 전락하는 부작용이 생겼다. 신대륙에서 들어오는 모든 부가 스페인을 위해서 사용되는 것이 아니라 카를로스 5세가 유럽의 패권을 잡는 데 사용되었다.

집정 기간 동안, 그는 방대한 영토의 통합을 위하여 끊임없이 전쟁을 치러야만 했다. 오스만튀르크족의 침입을 막기 위하여 오스만 제국

말을 탄 카를로스 5세. 그는 앞으로 삐죽 튀어나온 긴 턱 때문에 음식을 제대로 씹을 수도 없었고, 벌어진 입술 사이로 파리가 아무 때고 쉽게 날아들었다고 한다.

을 침공해야 했으며 프랑스와도 여러 번 전쟁을 치러야 했다. 이렇게 유럽의 거의 모든 나라와 전쟁을 하다 보니, 전쟁을 위해 수많은 군인을 무장시키고 먹여 살리기 위해서 막대한 돈이 필요했다. 이를 위해서는 신대륙으로부터 들어오는 모든 금은보화를 외국 은행에 담보로 제공하고 돈을 빌려올 수밖에 없었다.

때문에 국내에는 인플레 현상이 가중되어 물가가 올랐고 그에 따라 세금도 올랐다. 특히 귀족들은 그들이 최근에 획득한 모든 부를 산업이나 농업이 아닌 땅이나 보석, 장식물에 투자했기 때문에 스페인의 경제 기반은 경쟁력이 없어지고 약해지기만 했다. 시간이 갈수록 스페인은 빚더미에 올라앉을 수밖에 없었다.

반란에 휩싸인 스페인 제국

막대한 세금 부과로 인한 경제의 침체뿐만 아니라, 정부 일에 외국인들이 참여하는 빈도가 높아지자 스페인 국민들 사이에는 불만이 고조됐다.

1517년 카를로스 5세가 플랑드르 출신의 민간인 및 성직자들을 데리고 스페인에 온 데다, 중요 사안들을 스페인 귀족이 아닌 그들과 결정함으로써 스페인 국민들의 불만은 더욱 높아졌다. 뿐만 아니라 그는 교회와 귀족들에게 새로운 세금을 부과했고 물건 매매에도 세금을 매겼다.

더욱이 카를로스 5세는 할아버지 막시밀리안 1세에 이어 신성 로마 제국의 황제가 되기 위해 막대한 액수의 돈을 썼다. 결국 신성 로마 제국의 황제에 피선되었지만 스페인에게는 큰 이득이 없었다. 오랜 기간 국왕이 스페인에 머무르지도 않았고 국왕의 통치 비용 증대에 따른 스페인 국민들의 과세 부담이 증가되었기 때문이었다.

1520년에 카를로스 5세는 신성 로마 제국의 황제로 취임하기 위하여 스페인을 떠났다. 그러나 그가 떠나고 난 후, 스페인은 반란에 휩싸였다. 이는 스페인 민족주의를 바탕으로 외국인 카를로스 5세와 플랑드르 귀족들에 대한 뿌리 깊은 불만의 표출이었다. 반란이 전국으로 확산되며 1년여 동안 지속되자, 플랑드르에 머물고 있던 카를로스 5세는 세금의 징수를 연기하고, 더 이상 외국인들을 관직에 임명하지 않겠다고 스페인 국민들에게 약속했다. 1521년에 반란군들은 모두 진압되었고 카를로스 5세가 귀국했던 1522년에는 스페인에 다시 평화가 찾아왔다.

증가하는 국제 무역과 물가 폭등
: 카를로스 5세 치하의 경제
(16세기 초반)

대서양 무역의 주역 세비야

신대륙은 스페인이 필요로 하는 모든 원료의 공급지이자 생산된 상품을 팔기 위한 시장이었다. 스페인은 신대륙과의 무역을 좀더 효율적으로 관리하기 위해서 신대륙을 스페인의 독점적 보호령으로 지정했다. 이에 따라 1501년에 외국인의 신대륙 항해가 정식으로 금지되었고 1503년에는 세비야에 무역관(Casa de Contratación)이 세워졌다. 이 기관은 스페인이 신대륙과의 무역에서 절대적 우위를 확보하기 위해 만들어진 것이다.

시간이 지남에 따라 신대륙에 대한 스페인의 독점은 공공연하게 도전을 받았지만, 1538년에 모든 외국인들의 신대륙 출입이 다시 금지됨으로써 세비야는 1680년에 카디스에게 그 권리를 넘겨줄 때까지 대서양 무역의 주역이었다. 스페인뿐만 아니라, 다른 외국으로부터 신대륙으로 향하는 뱃짐들이 모두 세비야에 집결했고 신대륙의 물건들을 실은 배들이 돌아오는 곳도 바로 세비야였다.

증가하는 국제무역

신대륙으로부터의 수입품에는 염료, 진주, 설탕도 포함되어 있었지만 그중 가장 환영받은 것은 금과 은이었다. 15세기 말, 유럽에서 절대적으로 부족했던 귀금속을 찾으려는 열기는 식민지 모험을 부추기는 주된 원인이 되었고, 그 모험에 대한 충분한 보상도 얻을 수 있었다.

이베리아 반도와 신대륙 사이에 증가하는 교역의 양은 스페인 경제에 커다란 영향을 끼쳤다. 안달루시아의 농민들은 밀, 포도나무, 올리브 나무에서 생산되는 농산물들을 북유럽이나 신대륙으로 수출하여 부를 축적, 대토지 소유주가 되기도 했다. 농업뿐만 아니라 산업 분야에서도 매우 활기를 띠어, 특히 직물 공업이 많은 발전을 보였다. 신대륙으로 수출하기 위해서 구입되는 총 직물류의 약 3/4이 스페인에서 생산된 것이었다. 신대륙과의 무역을 위해서 사용되는 선박을 제조하는 데 있어서는 스페인 북부 지방의 조선소가 큰 역할을 했다.

이처럼 15세기 동안에 스페인의 국제 무역은 상당한 팽창을 보였는데, 이는 대개 스페인에서 만들어진 메리노 양모에 대한 플랑드르 지방에서의 수요 증가에서 나타난 것이었다. 그러나 16세기 초에는 양모 외에도 북부 지방에서 생산되는 철이 프랑스로 많이 수출되었다. 또한 스페인에서 만들어진 사치품―도자기, 가죽 제품, 비단, 톨레도의 도검류―들이 북유럽과 이탈리아로 수출되었다.

이처럼 유럽으로부터의 수요가 증대됨으로써 카를로스 5세 치하의 스페인 산업은 발전되고, 이로부터 커다란 이득을 얻었다. 반면에 값싼 외국 상품들도 국내로 쏟아져 들어왔다. 이는 스페인 상품이 수입품보다 훨씬 비쌌기 때문이었다. 이로 인해 스페인 직물업은 심각한 타격을 받게 되었다.

물가 폭등

북유럽으로부터의 수요 증가로 스페인의 수출은 매우 활기를 띠었지만 신대륙으로부터도 많은 금은보화가 쏟아져 들어왔다. 그러나 신대륙으로부터 들어온 많은 재화들은 스페인에 긍정적인 영향을 끼친 것만은 아니었다.

1934년, 미국의 경제사가 해밀턴 교수는 "신대륙으로부터 금은의 유입 증가와 생필품 가격 인상과의 상관 관계는 의심할 여지없이 신대륙의 풍부한 광맥에 있으며, 이는 스페인에서의 가격혁명의 주된 원인이다."라는 결론을 내렸다. 1501년과 1600년 사이에 스페인 국내에서는 네 배의 물가 상승이 있었다. 해밀턴 교수는 스페인의 물가가 1501년과 1550년 사이에는 완만하게 상승하다가 1550년에서 1600년까지 물가 상승이

세비야의 황금탑. 세비야는 과달키비르강을 끼고 있는 도시로서 신대륙과의 교역의 중심지였다. 이 십이각형의 황금탑은 1220년에 이슬람교도들이 과달키비르 강가에 건설한 것이다.

정점에 이르렀다고 분석했다. 이는 신대륙에서 들어오는 금은의 양과 거의 일치하고 있음을 보여주고 있다.

이러한 물가 상승 등 스페인 국내의 경제 실패는 무역을 담당하는 사람들보다는 정부에 상당 부분 그 책임이 있었다. 정부의 구성원 대다수는 상업 또는 재정 분야에 경험이 없는 사람들로 구성되었다. 그들은 일관된 경제 프로그램을 입안할 능력도 없었고, 신대륙에서의 식민지 획득이 스페인 경제에 어떤 의미를 갖고 있는지 숙고해 보려고도 하지 않았다. 광산 외에는 신대륙의 부를 체계적으로 이용하려는 어떠한 시도도 하지 않았고, 신대륙에서 스페인의 경제를 보완할 만한 정책을 시행하려는 노력도 없었다.

정부가 안달루시아산 포도주와 올리브유 수출에 방해될 것을 우려하여 페루에 새로 생겨난 포도밭과 올리브숲의 파괴를 명령한 적은 있었지만, 식민지의 산업 발전은 대개 억제되지 않고 허용되었다. 또한 남부 그라나다의 견직물 산업에 경쟁자가 될 것이 분명함에도 불구하고, 카를로스 5세는 멕시코

의 견직물 산업을 장려하는 특권을 제공하기도 했다. 이러한 정책은 비록 스페인의 산업이 신대륙 시장의 모든 수요를 감당할 수 없었기 때문이기도 했지만 스페인의 산업 발전을 위해서는 바람직하지 않았다.

쓸쓸한 죽음

신성 로마 제국의 황제로 선출된 이후, 여러 지역에서 치러진 전쟁으로 만성적인 자금 부족에 시달렸던 카를로스 5세는 임시방편으로 독일이나 제노바의 은행가들에게 신대륙으로부터 들어오는 금과 은을 담보로 맡기고 자금을 조달했다. 세금 징수에 있어서도 평민 계층에게만 세금을 징수하고 귀족들에게는 세금을 징수하지 않았다. 또한 엄청나게 돈이 드는 외교 정책의 추진과 그 비용 충당을 위해서 외국 은행에서 부채를 끌어다 쓰고 일반 국민들로부터 세금을 거두었다.

카를로스 5세는 이렇게 스페인의 국익에 반대되는 전쟁과 외교 정책으로 스페인 국민들의 원성을 샀다. 그는 말년에 브뤼셀에서 동생 페르난도에게 독일을 양도하고 아들 펠리페 2세에게는 카스티야와 아라곤, 이탈리아와 플랑드르를 물려준 뒤 스페인으로 돌아와 엑스트레마두라 주의 유스테 수도원에 은둔했다. 너무 어린 나이부터 힘을 다 써버려 탈진한 카를로스 5세는 비참하고 쓸쓸한 말년을 보내다 1558년에 세상을 떠났다.

"인디오는 인간이 아니란 말인가?"
: 신부들의 절규
(16세기)

우연한 만남

콜럼버스는 신대륙을 '발견'한 것이 아니라 단지 대서양의 오른쪽에서 출발하여 왼쪽에 도착한 것뿐이었다. 콜럼버스의 위업은 '발견'이라기보다 한 편의 '우연한 만남'이었을 뿐이다. 콜럼버스의 '발견'이 있기 전, 이미 그곳에는 잉카와 아즈텍, 마야 문명이 존재했고 대서양을 건너온 콜럼버스와 조우했던 것이다.

콜럼버스 이후 510년간에 걸쳐 서구가 '문명'이란 이름으로 저지른 '야만'에 대한 비판의 불을 댕긴 사람은 콜럼버스와 거의 동시대인이었던 바르 톨로메 데 라스 카사스 신부(1474~1566)였다. 라스 카사스 신부와 함께 예수회 신부 프란시스코 데 비토리아(1480~1546), 프란시스코 회의 승정 바스코 데 키로가 역시 '가톨릭'이라는 미명 하에 저질러진 야만스런 정복 행위를 고발했다. 그들은 또한 인디오들의 삶의 질을 향상시키려고 노력했던 인물들이기도 했다.

최초의 외침

　바르톨로메 데 라스 카사스 신부는 1511년에 몬테시노스 신부가 인디오의 운명에 관해서 던졌던 "이들은 인간이 아니란 말이오? 그들은 이성을 가진 사람들이 아니란 말입니까?"라는 질문을 인용하면서 "지금 신대륙은 파괴되고 있다."고 외쳤다. 신대륙에서 나온 정의를 향한 최초의 외침이었다. 그러나 오랫동안 그의 주장은 광야에서 부르짖는 외로운 목소리에 지나지 않았다.

　라스 카사스는 쿠바에 농장을 소유하고 있었다. 1515년, 그는 자신이 소유한 쿠바의 엔코미 엔다(인디오를 보호하고 그들을 가톨릭으로 개종시키는 대신, 그들에게 노동을 시키는 영지)를 과감하게 포기하고 도미니크 수도회에 들어간 후, 스페인의 정복자들이 인디오에게 저지르는 수많은 범죄 행위를 고발했다.

　정복자들에게 인디오는 단지 가축의 머리에 불과했다. 1566년에 죽을 때까지 라스 카사스 신부는 50년 이상이나 정복자들이 저지른 '신대륙의 파괴'를 규탄했으며, 또 "그들이 인디오들에게 행했던 불법과 무례한 행위를 본국 스페인의 왕들에게도 저지르고 있으며, 이로 인해 스페인의 모든 식민지는 파괴되고 있다."고 고발했다.

라스 카사스 신부(멕시코시티의 소칼로 광장). 바르톨로메 데 라스 카사스 신부는 콜럼버스 이후 510년간에 걸쳐 서구가 문명의 이름으로 저지른 야만에 대한 비판의 불을 댕긴 장본인이었다.

　라스 카사스 신부는 이러한 정복자들이 저지른 만행을 고발했을 뿐만 아니라, 인디오들의 인권을 보호해야 한다고 신대륙과 구대륙에서 끊임없이 주장했다. 즉 인디오들도 스페인 왕의 신민(臣民)으로서 스페인 사람들과 똑같은 권리를 누려야 하며, 지적으로 가톨릭을 받아들일 만한 능력이 있기 때문에 가톨릭 신앙 안에서 자애롭게 교화되어야 한다고 주장했다. 라스 카사스 신부는 인디오들이 비록 이교도이기는 하지만 그들이 보여준 신앙심을 찬양했다. "설사 그들이 이교의 신앙을 지녔다고 해서 그들을 인간의 종(種)에서 제외시켜야 한단 말인가? 차라리 이교도이기 때문에 그들을 개종시킬 명분이 더 있는 것 아닌가?"라고 라스 카사스 신부는 되물었다. 그리고 백인들은 스스로 생계를 꾸려가야 하며 인디오들의 노동력을 착취할 권리가 없다고 주장하기도 했다.

신대륙 원주민에 대한 라스 카사스 신부의 견해에 대해 스페인 정복자들은 강하게 반발했다. 또한 원주민 노동력의 공급에 기득권을 갖고 있던 사람들뿐만 아니라, 자신들의 대의명분이 옳다고 확신했던 신학자들 사이에서도 거센 반대를 불러일으켰다. 그중에서도 스콜라 철학자 후안 히네스 데 세풀베다가 대표자였다. 그는 개미굴과 별반 다름없는 사회에서 인디오들이 행했던 식인 풍습과 인신공양을 비난하면서 전쟁과 정복은 모든 복음화 사업을 위해서는 필수적이라고 주장했다.

"도대체 이들은 인간이 아니란 말인가?"

프란시스코 데 비토리아 신부는 라스 카사스 신부만큼이나 인디오들의 인권 옹호에 열심이었던 예수회 신부였다. 1539년, 그는 살라망카 대학에서 학생들을 향해 스페인 정복자들이 신대륙에서 인디오들을 어떤 식으로 취급하고, 또 인디오들로부터 어떤 식으로 대접을 받는지 직접 눈으로 보라고 절규했다. 그는 책을 통해서도 식민지에서의 인디오의 인권에 대한 문제를 구체적으로 제기했다.

비토리아 신부는 "인디오들은 사회라는 것이 탄생하기 이전의 인간들이기 때문에 유럽의 문명인들이 그들을 정복하고, 또 문명화의 목적에 적절히 사용하기 위하여 그들의 재산을 빼앗는 것은 정당한 행위"라고 한 철학자 세풀베다의 주장에 강하게 반발했다. "도대체 이들은 인간이 아니란 말인가? 또 정복자들은 자연을 파괴한 범죄자로 죄를 받아야 하지 않는가? 유럽의 모든 국가들은 자연을 파괴한 행위에 대해서 책임이 없다고 말할 수 있을까? 이것이 사실이라면, 어느 누구에게도 인디오를 정복할 도덕적 권리는 없다."

바스코 데 키로가

"여기가 신세계라는 이름으로 불리는 데에 전혀 근거가 없는 것은 아니다. 여기에는 그럴 만한 합당한 이유와 명분이 있다. 진정 여기는 신세계이다. 그 것은 여기가 새롭게 발견되었다는 이유에서가 아니라, 사람을 포함한 거의 모든 것이 태초의 황금 시대의 세계, 바로 그곳이기 때문이다. 그렇지만 이 황금 시대는 우리들의 악행과 무지막지한 탐욕으로 인해서 철기 시대, 아니 그보다 더 못한 시대로 전락하고 말았다." 바스코 데 키로가의 한탄이다.

그는 1530년대에 토마스 모어의 《유토피아》를 들고 멕시코에 와서 유토피아의 원칙, 즉 재산의 공유와 하루 6시간의 노동, 사치의 추방, 노동의 결실에 대한 평등한 분배 등을 멕시코 인디오의 공동체에 적용하여 스페인 정복자들의 이익과 인디오 공동체의 이익을 서로 조화시키고자 노력했다. 그는 또한 원주민 인디오들에게 자비와 인도주의 원칙을 적용시키려 했던 프란시스코 회의 수도사였다.

하얀 수염과 백마 탄 기사
: 코르테스의 아즈텍 제국 정복
(1519년)

아즈텍 문명

멕시코에는 기원전 2세기부터 기원후 9세기 사이에 존재했던 멕시코 고원의 테오티우아칸 문명과 4세기와 8세기 사이 유카탄 반도에서 일어났던 마야 문명, 10세기에서 13세기 사이 멕시코 고원에 나타났던 톨테카 문명 등 여러 문명이 존재했다. 그리고 14세기에는 멕시코 고원 지대에 아즈텍 제국이 건설되었다.

아즈텍 제국은 멕시코 중앙 고원지대의 테노치티틀란(지금의 멕시코시티)에 자리 잡고 스페인 원정대가 신대륙에 도착하기 200년 전부터 주변의 여러 도시 국가들을 지배하고 있었다. 아즈텍 제국의 수도였던 테노치티틀란은 30만 명 이상이 사는 거대한 도시였다. 가톨릭 이외에는 문명의 개념을 부여하지 않았던 스페인의 정복자들은 아즈텍 제국을 문명 국가로 간주하지 않았으나 아즈텍인들은 문자와 달력을 사용할 정도로 문명화되어 있었다. 그러나 스페인의 정복자들은 아즈텍인을 야만적인 종족이라고 단정했다. 아즈텍인들은 사람을 제물로 바치는 인신공양을 행하고 있었다. 더구나 아즈텍 제국은 정복한 전쟁 포로를 제물로 사용한 탓에 주변 민족들의 많은 원성을

코르테스와 목테수마의 만남. 에르난 코르테스는 1519년, 아즈텍 제국을 정복하기 위해 멕시코에 상륙, 아즈텍 제국의 수도였던 테노치티틀란에서 목테수마 황제를 만났다. 스페인의 정복자들을 그들의 수호신이자 평화의 신이었던 케찰코아틀의 귀환으로 잘못 알고 환대했던 아즈텍인들은 코르테스를 위시한 스페인 정복자들에게 정복당했다.

사고 있었다.

에르난 코르테스

카를로스 5세는 제국주의 정책의 일환으로서 1519년, 아즈텍 제국 정복에 착수했다. 이 정복을 완수한 에르난 코르테스(1485~1547)는 역사적으로 가장 뛰어난 모험가요, 동시에 천재적인 군인이었다. 그는 스페인의 엑스트레 마두라 지역의 메데인에서 태어난 가난한 시골 귀족으로 살라망카 대학에서 수학한 후, 열아홉 살에 쿠바로 건너갔다.

코르테스는 1511년에 벨라스케스와 함께 쿠바를 정복함으로써 명성을 떨쳤다. 그러나 쿠바에 안주하고자 했던 벨라스케스와는 달리, 그는 새로운 지역에 대한 정복욕을 멈추지 않았다. 1519년에 상급자인 벨라스케스의 반대에도 불구하고, 코르테스는 약 600명의 병사들을 이끌고 멕시코 유카탄 반도에 상륙했다. 미지의 세계에 소수의 병력으로 상륙한 코르테스 일행에게 엄청난 공포감이 엄습했다. 벨라스케스의 명령을 거역한 터라, 쿠바의 스페인 군대로부터는 지원병을 기대할 수도 없는 처지였다. 코르테스는 타고 온 배를 모두 불사르게 하여 배수진을 치고, 자신의 추종자들을 오로지 원주민 정복이라는 임전무퇴의 정신으로 무장시켰다.

멕시코에 도착하여, 그 지방 부족들과 소규모 전투를 벌이면서 목테수마라는 위대한 황제가 멕시코 고원의 웅장한 도시에 거주하고 있다는 사실을 말린체라는 인디오 여자를 통해서 알게 되었다. 말린체는 코르테스의 통역 겸 정부(情婦)로 아즈텍 제국 전역을 코르테스에게 안내했다. 그녀는 아즈텍 제국이 붕괴의 조짐을 갖고 있으며, 또 실제로 제국 내에 불만이 팽배해 있다는 사실을 코르테스에게 알려주었다. 코르테스는 결단을 내려 테노치티틀란을 향해서 진군했다. 당시 아즈텍 제국의 인구는 약 500만에 달했고, 수도 테노치티틀란은 인구가 30만이나 되는 대도시였다. 당시 유럽 최대의 도시들이었던 파리, 나폴리, 이스탄불 인구가 각각 15만 정도에 불과했다는 사실을 보면 이 도시의 규모를 짐작할 수 있을 것이다. 마침내 코르테스와 그의 병사들은 테노치티틀란에 도착했다. 호수 위에 세워진 도시를 바라보았던 스페인 정복자들의 느낌을 원정대의 기록을 담당했던 베르날 디아스 델 카스티요는 다음과 같이 쓰고 있다.

"우리는 넋을 잃고 있었다. 이곳은 중세의 기사 소설에 나오는 마법의 땅과 비슷했다. 병사들 중에는 그들이 바라보는 이 모든 것이 꿈이 아니냐고 말하는 자도 있었다."

케찰코아틀의 귀환

케찰코아틀('깃털 달린 뱀'이라는 뜻)은 아즈텍인들의 수호신이자 평화의 신이었다. 케찰코아틀은 다른 영웅들처럼 추방당했던 방랑자였지만 떠나면서 언젠가 다시 돌아오겠다고 약속한 신이었다. 목테수마 왕은 금발에 턱수염을 하얗게 기른 신이 나타날 것이라는 예언을 믿었다. 어느 날 전령이 도착하여 목테수마 왕에게 "해안에 금과 은을 두른 복장을 하고, 네 다리를 가진 하얀 짐승 위에 올라탄 남자들을 태운 떠다니는 집이 동쪽으로부터 다가오는 것을 보았다."고 보고했다. 그러나 그들은 기다리던 케찰코아틀 신이 아닌, 스페인의 정복자들이었다. 그들은 턱수염을 길렀고, 그들 중 몇 명은 금발이었으며 파란 눈을 가진 인간이었다. 목테수마 왕은 이 정복자들이 최고

신 케찰코아틀이라고 확신했다. 그는 그들을 영접하기 위해서 도시 입구의 대로까지 나와 코르테스에게 말했다. "어서 오십시오! 당신을 기다리고 있었습니다. 여기가 바로 당신의 고향입니다."

슬픈 밤의 전투

코르테스는 목테수마 왕이 기거하던 궁전에는 심지어 벽조차도 황금으로 만들어진 방들이 있다는 것을 알게 되었다. 코르테스는 즉각 목테수마 왕을 포로로 잡았고, 도시 곳곳에 있던 우상들을 파괴하고 그 자리에 교회의 제단을 세웠다. 이 스페인 정복자들이 목테수마 왕을 굴복시키고 테노치티틀란을 점령하자, 인디오들은 목테수마의 조카였던 쿠아우테목의 지휘 아래 저항하기 시작했다. 후에 '슬픈 밤(Noche Triste)'이라고 명명된 전투에서 그들은 많은 스페인 정복자들을 상대로 승리를 거두고 테노치티틀란 밖으로 몰아냈다. 이때 많은 스페인 병사들이 황금으로 가득 찬 자루를 메고 도망치다 운하에 빠져서 죽기도 했다. 그러나 코르테스는 호수에서 배를 만든 뒤, 그가 가진 많은 정보와 훨씬 더 우세한 무기로 테노치티틀란을 다시 공격했다. 스페인 정복자들의 공격에 대항해서 아즈텍인들은 쿠아우테목 밑에서 온 힘을 다해서 싸웠지만 패배하고 말았다. 1521년, 코르테스를 위시한 스페인의 정복자들은 마침내 아즈텍 제국을 멸망시켰다.

잉카인들의 내분을 이용한 정복
: 피사로의 잉카 제국 정복
(1532년)

태양의 제국 잉카

남미의 페루에는 멕시코의 아즈텍 문명만큼이나 진보한 또 다른 문명이 존재하고 있었다. 바로 잉카 제국으로, 태평양 세계와 대서양 세계를 나누는 자연적 경계선과도 같이 길게 뻗어 있는 안데스 산맥의 고원 지대에 번성했던 제국이다. 이 제국은 1400년대 초까지만 해도 소수 부족에 불과했으나 15세기 초 남북으로 세력을 확장하여 태평양 방면의 해안과 고원을 통틀어 적어도 20여 가지 언어를 사용하는 100여 개의 부족, 약 1,200만 명 이상의 주민들을 통합했다.

잉카 제국은 쿠스코(그들의 언어인 케추아어로 배꼽을 의미하는데, 자신들이 세계의 중심에 있음을 나타내고 있다)를 중심으로 관개 시설을 구축하여 옥수수, 콩, 고추, 감자, 고구마 등을 대규모로 재배했다. 그들의 도로 체계는 매우 훌륭했는데, 안데스 산맥의 수많은 산등성이를 가로지르는 총 3만 킬로미터가 넘는 방대한 도로 체계로 중앙과 주변의 정치·경제·문화적 연결을 용이하게 했다. 그러나 무엇보다도 그들을 결집시키는 데 가장 큰 영향력을 발휘했던 것은 '태양'이었다. '태양'은 잉카인들의 대표적 신이었다. '태양'은 창조주의 최고신이면서 잉카인들의 아버지로 군림했다.

'이슬라 델 가요의 13인'

코르테스가 아즈텍 제국을 멸망시켰다는 소식이 스페인 본국에 전해지면서 모방적 추종자들이 수도 없이 생겨났다. 피사로(1478~1541)도 그들 중의 한 명이었는데, 그는 1513년, 바스코 누녜스 데 발보아 원정대에 참가하여 처음으로 태평양을 본 서구인 가운데 한 사람이었다. 그는 많은 정복자를 배출한 피사로 가문의 사생아로 태어났다. 아버지 곤잘로는 호방한 군인이었으며 어머니는 천민 출신이었다. 돼지치기로 성장하기는 했지만, 피사로에게는 정복자 피사로 가문의 피가 흐르고 있었다. 버림받은 자식이었던 피사로에게 유럽 땅은 신분의 제약을 떨쳐버릴 수 있는 곳이 아니었다. 그는 자신의 핏속에 흐르고 있는 정복의 열망을 마음껏 발휘할 수 있는 신세계로 눈을 돌렸다.

1522년에 피사로는 남쪽으로 수백 킬로미터를 내려가면 엄청나게 부유한 제국이 있다는 말을 듣게 되었다. 그리하여 프란시스코 피사로는 1524년에 동료인 디에고 데 알마그로와 함께 두 척의 배로 열대 특유의 밀림으로 뒤덮인 남아메리카 해안을 탐사했다. 그러나 그들은 모기떼에 시달리기만 했을 뿐 아무런 성과도 얻지 못했다. 1526년의 두 번째 탐험에서는 약간의 희망이 보였다. 피사로의 부하가 오늘날의 에콰도르 근처에 갔을 때 원주민이 탄 뗏목을 발견한 것이다. 그는 뗏목에 타고 있던 화려하고 멋진 수를 놓은 옷을 입고 있던 원주민들로부터 자기 나라에는 야마(llama)라는 동물이 무진장 많다는 설명과 아울러 금도 지천으로 널려 있다는 사실을 알아냈다.

이를 전해들은 피사로는 탐험에 나섰다. 그러나 피사로 일행 중의 일부는 길고도 힘든 탐험에 지쳐서 모든 것을 포기하고 파나마로 돌아가고 싶어 했다. 그러나 피사로의 결심은 확고했다. 의기소침해진 동료들 앞에서 피사로는 해변의 모래밭에 선을 긋고 다음과 같이 외쳤다.

동지들이여, (선 바깥쪽을 가리키며) 저쪽은 죽음, 고난, 굶주림, 헐벗음, 폭풍우가 놓여 있는 부분을 의미하고 이쪽은 편안함을 의미한다. 저쪽을 선택하면 그대들은 파나마로 돌아가 가난해질 것이고, 이쪽을 선택하면 그대들은 부를 얻을 것이다. 훌륭한 스페인인으로서 최선의 것을 선택하라!

사생아로 태어나 글도 배우지 못했던 피사로의 외침은 단호했다. 결국 12명의 추종자가 이쪽 선을 넘었다. 피사로 일행의 잉카 제국 정복은 이렇게 결정되었다. 사람들은 이 12명의 추종자와 피사로를 가리켜 '이슬라 델 가요 (Isla del Gallo, '닭섬'이라는 뜻)의 13인'이라고 불렀다.

잉카 제국의 멸망

1530년에 피사로는 한 척의 배에 뜻을 같이하는 추종자들을 태우고 항해를 계속하여 1532년 9월, 페루에 상륙했다. 정복의 열망에 젖어 있던 피사로와 그의 일행이 잉카 문명을 만났을 때, 잉카 문명의 수준은 스페인 정복자들의 상상을 뛰어넘었다. 이런 화려한 잉카 문명을 목도한 피사로의 정복욕은 더욱더 불타올랐다.

잉카 제국에 도착한 피사로는 잉카의 황제 아타우알파가 왕위 계승을 둘러싼 내분으로 매우 곤란한 입장에 처해 있다는 사실을 알게 되었다. 잉카 제국의 왕이었던 우아스카르는 그의 이복형 아타우알파에 의해 왕위를 찬탈당했고, 우아스카르와 그의 가족들은 모두 잔혹하게 살해되었다.

부당하게 왕위를 찬탈하여 잉카 제국을 통치하고 있던 아타우알파는 카하마르카라는 도시 외곽에서 피사로와 1차 만남을 가졌다. 1차 만남이 끝나고 하룻밤이 지나기도 전에 피사로는 곧바로 황제를 납치하기로 결심했다. 2차 만남에서 황제의 행렬은 장관을 이루었다. 황제는 앵무새 깃털로 호사스럽게 장식한 가마에 올라탄 채 금으로 장식한 화려한 의상을 걸친 근위병들에게 둘러싸여 있었다.

피사로와 동행했던 신부가 황제 앞으로 나아가서 한 손으로 성호를 긋고 다른 손으로 성서를 내밀었다. "나는 그대에게 신의 말씀을 가르치기 위해서 왔노라." 아타우알파는 성서를 빼앗아 귀에 대보고는 땅바닥에 던져버렸

잉카 제국을 정복한 프란시스코 피사로

다. 이 불경스러움에 피사로는 분노를 터뜨렸다. 그는 감히 아무도 손댈 수 없는 태양의 아들의 팔을 잡아 가마에서 끌어내렸다. 곧바로 화승총과 말 등으로 군사적 우위를 확보하고 있던 스페인 병사들은 아타우알파를 사로잡고 거의 비무장이었던 많은 잉카인들을 학살했다. 포로가 된 아타우알파는 피사로에게 자기를 풀어주면 그 대가로 커다란 방을 황금으로 채워주겠다고 약속했다. 높이 약 3미터, 길이 약 5미터, 폭 약 7미터의 방이 황제의 몸값을 위한 황금으로 채워졌지만, 그러나 피사로와 그 정복자들은 약속은 지키지 않고 1532년에 아타우알파를 처형했다. 곧이어 피사로는 잉카 제국의 수도 쿠스코로 군대를 신속히 이동시켜서 잉카 제국을 점령했다. 그 후 정복의 쾌감에 도취되어 있던 스페인 정복자들 사이에 내분이 발생하여 피사로의 오랜 동료였던 알마그로는 피사로의 손에 죽었고, 피사로 역시 1541년에 총독의 궁전에서 알마그로의 부하들에게 살해되었다.

가톨릭 사관학교

: 예수회
(1540년)

가톨릭 종교개혁

가톨릭 교회의 강력한 내부 개혁운동은 유럽 역사에 프로테스탄티즘 못지 않은 영향을 끼쳤다. 이 운동을 '가톨릭 종교개혁' 또는 '반동 종교개혁'이라 고도 부른다.

1490년부터 시작된 가톨릭 종교개혁은 가톨릭적 휴머니즘의 원리에 의해 고무된 도덕적이고 제도적인 개혁운동이었으나 방종한 르네상스 시대의 교황들로부터는 아무런 도움을 받지 못했다.

1500년경에 가톨릭 왕들의 도움을 받아 추기경 히메네스 데 시스네로스 (1436~1517)가 주도한 개혁 운동은 프란체스코 수도사들에게 엄격한 행동 규율을 지킬 것을 요구했으며, 성직자들 사이에 만연한 부패를 일소하는 데 커다란 역할을 했다. 시스네로스의 개혁은 스페인 사회에서 가톨릭 교회의 세력을 강화시켰을 뿐만 아니라, 국민들의 신앙심을 높이는 데 커다란 효과를 거두었다.

로욜라와 예수회

반동 종교개혁을 추진하는 데 큰 역할을 한 세력으로는 성 이그나티우스 로욜라(1491~1556)가 설립한 예수회(제수이트 교단)를 들 수 있다.

스페인의 귀족 출신인 로욜라는 젊은 시절에는 세속 군인이었으며, 1521년 전투에서 부상을 당했다. 병상에서 회복을 기다리는 동안, 그는 진로를 바꾸어 그리스도의 영적 병사가 되기로 결심했다. 그 후 그는 스페인의 작은 마을 만레사 근처의 한 동굴에서 은둔자로 살면서 루터나 칼뱅처럼《성경》을 읽는 대신, 영적 황홀경을 체험했다. 이 체험은 나중에 발표된 그의 명상 지침서《영적 훈련》의 원리들의 바탕이 되었다.

1535년에 완성되어 1541년에 처음 출간된 이 지침서는 인간의 죄악과 그

예수회를 설립한 로욜라. 스페인 귀족 출신인 로욜라는 전투 중 부상을 당해서 병상에 있는 동안 예수의 영적 병사가 되기로 결심하고 1534년에 예수회를 설립했다.

리스도의 생애에 대한 체계적인 명상 계획으로 어떻게 자신의 의지를 극복하고 신께 봉사해야 할 것인가에 대한 실질적인 조언을 신자들에게 제공했다. 이 책은 곧 모든 예수회원의 기본 안내서가 되었고, 많은 가톨릭 평신도들도 이 책을 읽었다. 로욜라의《영적 훈련》은 16세기에 씌어진 종교서적 가운데 칼뱅의《가톨릭 강요》다음으로 큰 영향력을 발휘했다. 그러나 무엇보다도 로욜라의 가장 큰 업적은 예수회의 설립이었다.

예수회는 1534년, 파리에서 로욜라 주위에 모여든 6명의 제자로 이루어진 작은 모임에서 시작되었다. 설립 목적은 청빈과 순결 및 선교 사업으로써 신을 섬기는 것이었다. 예수회는 1540년에 교황 파울루스 3세에 의해 가톨릭 교회의 정식 교단이 되었고, 로욜라가 세상

을 떠날 때에는 이미 그 회원수가 1,500명을 넘었다. 예수회는 16세기의 가톨릭 개혁운동에 의해서 성장한 교단들 중에서 가장 전투적이었다. 예수회는 단순한 수도회가 아니라 신앙의 수호를 맹세한 병사들의 군대였다. 그들의 무기는 총과 창이 아니라 웅변과 설득 그리고 올바른 교리의 가르침이었으나 필요하다고 판단될 때에는 무력을 사용하기도 했다.

예수회의 조직은 군대의 조직을 모방했다. 총사령관격인 수장이 있었고, 모든 회원들에게 규율이 엄격했다. 회원들 각자의 개성은 무시되었고 수장에게는 군대의 사병처럼 복종할 것을 요구했다. 예수회의 수장은 "검은 교황"—교단 복장의 빛깔에서 유래—이라고도 불렸다. 그는 종신직으로 선출되었고 다른 회원의 조언을 받을 필요가 없었다. 그러나 그는 오직 한 사람, 교황에게만 복종할 뿐이었다.

모든 예수회원들은 로욜라가《영적 훈련》에서 주장한 어렵고도 매우 신비적인 훈련을 견뎌내야 했다. 로욜라는 만일 교회가 눈에 흰색으로 보이는 것을 검은색이라고 가르친다면 예수회원들은 이를 따라야만 한다고까지 했다.

그러나 신앙 문제에서 절대적인 복종을 요구하는 것을 제외하고는 일반적으로 종교 생활에서는 합리성과 자유를 존중했다. 예수회원들은 200년 동안 유럽에서 가장 유명한 교사들이 되어 상류 및 중류 계급의 자제들을 위하여 약 500여 개의 학교를 운영했다. 그들은 거기서 신앙뿐만 아니라 신사다운 태도들을 가르쳤다.

예수회의 활동

예수회의 목적은 한 마디로 가톨릭 신앙을 방어하기 위해서 헌신하는 것이었다.

그 목적을 위해서 예수회가 벌인 사업은 ①청소년 교육, ②신앙심의 확립, ③선교 활동, ④군주에 대한 봉사를 통한 외교 활동 등이었다. 예수회의 활동은 성공적이어서 폴란드, 바바리아, 남네덜란드(오늘날 벨기에), 아일랜드 등에서 가톨릭 세력을 유지하는 데 커다란 공헌을 했으며, 남북 아메리카뿐만 아니라 중국, 한국, 일본 등 전 세계에 가톨릭을 전파했다. 예수회의 세력은 확대되고 유럽 도처에 예수회의 직·간접의 영향 아래 많은 학교들이 설립되어 예수회원들은 그곳에서 유능한 교사로서 교육에 종사했다.

예수회 신부들은 교사들이었고, 또한 유럽 전역의 가톨릭 군주들의 고백성사를 맡았던 사제들이었다. 이 교단에는 참회나 탄식의 의식이 없었고, 공통의 제복도 없었다. 반면에 예수회는 여성에게는 전혀 문호를 개방하지 않았다. 오로지 남성만으로 이루어진 고도로 중앙 집권화된 조직이었다.

그러나 스페인과 아메리카에서 예수회가 보여주었던 막강한 영향력은 급기야 18세기 부르봉 왕조에 시기심과 분쟁을 일으켰고, 결국 예수회 수사들은 추방되었다. 이는 스페인에서의 부르봉 왕조가 자기들이 지닌 권력이 교회를 포함한 다른 조직이나 카스티야와 안달루시아의 오래된 귀족과 같은 특권 계급이 지닌 권력과는 양립될 수 없다고 판단했기 때문이다.

스페인의 독특한 문학 장르
: 악자소설 《라사리요 델 토르메스》
(1554년)

스페인의 르네상스

중세의 가톨릭적인 세계관에 대한 반동으로 15세기 이탈리아에서 일어난 르네상스는 '신(神) 중심'의 문화에서 '인간 중심'의 문화로 전환되는 계기가 되었다. 이러한 인간 존중의 르네상스에 관심을 가졌던 인문주의자들은 인간성 존중과 문화적 교양의 발전을 그들의 중요한 가치로 생각했다. 에라스무스를 위시한 인문주의자들은 중세의 봉건적·종교적 속박에서 벗어나 인간에 대한 참다운 자각과 존중을 추구함으로써 '인간적인 신'을 다루었던 그리스·로마 시대의 문화를 다시 부각시켰다.

스페인의 르네상스는 이러한 이탈리아 인문주의자들로부터 영향을 받았다. 해외 문물을 수용하려는 가톨릭 왕들의 노력의 일환으로 많은 이탈리아 인문주의자들이 스페인으로 초청되었다. 스페인의 지식인들 또한 이탈리아에 가서 르네상스 문물을 직접 받아들이기도 했다. 16세기 르네상스 시대의 스페인 문학은 전통적인 신앙관과 인본주의적인 사상관, 대중성과 교양미, 현실주의와 이상주의, 윤리와 미학의 대립, 표현의 자유와 문체의 제약 사이의 갈등 등 본질적으로 이중성을 지니고 있었지만, 이런 이중성들이 조화와 발전의 과정을 거치면서 나름의 독특한 문학적 특성을 창조해냈다.

16세기 스페인 문학의 특징

16세기 스페인 문학은 첫째, 이탈리아 르네상스의 영향을 받아 시나 소설 장르에 자연의 아름다움과 그 속에서 누리는 조화로운 생애를 예찬하는 내용을 많이 담고 있다.

둘째, 중세 이전의 고대 그리스·로마 시대의 문화에 다시 관심을 갖게 되면서, 작품의 내용이나 형식에서 고전의 영향을 받게 되었다. 아울러 스페인 사람들의 삶에 수 세기 동안 영향을 끼쳤던 아랍인들의 문학도 17세기까지 존속되었다.

셋째, 주로 산문 형식을 통해 신대륙 발견과 식민지 경영 등에 관련한 역사물이나 교훈적인 내용을 담은 작품들이 나타났고, 사회의 급격한 개혁과 변동의 와중에서 악자소설과 같은 독특한 양식도 생겨났다.

넷째, 신비주의 문학이 크게 융성했다. 다른 유럽 국가들이 프로테스탄트들의 종교개혁으로 사상 및 신앙의 커다란 변혁을 겪은 것과는 대조적으로, 스페인의 종교적인 갈등은 프로테스탄트에 대응하는 반종교개혁으로 더욱더 철저한 가톨릭 국가를 지향함으로써 다른 국가에서는 볼 수 없는 독자적이고 심오한 문학 장르를 창출하게 되었다.

다섯째, 이 시기의 문학은 이탈리아의 영향뿐만 아니라, 스페인의 전통적인 정서와 조화를 이룸으로써 17세기 스페인의 문학은 더욱더 독창적으로 발전했다.

독특한 문학 장르, 악자소설

악자소설(Novela Picaresca)은 스페인만이 가진 독특한 문학 장르로써 하류층의 삶을 소재로 해서 매우 현실적인 내용을 숨김없이 표현한다. 주인공은 항상 악자(pícaro)이며, 자신의 경험들을 생생하게 서술한다. 악자는 뚜렷한 직업이 없는 소년으로서 구걸하고 훔치는 일을 하며, 도의적 양심은 전혀 없이 다른 사람을 희생시켜 살아가다가 자신의 계략에 희생자가 되어버리는 인물이다. 이러한 악자는 스페인에서 존재했고, 지금도 존재하는 매우 스페인적인 인물이다.

악자소설의 특징을 살펴보면 다음과 같다.

1) 주인공은 자서전적으로 자신의 인생을 1인칭으로 이야기한다.
2) 주인공은 비천한 집안 출신이며, 자신의 출신 성분을 냉소적으로 말하면서 작품이 시작된다.
3) 주인공은 도둑이며, 물건을 훔치기 위하여 교묘한 속임수를 쓴다.
4) 주인공은 사회적 신분 향상을 꿈꾸지만, 자신의 비참한 상태에서 벗어나지 못한다.
5) 주인공은 자신의 계략이 성공을 거두려 할 때 불행한 일을 맞는다.

이런 특징을 지닌 악자소설은 그 시대의 사회상, 특히 계층 간의 특징을 생생하게 그려냄으로써 사실주의를 극명하게 보여주고 있다. 삶을 이상화하거나 시화(詩化)하지 않고, 자연스럽게 있는 그대로의 삶을 관찰하고 기술하려 했다. 악자 소설은 다른 유럽 국가들에도 큰 영향을 끼쳐서 근대 사실주의를 태동하게 한 기반이 되었다.

악자 소설 중 가장 대표적인 작품으로는 1554년에 쓰여진 작자 미상의 《라사리요 데 토르메스》를 들 수 있다. 작품의 내용을 살펴보자.

라사로는 토르메스 강가에서 태어났다. 그의 아버지는 도둑이었으며, 어머니 역시 도둑으로 벌을 받았고, 어머니의 애인인 흑인 마부 또한 도둑으로 교수형에 처해진다. 어머니는 장님 거지에

대표적인 악자소설 《라사리요 데 토르메스》의 표지(1554년판). 출간되자마자 큰 성공을 거두었으나 반교파, 반교권주의적인 내용으로 종교재판소에 의해 출판 금지 당하기도 했다.

게 라사로를 길잡이로 넘겨주는데, 라사로는 장님 거지의 시중을 들면서 카스티야의 마을들을 떠돌아다니며 구걸을 하거나 먹거리를 겨우 구해가면서 생활한다. 그러나 그 장님은 이기주의자로 사람들이 자기에게 주는 모든 것을 독차지한다. 불쌍한 라사로는 굶어죽지 않기 위해 주인인 장님을 속여가며 버티다가 마침내 그를 버리고 떠나게 된다. 그 후 라사로는 계속해서 성직자, 수도자, 교황의 교서 판매상, 화가, 사제 그리고 포졸들의 시중을 들면서 우스꽝스러운 악자의 생활을 꾸려간다. 마침내 방을 외치고 다니는 일을 하다가 수석 사제의 하녀이자 첩인 여자와 결혼함으로써 모험을 끝내게 된다.

이 소설은 출판되자마자 커다란 성공을 거두었으나, 그 속에 담긴 반(反)교회, 반(反)교권주의적인 내용 때문에 종교 재판소로부터 출판을 금지당하기도 했다. 한편 이 작품은 역사적 · 문학적으로 우수한 작품으로 평가받고 있으며, 뛰어난 심리학적 관점으로 인해 세계문학사상 최초의 근대 풍속소설로 꼽히고 있다.

해가 지지 않는 스페인
: 펠리페 2세
(재위 1556~1598년)

'신중왕' 펠리페 2세

펠리페 2세는 '신중왕(愼重王)'이라고 불렸는데, 이런 호칭은 어떤 결정을 내려야 할 경우 그가 보여준 극단적인 우유부단함을 완곡하게 표현한 것이었다. 그는 항상 조언을 필요로 하면서도 조언해주는 사람들의 동기를 강하게 의심했다. 사람을 잘 의심하면서도 때로는 너무 쉽게 믿어버렸던 그는 공문서 속에 파묻혀 있을 때에만 편안함을 느꼈다. 그 어떤 비서보다도 글쓰는 속도가 빨랐고, 장부에 무엇이 쓰여 있는지 훤히 알았으며, 작은 체격에 많은 양의 문서들을 일일이 검사하느라 눈은 늘 충혈되어 있었다. 그는 결코 웃는 법이 없었는데, 설사 웃는다고 해도 차가운 웃음만 지을 뿐이었다.

펠리페 2세와 동시대에 살았던 사람들은 펠리페 2세의 성격에 대해서 "국왕은 어떤 것에도 동요되지 않았으며, 자기의 본성을 드러내지 않는 타입의 인물이었다. 심지어 고양이가 바지 속에 들어가 있어도 말이다."라고 말하기까지 했다.

어떤 시인은 펠리페 2세에게 바치는 소네트에서 "한 군주, 하나의 제국 그리고 하나의 칼만이 존재하는 희망찬 새 날이 머지않아 도래할 것"이라고 노래했다. 이는 펠리페 2세가 전쟁이 난무하고 이단으로 가득 찬 이 세계를 구원할 수 있음을 나타낸 희망의 노래였다.

실제로 펠리페 2세는 신의 일을 대행하는 자로서의 임무를 수행해야만 했다. 이를 위해 펠리페 2세는 그의 부친 카를로스 5세로부터 세심한 훈련을 받았다. 펠리페 2세는 항상 위대한 황제의 이상화된 모델이었던 부친을 거울삼아 나라를 통치하려 했다.

펠리페 2세는 카를로스 5세로부터 왕위뿐만 아니라 거대한 제국의 영토를 물려받았다. 이베리아 반도 대부분과 북부 이탈리아의 밀라노 지방, 남부 이탈리아와 시칠리아, 네덜란드와 벨기에, 프랑스의 부르고뉴 지방 등 유럽의 영토와 북아메리카와 멕시코에서 중앙아메리카를 거쳐 부에노스 아이레스까지의 남아메리카, 그리고 1569년에 정복하여 자신의 이름을 딴 필리핀 등을 소유했으며, 나아가 1580년에는 포르투갈을 병합하여 포르투갈의 광대한 식민지까지 손에 넣었다. 이로써 펠리페 2세는 '스페인 땅에는 해가 지는 날이 없다'는 명성을 들을 정도로 넓은 영토를 통치했다.

팍스 에스파냐

스페인 사람들의 신대륙에 대한 군사적 정복은 경제적 정복으로 이어졌다. 신대륙으로부터 들어오는 금과 은을 포함한 여러 가지 물건의 교역으로 신대륙에 대한 스페인의 경제적 지배가 확산되었다. 경제적 지배의 뒤를 이어 사상적 정복도 이루어졌는데, 신대륙에 파견된 수도사들은 원주민들의 언어를 배웠고 그들에게 스페인어를 가르쳤다. 이에 따라 가톨릭에 귀의하는 신대륙 원주민들의 수가 늘어났고 늘어나는 개종자들의 수는 팍스 에스파냐(스페인의 평화)의 정착에 크게 이바지했다.

이러한 팍스 에스파냐의 정점에는 1556년부터 1598년까지 무려 40여년간 왕위에 있었던 펠리페 2세가 자리 잡고 있었다. 그는 1561년 레콘키스타의 중심 도시였던 톨레도에서 마드리드로 수도를 옮김으로써 오늘날까지 이어지는 스페인의 기틀을 잡았고 직접세와 왕령지 수입, 작위 수여 및 관직 매매의 수입, 그리고 신대륙으로부터 들어오는 귀금속에 부과하는 5분의 1세

(킨토 레알quinto real) 등으로 재정을 튼튼히 했다. 대서양을 스페인의 호수로 만든 펠리페 2세는 유럽과 신대륙, 아시아, 아프리카에 이르는, 가히 로마 제국이나 몽골 제국을 연상시킬 만한 규모의 거대한 영토를 다스리며 공고한 팍스 에스파냐를 구가했다.

"폭력은 저 하늘 위로 보내자"

1557년에 프랑스와의 산 킨틴 전투에서 승리한 것을 기념하기 위해서 지어진 궁전인 엘 에스코리알은 반종교개혁을 기념하는 최초이자 최대의 건축물이었고, 스페인의 세속 권력을 상징하는 하나의 바티칸이었다. 1563년에 착공된 이 거대하고 음울한 궁전—수많은 사람이 동원된 원한의 건물—은 21년 후인 1584년에야 완성되었다. 펠리페 2세는 이 궁전에 어떠한 경박한 장식도 하지 말라고 명했다.

카스티야의 채석장과 삼림은 궁전 건설을 위해서 파헤쳐졌고 수많은 석공과 목수, 운반인, 대장장이, 도장공, 배관공들이 동원되었으며 많은 사람들이 죽기도 했다. 폭풍이 몰아치고, 유혈사고가 일어나고, 개들이 유령처럼 구슬프게 울부짖는 등, 건설 중에 수많은 불길한 징조가 나타났다. 마침내 이 대역사가 끝나던 날, 펠리페 2세의 선조들의 유해가 스페인 각지로부터 엘 에스코리알에 도착했다.

펠리페 2세는 많은 시간과 자금을 동원하여 왕족의 유해들을 한곳으로 모으고 막대한 양의 성스러운 유품들을 수집했다. 그가 보낸 특사들은 유럽 전역을 여행하면서 성인이나 순교자의 유골, 미라화된 손, 그리스도가 매달린 십자가와 면류관 같은 유물들을 수집하여 엘 에스코리알로 보냈다. 국왕은 현장에서 직접 선조들의 유해를 맞이하고 지하의 납골당에 안치했다. 그가 내린 최초의 명령은 "자신과 선조와 자손들을 위한 장례미사는 언제나 거기에서 드려야만 한다."는 것이었다. 그리고 그는 곧 '내 영혼의 안식'을 위해서 3만 회의 미사를 거행하도록 명령했다.

엘 에스코리알은 사자(死者)들에게 바쳐진 요새이자 공동 묘지이며, 또한 수도원이었다. 프랑스의 역사가 루이 베르트랑은 "이 건물은 '폭력은 저 하

펠리페 2세의 명으로
건설된 엘 에스코리
알 궁전. '스페인 땅
에 해가 지는 날이 없
다'는 명성을 들을 정
도로 넓은 영토를 통
치했던 펠리페 2세가
1557년, 산 킨틴 전투
에서 프랑스에게 승
리한 것을 기념하기
위해 21년에 걸쳐 지
은 궁전이다.

늘 위로 보내자'라는 의도로 설계되었다.”고 말했으며 20세기의 시인이자 극
작가인 페데리코 가르시아 로르카는 “이 세상의 모든 차가운 비가 내리는 슬
픈 장소”라고 불렀다.

　이렇게 엘 에스코리알 궁에 온갖 정성을 쏟았던 펠리페 2세는 엘 에스코
리알 궁에서 배설물로 범벅이 된 채 비참하게 죽었다고 한다.

이단의 문제
: 순혈령
(1556년)

스페인에서의 에라스무스

사생아로 태어난 에라스무스는 파리, 영국, 이탈리아 등지에서 여러 학자들과 교류하면서 학문의 폭을 넓혔다. 에라스무스의 《우신예찬》은 이처럼 국경을 뛰어넘은 자유로운 지적 활동의 결과물이었다. 1510년에 출간된 이 책에서 에라스무스는 권위주의와 형식주의에 빠진 당시의 가톨릭과 관료화된 성직자들을 향해 비판을 가했으며, 인간은 스스로를 변화시킬 수 있다는 확신을 갖고 있었다.

당시 스페인에서는 인문주의를 종교에 이용한 이 뛰어난 사상가에 대한 관심이 높아졌다. 세비야를 중심으로 스페인 각 대학에 에라스무스 추종자들이 급증했다. 학자들이나 종교 재판관들조차도 열렬한 에라스무스주의 신봉자였다. 이렇게 에라스무스의 사상에 스페인의 인문주의자들이 매력을 느끼는 동안 전통적인 사상에 젖어 있는 스페인의 성직자들은 에라스무스주의가 스페인에 퍼져나가는 것을 경계했다.

지식인들에게 큰 영향을 주었던 에라스무스주의는 무지한 스페인 민중의 사고방식에 적합하지 않았다. 스페인 사람들은 중세의 전통에 젖어 살고 있었으며, 오랜 가톨릭 정신에 물들어 그 천성부터가 진취적인 사상에는 적합하지 않았고 또 관심도 없었다. 반종교개혁을 지지하는 기존의 성직자들은 에라스무스의 사상에 한 치도 양보하지 않았다. 이렇게 에라스무스의 사상은 스페인에서 극소수의 세련된 지식인들에 의해 간신히 명맥을 유지하고 있었다.

'열린' 스페인에서 '닫힌' 스페인으로

16세기 중엽, 서유럽 전체에 거대한 종교적 · 지적 동요가 일어났다. 하지만 스페인 사람들은 여전히 전통적이고 가톨릭적인 가치관 속에 충실하게 머물러 있어야만 안전할 수 있다고 생각했다. 그러나 한편으로는 외국으로부터 들어오는 새로운 이념에 열정적인 반응을 보이기도 했고, 그 속에서 사회를 쇄신하기 위한 새로운 희망을 찾으려고도 했다. 이러한 두 가지 상반된 태도 사이의 갈등 역시 스페인 사회가 당연히 겪어야 할 과제였다.

이러한 갈등은 1520년대부터 1560년대 사이에 매우 치열했다. 결국 이 갈등은 전통주의자들의 승리로 끝났다. 이는 1560년대 말, 르네상스의 기운이 충만한 '열린' 스페인에서 전통적 가치관에 충실한 '닫힌' 스페인으로 바뀌었음을 의미했다.

순혈령

15세기에는 콘베르소(가톨릭으로 개종한 유대인)들을 공직에서 추방시켰다. 15세기 말과 16세기 초에는 개종하지 않은 순수한 가톨릭 집안 출신들만 기사단이나 대학에서의 콜레히오 마요르(Colegio Mayor, 중요한 대학 내 칼리지)에 들어갈 수 있었다. 자연히 콜레히오 마요르 졸업생들은 교회와 국가에서 고위직을 차지하면서 특권 의식을 갖게 되었다. 왕은 유대인 출신들을 차별하는 지방의 법률에 법적 효력을 부여하여, 순수 가톨릭교도들에게만 특권을 부여했다.

한편 1547년에 톨레도 대주교는 '조상의 순수성을 장차 모든 고위 성직 임명을 위한 필수 조건으로 한다'는 내용의 순혈령(純血令)을 통과시켰다. 이 순혈령은 거센 저항에 부딪히기는 했으나 교회 단체, 또는 세속 단체들의 열렬한 지지를 받았다. 1556년에 톨레도 대주교는 국왕으로부터 법령의 승인을 받았다. 펠리페 2세는 "독일, 프랑스, 스페인 내에 존재하는 모든 이단은 유대인 후손들에 의해서 씨가 뿌려졌다."라는 말로 자신의 승인을 정당화했다. 이렇게 국왕의 승인에 의해서 정통 신앙과 조상의 순수함이 법적으로 인정받게 된 순혈령은 스페인 사회에서 확고한 위치를 차지했다.

순혈에 대한 집착

신분이 낮은 스페인 사람들에게 조상의 순수성은 매우 중요했다. 사회적으로는 신분이 낮더라도 그의 명예는 조상의 순수성(처음에는 4대 조상까지 해당되었으나, 펠리페 2세 치세에는 까마득한 옛날까지 거슬러 올라갔다)을 입증할 수 있는가 없는가에 달려 있었다. 일단 조상의 순수성이 증명되면 그는 신분에 상관없이 어떤 사람과도 동등한 입장이 되었다.

이러한 조상의 순수성을 강조하는 사회 현상 속에서 스페인 귀족들이 직책을 얻기 위해서는 조상의 순수함이 필수 불가결한 조건이었다. 이 조건은 때때로 그들을 매우 곤란한 상황에 빠뜨리곤 했는데, 가계의 어디엔가 혈통이 의심스러운 조상을 한둘쯤 가지지 않은 귀족들은 거의 없었기 때문이다.

더 나아가, 피의 순수함이 종교 재판소의 직책을 맡거나 종교 단체, 또는 세속 단체에 들어가는 데에 필수 조건이 되자, 그들은 언제라

펠리페 2세. 그는 "독일, 프랑스, 스페인 내에 존재하고 있는 모든 이단들은 유대인 후손에 의해서 씨가 뿌려졌다."라는 말로 1556년에 자신이 승인했던 순혈령을 정당화시켰다.

도 집안의 비밀을 드러낼 수 있는 조사를 피할 수 없었다. 악의를 품고 하는 증언이라도 그 증언이 한 집안의 명예를 일시에 파괴할 수 있었기 때문에 순혈령의 효과는 여러 가지 면에서 종교 재판소의 그것과 비견될 만했다.

이것은 스페인 사회에 불안감을 조장했고, 공갈범들과 밀고자들을 양산했다. 사람들은 사방으로 돌아다니면서 증거를 수집하고, 족보를 뒤지고, 또한 조사하는 사람들을 속이기 위해서 이름을 바꾸고 족보를 조작했다. 또한 콘베르소 가문이나 종교 재판소가 단죄한 적이 있는 집안과의 혼인을 피하려 했다. 이러한 혼인은 단숨에 집안 전체를 파탄에 빠뜨릴 수도 있었기 때문이었다. 이처럼 16세기 중엽의 스페인은 종교적인 순혈에 집착한 매우 경직되고 닫혀 있던 사회였다.

이교도들의 위협
: 알푸하라스 반란
(1차 1499년, 2차 1569~1570년)

모리스코

모리스코(morisco)는 국토 회복 전쟁이 끝난 1492년 이후에도 반도에 남아 있던 가톨릭으로 개종한 이슬람교도를 말한다. 종교 재판소는 콘베르소(가톨릭으로 개종한 유대인)에 대해서는 오랫동안 주목해온 반면, 모리스코들에 대해서는 크게 신경 쓰지 않았다. 그 이유는 그들이 대부분 비천한 신분이었고 공직에서 중요한 직책을 거의 맡고 있지 않았기 때문이었다.

이렇게 별 볼 일 없는 존재로 생각되었던 모리스코들이 그라나다 시를 습격했고, 동시에 또 다른 모리스코들이 알푸하라스에서 반란을 일으켰다. 비록 그라나다 시를 점령하는 데는 실패했으나 그들의 습격은 그라나다 전역에서 일어나는 반란의 신호탄이었다. 스페인은 프로테스탄티즘의 국내 유입에 대해서는 그렇게도 철통같은 방벽을 쌓는 데에 성공했지만 내부로부터 일어나는 이교도들의 위협에는 속수무책이었던 것이다.

이주냐, 개종이냐

1499년 11월에 시에라 네바다 산맥에 위치한 알푸하라스에서 모리스코들

알리칸테시의 이슬
람교도와 가톨릭교
도의 가장행렬.

이 반란을 일으켰다. 이곳에는 모리스코들이 많이 살고 있었다. 페르난도 왕
은 1500년 3월에 알푸하라스로 진격하여 이 반란을 진압했다. 항복한 모리
스코들은 이주냐 개종이냐, 둘 중 하나를 택해야 했다. 그러나 대부분은 스
페인에 머무르는 것 말고는 선택의 여지가 없었다. 이는 그라나다의 무어인
(Moor, 8세기에 스페인을 점령한 북아프리카의 이슬람교도)들이 자동적으로 가톨릭
교도가 되는 것을 의미했다. 이에 무어인들은 1491~1492년의 합의(무어인들
의 신앙의 자유를 보장해주는 합의)가 파기되었다고 생각했다. 이러한 무어인들
의 생각으로 인해서 스페인에 대한 적대감은 증폭되었다.

그동안 모리스코들은 그들 고유의 전통 의식과 관습에 집착했고, 공식적
으로 금지된 의식들을 은밀하게 거행해왔다. 또한 그들 중 일부는 아랍어밖
에 할 줄 몰랐고 전통 의상도 착용했다. 이렇게 그들만의 영역을 유지해온
안달루시아의 모리스코들은 1499년 1차 알푸하라스 반란 이후 약 반세기 동
안 가톨릭교도들과 불안한 균형을 유지할 수밖에 없었다.

모리스코들의 반란을 불러온 법령의 시행

모리스코 경제는 견직물 산업에 기반을 두고 있었다. 그러나 이들의 견직
물 산업은 견직물 제품의 수출 금지 조치와 그라나다 견직물에 대한 대폭적
인 세금 인상으로 큰 타격을 받았다. 아울러 종교 재판소는 종교적 신념이

의심스러운 모리스코들의 재산을 몰수했다.

이렇게 경제적, 종교적으로 어려움에 처해 있던 모리스코들에게 반란의 불씨가 되었던 것은 안달루시아 교회의 성직자 회의에서 제안된 모리스코들의 관습을 개혁하려는 법령이었다.

사실 이것은 그렇게 새로운 것은 아니었다. 아랍어의 사용 금지, 모리스코들의 전통 의상 착용 금지, 전통적 관습의 포기 등은 이미 옛날에 제정되었으나 그동안 시행되지 않았던 법령들이었는데 이 법을 다시 실시하려는 결정이 내려졌던 것이다. 모리스코들은 이 법령의 시행을 연기해줄 것을 가톨릭 왕들에게 탄원했지만 무시되었다. 그 후, 이 법령이 시행되자 모리스코들은 알푸하라스에서 두 번째 반란을 일으켰다.

제2차 알푸하라스 반란

안달루시아 지방의 알푸하라스에서 모리스코들이 두 번째 반란을 일으켰을 때, 펠리페 2세는 국내외적으로 곤경에 처해 있었다. 다른 지역의 전쟁에 투입할 병력을 징집하느라 인적 자원이 고갈되어 멀리 카탈루냐로부터 병사를 징집해와야 했고, 산악지대라는 지리적인 조건도 신속한 진압을 어렵게 만들었다.

반란은 1570년에 가서야 진압되었다. 그러나 펠리페 2세는 그라나다의 모리스코들을 스페인 전역으로 분산시킬 것을 명령했다. 이는 전쟁에 패하여 민심이 흉흉한 주민들을 한 지역에 집중된 상태로 두는 것이 위험하다고 생각했기 때문이다. 그러나 상당수의 모리스코들은 안달루시아에 남았고, 그 수는 6~15만에 이르렀다. 하지만 그보다 훨씬 많은 수의 모리스코들이 스페인 전역의 도시와 농촌으로 강제 이주되었고, 반대로 많은 수의 가톨릭교도들은 모리스코들이 떠나간 자리를 메우기 위해 스페인 각지(갈리시아, 아스투리아스, 레온)로부터 왔다. 이로써 그라나다에 거주하고 있던 모리스코들로부터의 위험은 사라졌다.

1568년에서 1570년 사이에 일어난 제2차 알푸하라스 반란은 인종적이고 종교적인 투쟁의 성격을 갖고 있었다. 이 두 번째 반란은 오랫동안 모리스코와 스페인 남부의 가톨릭교도들과의 대립의 표출이었고, 모리스코들이 가톨릭교도들로부터 받아온 열악한 처우에 대한 분노의 표현이었다.

이 반란은 비록 부분적으로는 오래 전부터 곪아온 불만이 폭발한 것이기도 했지만, 본질적으로 그들의 경제적인 삶의 조건이 급격히 악화된 데 따른 모리스코들의 분노가 폭발한 것이었다.

황금의 도시 '엘 도라도'
: 정복자들의 탐욕

엘 도라도

나는 금이 있는지를 알기 위해 예의 주시했고, 그들 중 몇 명이 코에 구멍을
뚫고 작은 (금)조각을 달고 있는 모습을 보았다. 그리고 몸짓을 통해 남쪽 또는
남쪽으로부터 오는 길에 커다란 금항아리를 가진 왕이 있고, 그가 많은 금을 갖고
있음을 알 수 있었다.

《항해일기》, 콜럼버스

황금에 대한 콜럼버스의 관심이 적나라하게 드러난 글이다. 콜럼버스는
일기에서 "많은 양의 금을 얻어, 군주들이 3년 내에 성지를 정복하기 위한 준
비에 들어갈 수 있기를" 기원하고 있기도 했다. 스페인 왕실 역시 황금을 얻
기 위해 콜럼버스를 지원했다. 그들에게 가톨릭 전파는 궁극적인 목적이었
고 황금 획득은 구체적인 목적이었다. 이후 수많은 사람들이 순금으로 길을
포장하고 온몸에 금가루를 바른 사람들이 산다는 황금의 도시 '엘 도라도'를
찾아나섰다.

혹사당한 인디오

그러나 식민지 건설 초기에 가졌던 금의 발견은 환상에 불과했다. 현재의 아이티와 도미니카 공화국이 있는 에스파뇰 섬의 강에서 채취하는 소량의 사금들이 신대륙에서 획득할 수 있는 유일한 귀금속이었다. 그러나 이마저도 1530년경에 모두 고갈되고 말았다. 1545년에 볼리비아의 포토시와 1548년에 멕시코의 사카테카스에서 은광이 발견되었다. 금광은 아니었지만, 정복자들이 그렇게 찾아헤매던 '엘 도라도'로서 전혀 손색이 없었다. 세르반테스는 그의 걸작인 《돈 키호테》에서 "발레 운 포토시(Vale un Potosí, 포토시만큼의 가치가 있다 즉 최고의 가치가 있다는 뜻)"라는 표현으로 '황금의 도시'에 대한 스페인 사람들의 열망을 언급하고 있다.

신대륙의 광산에서 유입된 은으로 16세기 유럽의 은 보유량은 7배로 증대되었다. 페루 고지의 광산 중심지였던 포토시(오늘날 볼리비아)는 17세기에 신세계 최대의 도시로 변모했다. 그곳에는 유럽인 5만 명과 인디오 4만 5천 명이 살고 있었는데, 이들 인디오 중에서 1만 4천 명은 '미타(mita)'라는 강제 노동 제도 아래에서 일생 동안, 아니면 경우에 따라서는 자손 대대로 광산에 묶여 일하지 않으면 안 되었다.

인디오 노동자들은 코카 잎을 씹으면서 일을 했다. 코카 잎을 씹으면 이틀 동안 아무것도 먹지 않고도 걸어다닐 수 있었다. 스페인과 유럽의 여러 나라들에 막대한 부를 가져다준 사람들은 굶주림으로 고통받고 병으로 죽어간 이들 인디오들이었다.

늘어나는 교역량

처음으로 신대륙에 정착한 스페인 정복자들은 필요한 모든 것, 즉 무기와 의복, 말, 식량, 포도주 등을 본국에서 수입했다. 정복자들은 새로운 환경에 어느 정도 적응한 뒤에도 많은 생필품을 모국에서 실어왔다. 카스티야나 카탈루냐의 직물, 안달루시아산 포도주, 올리브유, 곡물을 배에 싣고 세비야로부터 출발하여 신대륙으로 갔으며, 스페인으로 돌아올 때는 은을 비롯한 식민지에서 나는 것들을 싣고 왔다.

은광에서 일하는 인디오 삽화. 1545년에 볼리비아의 포토시 은광이 발견된 이후 인디오들은 코카 잎을 씹으면서 평생을 강제 노동에 시달려야 했다. 유럽 여러 나라에 막대한 부를 가져다 준 이면에는 굶주림으로 고통 받고 병으로 죽어간 인디오들이 있었다.

　매년 대서양을 횡단하는 선박의 수는 경제적·정치적 상황에 따라 상당히 달랐는데 대략 60척에서 100척 사이였다. 이들 선박의 대부분은 처음부터 베네치아 또는 포르투갈의 모델에 따라 호송 선대, 즉 플로타 체제로 조직되어 있었다.

　이 플로타 체제는 신대륙에서 금은을 가득 싣고 약 2개월 동안 대서양을 건너는 선박들의 안전을 위해서뿐만 아니라, 신대륙에서 유입되는 금은을 비롯한 모든 물품들을 검사하고 그 물품들에 대하여 세금을 징수하는 데 매우 용이했다.

　1560년대부터는 매년 두 차례 호송 선대가 안달루시아를 출항했다. 그중 하나는 멕시코에, 그리고 다른 하나는 남미 대륙으로 향했다. 플로타(flota)로 알려진 멕시코로 향하는 선대는 4월이나 5월에 멕시코 만을 향해서 출발했으며, 남미 대륙으로 향하는 선대는 여섯 척 또는 여덟 척의 호위를 받았다. 이 선단은 8월에 떠나 파나마 해협을 거쳐 남아메리카 북쪽 해안의 선박들과 합류했다. 이들 두 함대는 아메리카에서 겨울을 나고, 다음 해 3월에 쿠바의 아바나에서 합류하여 유럽으로 귀환했다. 이 호송 선대 체계는 비용이 매우 많이 드는 사업이었지만, 이만큼 안전한 방법은 없었다.

헛된 달콤함, 잇새에 낀 찌꺼기

갈수록 늘어나는 교역량으로 스페인은 막대한 부를 축적했으나 실질적으로 큰 도움은 얻지 못했다. 스페인으로 유입된 식민지의 부는 귀족 계급의 사치와 국왕의 전쟁 경비에 충당되었을 뿐, 자본의 축적을 통한 산업화의 기반으로는 사용되지 못했던 것이다.

따라서 신대륙으로부터 스페인으로 유입된 은의 양은 7배로 늘어났지만 그것은 곧바로 독일, 제노바, 네덜란드, 프랑스, 영국 등지로 모두 빠져나가 신대륙으로부터 들어온 부로 인해 실질적인 혜택을 입은 나라는 스페인이 아닌, 당시 북부 유럽에서 막 발흥하던 자본주의 국가들이었다.

17세기의 한 작가는 "스페인은 음식물을 받아들이는 입과 같아 그것을 깨물어 으깨지만, 헛된 달콤함과 잇새에 낀 찌꺼기 외에는 그것을 자기 것으로 남겨두지 못했다."라고 스페인의 잘못된 경제 정책을 꼬집었다.

식민지의 원격 조정
: 부왕령
(16~18세기)

정복 초기의 식민지 통치

초기의 신대륙 정복은 스페인 왕실의 도움 없이 정복자들 스스로의 힘으로 이루어졌다. 정복을 위해 들어가는 막대한 비용을 충당할 수 없었던 스페인 왕실은 신대륙의 정복 사업을 정복자들 개인의 역량에 의존할 수밖에 없었던 것이다. 따라서 초기 정복자들은 그들이 정복한 땅에서 거의 무한대의 권한을 누렸다. 정복 과정에서 세운 기여도에 따라 토지나 관직 등이 임의로 분배되었고, 자신이 스스로 임명하거나 원하는 직책을 국왕에게 통보만 하면 거의 그대로 인정받았다. 정복자들은 군사적 책임자인 총사령관이면서 동시에 정복한 땅의 행정적 · 사법적 책임자로서 '아델란타도(adelantado)'라고 불리기도 했다.

아델란타도는 정복의 '선봉'이란 의미로서, 정복 과정에서 군사적 책임을 맡은 총사령관이자, 정복 후에는 그 지역의 행정적 · 사법적 책임을 맡은 사람들을 부르는 또 다른 이름이었다. 이러한 지위는 거의 종신직이었으며 또한 스페인 왕실과는 별도로 식민지에서 상당한 권한을 누렸다.

그러나 스페인 왕실은 신대륙에서 이렇게 무한대의 권한을 누리는 정복자들이 자신들의 통제에서 벗어나 강력한 봉건 귀족으로 성장하는 것을 두려워했다. 그래서 이를 막기 위해 스페인 왕실은 스페인 본국에 식민지 지배를 위한 기구들을 설립했고, 스페인 본국에서 관리를 파견하여 통제했다. 스페인 본국은 신대륙에서 정복자들이 종신직으로 누렸던 관직도 평균 4년의 제한적 임기로 줄였다.

스페인에 설치된 관청

신대륙 발견 초기에는 그 영토가 카리브 해의 일부에 지나지 않았기 때문에 한 명의 주교가 통치했다. 그러나 시간이 흘러 영토가 점차 확대되면서 한 사람이 그 영토를 통치하는 것이 불가능했다. 이 때문에 세워진 기구가 무역관(Casa de Contratación)인데, 1503년에 세비야에 세워진 이 기구는 신대륙과 관련된 행정·사법적 기능뿐만 아니라 교육·학술적인 역할까지 맡았다. 행정적 기능으로는 신대륙을 오가는 사람들의 출입국 관리, 출입선의 등록 및 허가, 교역 상품에 대한 세관 업무, 그리고 신대륙에서 국왕에게 바치는 '5분의 1세(킨토 레알)'에 대한 관리 등을 들 수 있다. 사법적 기능으로는 신대륙과의 내왕에 관련된 모든 소송을 재판하는 해사 재판소와 같은 역할이 있었으며, 교육 및 학술적 기능으로는 세계 최초라 생각되는 항해 학교의 설치 및 운용, 선원의 교육 그리고 해도나 항해 일지 등 항해 관련 책자를 발간하는 등의 업무가 있었다.

무역관과 함께 설치한 기구가 인디오 심의회이다. 심의회의 임무는 기본적으로 신대륙에서 발생하는 모든 문제들을 왕에게 자문하는 역할이지만, 사실상 왕을 대신하여 신대륙의 모든 중요 업무를 결정하는 막강한 권한을 갖고 있었다. 또한 식민지의 주요 관리나 교회의 고위직을 임명하는 권한과 함께 식민지의 하급법원에서 상소를 받아 재판하는 사법권까지도 갖고 있었기 때문에 신대륙에서 인디오 심의회의 영향력은 절대적이었다.

아우디엔시아

스페인 왕실은 식민지를 직접 통치하기 위해서 신대륙에 여러 관청을 만들었다. 그 가운데 대표적인 제도로는 부왕령(副王領, Virreinato)과 아우디엔시아(Audiencia)가 있다.

아우디엔시아는 사법적 기능을 담당했는데, 당시에 통치라고 하면 주로 사법적 임무가 거의 전부였기 때문에 아우디엔시아는 신대륙에 처음으로 생긴 통치기구라고 할 수 있다. 이 기구는 주로 3, 4명의 세력 있는 법률가들로 구성되었다. 이들은 원칙적으로 스페인에서 온 본국인들(페닌술라레

16~18세기 부왕령과 아우디엔시아. 스페인 왕실은 식민지를 직접 통치하기 위해 신대륙에 여러 관청을 설치했고, 강력한 사법권을 행사하는 부왕령과 아우디엔시아는 최고의 지위를 누렸다. 이때의 경계가 대부분 현재 라틴아메리카 국가의 국경선이 되었다.

스)만 임명될 수 있었으며 부왕과 함께 최고의 지위를 누렸다. 이 기구의 주임무는 식민지에서 정복자들이 본국의 간섭 없이 식민지를 통치하려는 경향을 견제하고, 식민지의 중앙 집권화를 위해서 강력한 사법권을 행사하는 것이었다.

아우디엔시아는 1511년에 현 도미니카 공화국의 산토 도밍고 시에 처음 설립되었으며, 스페인이 통치하는 동안 멕시코와 파나마, 페루 등지에 13개가 더 생겼다. 이 아우디엔시아의 관할 영역에 따른 식민지 영토의 분할은 오늘날 중남미 대부분 국가들의 국경선을 형성하는 기초가 되었다.

부왕령은 16세기에 가장 번성하던 지역인 멕시코와 리마에 설치되었다. 부왕은 행정의 최고직으로서 식민지에서 왕의 권한을 대행했다. 그는 최상

층에 속하는 귀족으로 왕의 대리인이었다. 스페인 왕실은 파나마를 경계로 현재의 멕시코에 누에바 에스파냐(Nueva España)를 설치하여 멕시코에서 파나마까지를, 페루 지역에는 페루 부왕령을 설치하여 파나마 이남 지역을 부왕의 행정적 통제 하에 두게 했다. 이로써 스페인 본국은 신대륙에서의 중앙집권 체제를 공고히 할 수 있었다. 부왕의 자격은 귀족 가문 출신자로 한정했는데, 그는 식민지에서 획득되는 모든 재화를 관장하는 감독관이었으며, 관할 아우디엔시아의 의장도 겸했다. 부왕은 또한 성직자 및 관리 임명권 등을 가짐으로써 식민지에서는 거의 군주와 같은 지위를 누렸다.

스페인 본국은 신대륙의 더 넓어진 영토를 효율적으로 관리하기 위해서 페루 부왕령에 이어 1717년에 현재의 콜롬비아 지역을 분리시켜 누에바 그라나다(Nueva Granada) 부왕령을 설치했고, 1776년에는 네 번째 부왕령인 라 플라타(La Plata) 부왕령을 설치했는데, 이는 현재의 아르헨티나, 우루과이, 파라과이, 볼리비아 지역에 해당한다.

엔코미엔다와 아시엔다
: 신대륙에 대한 경제 정책

신법

식민지 통치 초기에 신대륙에서 스페인 정복자들이 획득할 수 있는 유일한 경제적 가치는 원주민의 노동력이었다. 그러나 원주민 노동력의 이용 형태는 거의 노예제나 다름없었다. 당시 유럽에는 노동력이 풍부하지 않아 정복자들이 원주민을 자유롭게 노예로 팔거나 소유하는 것은 자연스러운 행위였다. 정복자들은 전리품으로 원주민들을 나눠갖기도 했다. 이를 레파르티미엔토(Repartimiento, '나눔, 분배'라는 뜻)라고 부른다. 그러나 1542년에 공포된 신법(新法)은 원주민의 노예화를 금지시켰다. 이 법에 따르면, 원주민은 최소한 법적으로는 스페인 사람과 똑같이 왕의 신민이며 다른 곳으로 팔려가지 않고 자신들의 관습을 유지할 수 있었다.

그러나 정복자들의 원주민에 대한 노동력 착취는 여전했다. 원주민 밀집 지역에서 시행된 '엔코미엔다(Encomienda)'와 잉카의 광산 지역에서 통용된 '미타(Mita)'가 이러한 노동력 착취의 대표적 형태이다.

엔코미엔다

'엔코미엔다'라는 말은 '위탁', '위임'이란 뜻이다. 이 엔코미엔다는 국왕이 식민지 정복자들에게 원주민을 말 그대로 위탁하는 제도이다. 즉 스페인 정복자들이 원주민을 위탁받아 그들을 보호하고 종교적으로 교육시킬 의무를 지는 대신에 그들에게 노동을 요구할 수 있는 제도인데, 이 제도는 종교적 교화를 통한 영혼의 구제와 인디오 보호를 명분으로 노동력을 착취하기 위한 노예제도의 또 다른 형태이기도 했다. 그러나 국가와 교회는 엔코미엔다 제도를 반기지 않았다. 국가는 그것이 하나의 봉건적 구조로 발전하는 것을 두려워했으며, 교회 또한 원주민에 대한 가혹한 착취가 가톨릭 윤리에 어긋난다는 사실을 탐탁지 않게 생각했다. 그러나 정복자들의 경제적 이해 관계 때문에 현실적으로 이 제도가 폐지되기는 어려워서 엔코미엔다를 통한 원주민 노동력의 착취는 식민 통치 기간 내내 지속되었다.

미타

가혹한 노동으로 원주민 노동력이 급속히 줄어든 반면에, 계속 발견되는 금광과 은광으로 노동력에 대한 요구는 계속 커져갔다. 이에 스페인 왕실은 광산에서 필요한 노동력을 확보하기 위해 위탁된 원주민들을 광산의 주인에게 나누어주고 강제 노역을 시키는 레파르티미엔토 제도를 부활시켰다. 페루에서는 이런 제도를 미타(페루 원주민 언어인 케추아어로 차례라는 뜻)라고 불렀다. 이 제도는 생산성이 높지 않은 원주민을 먹여 살리고 책임을 지기보다는 적은 임금을 지불하는 것이 정복자들에게는 차라리 쉬운 일이었기 때문에 널리 이용되었다.

아시엔다

정복자들은 신대륙에서 여러 가지 방법으로 땅을 획득했다. 왕실로부터 토지를 하사받거나 원주민으로부터 땅을 매입하는 합법적인 방법에서부터 왕실 소유인 미개간 토지를 불법으로 점유하거나 원주민의 땅을 약탈하는 비합법적인 방법까지 그 방법은 매우 다양했다.

절대 빈곤. 현재 라 틴아메리카 인구의 3분의 2는 절대 빈곤층이다. 이 문제의 뿌리에는 스페인의 신대륙 정복시대 때 실시된 엔코미엔다와 미타 제도가 있다. 사진은 멕시코 유카탄 반도 지방의 허름한 오두막에서 끼니를 때우기 위해 야외 취사를 하고 있는 농민 일가족.

더욱이 정복자들은 원주민이 법을 잘 모르는 것을 이용해 자신에게 위탁된 원주민의 노동력뿐만 아니라 토지까지도 자기 소유로 했다. 스페인 왕실은 이렇게 원주민들의 토지가 정복자들의 손에 집중되는 것을 막고자 공동으로 경작하고 공동이 소유하는 '보호 토지'를 지정했다.

그러나 토지 집중은 가속화되어, 내륙 고원의 온대 기후 지역에서 상대적으로 가까운 도시나 광산의 시장을 겨냥한 곡물이나 목축을 주로 하는 아시엔다(Hacienda, 봉건적인 대농장)가 탄생했다.

아시엔다는 공동체에서 도망쳐오거나 날품팔이로 전락한 원주민 노동력을 주로 이용했다. 아시엔다는 그 내부에 교회, 상점, 학교, 감옥, 묘지 등 자체 서비스망을 가진, 중세의 봉건 영지와 거의 비슷한 하나의 폐쇄적 단위로서 대농장의 주인은 입법, 사법, 행정의 모든 권한을 소유하면서 인디오들에게 노동과 충성을 요구하는 대신에 그들에게 식량과 교육, 의약품 등을 제공했다. 이 대농장 안에서 인디오들은 비록 고된 일로 어려운 생활을 영위했으나, 자신들의 전통적인 생활 관습을 잘 보존할 수 있었다.

이 제도는 영속적인 노예 노동의 형태, 즉 노동자들이 진 부채를 노동으로 갚는 것에 그 기반을 두고 있었다. 그러나 그 빚은 노동자 자신이 살아 있는 동안 계속되었을 뿐만 아니라, 자손들에게까지 대대로 물려졌다.

펠리페 2세 시대의 경제 위기
: 파산 선언
(1596년)

스페인 경제의 붕괴 조짐

펠리페 2세의 치세 초기인 1560년대부터 일어난 이교도들(모리스코)의 반란이나 지중해에서의 오스만튀르크 제국의 공세 등 여러 가지 어려움이 1570년대에도 계속되었다. 네덜란드 반란의 진압 실패, 1575~1576년 국왕의 파산 선언 등으로 스페인 제국의 앞날에는 어두운 그림자가 드리워졌다. 왕실은 재정적 어려움을 세금 인상으로 넘어보려 했지만 그마저도 한계에 다다랐다. 또 다른 수입원을 찾아내지 못한다면 스페인 제국의 근간이 뿌리째 흔들릴 지경이었다. 그러나 1570년대 후반부터 신대륙으로부터 유입되는 은의 양이 갑자기 증가했고, 이는 펠리페 2세가 재정 파탄의 위기에서 벗어날 수 있는 계기를 제공했다.

하지만 아메리카로부터 들어오는 엄청난 양의 은은 오히려 펠리페 2세가 엄청난 빚더미 위에 앉게 할 거대한 사업을 하게끔 유혹하는 역할을 했을 뿐이다. 무적함대만 해도 많은 지출을 필요로 했다. 이런 식의 대규모 지출을 계속하기 위해서는 신대륙의 식민지로부터 자금을 충당할 수밖에 없었다. 결국 1590년대에 이르자 스페인 경제는 지출 능력이 한계에 다다르면서 붕괴 직전의 여러 징후들이 나타나기 시작했다.

이러한 상황 속에서 스페인 왕실과 은행가들은 스페인이 이러한 경제적 어려움을 극복하고 거대 제국을 계속 유지할 수 있을지, 아메리카 신대륙으로부터 충분한 양의 은이 계속 공급될 수 있을지, 그리고 신대륙과 구대륙으로부터 들어오는 수입이 펠리페 2세의 거대한 여러 가지 사업을 위한 비용으로 충분한지에 대해 의문을 품게 되었다.

파산 선언

1596년 11월 29일, 펠리페 2세는 은행가들에게 모든 지불의 연기를 선언했다. 1575년에 이어 또 다시 파산 선언을 한 것이다. 이는 1578년과 1583년의 개혁을 통하여 예전의 활력을 되찾고 있던 메디나 델 캄포의 시장들에 큰 타격을 주었다.

무엇보다도 1596년의 파산 선언은 펠리페 2세가 지금까지 견지해온 제국주의의 꿈이 무너지고 있음을 의미했다. 이 파산 선언은 그의 제국주의에 대한 꿈의 실패를 확인하는 것이었고, 동시에 스페인을 평화 정책으로 돌아가게 하는 계기가 되었다. 이러한 평화 정책의 일환으로 펠리페 2세는 네덜란드에 대한 호전적인 태도를 완화했으며, 1598년 5월 2일에는 프랑스와 스페인 사이의 전쟁을 종식시키는 베르뱅 조약을 체결했다.

붕괴된 신대륙의 무역 독점

펠리페 2세는 아메리카 식민지로부터 유입되는 은으로 스페인 제국을 유지하는 재원을 조달했다. 이는 스페인이 아메리카 식민지와의 교역에 상당 부분 의존하고 있음을 뜻했다. 1590년대에 아직도 막대한 양의 은이 아메리카로부터 들어오고, 세비야 항은 번영의 기운이 넘쳐흘렀다. 그러나 스페인이 네덜란드와 행한 전쟁으로 스페인-대서양 간의 무역 체계에 근본적인 변화가 시작되었다. 펠리페 2세는 네덜란드 경제에 타격을 입히기 위해서 1585년과 1595년에 스페인과 포르투갈의 항구에 들어와 있는 네덜란드 선박들에 대하여 출항 금지 조치를 내렸다. 이에 네덜란드는 아메리카로 직접

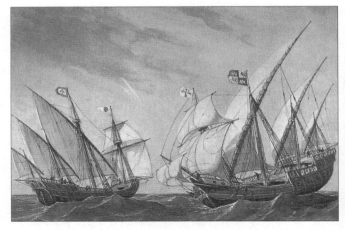

스페인 정복자들이 신대륙 탐험에 사용했던 카라벨라선. 펠리페 2세는 1570년대부터 신대륙으로부터 유입되는 막대한 은을 바탕으로 무적함대 창설과 같은 엄청난 지출을 필요로하는 사업에 착수했지만 무리한 재정 지출로 인해 1596년 파산을 선언했다.

배를 몰고 가서 교역을 함으로써 스페인이 아메리카와 행했던 독점적 교역 활동에 위협을 가했다.

한편 수십 년 동안 세비야에서 아메리카로 수출해 온 품목들이 아메리카 현지에서도 생산되는 변화가 일어났다. 멕시코의 의류 산업과 페루의 곡물, 포도주, 올리브유의 생산으로 아메리카 시장에서 이들 물품에 대한 공급 과잉이 일어났다. 그 사이 스페인 경제와 아메리카의 식민지 경제가 따로 놀기 시작했고, 네덜란드와 영국은 그 틈새를 집요하게 파고들었다. 비록 공식적으로는 세비야가 신대륙 무역을 여전히 독점하고 있었지만, 그 수치는 스페인에서 생산되지 않는 물건들로 매겨지고 있었다는 점에서 독점적인 교역의 의미는 상당히 퇴색하고 있었다. 스페인이 생산하는 상품은 아메리카가 원치 않았고, 아메리카가 원하는 상품은 스페인에서 생산되지 않았다. 이러한 아메리카 시장의 수요 변화에 스페인의 경제는 적절하게 대응할 준비가 되어 있지 않았다.

위기의 또 다른 원인: 인구의 변화

경제 상황의 위기를 초래한 또 다른 원인은 인구의 변화였다. 신대륙의 백인과 메스티소(mestizo, 백인과 인디오의 혼혈)는 꾸준히 늘어나는 반면에, 인디오들의 수는 급격히 감소했다. 이는 스페인 정복자들이 의존하고 있던 노동력이 급격하게 줄어드는 것을 의미했다. 기술의 진보가 없는 상황에서 노동력의 감축은 곧 경제의 위축을 의미했다. 갑자기 대규모 공사들이 중단되었고, 광산에서 일할 노동력을 구하기가 점점 어려워졌다. 인디오를 대체하기 위하여 아프리카에서 수입한 흑인들 역시 원주민들을 휩쓸어버린 질병에 똑같이 취약했다.

　이로 인해 신대륙이 유럽에 제공할 수 있는 것은 줄어들었다. 광산 채굴에 소요되는 비용이 높아졌기 때문에 은 생산이 줄었고, 따라서 신대륙으로 가려는 이민자들—1590년대에 세비야를 출발하는 선대를 이용하여 신대륙으로 가는 이민자들의 수는 선대당 약 800명에 이르렀다—을 위한 기회도 줄어들었다. 이는 1590년대 들어 스페인의 경제 위기가 한층 더 가속화되었다는 사실을 의미했다.

이베리아 반도 통일
: 포르투갈 합병
(1580~1668년)

카스티야와 포르투갈

포르투갈이란 이름은 로마군의 전진 기지였던 포르투스 칼레(Portus Cale, 오늘날 오포르투)에서 유래했다. 로마 시대부터 두에로 강 하류 지역의 이 포르투스 칼레를 중심으로 한 지역을 포르투칼렌시스(Portucalensis)라 불렀다. 1093년, 알폰소 6세가 이 지역과 타호 강 하류 지역을 합쳐 새로운 포르투갈 백작령을 세웠다. 당시 알폰소 6세는 카스티야-레온의 통합 군주로서 서유럽 가톨릭 세계에서는 막강한 권위와 세력을 지닌 왕이었다.

당시 카스티야와 아라곤은 알모라비데족(북부 아프리카에 거주했던 이슬람교도)의 침공을 받고 있던 상황이었는데, 알폰소 6세의 요청으로 교황 우르바누스 2세가 십자군을 조직해 파견했다. 이 십자군에서 가장 뛰어난 무훈을 세운 사람이 바로 라이문도와 그의 사촌 엔리케였다. 알폰소 6세는 이에 대한 보답으로 라이문도를 자신의 딸인 우라카 공주와 결혼시켜 갈리시아 백작령(오늘날 스페인 북서쪽 지역)을 통치하게 했으며, 엔리케는 자기의 서녀인 테레사와 결혼시켜 포르투갈 백작령을 다스리게 했다. 그 후 엔리케와 테레사는 포르투갈 지배에만 전념했다.

그들의 아들이 바로 아폰수 엔리케(재위 1139~1185)인데, 그는 포르투갈 역사상 가장 빛나는 승리로 기억되는 오리케 전투(1139)에서 이슬람교도들을 대파함으로써 이름을 떨쳤다. 1147년, 그는 리스본을 재정복했다. 그 후 알폰소 3세 때인 1267년에 바다호스 협정을 통해 포르투갈과 카스티야-레온 왕국 간의 국경은 과디아나 강으로 확정되었다.

포르투갈의 합병

그 후, 포르투갈은 제1왕조와 제2왕조를 거치면서 아프리카, 신대륙에서 식민지를 개척하고 인도 항로를 발견하는 등 대외적으로 활발한 활동을 펼쳤다. 그러나 1580년에 펠리페 2세는 포르투갈의 왕위가 단절된 틈을 타서 포르투갈을 합병했다.

포르투갈의 왕 마누엘 1세에게는 4남 1녀(후안 3세, 이사벨라, 엔리케, 루이스, 두아르테)가 있었는데, 그중에서 왕위를 계승한 첫째 후안 3세는 9명의 자식을 두었으나 모두 단명해, 3살 난 아들 세바스티안만 남았다. 결국 왕위는 3살 난 아들에게 돌아갔으나 나이가 어려서 직접 통치를 할 수 없게 되자, 작은 어머니인 카스티야 왕국의 이사벨라 여왕이 섭정을 맡게 되었다. 그러나 그녀는 이미 카스티야의 왕이었기 때문에 포르투갈 국민들의 강한 저항을 받았다. 그러자 다른 작은 아버지인 엔리케 추기경이 섭정을 이어받았다.

1568년에 세바스티안이 직접 통치를 시작했으나 24살의 나이에 모로코 원정 도중 후사 없이 사망했다. 이에 다시 고령인 엔리케 추기경이 임시로 왕위를 떠맡았으나, 추기경인 그에겐 자손이 없었다. 엔리케 추기경은 형제들의 후손, 즉 마누엘 왕의 손자, 손녀들 중에서 왕위 계승자를 물색했다. 왕위를 계승할 가장 유력한 인물로는 스페인 왕인 펠리페 2세(이사벨라 여왕의 아들), 안토니오(루이스의 아들), 카탈리나(두아르테의 딸)가 있었다.

이 가운데 카탈리나가 강력한 후보였으나, 1580년에 카탈리나의 강력한 후원자였던 엔리케 추기경이 죽고 펠리페 2세에게 매수당한 귀족들 역시 카탈리나에게 등을 돌렸다. 한편 또 다른 왕위 계승 후보였던 마누엘 1세의 손자인 안토니오가 대중적인 지지를 등에 업고 펠리페 2세와 맞섰다. 하지만

스페인으로부터의 독
립을 기념하는 탑(포
르투갈 리스본). 현재의
이베리아 반도는 스페
인과 포르투갈로 나뉘
어 있으나 1580년부터
1668년까지 포르투갈
은 스페인과 한 몸이었
다.

안토니오는 1580년, 알칸타라 전투에서 패함으로써 왕위는 펠리페 2세에게
계승되었다. 이렇게 해서 이베리아 반도는 드디어 '한 명의 왕'인 펠리페 2세
에 의해 통치되었다.

포르투갈의 통치

1581년 4월, 카스티야 왕 펠리페 2세는 포르투갈 의회에서 포르투갈의 합
법적인 왕으로 인정받는 대신에 포르투갈의 모든 법과 관습을 준수할 것을
서약했다. 포르투갈 의회는 펠리페 2세에게 여러 요구 조건을 내걸었다.

왕은 가능한 한 많은 시간을 포르투갈에서 보내고, 만일 그가 어쩔 수 없
이 포르투갈을 비우게 되면 그를 대신할 부왕을 왕실 사람 또는 포르투갈 사
람 중에서 임명하도록 했다. 그리고 왕이 직접 참여하는 포르투갈 평의회를
구성하고, 모든 업무는 포르투갈어로 하고, 포르투갈 본국과 식민지에서의
직책은 포르투갈인 중에서 임명하게 했다. 또한 카스티야와 포르투갈 사이
의 관세 장벽을 허물고 자체 화폐를 통용하며 해외 교역은 포르투갈인들이
계속 독점하기로 했다.

펠리페 2세는 이를 받아들였고, 이런 체제는 포르투갈이 카스티야와 합병
되었던 기간에 포르투갈 통치 체제의 기본이 되었다. 이렇게 해서 포르투갈
은 카스티야의 군주가 통치하게 되었지만, 카스티야-아라곤 연합 왕국이 약

100년 전 카스티야에 통합되었던 것과 똑같은 방식으로 자체의 법, 제도, 화폐 체계를 그대로 유지했다.

펠리페 2세의 착각

펠리페 2세는 포르투갈을 스페인 제국으로 통합함으로써 대규모 무역 함대를 소유할 수 있었다. 스페인과 포르투갈 상선들을 합치면 25~30만 톤 규모에 이르렀다. 이는 네덜란드가 보유하고 있던 23만 2천 톤, 영국의 1만 2천 톤 규모의 함대를 누르고 세계 최대의 무역 함대를 소유하게 되었음을 의미했다. 또한 포르투갈은 스페인에게 긴 대서양 해안을 제공하여 더 넓은 세계로 나아갈 수 있는 이점들을 주었다. 그러나 펠리페 2세는 이러한 엄청난 이점을 스스로 차버렸다.

당시 추기경이었던 그랑벨은 리스본이 대서양이라는 새로운 전장(戰場)을 조망하는 데 그야말로 이상적인 관측소라고 생각했다. 그래서 펠리페 2세에게 스페인의 수도를 리스본으로 옮길 것을 촉구했다. 그러나 왕은 수도를 리스본으로 옮기는 대신, 전장으로부터 멀리 떨어진 카스티야의 심장부 마드리드에 머물러 있기를 택했다. 이로써 펠리페 5세는 해양 강국이 될 수 있는 절호의 기회를 저버리게 되었다.

DIGEST 52 SPAIN

가톨릭과 이슬람의 대결
: 레판토 해전
(1571년)

가톨릭 교회의 장녀

1453년, 콘스탄티노플을 점령한 오스만튀르크 제국은 지중해에서의 영향력 확대를 위해 베네치아의 지중해 전진기지였던 키프로스를 첫 번째 공격 목표로 삼았다. 키프로스는 베네치아와 알렉산드리아를 연결하는 주요한 중계 기지였다. 그러나 베네치아는 오스만튀르크 제국의 대군과 맞서서 혼자 힘으로 키프로스 섬을 방어할 자신이 없었다. 베네치아는 오스만튀르크 제국과의 전쟁을 유럽의 가톨릭 세력 대 이슬람 세력 간의 전쟁으로 몰아갔다. 우선 베네치아는 특유의 외교술로 교황청을 끌어들였고, 교황청은 '가톨릭 교회의 장녀(長女)'라는 칭호를 갖고 있던 스페인에게 동참을 호소했다.

펠리페 2세는 이 전쟁이 기본적으로 베네치아와 오스만튀르크 제국 간의 해상 이익을 둘러싼 전쟁이라는 점을 직시하고 있었지만, 포르투갈의 왕까지 겸하고 있던 스페인 왕으로서 교황의 호소를 거부하기란 실로 어려운 일이 아닐 수 없었다. 결국 세계사의 운명을 바꾸어놓을 이 전쟁에서 스페인은 다시 한 번 '가톨릭 교회의 장녀' 역할을 담당하게 되었다. 1571년, 베네치아와 로마 교황청, 스페인 3국의 연합 함대가 구성되었다.

가톨릭 기사단과 예니체리 군단

　펠리페 2세의 이복동생이기도 했던 오스트리아의 돈 후안이 이끄는 가톨릭 연합 함대나 알리 파샤가 이끄는 오스만튀르크 제국의 함대 모두 주력은 갤리선으로 이루어져 있었다. 레판토 해전은 갤리선이 주도한 최후의 대전이었다. 양측 함대 모두 대포는 보유하고 있었지만, 갤리선들 간의 전투는 기본적으로 배끼리 부딪치고, 상대편의 배에 기어올라 지상전과 유사한 싸움을 벌이는 형식으로 진행되었다. 배들이 서로 부딪쳐서 배 위에서 싸우기 전까지 가톨릭 함대의 병사들은 화승총으로 공격했던 데 비해, 오스만튀르크 제국의 병사들은 주로 활에 의존했다. 때문에 화승총을 사용한 가톨릭교도의 병사들이 활을 사용한 오스만튀르크 제국의 병사들보다 우세했다.

　그러나 무엇보다도 승부를 가른 요인은 가톨릭 국가들의 기사단에 맞선 오스만튀르크 제국의 예니체리 군단에 있었다. 예니체리 군단은 막강한 권력을 누리며 강력한 연대감으로 뭉친 폐쇄적이고 특권적인 조직이었다. 가톨릭 국가들의 기사단이 중세적 신앙심을 바탕으로 한 헌신적 독신 생활을 특징으로 했던 것과 마찬가지로, 예니체리 군단은 조직될 당시부터 이슬람 문명권의 수호와 팽창에 앞장서는 용사들이었다. 그러나 많은 예니체리 군단의 병사들이 결혼을 함으로써 그들의 용맹성은 사라져 버렸다. 그들은 또한 자신들이 누리고 있던 특권의 대가로 조국을 위해 목숨을 바치기보다는

1571년, 레판토 해전을 앞두고 메시나에 집결한 가톨릭 함대. '가톨릭 교회의 장녀' 스페인은 베네치아 · 로마 교황청과 연합 함대를 구성하여 스페인의 지중해 연안 지역을 위협했던 이슬람교의 오스만튀르크 제국을 레판토만에서 대파했다.

자신의 특권을 아들에게 물려주는 것에 보다 많은 관심을 기울였다. 이러한 내부 사정으로 콘스탄티노플을 점령할 당시 선봉에 섰던 예니체리 군단과는 사뭇 다른 내면을 지니고 있었다.

예니체리 군단의 병사들은 자기들의 이익을 위해서 이슬람교리와 술탄의 이름만을 들먹일 뿐, 과거처럼 이슬람의 교리나 술탄의 이름을 위해 목숨을 바치려 들지는 않았다. 그들은 가톨릭 국가의 병사들 앞에서 줄행랑치기에 바빴다. 예니체리 군단의 칼은 시장판에서의 싸움을 위한 것이었지, 더 이상 전쟁터에서의 싸움을 위한 것이 아니었다.

"말이 본업이고, 바다는 취미"

이렇게 이슬람 제국의 이익보다 자기 자신들의 이익에 눈이 먼 사병 집단과 신앙심으로 굳게 뭉쳐진 가톨릭 국가 병사들과의 싸움 결과는 불을 보듯 뻔했다. 이 해전의 승패를 가른 결정적 요인은 오스만튀르크 제국의 군대가 해전보다는 육전을 위해 양성된 군대였다는 점이다. 오스만튀르크 제국의 술탄이 말한 바와 같이, 이들에게 "말(馬)이 본업이고, 바다는 취미"였을 뿐이었다. 오스만튀르크 제국의 함대는 키프로스 공략을 위해 급조되었고, 갤리선에 배치된 노잡이들은 가톨릭 국가들과의 전쟁 과정에서 포로가 된 노예들이었다. 이들은 격렬한 해전의 와중에 물에 뛰어들거나 선상 반란을 일으켜 가톨릭 함대측에 투항했다.

따라서 레판토 해전의 양상은 급격히 가톨릭 함대 편으로 기울었다. 돈 후안이 타고 있던 가톨릭 함대는 알리 파샤가 타고 있던 오스만튀르크 제국의 함대에 쇠갈퀴를 걸어 접근한 후, 육탄전을 벌인 끝에 군기를 빼앗고 알리파샤의 목을 베었다. 이에 오스만튀르크 제국의 함대는 뱃머리를 돌려 도주하기 시작했다.

그 후 총 53척의 오스만튀르크 제국의 갤리선이 격침되었고 117척의 배와 247문의 대포를 가톨릭 함대에 넘겨주었다. 인명 피해도 커서 약 1만 5천~2만 명에 이르는 오스만튀르크 제국의 병사가 목숨을 잃었다. 뿐만 아니라 그들의 노잡이로 동원되었던 가톨릭교도 1만 명이 목숨을 잃었고, 약 1만

5천 명은 해방되어 가톨릭 국가의 품에 안겼다. 반면 가톨릭 함대측은 갤리선 13척이 격침되고 7,500여 명이 목숨을 잃는 피해를 입었다.

레판토 해전은 이슬람을 대표하는 오스만튀르크 제국의 서진(西進)에 맞서 가톨릭 국가들이 연합하여 지중해의 주도권을 지킨 세계사적인 사건이었다. 가톨릭 국가들이 승리함으로써 오스만튀르크 제국의 서지중해 지역으로의 팽창은 저지되었다. 이는 또한 가톨릭 국가들이 지중해 교역의 주도권을 잡았음을 의미했다.

이 해전에서는 가톨릭 함대의 대형 범선 6척이 위력을 발휘했는데, 이대형 범선은 후일 무적함대의 모체가 되었다.《돈 키호테》의 저자 세르반테스도 레판토 해전에 참전했다가 왼팔을 잃었다. 세르반테스는 가톨릭 문명권이 승리를 거둔 이 해전을 가리켜 "과거나 현재의 사람들이 보았고, 미래의 사람들이 보고 싶어 할 지도 모르는 가장 고귀한 순간"이라고 말했다.

태양이 지는 나라
: 무적함대의 패배
(1588년)

신교(프로테스탄트)의 영국과 가톨릭의 스페인

펠리페 2세는 영국의 신교도들을 가톨릭으로 개종시키기 위해 영국 왕이 되기를 희망했다. 그는 영국을 가톨릭으로 개종시키기 위해 영국의 메리 1세와 결혼했으나 이 여왕은 영국 왕위를 직접 계승할 수 있는 후계자를 갖지 못한 채 1558년 세상을 떠났다. 메리 1세의 사망으로 영국의 왕위는 메리 1세의 이복 자매인 엘리자베스 1세에게 계승되었다.

자국의 신교도들을 보호하기 위해 가톨릭 세력을 진압했던 엘리자베스 1세가 시선을 유럽에서 대서양으로 돌리자 가장 긴장했던 사람은 스페인의 펠리페 2세였다. 그는 처제이기도 했던 엘리자베스 1세에게 점잖은 청혼의 뜻을 전달함으로써 영국 자체를 손에 넣으려 했다. 하지만 엘리자베스 1세는 펠리페 2세의 청혼에 숨겨진 의도를 잘 읽고 있었다. 그녀는 한때 형부이기도 했던 펠리페 2세의 청혼을 "나는 영국과 결혼했다."라는 말로 정중하지만 단호하게 거절했다.

청혼에 실패한 펠리페 2세는 엘리자베스 1세의 영국 국교회 정책에 불만을 품고 있던 가톨릭교도들을 부추겨 엘리자베스 1세를 축출하고 엘리자베스 1세의 사촌이자 프랑스의 왕비요, 스코틀랜드의 여왕이었던 메리 스튜어트를 왕위에 앉히려는 공작을 펼쳤다. 그러나 이 음모를 알게 된 영국의 엘리자베스 1세는 1587년, 메리 스튜어트를 참수형에 처했다. 가톨릭교도였던 메리 스튜어트 여왕의 목을 잘라버린 이 엄청난 사건으로 신교와 가톨릭의 갈등은 더욱더 심화되었다.

레판토 해전 뒤, 엘리자베스 1세로 인하여 격앙된 펠리페 2세는 무적함대 창설이란 대담한 계획에 착수하고 모든 국력을 쏟아부었다. 이 함대는 처음에는 신교도 세력을 제거할 목적으로 탄생했지만, 펠리페 2세는 이 무적함대의 성공을 통해서 스페인을 유럽 최강의 제국이 아닌, 세계 최대의 제국으로 비상시키려는 야망을 품고 있었다.

무적함대는 130척의 함정과 2천 문의 대포 그리고 3만 명 이상의 병사들로 구성되었다. 무적함대를 조직한 뛰어난 스페인 해군이었던 산타 크루스 후작이 함대를 이끌기로 예정되어 있었으나, 불행히도 출정일을 며칠 앞두고 사망했다. 그를 대신하여 메디나 시도니아 백작이 사령관으로 임명되었지만, 그는 연로한 데다 바다에 대해서는 아는 것이 전혀 없었다. 더욱이 배멀미까지 하여 그 중책을 맡을 능력도 없었고, 본인도 원치 않았다. 그러나 펠리페 2세는 무적함대의 진정한 사령관은 하나님이기 때문에 걱정할 것 없다며 그를 사령관으로 임명했다.

'프로테스탄트의 신풍'

막대한 돈을 쏟아부어 구성한 무적함대는 종합적인 전략을 갖고 있지 않았다. 단지 규모면에서 압도적인 우세와 열렬한 종교적 헌신(180명의 수도사가 함께 승선하여 매일같이 미사를 드리고 찬송가를 불렀다)만이 있었을 뿐이다.

1588년, 포르투갈의 리스본을 출발한 무적함대는 네덜란드 육군 18,000명과 합류하여 영국 본토를 정벌할 예정이었다. 영국의 엘리자베스 1세 여왕은 하워드 경을 사령관으로 임명하고, 해전에 능통한 호킨스와 드레이크 등을 기용하여 80척의 함정과 8천 명의 병력으로 맞서 싸우게 했다. 수적으로는 무적함대가 훨씬 우세했으나 기동력이 뛰어나고 선원들이 잘 훈련된 영국

함대의 빠른 공격에는 속수무책이었다. 영국의 선박은 소총으로 무장하고 있었지만 작고 빨라서 덩치 큰 무적함대를 괴롭히고, 그 대형을 분쇄하면서 큰 선박을 한 척씩 공격해 나갔다. 즉 스페인의 무적함대와 영국 해군 간의 일전은 고전적인 전법에 능숙한 해군과 새로운 무기로 무장한 해군 간의 대결이었다. 동시에 전통에 집착하는 군대와 새로운 사상으로 무장한 군대 간의 대결이었다.

영국 함대에 의해 격침되는 스페인의 무적함대. 레판토 해전 승리의 여세를 몰아 무적함대를 창설한 펠리페 2세는 이 무적함대를 통해 유럽을 넘어 세계 최대의 제국으로 비상하려는 야망을 가졌다. 그러나 스페인의 무적함대는 영국함대의 빠른 공격과 폭풍우로 인해 패퇴했다.

해상에서 고전했던 무적함대는 육지에서 피난처를 찾으려 했으나, 영국의 함대에 의해서 다시 바다로 축출되었다. 그 후 저 유명한 '프로테스탄트 신풍(神風)'이란 큰 폭풍우가 일어났다. 이 바람은 스페인의 무적함대를 남유럽인들에게는 거의 극지나 다름없는 스코틀랜드와 남부 아일랜드 주위의 바다로 쫓아버려 해안에 접근할 수 없게 만들어버렸다. 이 폭풍우 때문에 스페인 전체 함대 중 절반, 그리고 참전 병사들 중 1/4만이 스페인으로 귀환할 수 있었다.

무적함대의 패배 소식을 들은 펠리페 2세는 "적과 싸우라고 함선을 보냈지, 누가 자연과 싸우라고 했나!"라고 안타까워했다. 레판토 해전에서 작은 영웅이 되었던 세르반테스는 펠리페 2세의 이 유명한 표현을 듣고 "우리들의 함대가 퇴각한 것은 적의 능란함 때문이 아니라, 저 감당할 수 없는 폭풍과 바다와 하늘 때문이노라."라고 왕의 절규를 정당화했다.

무적함대 패배의 영향

무적함대의 패배는 사실상 유럽 제일의 세력으로 발돋움하고자 했던 스페인의 시도가 실패했음을 의미했다. 이후 스페인은 숙적이었던 또 하나의 초강대국 프랑스의 끊임없는 도전을 받게 되었다. 또한 영국과 네덜란드를 선봉으로 급속히 대두하고 있던 신교의 세계는 서로 동맹을 결성하여 군사력을 강화하면서 그때까지 우세했던 스페인의 해군력에 도전했다. 이로 인해 스페인은 해상 무역권을 영국에 넘겨주었고 네덜란드의 독립도 인정할 수밖에 없었다.

무적함대가 패배한 1588년은 카를로스 5세와 펠리페 2세 시대의 '승리하는 스페인'과 그 이후 합스부르크 왕들 시대의 '패배하는 스페인'을 구분하는 분기점이라 할 수 있다.

조선을 만나다
: 그레고리오 데 세스페데스 신부
(1551~1611년)

미지의 나라 코라이

아랍인들이 9세기 무렵에 신라를 언급한 이후로 한국은 오랫동안 서구인에게 잊혀진 나라였고 1592년 이전 서구의 선교사들은 조선을 매우 잔인하고 야만적인 섬나라로 왜곡해서 기술했다. 이처럼 쇄국 정책을 편 조선 땅에는 공식적으로 입국한 서양인은 16~17세기에도 없었다. 그만큼 당시의 코라이(한국)는 서양에 전혀 알려지지 않은 미지의 나라였다. 1627년(인조 5년)에 일본으로 향하던 중 풍랑을 만나 제주도에 도착한 벨테브레(박연)와 1653년(효종 4년)에 역시 일본으로 향하던 중 폭풍을 만나 제주도에 도착했던 네덜란드 선원 헨드릭 하멜이 있을 뿐이었다.

그러나 이들보다 더 일찍 한국을 방문한 사람이 한 명 있었는데, 그는 바로 스페인 출신의 예수회 소속 그레고리오 데 세스페데스 신부였다. 그는 1593년 12월 27일, 일본군과 함께 방한하여 서구인으로서는 최초로 조선 땅을 밟았다. 임진왜란을 직접 목격한 유일한 서구인이기도 했던 그는 조선 땅에서 서간문을 기록하여 미지의 나라 코라이(한국)를 서양에 알린 장본인이기도 했다.

한국을 최초로 방문한 서구인: 세스페데스

세스페데스는 1551년(또는 1552년)에 마드리드에서 태어났는데, 그의 아버지는 당시 마드리드 시장이었다. 18세가 되던 해에 살라망카에 있던 예수회 신학교에 입학했으나, 사제가 될 생각보다는 당시 학문의 중심인 살라망카 대학에서 수학하기 위하여 갔던 것이다. 그는 살라망카 대학에서 공부를 하던 중 선교사가 되기로 결심, 1569년에 예수회에 입회했다. 세스페데스는 1571년, 아빌라에서 처음으로 하나님께 서원했고, 후에 신학 공부를 시작할 무렵에는 동인도로 가서 선교 활동을 했다.

그 후, 세스페데스는 예수회의 일원이 되어서 일본에서 열심히 선교 사업을 수행했다. 1579년부터 1587년까지 예수회 신부들과 세스페데스 신부는 복음 전파와 문화 사업을 통해 일본의 많은 귀족 계급과 친분을 맺었으며, 특히 고니시 유키나가(小西行長)와 밀접한 관계를 유지했다. 그러나 1587년, 도요토미 히데요시가 일본에 있는 모든 선교사들에 대한 추방령을 발표하여 세스페데스와 다른 예수회 신부들은 한때 많은 고초를 겪기도 했다.

세스페데스 방한 및 선교 활동

1592년에 도요토미 히데요시는 중국을 정복한다는 구실로 조선 땅을 침범했다. 그는 조선 침략을 위해 15만 명의 병사들을 동원했는데, 그중에는 천주교 신자인 병사들과 장군들이 다수 포함되어 있었다. 그들은 일본에서 조선 땅에 도착한 뒤로는 전쟁 때문에 신부의 미사와 강론을 거의 듣지 못했다. 이에 독실한 천주교 신자이면서 서

세스페데스 문화기념관. 한국을 최초로 방문한 서구인 그레고리오 데 세스페데스 신부를 기리기 위해 지은 문화기념관이다.

구의 선교사들과 긴밀한 친분 관계를 맺고 있던 일본군 총대장 아우구스티누스(고니시 유키나가의 세례명)는 모든 천주교도 병사들에게 미사와 강론을 담당할 신부를 조선으로 모셔왔다.

세스페데스는 우선 일본의 나가사키를 출발하여 대마도에 도착하여 약 18일을 머문 후, 성탄 나흘 전에 60척의 일본 함대에 편승하여 조선으로 출항했다. 그러나 바다에서 강한 폭풍을 만나 다시 돌아온 후, 두 번째 출항으로 조선의 남해안에 도착했다. 1593년 12월 27일이었다. 세스페데스 신부는 조선에 약 1년 동안 머물면서 당시 임진왜란에 참전한 천주교 신자였던 일본 군인들에게 복음을 전파했다.

세스페데스 신부는 방한 1년 만에 일본으로 돌아갔다. 세스페데스의 방한 활동은 그와 친분이 두터운 일본 귀족들의 요청에 따라 비밀리에 취해진 것이었는데, 후에 세스페데스의 방한 사실이 도요토미 히데요시에게 발각되어 처벌을 받게 되었으나, 고니시 유키나가의 도움으로 위기를 넘길 수 있었다.

세스페데스 방한의 의의

16세기에 스페인 사람과 포르투갈 사람들을 중심으로 한 예수회 선교사들에 의해 처음으로 동양과 서양의 문화적 접촉이 이루어졌다. 그러나 서구는 1592년 이전까지 조선에 대해 올바르게 알지도 못했으며, 제대로 접촉한 적도 없었다. 1592년, 조선은 임진왜란을 계기로 하여 굳게 닫혀졌던 문호가 타의에 의해 열렸고, 전쟁을 통해 그때까지 가려졌던 베일이 서서히 걷히기 시작했다. 이때를 놓치지 않고 일본에서 활동 중이던 서양 선교사들은 조선에 대해 관심을 갖고, 조선에 대한 글을 남겼으며 세스페데스 신부가 임진왜란 중인 1593년에 조선 땅을 방문한 최초의 서구인이었다. 이는 조선과 스페인 양국 간의 첫 역사적 접촉의 의미를 갖고 있었다.

앞서 언급한 박연이나 하멜은 풍랑으로 우리 나라에 들어왔지만, 세스페데스 신부는 전쟁을 계기로 일본군을 따라 조선에 들어와 복음을 전파했기 때문에 그 역사적 의미는 다르다고 할 수 있다.

펠리페 2세의 고민
: '낮은 나라'와의 전쟁
(1567~1648년)

'낮은 나라들'

16세기 후반기는 펠리페 2세가 유럽 정치사에서 지배적 위치를 차지한 시대였다. 펠리페 2세는 가톨릭 노선을 더욱 강화했다. 이러한 그의 정치 노선에 가장 민감한 반응을 보인 것은 '낮은 나라들(스페인어의 'Países Bajo'를 그대로 번역한 표현으로, 오늘날의 네덜란드, 벨기에, 룩셈부르크 지역을 가리킨다)'이었다. 이 지역은 카를로스 5세가 통치할 때부터 스페인의 정치적·경제적·종교적 탄압에 대해 강하게 반발한 곳이었다.

우선 경제적인 면에서 보면 네덜란드인들은 카를로스 5세의 통치 이래 과도한 세금에 시달려왔고, 자신들의 산업 활동은 스페인의 산업 보호를 위해 억제되었다. 정치적인 면에서는 스페인처럼 전제 군주제가 실시되어, 각 주에게 부여되었던 입헌적 분권 및 특권은 인정되지 않았다. 스페인은 네덜란드의 도시와 귀족의 특권을 박탈했으며, 네덜란드인을 등용하는 대신 스페인 본국에서 파견한 관리를 등용했다. 이렇게 스페인으로부터 정치적·경제적인 면에서 푸대접을 받은 네덜란드인들은 카를로스 5세와는 달리 펠리페 2세를 싫어했다. 이는 카를로스 5세가 출생지인 네덜란드에 동정적인 정책을 쓴 반면, 펠리페 2세는 스페인 태생으로 스페인에서 교육을 받았고, 스페인으로 돌아간 후에는 섭정을 보내 통치했기 때문이었다.

프로테스탄트 탄압

플랑드르 지역에서 출발한 네덜란드는 16세기 후반부터 1650년까지 대서양에서 해양 활동을 주도했다. 당시 유럽은 종교적 대의가 모든 것에 우선되는 시대였다. 그러나 네덜란드는 "예수 그리스도는 좋다. 그렇지만 교역은 더 좋다."라는 속담을 만들어내며 무역을 통한 실리를 추구했다. 이렇게 네덜란드의 부가 증대되면서 네덜란드에 사는 프로테스탄트(신교도)들은 자유정신으로 충만해졌다.

무역을 통해 부를 축적한 신흥 상공인들은 구태의연한 가톨릭을 대신해 프로테스탄트 신학과 결합하면서 스페인의 억압 통치에 대한 저항의 중심세력으로 성장했다. 당시 네덜란드에서 가장 큰 문제가 된 것은 종교였다. 특히 네덜란드 북부 지역에서는 칼뱅 파의 프로테스탄트 운동이 점차 강화되었다. 이에 카를로스 5세는 종교 재판을 실시하며 프로테스탄트에 대한 박해를 더 강화했다. 그러나 프로테스탄트 세력은 카를로스 5세의 퇴위 후에 더욱 더 커져갔다.

카를로스 5세에 이은 펠리페 2세 시대는 신대륙에서 유입되는 은으로 왕실의 재정이 튼튼해졌다. 이를 바탕으로 펠리페 2세는 네덜란드의 프로테스탄트들에 대한 광적인 탄압 정책을 펼쳤다. 이에 1566년에 약 500명의 네덜란드인들이 섭정 파르마의 마르가레테에게 악정(惡政)을 중지할 것과 종교 재판을 개선해줄 것을 청원했으나 거절당했다.

성상 파괴 운동

스페인의 정치적 · 종교적 억압에 대한 분노가 극에 달하자 네덜란드의 프로테스탄트 목사들은 가톨릭 성당 내의 성모 마리아 상과 십자가 상을 우상 숭배로 규정하고 우상 파괴 운동을 대대적으로 벌였다. '성상 파괴 운동(Iconoclastic Fury)'이라고 명명된 이 광적인 운동의 선봉대는 칼뱅교 목사들이

브레다성의 함락. 〈창槍〉이
라는 제목이 붙기도 한 이
그림은 네덜란드의 대장 후
스티오가 무릎을 꿇고 스피
놀라 후작과 스페인 장군들
에게 네덜란드 브레다시의
열쇠를 넘겨주는 1626년의
역사적 장면을 벨라스케스가
그린 것이다.

었다. 가톨릭의 종교적 상징물인 성상은 훌륭한 문화재이기도 했지만, 칼뱅
교 목사들은 자신의 청빈을 무기로 가톨릭의 성상을 부패와 미신, 허영의 상
징으로 몰아세웠다. 이런 칼뱅교 목사들의 선동에 혹독한 추위와 식량난이
더해져서 마침내 1566년 빈민층의 분노가 가톨릭의 화려한 성상들을 향해
분출되었다.

이 '성상 파괴 운동'은 가톨릭에 대한 프로테스탄트들의 저항이었을 뿐만
아니라, 당시 스페인의 억압 정치에 대한 불만의 표출을 의미했다.

피의 법정

프로테스탄트들의 저항에 놀란 펠리페 2세는 지중해 방면에서 오스만튀
르크 제국의 군대와 대결했던 정예 병사들을 네덜란드 지역에 투입했다. 진
압군의 지휘는 독일 프로테스탄트들에게 큰 위력을 떨쳤던 알바 공작에게
맡겨졌다. 펠리페 2세는 네덜란드 원정을 십자군과 레콘키스타 운동의 연장
으로 생각했다. 네덜란드에 도착한 스페인의 진압군들은 닥치는 대로 살육
을 자행했다. 알바 공작은 특별 재판소를 설치하여 성상 파괴 운동에 참여했
던 반란자들을 신속히 재판하고 처형했다. 이 '피의 법정'에서는 무려 1,100
명이 사형에 처해졌고, 궐석 재판을 통해 9,000명에게 사형을 선고했다. 이

런 공포 정치는 1567년부터 1573년까지 계속되었는데, 펠리페 2세는 알바 공작의 공포 정치에 문제가 있음을 인정하고 1573년에 온건한 성향의 레스켄스 총독으로 바꾸었다. 그러나 그가 갑자기 사망하자 펠리페 2세는 자신의 조카 알렉산데르 파르네세를 총독으로 임명했다.

네덜란드의 독립

파르네세는 가톨릭교도와 프로테스탄트 간의 갈등을 이용, 네덜란드 지역의 가톨릭교도들을 자기 편으로 끌어들였다. 이들은 주로 오늘날의 벨기에에 해당하는 네덜란드 남부 지역 주민들이었다. 가톨릭이 우세했던 남부의 귀족들은 스페인과의 전쟁을 무모한 것으로 간주하여 스페인군에게 식량과 무기, 병력들을 제공했다. 반면에 북부 지역 주민들은 스페인에 대항할 저항 세력을 형성했다. 물론 네덜란드의 남부와 북부, 두 지역은 형식적으로나마 펠리페 2세를 군주로 인정했다. 하지만 이들 두 지역은 1581년의 '결별 선언문'을 통해 펠리페 2세를 공식적으로 부정하고 프랑스 왕을 초빙하여 독립의 길을 앞당겼다.

그 후 1588년의 무적함대 패배, 1598년의 펠리페 2세 사망 그리고 영국·독일·프랑스가 지원한 독립 투쟁 등 모든 상황이 네덜란드에 유리하게 진행되어갔다. 펠리페 2세의 뒤를 이어 펠리페 3세가 왕위를 계승하자 레르마 공작의 주도 하에 1609년부터 1621년까지 네덜란드와 휴전 협정을 맺었다. 이는 사실상 네덜란드의 독립을 의미했다. 그 후 1648년에 베스트팔렌 조약으로 스페인은 네덜란드의 독립을 공식 승인했다.

경제적인 부와 풍요로운 문학 활동
: 황금세기
(16~17세기)

황금세기

스페인에서 합스부르크 왕가의 시대인 16~17세기는 문화적으로 가장 풍요로웠던 시기였다. 프랑스에 데카르트, 코르네이유, 몰리에르, 파스칼, 라신, 영국에 스펜서, 베이컨, 셰익스피어, 밀턴이 있었을 때 스페인에는 '황금 세기'가 있었다. 이 시기는 스페인 제국의 가장 영광스러운 시기가 지나고 정치·사회적 몰락이 나타났지만 지적, 예술적, 종교적으로 가장 많은 발전을 보였던 시기이기도 했다.

문학의 황금세기

문학 분야에서는 대체로 1499년 《라 셀레스티나》부터 1695년 소르 후아나 이네스 데 라 크루스까지 약 200년 동안을 '황금세기'라 부른다. 당시의 가장 대표적인 작가로는 시인 가르실라소 데 라 베가, 신비주의 문학의 산타테레사 데 헤수스와 산 후안데라 크루스, 그리고 로페 데 베가와 칼데론 데 라 바르카, 그리고 《돈 키호테》의 저자인 미겔 세르반테스를 들 수 있다. 특히 17세기는 스페인 문학에 있어서 세계문학사상 불멸의 금자탑을 세운 문호들

공고라(왼쪽)과 케베도(오른쪽). 16~17세기 스페인 제국은 정치·사회적으로 쇠퇴했던 반면, 지적·문화적으로는 가장 많은 발전을 보였던 '황금세기'였다. 공고라는 민중의 심금을 울리는 서정시와 소수의 선택받은 사람들을 위한 어려운 바로크풍의 시를 쓰기도 했으며, 케베도는 17세기 스페인의 정치·군사·경제적인 쇠퇴 과정을 명쾌하게 비판한 사상가였다.

이 다수 배출되어 황금세기의 절정을 이루었던 시기이자 고전 문화 연구에 힘을 쏟았던 16세기 르네상스 문학이 바로크 문학으로 전환되는 시기이기도 했다.

　바로크 문학은 본래 아름다움과 추함, 세련된 것과 천한 것, 사회적 요소와 반사회적 요소가 섞여 대조를 이루는 문학 장르였다. 그런데 17세기에 나타난 스페인의 바로크 문학은 어렵고, 난해한 문장과 딱딱한 표현 등 학식 있는 상류 계층을 위한 문학이 되어 점차 일반 대중으로부터 소외되었다. 이로 인해서 국민 문학의 쇠퇴를 가져오기도 했지만, 작품 속에서 어휘를 풍부하게 사용하여 스페인어 발전에 커다란 공헌을 했다. 이렇게 라틴어와 박식한 어휘를 과다하게 사용했던 바로크 문학은 문체의 화려함을 엿볼 수 있는 '과식주의(誇飾主義)'와 관념이나 단어를 교묘하게 조합했던 '기지주의(奇知主義)'로 나누어진다.

공고라의 과식주의

　코르도바의 신부였던 루이스 데 공고라(Luis de Góngora, 1561~1627)는 화려한 바로크 문학에 기반을 둔 시인이었으며, 대성당의 성가대보다 투우를 더 좋아하여 대주교로부터 문책을 받기도 했다. 공고라는 초기에는 단순한 노래들과 대중적인 로망스 시(8음절 시)를 쓰기 시작했으나, 후에 〈폴리페모와 갈라테아의 우화〉같은 긴 시들을 언어학적인 상형 문자로 가득한 바로크 양식 및 비유적인 문체로 썼다. 그의 시들은 고도의 기교와 아름다움을 지니고 있었다.

근대 시인들의 우상이었던 공고라는 대중이 아닌, 소수의 선택받은 사람들을 위해 시를 썼다. 공고라는 그의 시에서 테이블을 '사각형의 소나무', 새는 '울리는 깃털을 지닌 작은 벨', 화살을 '날아가는 독사'로 묘사했는데, 이러한 문체를 공고라주의(Gongorismo, 일명 과식주의)라 부른다.

신랄한 풍자가 케베도

케베도는 스페인이 자랑하는 풍자 시인이다. 케베도의 만화 같은 풍자는 과식주의와 함께 17세기 스페인의 바로크 문학을 대표한다. 케베도는 마드리드 귀족 출신이었으나, 펠리페 3세의 치세 동안 마드리드를 떠나 있어야 했고, 펠리페 4세가 나라를 다스릴 때에야 다시 글을 쓸 수 있었다. 하지만 계속되는 신랄한 풍자로 인하여 당시의 세력가이자 케베도와 앙숙이었던 올리바레스 백작-공작에 의해서 감옥에 갇히기까지 했다.

케베도의 작품은 운문이든 산문이든 도덕적 교훈과 풍자의 색채가 강했다. 그것은 그 당시 사회를 향한 비판의 소리이며, 가톨릭 사회의 윤리관을 고취하는 포고문이었다. 케베도는 정치적이고 도덕적인 산문 작품들을 썼다. 또한 그는 풍자적이고 서정적인 900편의 시들을 썼다. 케베도는 기지주의(奇知主義)의 대가로 추앙받는데, 이는 그가 사용한 언어나 표현 기법이 너무나 기발했고 예리한 기지와 철학적이며 섬세한 사고로만 이해하게끔 글을 썼기 때문이다.

환멸의 시기

16세기 말과 17세기는 문화적으로 가장 풍요를 누린 '황금의 시대'였지만 한편으로는 '환멸의 시기'이기도 했다. 16세기에 일어났던 여러 가지 사건들로 스페인 사람들의 이상은 치유 불가능할 정도로 파괴되었다. 국왕의 파산 선언과 무적함대의 패배로 시작된 스페인 사람들의 환멸감은 잇따라 찾아온

역병으로 절정에 달했다. 낙관론은 사라지고 씁쓸함, 냉소, 패배 의식이 그 자리를 대신했으며, 국민들의 가치관에서 근면과 인내라고 하는 평범한 덕목들은 사라져버렸다.

신대륙에서 가져오는 재화는 스페인 사람들에게 오늘은 돈이 부족하더라도 내일 보물 함대가 세비야에 도착하면 다시 풍족해질 거라는 생각을 갖게 했다. 왜 계획을 세우고, 저축을 하고, 일을 해야 하는가 하는 생각이 스페인 사람들의 마음을 지배한 것도 당연했다.

이처럼 16세기 말에서 17세기는 바로 지상의 모든 존재가 허망하게 사라지고, 모든 사물들이 거짓된 모습으로 보였던 '환멸의 시기'였다.

불멸의 고전
:《돈 키호테》
(1부 1605년. 2부 1615년)

레판토의 외팔이

세르반테스(1547~1616)는 전 세계에서 성경 다음으로 많이 읽히고 있는 불후의 명작《돈 키호테》를 저술한 작가다. 그는 마드리드에서 30킬로미터 떨어진 조그마한 대학 도시 알칼라 데 에나레스에서 가난한 시골 귀족이자 외과 의사의 아들로 태어났다. 세르반테스가 문학가가 되기 위해 어떤 정규 교육을 받았는지에 대해서는 소상한 기록이 없다. 다만 코르도바와 세비야의 예수회 파나 살라망카 대학에서 공부했으리라는 추측만이 있을 뿐이다.

그는 22살 되던 해인 1569년, 이탈리아로 건너가 추기경의 수행원이 되어 이탈리아 각지를 여행하는 동안, 이탈리아어를 배우고 유명한 작가들의 원전을 대하면서 르네상스 문학에 깊은 관심을 두게 되었다. 르네상스의 요람인 이탈리아에서의 5년은 그가 지적으로, 예술적으로 발전하는 데에 커다란 영향을 끼쳤다.

1571년에는 세르반테스 자신이 "일생에서 가장 영광스러웠던 활동"이라고 썼던 레판토 해전에 참전했다. 세르반테스는 이 해전에서 왼팔을 잃어서 평생 '레판토의 외팔이'라는 별명을 얻기도 했다. 또한 스페인으로 돌아오는 길

세르반테스 기념비(마드리드 스페인 광장). 1571년 레판토 해전에서 왼팔을 잃어 '레판토의 외팔이'라는 별명을 얻은 세르반테스는 이 때문에 평생 고초를 겪으며 살다가 죽었는데, 불후의 명작 《돈 키호테》를 쓰고도 세상을 떠난 후에야 비로소 명성을 얻었다.

에 터키 배의 습격을 받아 알제리에서 5년 동안 포로 생활을 했다. 천신만고 끝에 삼위일체회 수도사들의 도움을 받아 스페인에 돌아와 마드리드에 정착한 후, 희극배우의 아내였던 아나 프랑카 데 로하스와 사랑하면서 딸 이사벨라 데 사아베드라를 얻었다. 이 딸이 그의 유일한 혈육이었다. 얼마 후 37살의 나이로 18살 연상인 카탈리나 팔라시오스와 결혼했다.

그 후 그는 마드리드를 떠나 세비야로 이주한 후, 세금징수원으로 일했다. 그러나 이 일을 하면서 행정상의 실수와 공금 횡령 혐의로 투옥당하기도 했는데, 옥중에서 억울한 나날을 보내면서 《돈 키호테》를 구상했다. 그러나 세르반테스의 생활은 불운의 연속이었다. 1605년에 《돈 키호테》 1부가 성황리에 출판되었으나 생계에는 별로 도움을 주지 못했다. 그 후 세르반테스는 세비야를 떠나 바야돌리드로 이주했다.

그의 불운은 계속되었다. 1605년에는 나바로 사람인 가스파르 데 에스펠레타가 치정 관계인 듯한 일로 그의 집 문 앞에서 칼로 찔린 시체로 발견되었는데, 세르반테스는 이 사건으로 누명을 쓰고 큰 곤욕을 치렀다. 그 후 1606년에 왕실이 마드리드로 이주함에 따라 세르반테스도 마드리드로 이주했는데, 이 시기에 가장 왕성한 문학 활동을 했다. 《모범소설집》을 위시해서 1615년에 《돈 키호테》 2부 등 많은 작품을 쓰고 1616년에 숨을 거두었다. 그 해는 영국의 대문호 셰익스피어가 세상을 떠난 해이기도 하다.

《돈 키호테》

《돈 키호테》의 원래 제목은 '만차 지방의 영특한 시골 귀족 돈 키호테(El Ingenioso Hidalgo Don Quijote de la Mancha)'이다. 《돈 키호테》는 1부와 2부로 나누어져 10년의 시차를 두고 출판되었다. 특히 2부는 1615년에 출판되었는데, 출판되기 1년 전인 1614년에 타라고나에서 '알론소 페르난데스 아베 야네다'라는 이름으로 《돈 키호테》 2부가 가짜로 출판되자 세르반테스가 이를 참지 못하고 67세의 고령에 쓴 작품이다.

세르반테스는 이 작품에서, 스스로를 '지나간 옛 시대의 방랑 기사'라고 상상하는 가난하기 그지없는 시골 귀족 돈 키호테와 그를 따르는 어리석은 시종 산초 판사라는 어울리지 않는 한 쌍의 인물을 창조했다. 《돈 키호테》에는 659명의 인물(남자 607명, 여자 52명)이 등장하는데, 가장 중요한 인물은 역시 '슬픈 용모의 기사' 돈 키호테와 그의 시종 산초 판사이다.

제1부는 라 만차 지방의 시골 양반인 알론소 키하노가 기사 소설을 지나치게 탐독한 나머지 제정신을 잃은 채, 악을 물리치며 약한 자를 보호하는 편력 기사로 활약하기 위해 마을을 떠나는 것으로 시작된다. 그는 옛날의 훌륭한 기사들의 본을 따서 같은 마을 여인인 둘시네아를 마음속의 여인으로 삼고, 로시난테라 이름 붙인 말라빠진 말을 타고, 헛간에서 옛날의 갑옷과 투구를 꺼내 손질하여 쓰고는 우스꽝스런 모습을 한 '기사 돈 키호테'로 집을 나선다. 돈 키호테의 첫 출정은 상인들에게 몽둥이 찜질을 당하는 것으로 끝난다. 그는 마을 사람들의 치료를 받고 다시 집을 떠나는데, 이번에는 시종 산초 판사를 동반한다. 두 사람의 출정에서는 풍차와의 싸움, 산양치기와의 만남, 맘브리노의 투구, 노 젓는 죄수들에 대한 이야기 등이 전개된다. 갖가지 행각을 벌인 후에는 사모하는 여인 둘시네아에게 보내는 편지를 전달하기 위해 산초 판사를 되돌려보내고, 결국 집으로 다시 돌아온다.

제2부는 돈 키호테의 세 번째 출정으로 시작된다. 그는 같은 마을 출신인 산손 카라스코를 '거울의 기사'로 착각하여 혼을 내주고, 사자들에게 대항하기도 하고, 몬테시노스의 동굴을 무너뜨리려 하는 등의 많은 사건을 겪은 후에 바르셀로나로 간다. 그곳에서 이번에는 '하얀 달의 기사'라고 생각하는 산

손 카라스코와 싸워서 패배하고, 고향으로 돌아가라는 그의 명령에 굴복하여 다시 집으로 돌아온다. 돈 키호테는 이제 목부로서의 삶을 영위해보고자 결심하지만 병이 든다. 결국 돈 키호테는 제정신을 회복하여 기사 소설을 전부 태워버리라는 말과 함께 숨을 거둔다.

세르반테스는 《돈 키호테》에서 우리에게 '현실과 이상을 어떻게 융화시킬 수 있는가'라는 인간의 가장 큰 딜레마를 보여준다. 돈 키호테가 만나는 현실에서의 모험은 그가 꿈꾸었던 것과 너무나 달랐기 때문에 늘 부딪히고 망가지고 상처입을 뿐이었지만, 그는 죽는 순간을 제외하고는 주위의 모든 역경에도 불구하고 자기의 의지를 실현시키려는 꿈을 버리지 않았다.

《돈 키호테》에서는 시대를 초월한 독자 자신의 딜레마를 읽을 수 있다. 우리는 이상과 현실을 상대로 싸우고 있으며 원하고자 하는 것과 가능한 것 사이에서 힘겹게 투쟁하고 있음을 《돈 키호테》는 가르쳐준다.

총신 정치
: 펠리페 3세
(재위 1598~1621년)

개성 없는 왕: 펠리페 3세

즉위 당시 스무 살이었던 펠리페 3세는 창백한 표정을 한 개성 없는 인물이었다. 그의 유일한 장점은 악의가 전혀 없어 보인다는 점이었다. 펠리페 2세는 아들을 너무나 잘 알고 있었다. 그는 언젠가 수석대신에게 "짐은 귀족들이 왕인 내 아들을 지배하지 않을까 걱정이오."라고 말한 적이 있다. 펠리페 2세의 우려는 그대로 들어맞았다. 아버지가 죽기 전에 미래의 펠리페 3세는 발렌시아 귀족인 데니아 후작 돈 프란시스코 데 산도발 이 로하스(펠리페 3세 시대에 정치적으로 큰 영향력을 행사한 레르마 공작)의 수중에 들어가 있었다. 늙은 왕 펠리페 2세가 죽자마자 데니아 후작은 그의 친구들과 친척들을 국가의 최고위직에 앉혔다. 소위 총신(寵臣) 정치의 시작이었다.

레르마 공작

펠리페 2세가 죽자마자, 데니아 후작은 펠리페 2세의 수석대신 모우라를 포르투갈의 부왕으로 임명하여 리스본으로 쫓아냈다. 1599년에는 톨레도 대주교 자리가 비자 자신의 삼촌을 그 자리에 앉혔다. 데니아 후작은 국가의 필요한 개혁 조치들을 시행하는 것보다는 자기 집안을 부유하게 만들고 권력을 오래도록 누리는 데 온 힘을 쏟았다. 그는 호방하기는 했지만, 골치 아픈 것을 싫어했다. 그는 왕의 총애를 받기 전에는 비교적 가난했지만 1599년 데니아 후작에서 레르마 공작이 된 순간부터 많은 재물을 모았다.

이 시기에 스페인 정부가 직면한 가장 중요한 문제 가운데 하나는 스페인 제국을 구성하고 있던 여러 왕국들의 재정 부담을 공평하게 하는 것이었다. 그러나 레르마 정부는 공평한 방식으로 세금을 조정하는 데 실패했다. 레르마 정부는 면세 혜택을 누리는 부유층과 과중한 세금에 시달리는 빈곤층 사이의 엄청난 불균형을 줄일 수 있는 재정 정책보다는 관직의 매각, 포르투갈 거주 유대인들로부터의 보조금 갹출, 화폐 가치 조작 따위의 보다 손쉬운 방법에만 의존했다.

이처럼 레르마 공작이 항상 편법에 의존했고 무난한 일처리를 원했기 때문에 수동적이고 소극적인 레르마 공작 체제 하에서는 이룬 것보다는 이루지 못한 것이 더 많았다. 레르마 공작은 천성적으로 게을렀고 심한 우울증에 빠져 며칠 동안 아무 일도 하지 못하고 지내는 경우가 많았다. 펠리페 3세와 각료들은 사냥, 연극, 사치스런 궁정 연회로 늘 바빴고, 이로 인해 외교관들은 그들을 만나서 보고하고 지시받기가 너무나 어렵다고 늘 불평했다.

레르마 공작 체제에서 이루어진 유일한 긍정적인 조치는 1609년에 체결한 네덜란드와의 12년 휴전 협정이었다. 이 결정은 레르마 공작이 주위의 반대를 무릅쓰고 상당한 수완을 발휘하여 관철시킨 것이었다. 그밖에 정부의 거의 모든 정책들은 주위의 잘못된 조언으로 인해 실패로 끝났다. 1601년에 있었던 바야돌리드로 수도를 옮기는 것도 그중 하나였는데, 이 천도는 나라를 위해서 커다란 이득이 없다고 판단하여 1606년에 다시 수도를 마드리드로 옮겼다.

그러나 레르마 정부가 어울리지 않게 단호한 태도로 추진한 정책이 하나 있었는데, 그것은 바로 모리스코들을 스페인에서 추방한 것이었다.

모리스코의 추방

모리스코는 가톨릭교도들의 지배 하에 사는 이슬람교도를 의미한다. 기본적으로 이들 모리스코 문제는 스페인이 그라나다를 정복한 이래, 끊임없는 골칫거리가 되어왔다. 이는 가톨릭 사회로 편입되지 않은 소수 인종의 문제였다. 1570년에 제2차 알푸하라스 반란이 진압된 후, 모리스코들은 카스티야 전 지역으로 분산되었다. 그런데 모리스코가 없던 지역으로의 이주로 인해 문제가 더욱 복잡하게 되었다. 1570년부터 모리스코 문제는 지역에 따라 차이는 있었지만, 발렌시아와 아라곤 그리고 카스티야에서 가장 심각했다.

모리스코 문제가 가장 심각하게 나타난 곳은 발렌시아였다. 1609년에 발렌시아에는 약 13만 5천 명 정도의 모리스코들이 있었는데, 이는 발렌시아 전체 인구의 약 1/3에 해당했다. 그리고 그 비율은 점점 증가하여 모리스코들은 결속력이 강한 하나의 공동체를 형성했다. 이는 발렌시아를 포함한 레반테 해안(이베리아 반도의 동부, 즉 지중해 연안 지역)에 존재했던 모리스코들이 지중해에서 활동했던 같은 이슬람교를 믿는 오스만튀르크인들과 연합하여 스페인을 공격할 수도 있다는 사실을 의미했다.

많은 가톨릭교도들은 모리스코들이 열심히 일하지만, 반면에 너무 적게 소비하고 또 급속도로 인구가 늘어나는 것을 몹시 싫어했다. 그런 분위기에서 많은 가톨릭교도들이 "최근 스페인이 겪고 있는 일련의 불행이 이들 이교도들의 존재 때문이다."라고 믿는 것은 그리 어렵지 않았다. 군중이 들고일어나자, 정부 내의 모리스코 지지자들은 더

1609년 모리스코 추방. 펠리페 3세는 국토 회복 운동이 끝난 이후, 스페인에 끊임없이 골칫거리가 되어 왔던 모리스코들을 대부분 북아프리카로 추방했다.

이상 그들을 두둔하지 못했고, 그들을 추방하는 정책에도 반대하지 못했다. 모리스코들은 국경과 항구로 내몰렸고, 결국 그들 대부분은 북아프리카로 떠날 수밖에 없었다. 그들은 그곳에서 굶어죽거나 탈진해서 죽기도 하고, 또는 적대적인 그들의 동포들에 의해서 살해되었다. 이때 스페인에서 추방된 모리스코 수는 총 30만 명 중 약 27만 5천 명 정도로 추산된다.

그런데 추방령을 왕이 정식으로 승인한 날짜가 1609년 4월 9일이었는데, 이는 결코 우연히 선택된 것이 아니었다. 바로 이날 네덜란드와의 '12년 휴전 협정'을 체결했던 것이다. 레르마 공작이 이렇게 미묘한 시점을 선택한 까닭은 '네덜란드와의 휴전 협정'이라는 굴욕을 이슬람교도 지배의 마지막 흔적이라 할 수 있는 모리스코들을 스페인에서 제거하는 영광으로 은폐하려 했기 때문이다. 1609년을 '패배가 아닌 승리의 해'로 기억하게 하려는 저의가 깔려 있었던 것이다.

모리스코 추방의 영향

모리스코가 추방됨으로써 아라곤과 발렌시아의 비옥한 토지들이 황폐화되었다. 이로 인해 가장 많은 피해를 입은 사람들은 귀족들이었다. 그들은 모리스코들을 고용하여 영지를 경영하고, 모리스코 농민들로부터 거두어들이는 세금에 의존했기 때문에 피해를 입은 귀족들의 반발은 불 보듯 뻔했다. 또한 추방 전 세비야에는 약 7천 명의 모리스코들이 있었는데, 그들은 각각 짐꾼과 마부, 조선소의 인부 등 비천하지만 없어서는 안 될 직업에 종사하는 사람들이었다. 그런데 이들이 갑자기 사라짐으로써 1610년 무렵에 이미 경제 상황이 어려웠던 세비야는 더욱더 어려운 처지에 놓이게 되었다.

무기력한 왕, 명석한 신하
: 펠리페 4세와 올리바레스 백작
(17세기 초반)

펠리페 4세

펠리페 3세는 1621년 3월, 44살의 나이로 죽으면서 16살 난 아들에게 쇠퇴해가는 스페인을 물려주었다. 펠리페 4세(재위 1621~1665)는 재치 있고 영리하고 교양이 있었다는 점에서는 아버지와 달랐으나, 개성 없는 인물이었다는 점에서는 똑같았다. 펠리페 4세는 동생 페르난도(1619년 10살의 어린 나이에 추기경 겸 톨레도의 대주교에 임명되었다)가 갖고 있던 열정은 없었다. 그는 어떤 문제를 결정할 때 자기를 도와줄 수 있는 사람들에게 의존하는 경향이 있었다. 이처럼 천성적으로 측근들에게 의존하는 경향이 있었던 그는 왕에 오르기 전에 이미 스페인에서 가장 영향력 있는 총신을 고용해놓고 있었다. 그 사람은 다름아닌 가스파르 데 구스만, 즉 올리바레스 백작이었다.

개혁의 선봉장

올리바레스 백작(1587~1645)은 안달루시아의 귀족 출신으로 1587년에 아버지가 스페인 대사로 근무하던 로마에서 태어났다. 관직과 출세에 야심이 있었던 그는 1615년에 레르마 공작(펠리페 3세 시대에 권력을 휘둘렀던 공작)에

의해 어린 펠리페 왕자의 시종으로 발탁되었다.

이를 시작으로 관직에 입문한 올리바레스 백작은 성격상 가만히 앉아 있지 못했고, 다른 사람들과 같이 있을 때나 혼자 있을 때나 결코 긴장을 늦추지 않았다. 그는 어떤 한 가지 성격을 일관되게 보여주지 않았다. 격정적인가 하면 쉽게 낙담하고, 교활한가 하면 너무 쉽게 사람을 믿어버리기도 하고, 충동적인가 하면 매우 신중했다. 그는 또한 변덕

필리페 4세의 궁정 화가였던 벨라스케스가 그린 올리바레스 백작의 모습. 필리페 4세 치하에서 가장 영향력 있는 신하였던 올리바레스 백작은 개혁의 선봉장 역할을 했다.

스러운 언행으로 주위 사람들을 당황하게 만들었고, 카멜레온 같은 감정의 변화로 그들을 깜짝 놀라게 했다. 항상 실제보다 조금 더 커 보였던 그는 모자에 공문서들을 꽂아넣고, 호주머니에는 뭔가 항상 두둑하게 집어넣은 채 거인처럼 궁정을 활보하고 다녔다. 그는 궁정 안에서는 누구보다 열심히 일했고 잠을 적게 잤다. 올리바레스의 출현으로 나태하고 불완전하게 일을 처리하던 레르마 공작의 시절은 완전히 지나가버렸다.

개혁의 좌절

1621년에 네덜란드와의 휴전 기간이 만료되자 호전적인 정책으로의 회귀를 바라는 사람들의 입장이 강화되고, 전쟁 재개를 당연시하는 분위기가 되살아났다. 스페인은 네덜란드와의 전쟁을 속개할 수밖에 없었다. 이를 위해 함대의 규모를 증가시키고, 왕들이 그동안 귀족들에게 하사한 연금과 수많

은 시혜를 취소시켰다. 1623년에는 전 각료들의 재산을 조사하는 등, 23개 조항의 개혁안이 공표되었는데, 이 개혁안에는 시 관직의 수를 지금의 1/3로 줄이고 지나치게 사치스러운 의복 착용 금지, 창녀촌 폐쇄 등의 내용이 담겨 있었다. 즉 이 개혁안에는 도덕과 관습의 총체적 개혁이 스페인의 부활을 가져다줄 것이라는 믿음이 반영되어 있었다.

1623년에 거창하게 출발한 개혁안은 의도는 좋았지만, 그 후 3년 동안 높은 주름 칼라의 사용 금지 외에는 아무런 성과도 내지 못했다. 올리바레스의 열정적인 개혁 의지는 모든 분야에 만연되어 있던 무기력과 눈에 보이지 않는 저항에 직면하여 좌절될 수밖에 없었다.

그러나 올리바레스 백작은 굴하지 않고 재정을 개혁하는 데 심혈을 기울였다. 그 당시 왕실 재정의 거의 대부분은 카스티야가 부담하고 있었다. 올리바레스 백작은 일부 지역이 과도하게 부담해야 했던 세금을 좀 더 공평하게 재분배하는 것에 중점을 두어 재정 개혁을 추진했다. 더 나아가 스페인이 통치하고 있던 다른 지역들이 카스티야를 돕게 하여 카스티야의 지나친 세금 부담을 줄여주는 쪽으로 정책을 시행하려고 했다. 이를 위해 국립 은행 제도를 도입하고, 가난한 사람들에게 가장 큰 부담을 준 세금인 미요네스(millones, 1590년에 펠리페 2세가 카스티야 의회의 승인을 받아 시행한 육류, 포도주, 올리브유, 식초 등의 필수 소비재에 부과되는 세금) 폐지를 추진했다. 그러나 이것 역시 귀족들의 격렬한 반대에 부딪혀서 진척을 보지 못했다.

연합군 창설 계획

올리바레스 백작은 이러한 개혁 작업과는 별도로 스페인의 여러 지배 지역들을 가능한 한 빠른 시일 내에 서로 하나로 뭉쳐서, 개별적인 모습이 아닌 한 집단의 일원으로 만들어야 한다고 생각했다. 올리바레스 백작은 여러 지역 간에 군사적 협력만 가능하다면 '하나의 스페인'을 만들어낼 수 있다고 생각했다. 그래서 연합군 창설을 계획했다. 이 계획은 14만 명 규모의 공동 예비군을 창설하고, 이를 위해 스페인 제국을 구성하는 모든 국가들이 능력에 따라서 병력과 비용을 제공한다는 내용이었다. 그리고 만일 스페인 제국에 속한 어떤 지역이 적으로부터 공격을 당하면, 즉각 이 예비군의 1/7, 즉 2만 명의 보병과 4천 명의 기병을 파견하여 지원한다는 것이다. 하지만 이러한 연합군 창설 계획은 카탈루냐를 위시하여 발렌시아, 아라곤 지도층의 반발로 무산되었다.

올리바레스 백작의 궁극적인 목표는 '한 명의 왕, 하나의 법, 그리고 하나의 화폐를 가진 제국의 건설'이었지만, 이는 나름의 문화와 주권과 경제력을 가지려 했던 각 지역들의 의지를 더욱 굳게 했을 뿐이었다.

어수선한 합스부르크 왕조의 말기
: 카탈루냐와 포르투갈의 분리 독립 운동
(17세기 중반)

카탈루냐의 반란

1640년은 오랫동안 스페인 제국을 지탱해온 경제적 · 정치적 체제의 해체가 시작된 해였다. 또한 1640년은 펠리페 4세에게 재정적으로 큰 도움을 제공해왔던 세비야의 무역 체계가 와해된 해였으며, 또한 가톨릭 왕들과 펠리페 2세로부터 물려받은 스페인의 정치 조직이 붕괴된 해였다. 이 정치적 붕괴의 원인으로는 신대륙과 스페인 본국과의 교역 감소, 그리고 오랜 기간 계속된 전쟁으로 피폐해진 카스티야 경제의 위기 등을 들 수 있다.

1640년에 일어난 카탈루냐의 반란 또한 스페인의 위기를 가중시켰다. 이는 올리바레스 백작의 중앙 집권화 정책과 다른 나라와의 전쟁에 카탈루냐인들이 징집되는 것에 대한 반발이었다. 반도(叛徒)들은 카탈루냐의 바르셀로나에 진입하여 스페인 부왕을 살해한 뒤, 카탈루냐인들의 독립을 선언하고 프랑스의 루이 13세에게 지원을 요청했다. 이에 펠리페 4세는 카탈루냐로 군대를 보냈고, 1652년 펠리페 4세의 사생아인 후안 호세 데 아우스트리아가 바르셀로나를 정복함으로써 반란은 진압되었다. 반란을 진압한 후, 펠리페 4세는 카탈루냐인들의 일반 사면을 허용했고, 카탈루냐의 모든 법과 자

1640년 스페인의 세 왕국, 1640년 포르투갈과 카탈루냐에서의 반란으로 스페인의 위기가 증대했다. 더욱이 프랑스와의 전쟁으로 스페인은 방대한 영토를 상실했다.

유를 준수하는 등의 자치권을 인정할 것을 약속했다. 이로써 12년 동안 스페인 중앙정부의 지배에서 벗어나 있었던 카탈루냐는 다시 스페인의 일부가 되었지만, 카탈루냐와 스페인 중앙정부 사이의 근본적인 문제들은 해결되지 않았다. 스페인의 앞날은 경제의 위기와 함께 카탈루냐와 포르투갈의 반란으로 점점 어두워져 갔다.

올리바레스 백작의 "1640년은 우리 제국이 경험한 것 가운데 가장 불행한 해로 간주될 것이다."라는 예측이 현실로 나타나기 시작했다.

포르투갈 분리

스페인은 포르투갈을 통합한 후, 포르투갈의 전통적 기구를 존속시켜 자치를 허용했다. 그 후 스페인은 네덜란드·영국과의 문제로 포르투갈에 별 관심을 두지 않았다. 그 사이에 포르투갈인들은 아시아에서 네덜란드와 경합하며 식민지 개척과 경제적 이익에 큰 관심을 두기도 했다. 이와 함께 포르투갈인들은 스페인에 대한 불만을 나타내기 시작했는데, 스페인이 경제 파탄과 해양권 상실로 허약해지자, 포르투갈의 귀족들은 더 이상 스페인과의 통합이 이롭지 않다는 판단 하에 포르투갈인들의 민족주의적 감정을 부추겨 스페인으로부터의 분리주의 운동을 전개했다.

포르투갈이 스페인에 통합되었던 기간은 완전한 통합을 이루기에는 너무나 짧은 기간이었다. 더욱이 포르투갈에는 브라간사 공작이란 준비된 왕이 있었다. 스페인에 없는 지리적·경제적 이점도 포르투갈에는 있었다. 즉 프랑스의 도움을 받을 수 있을 정도로 충분히 인접해 있으면서도, 프랑스의 지배 하에 놓이지 않을 만큼 충분히 멀리 떨어져 있었다. 스페인은 지중해 세계에 갇혀 있었으나, 포르투갈은 대서양이라는 보다 역동적인 세계에 면해 있었다. 또한 포르투갈은 영국이나 네덜란드와 같은 북쪽의 국가들과 경제적으로 밀접한 유대 관계를 맺고 있었다.

포르투갈의 일부 귀족들은 이러한 이점들을 활용, 1640년에 리스본에서 반란을 일으켰다. 반도들은 브라간사 공작을 포르투갈 왕(주앙 4세)으로 선포하고, 프랑스, 영국, 네덜란드 등의 지원을 받아 스페인군과 싸웠다. 1668년, 스페인은 리스본 조약을 체결하여 아프리카의 세우타를 양도받는 대신에 포르투갈의 독립을 승인했다.

프랑스와의 전쟁

1634년, 프랑스는 네덜란드와 스위스, 사보아와 동맹하여 스페인에 직접 대항했다. 스페인은 프랑크 공국과 네덜란드의 유지를 위하여 프랑스와 전쟁을 계속해야만 했다. 프랑스는 1648년에 체결한 베스트팔렌 조약으로 유럽에서 주도권을 확보했다. 펠리페 4세의 뒤를 이은 카를로스 2세 역시 프랑스 문화의 유럽 전파를 통해서 정치적 지배를 시도하려던 프랑스의 루이 14세와 전쟁을 해야만 했다.

프랑스와 스페인의 첫 전쟁(네덜란드 전쟁)은 루이 14세가 "네덜란드는 마리아 테레사 데 아우스트리아(자신의 부인)의 소유"라고 주장함으로써 시작되었다. 이 전쟁은 결국 루이 14세가 일부 국경 지대를 통합하고 스페인과 평화 조약(네이메헨 조약)을 체결함으로써 종결되었다.

그 후 스페인은 영국 및 스페인 제국의 다른 지역과 동맹하여 프랑스와 2차 전쟁을 치렀다. 그러나 1678년, 네덜란드의 저항으로 스페인은 프랑크 공국 등 방대한 지역을 양도했다. 1688년에 일어난 3차 전쟁에서는 스페인이 프랑스의 제국주의 정책에 대항하여 합스부르크 동맹을 체결하여 싸웠는데, 그 결과 프랑스는 일부 영토를 양도하는 대신 스페인의 왕위 계승권을 요구하고 나섰다.

네 살 때 왕위 계승
: 카를로스 2세
(재위 1665~1700년)

콘데-두케의 퇴진

펠리페 4세 시대에 국정을 도맡았던 올리바레스 백작은 1625년에 공작 작위를 받은 뒤부터 올리바레스 콘데-두케(Conde-Duque, 백작-공작)로 불렸다. 그러나 이 올리바레스 백작-공작은 1643년에 왕의 명령으로 마드리드를 떠나 자신의 영지로 가야만 했다. 이는 경제 정책의 실패, 카탈루냐 반란, 프랑스와의 전쟁, 포르투갈의 반란에 대한 미숙한 대응 등, 국가 정책을 수행하는 데 있어서 올리바레스 백작-공작의 잘못에 대한 펠리페 4세의 단호하고도 불가피한 조치였다. 그 후 2년 동안 그는 자신이 다스렸던 수도로 다시는 돌아오지 못했다. 그는 1645년 7월 22일, 정신이상 증세를 보이며 눈을 감았다. 합스부르크 왕조의 스페인을 세계적인 제국으로 만들기 위하여 드넓은 이상을 갖고 원대한 계획을 세웠던 올리바레스는 이렇게 세상을 떠났다. 이로써 그의 웅대한 계획들은 열매를 맺지 못하고 한낱 물거품이 되고 말았다.

올리바레스가 죽은 후 펠리페 4세는 나름대로 최선을 다했다. 그는 국가 평의회에 직접 참석했고, 업무를 신속하고 효율적으로 처리했다. 그러나 그는 의욕은 왕성했지만 몸이 허약했다. 그리하여 권력은 다시 올리바레스의 조카인 돈 루이스 데 아로의 수중으로 들어갔다. 그는 1661년에 죽기 전까지 권력을 놓지 않았다. 돈 루이스가 시급하게 처리해야 했던 일은 스페인이 소유하고 있는 영토를 더 이상 잃지 않으면서 평화를 회복하는 것이었다. 그러나 1648년 베스트팔렌 조약의 체결로 스페인은 마침내 네덜란드의 독립을 인정했다. 네덜란드는 그 무엇보다도 스페인의 부와 힘을 소모시켜왔던 골치 아픈 지역이었다.

이처럼 올리바레스의 퇴진 후, 그의 조카 돈 루이스 데 아로가 등장하여 몰락해가는 스페인의 위상을 되살리려 노력했지만 역부족이었다.

카를로스 2세

펠리페 4세는 몰락해가는 스페인 제국의 불행을 자신의 죄과로 돌렸다. 그

벨라스케스가 그린 펠리페 4세의 모습. 펠리페 4세는 몰락해가는 스페인 제국의 불행을 자신의 탓으로 돌렸다. 그는 두 번째 부인에게서 태어난, 곱사등이이자 소심하기 이를데 없는 약골이었던 카를로스 2세에게 왕위를 물려주었다.

의 첫 번째 부인인 부르봉 왕조의 엘리자베스는 1644년에 죽었고, 그녀와의 사이에 난 외아들 발타사르 카를로스 또한 1646년에 죽었다. 펠리페 4세는 자신의 질녀인 오스트리아의 마리아나와의 두 번째 결혼에서 두 명의 아들을 얻었다. 그러나 그들은 매우 허약했다. 그중 둘째인 카를로스가 기적적으로 살아남아 네 살 때 왕위를 계승했다. 그가 바로 스페인 합스부르크 왕조의 마지막 왕인 카를로스 2세이다.

모든 사람들의 기대를 한 몸에 받았던 새로운 왕 카를로스 2세(재위 1665~1700)는 곱사등이에다 소심하기 이를 데 없는 약골로서 몰락해가는 합스부르크 왕가의 마지막 지진

아였다. 그는 튀어나온 긴 턱을 한 번도 다물 수 없었고, 일곱 살이 될 때까지 걷지도 못했다. 사람들은 그를 '백치왕'이라고 불렀다.

14살이 된 카를로스 2세는 1675년부터 친정(親政)을 했다. 그는 1679년에 부르봉 왕가의 루이 14세의 조카딸 마리아 루이사 데 오를레앙과 결혼했으나 1689년 그녀가 죽자 1690년에 독일 황제의 동생인 마리아 아나 데 노이부르고와 재혼했다. 그러나 카를로스 2세에게는 왕위를 계승할 자식이 없었다. 그래서 카를로스 2세는 1698년에 헤이그 유언에서 합스부르크 가의 황제 레오폴도의 아들 호세 페르난도를 왕위 계승자로 지명했으나, 그가 죽자 1700년에 프랑스 부르봉 왕가인 루이 14세의 손자 펠리페를 지명했다.

스페인의 부르봉 왕조

1516년부터 1700년까지 스페인 통치는 오스트리아의 합스부르크 왕가의 차지였다. 이 합스부르크 왕가의 마지막 왕인 카를로스 2세가 왕위 계승자 없이 세상을 떠났다. 그 후 비어 있던 스페인의 왕좌를 차지하기 위해 당시 유럽의 왕가들은 외교전에 몰두했으며, 그 결과 프랑스 부르봉 왕가의 루이 14세가 승리했다. 루이 14세의 손자인 펠리페 5세가 부르봉 왕가 사람으로는 최초로 스페인 왕으로 등극, 1700년부터 1746년까지 스페인을 통치했다. 이후 부르봉 왕가는 1931년까지 계속 이어졌다. 현재의 스페인 국왕인 후안 카를로스 국왕도 부르봉 왕가의 후손이다.

스페인의 왕위를 노린 외교전에서 승리한 프랑스 부르봉 왕가의 루이 14세는 손자인 펠리페 5세가 스페인의 왕으로 부임할 때 "훌륭한 스페인인이 되거라. 그러나 네가 본디 프랑스인이라는 것을 잊지 말거라."라고 당부했다. 이렇게 '근본을 잊지 말라'는 할아버지 루이 14세의 조언을 듣고 스페인에 온 펠리페 5세는 고집세고 보수적인 스페인 국민들과 만났을 때 많은 갈등을 겪었지만 점차 국민들의 지지를 얻었다.

루이 14세는 자신의 손자 펠리페 5세가 스페인의 국왕이 됨에 따라 "이젠 피레네 산맥은 존재하지 않는다."고 말하며 스페인이 유럽의 완전한 일원이 되었음을 선언했다. 그는 나아가 프랑스와 스페인은 더 이상 분리되어 있지 않고, 앞으로 두 개의 자매 국가가 될 것이라고 공언했다. 그러나 부르봉 왕가의 자손 펠리페 5세가 스페인의 왕위를 계승하기 위해서는 13년 동안 치열한 왕위 계승 전쟁을 치러야만 했다.

제4장
부르봉 왕조

SPAIN

합스부르크 왕조의 몰락
: 왕위 계승 전쟁
(1702~1715년)

스페인의 왕위 계승 문제

1690년대 들어서 스페인의 왕위를 계승하는 문제가 심각하게 대두되었다. 카를로스 2세는 부르봉 왕조의 루이 14세의 조카딸인 마리아 루이사 데 오를레앙과의 첫 번째 결혼에서 자식을 얻지 못했고, 독일 황제의 동생인 마리아 아나 데 노이부르고와 두 번째 결혼을 했지만 역시 자식이 없었다. 많은 사람들은 발작성 경련에 시달렸던 불쌍한 왕 카를로스 2세가 악귀에 씌웠다고 믿었고, 궁정에서는 악귀를 쫓아내기 위하여 모든 방법을 다 동원했다. 그러나 끝내 왕위 계승자를 얻지 못했다.

이런 상황에서 스페인 왕위를 계승할 수 있는 유일한 후보는 합스부르크 왕조의 황제 레오폴도의 아들 호세 페르난도와 오스트리아 황제의 차남 카를로스 대공, 그리고 프랑스의 루이 14세의 손자 펠리페 세 사람이었다. 그들은 모두 궁정에 강력한 지지자들을 두고 있었는데, 그중에서도 가장 유력한 계승권을 가진 사람은 합스부르크 왕조의 호세 페르난도였다. 이렇게 스페인이 후사가 없어서 왕위 계승 문제로 혼란에 빠진 가운데, 영국과 네덜란드는 프랑스와 오스트리아가 스페인을 통째로 집어삼켜서 유럽의 헤게모니

1713년에 맺은 위트레흐트 조약으로 스페인은 영국에게 지브롤터와 지중해에 위치한 메노르카를 양도했다. 이 베리아 반도의 남쪽 끝에 있는 지브롤터는 지금도 영국 소유다. 사진은 지브롤터 해협을 건너는 배 위에서 바라본 지브롤터 곶이다.

를 차지하려 한다고 생각했다.

합스부르크 왕조의 몰락

1698년에 카를로스 2세는 독일의 왕자 호세 페르난도를 자신의 계승자로 지명한다는 유언장에 서명했다. 그러나 이 결정은 1699년, 아직 젊디젊은 나이의 왕자가 갑작스럽게 죽음으로써 무효화되어 오스트리아 황제의 차남 카를로스 대공과 프랑스의 루이 14세의 손자 펠리페가 스페인 왕위를 놓고 맞대결하는 상황으로 발전했다.

카를로스 2세는 죽기 바로 전인 1700년 10월에 프랑스의 펠리페를 왕위 계승자로 임명했다. 그리고 같은 해 11월, 카를로스 2세는 세상을 떠났다. 그의 죽음으로 스페인의 영화와 몰락을 함께 했던 합스부르크 왕조는 막을 내리고 말았다.

왕위 계승 전쟁

루이 14세의 손자 펠리페가 스페인에서 왕위를 계승한다는 것은 프랑스가 유럽에서 주도권을 장악한다는 것을 의미했다. 이에 신성 로마 제국과 영국, 네덜란드 등은 1701년에 동맹을 맺어 오스트리아 황제 레오폴도 1세의 차남인 카를로스 대공을 스페인 왕으로 추대했다. 이는 다분히 프랑스의 독주를 막고 유럽 각국의 세력 균형 유지를 위함이었다. 그리고 이 동맹국들이 1702년에 프랑스와 스페인에 선전포고를 함으로써 왕위 계승 전쟁이 시작되었다. 이어 포르투갈도 스페인의 부르봉 왕가에 반대하는 이 동맹에 참여했다. 당시 스페인에서는 부르봉 왕가의 중앙 집권화에 반발하여, 아라곤 연합 왕국이 분리주의 운동을 전개하고 있었다. 아라곤 연합 왕국 역시 합스부르크 왕가의 카를로스 대공을 지지했다. 이 두 진영 사이에 1702년부터 1715년까지 13년 동안 벌어진 스페인 왕위 계승 전쟁은 스페인 국내뿐만 아니라 전 유럽으로 확대되었다.

합스부르크 왕가의 카를로스 대공은 리스본에 상륙하여 아라곤 연합 왕국의 바르셀로나로 진격했다. 한편, 동맹을 맺은 영국의 지원군이 스페인 남부 지브롤터를 점령하자, 전세가 불리하다고 판단한 펠리페 5세는 마드리드를 탈출했다. 그 후 프랑스군의 참패로 1710년에 카를로스 대공이 마드리드에 입성했다.

이쯤 되자 펠리페 5세의 반대편에 서서 합스부르크 왕가와 동맹을 맺었던 영국과 네덜란드는 합스부르크 왕가의 카를로스 대공을 스페인 왕으로 추대하려던 생각을 바꾸었다. 카를로스 대공이 오스트리아의 왕위를 계승했다는 것이 이유였다. 영국과 네덜란드는 한 명의 군주 밑에 오스트리아와 스페인이 통합되어 카를로스 5세 시대의 대제국이 재건되는 것을 두려워했던 것이다. 영국과 네덜란드는 생각을 바꿔서 펠리페 5세에게 프랑스의 왕위 계승권을 포기하면 스페인의 왕위 계승을 인정하겠다는 조건을 내세웠다.

위트레흐트 조약

이러한 영국과 네덜란드의 요구가 1713년 위트레흐트 조약에서 공식화되어 펠리페 5세는 프랑스의 왕위 계승을 포기하는 대신 정식으로 스페인의 왕위를 물려받게 되었다. 한편, 이 조약으로 영국은 지브롤터와 지중해의 메노르카 섬을 차지하였다. 그리고 이듬해에 스페인은 네덜란드 지역과 이탈리아 내에 있는 소유령들을 잃음으로써 오랫동안 유지되어왔던 유럽 전역에 걸친 거대한 스페인 제국은 이베리아 반도의 카스티야와 아라곤, 그리고 아메리카 식민지로 축소되었다.

위트레흐트 조약은 스페인에게 커다란 타격을 주었지만, 반면에 프랑스와 영국 등 유럽 각국이 철저한 세력 균형을 이루는 계기로 작용했다.

부르봉 왕조의 첫 번째 왕
: 펠리페 5세
(재위 1700~1746년)

장 오리

부르봉 왕가의 첫 번째 왕인 펠리페 5세(재위 1700~1746)는 마드리드에 올 때 여러 명의 프랑스 출신의 조언자들을 대동했다. 그중에서 가장 두드러진 사람이 장 오리였다. 장 오리는 프랑스 왕실을 모델로 하여 스페인 왕실을 개조했다. 그는 또한 조직 개편을 통해 스페인 정부를 프랑스식 내각으로 변모시켰으며, 재정적인 면에서도 개혁을 실시했다. 왕위 계승 전쟁 중에도 계속된 장 오리를 중심으로 한 개혁 작업으로 스페인은 구시대의 불합리한 행정 체제에서 탈피하는 데 성공했다.

중앙 집권 국가로의 변모: 펠리페 5세

부르봉 왕조는 스페인을 근대적이면서 중앙집권 국가로 변모시키려고 노력했다. 펠리페 5세는 오랜 기간 계속된 각 왕국의 자치를 존중하고, 법과 특권을 인정하는 등의 관용 정책을 펼쳤다. 그러나 카탈루냐인들은 17세기에 프랑스인들로부터 입은 피해의 경험 때문에 부르봉 왕조의 관대한 태도를 의심했다. 급기야 1705년, 카탈루냐인들은 합스부르크 왕가의 카를로스 대공을 스페인 왕(카를로스 3세)으로 추대하기까지 했다. 카탈루냐인들의 이러한 행동에 대해서 주변의 발렌시아와 아라곤도 적극 환영했다. 그러자 1707년에 펠리페 5세는 카탈루냐를 지지했던 발렌시아와 아라곤을 점령하여 그들의 고유한 법과 자유를 박탈했다. 카탈루냐의 운명 또한 매우 절망적이 되었다. 가망 없는 저항을 할 것인가, 아니면 항복할 것인가 하는 두 가지의 문제를 놓고 고심하던 카탈루냐인들은 저항을 택했다.

카탈루냐인들은 몇 달 동안 바르셀로나 시로 쳐들어오는 부르봉의 군대에 대항하여 버텼지만, 1714년에 부르봉 군대의 거센 공격에 항복하고 말았다. 이로써 펠리페 5세는 펠리페 4세와는 달리 카스티야의 왕이자 카탈루냐의 바르셀로나 백작이 되었다. 이는 또한 펠리페 5세가 스페인 제국 전체의 왕임을 의미했다.

펠리페 5세의 집권 이후, 스페인은 반(半)자치적인 성격의 집합체에서 강력한 중앙 집권 국가로 변화했다. 다시 말해, 각 왕국에 자치권을 부여했던 합스부르크 스페인이 중앙 집권적인 부르봉 스페인으로 바뀐 것이다.

프랑스와의 왕가 동맹

펠리페 5세는 국가를 프랑스 체제로 재조직, 행정의 중앙집권화로 각 왕국들의 자치권을 폐지했다. 펠리페 5세는 계몽 전제정치를 펴면서 정치 · 행정 기구의 중앙집권화와 재정의 합리화, 경제 및 사회개혁, 유럽 사상의 도입과 근대화, 과학의 진흥, 유럽의 미술 · 건축 및 도시계획 개념의 도입 등으로 스페인 근대화의 기틀을 마련했다.

펠리페 5세는 또한 지중해 정책에도 치중하여 1713년의 위트레흐트 조약에 반발하면서 지브롤터와 메노르카, 이탈리아의 탈환에 주력했다. 이러한 펠리페 5세의 정책에 대해서 영국, 네덜란드, 오스트리아 및 프랑스는 위트레흐트 조약의 원칙(위트레흐트 조약을 통해 펠리페 5세는 프랑스의 왕위를 포기하는 대신 스페인의 왕으로 인정받았고, 영국에게 지브롤터와 지중해의 몇 개의 섬들을 잃었다)을 주장하며 이를 저지했다.

그 후 스페인은 1731년에 프랑스와 1차 왕가동맹을 체결하여 폴란드 왕

펠리페 5세와 그의 가족.
펠리페 5세는 1700년부
터 1746년까지 스페인의
절대군주로 군림하면서
각 왕국 고유의 법과 자
유를 박탈했다.

위 계승 전쟁과 오스트리아 왕위 계승 전쟁에 참여하는 등, 스페인에 실질적
인 이익을 주지 못하는 전쟁에만 참여해야 했다. 또 1743년에는 프랑스와 제
2차 왕가동맹을 맺어 이탈리아에서 영국과 오스트리아와의 전쟁에 참여했
다. 결국 프랑스와 두 차례에 걸친 왕가동맹으로 13년 동안이나 계속된 전쟁
에 시달려야 했고, 네덜란드의 나머지 지역도 잃게 되었다. 반면에 프랑스,
스페인과의 전쟁에서 이긴 영국은 그 후 오랫동안 유럽의 강국으로 군림하
게 되었다.

세르반테스의 언어, 돈 키호테의 언어

한편, 펠리페 5세는 1712년에 프랑스를 본떠 국립도서관을 설립했다. 특
히 문화에 관심이 많았던 그는 1713년에 스페인어의 발전에 큰 역할을 한
왕립언어학술원을 만들었다. 이곳에서 스페인어는 본격적으로 틀을 갖추
었다. 왕립언어학술원의 가장 두드러진 업적으로는 《모범사전(Diccionario de
Autoridades)》과 《정자법(Ortografía)》의 출판을 들 수 있다. 16세기까지는 톨레
도의 궁정에서 사용되던 말이 스페인어의 모범이었지만, 《모범사전》의 출판
으로 왕립언어학술원의 언어 체계가 '모범 스페인어'의 위치에 서게 되었다.
《모범사전》은 16~17세기까지의 고전 작가들의 훌륭한 예문들을 인용했다. 그중에서도 특히 가치를 인정받은 작가는 세르반테스였다. 그는 당시에 스페인어를 가장 정확하게 쓴 작가도 아니고 가장 인기 있는 작가도 아니었지만 왕립언어학술원은 세르반테스의 언어 세계를 재평가하여 1780년에 《돈 키호테》를 호화 장정으로 다시 출판하고 그를 최고 작가의 반열에 올려 놓음으로써 스페인어의 새로운 모델을 제시했다. 《돈 키호테》는 작품 자체의 가치는 물론 언어학적 관점에서도 왕립언어학술원의 목표에 적합한 훌륭한 모델이었다. 현재 우리가 사용하고 있는 스페인어를 다른 말로 '세르반테스의 언어(La Lengua de Cervantes)' 또는 '돈 키호테의 언어(La Lengua de Don Quijote)'라고 하는 까닭도 여기에 있다.

삼각모자와 짧은 망토
: 에스킬라체 난
(1766년)

프랑스의 영향

18세기 초까지 스페인은 학문과 과학이 그리 발달하지 못했다. 미신이나 기적이 스페인 전역에 만연했고 다른 나라와의 교류도 거의 없었다. 그러나 개혁주의자들은 부르봉 왕조의 후원 아래 계몽주의 문화를 스페인에 들여오기 시작했다. 계몽주의 도입의 경로는 프랑스어로 된 서적들이나 합리주의 철학(로크나 백과전서파), 그리고 당시 유행했던 프랑스적인 것에 대한 모방 등을 통해서였다. 이렇게 스페인에 도입된 계몽주의 문화는 스페인 왕들에게서 느낄 수 있었다. 즉, 스페인 왕들은 옷 입는 것에서부터 시작해서 모든 생활 패턴을 프랑스식으로 바꿔갔다.

문학 분야에서도 프랑스 신고전주의의 영향을 많이 받았다. 프랑스의 신고전주의는 내용이 교육적이고 규범적이어야 하며, 균형 잡힌 이성을 위하여 개인적이며 즉흥적인 상상을 배제하는 것을 원칙으로 하고 있었다. 형식에서는 문법과 수사학에서 요구하는 규칙이나 법칙이 매우 중요시되었다.

그러나 스페인 작가들은 프랑스의 신고전주의 영향을 그렇게 크게 받지는 않았는데, 왜냐하면 프랑스의 전통에 맞서 스페인 전통을 고수하려는 국민들의 민족주의 경향이 강했기 때문이다. 또한 스페인 사람들이 프랑스의 인위적인 형식 대신에 스페인의 전통적인 특징이라 할 수 있는 사실적인 것을 좋아했기 때문이기도 했다.

이처럼 18세기에 신고전주의와 계몽주의, 백과전서파로 이어지는 프랑스의 영향은 거의 절대적이었지만 스페인의 문화를 완벽하게 제압하지는 못했다.

"명령에는 복종하되, 실행하지는 않는다."

《고야》의 작가 홋타 요시에는 다음과 같이 18세기 초의 스페인을 약간은 과장되지만 재미있게 묘사하고 있다.

왕의 명령 하나

마드리드의 도로는 시민들의 발에서 피가 나도 돌의 뾰족한 부분이 위로 깔려 있었다고 한다. 이는 돌의 평평한 부분이 바닥으로 향하면 돌이 안정되어 흔들거리지 않는다는 다소 우스꽝스러운 이유 때문이었다. 이에 왕이 도로에 깔린 돌을 일일이 뒤집어서 국민들이 평평한 길을 쉽게 걸어 다닐 수 있도록 하라고 명령하자 스페인 국민들이 맹렬히 반대하고 나섰다. 이제까지 그럭저럭 잘 지내왔는데 왜 스페인적인 것을 뒤집으려 하느냐는 것이었다.

왕의 명령 둘

하수 시설이 되어 있지 않아 오물이 수도의 중심부로 쏟아져 내리자 왕은 지하에 하수도를 만들라고 명했다. 그러나 스페인 사람들은 또다시 '왜 마드리드를 프랑스처럼 만들려고 하느냐'라며 맹렬히 반대하고 나섰다. 그렇게 되면 '우리의 마드리드는 더 이상 마드리드가 아니다'라는 이유에서였다.

왕의 명령 셋

가로등이 없는 밤길은 캄캄했고 이로 인해서 모든 범죄가 밤길에서 일어날 수밖에 없었다. 왕은 가로등을 설치하라고 명령을 내렸다. 그러자 또다시 반대가 들끓었다.

왕의 명령 넷

마드리드에는 수를 헤아릴 수 없을 정도로 거지가 많았다. 거지 군단이란 표현이 맞을 정도였다. 구걸은 거지들에게 일종의 생업으로 자리를 굳혔다. 이런 긍지 높은 거지들의 호소에 자비를 베풀지 못하는 사람은 하나님께 자신의 죄에 대한 용서를 구해야 했다. 왕이 이들을 시골로 보내고 자선 단체나 군대로 들어가 각자에게 알맞은 삶을 살 것을 명했지만 아무런 효과가 없었다. 스페인 사람들은 불쌍한 사람에게 자비를 베풀어야 한다는 종교적 정의감과 의무감, 또는 그것을 당연하게 여기는 마음이 뿌리박혀 있었기 때문이다.

스페인에는 "명령에는 복종하되, 실행하지는 않는다."라는 속담이 있다. 이처럼 스페인 사람들은 전통적으로 개인주의 성향이 짙고 고집이 세다. 때문에 그들은 지방 분권과 지방 자치에 강한 집착을 갖고 있다. 그러한 스페인 사람들의 성향을 무시하여 발생한 충돌이 에스킬라체 난(1766)이었다.

삼각모자와 짧은 망토의 에스킬라체 재상

절대 계몽 군주 카를로스 3세의 개혁 명령을 충실하게 수행한 사람은 나폴리 출신의 에스킬라체 재상이었다. 그는 시칠리아 출신의 후작으로 카를로스 3세 치하에서 재무장관과 국방장관을 역임하며, 스페인의 개혁과 발전을 위해서 많은 노력을 했다. 하지만 개혁안들은 그가 외국인이었다는 점과 그 내용이 스페인 국민들의 관습에 위배되는 것이라는 이유로 사람들의 거센 반발을 불러일으켰다.

삼각모자를 쓴 카를로스 3세. 카를로스 3세는 스페인의 전통적인 풍습인 챙 넓은 모자와 검정 망토의 착용을 금지하고, 프랑스 풍의 옷과 가발과 삼각모자를 쓰라는 명령을 내렸다.

한 예로 정부는 1766년에 스페인 사람들의 전통적인 풍습인 챙 넓은 모자와 검정 망토를 걸치는 것을 금했다. 대신 프랑스풍의 옷을 입고 가발과 삼각모자를 쓰라는 명령을 내렸다. 당국은 범죄자가 챙이 넓은 모자와 검정 망토로 몸을 감추고 쉽게 도망간다고 주장하면서, 몸을 숨길 수 없는 삼각모자와 짧은 망토의 착용을 마드리드 시민에게 장려했던 것이다. 시민들이 명령에 따르지 않자, 특별경찰부대가 대중이 보는 앞에서 가위로 모자의 챙을 잘라냈다.

이에 반발한 스페인 사람들은 챙 넓은 모자와 검정 망토의 착용 금지령을 추진했던 에스킬라체 후작의 집을 습격했다. 폭동을 일으킨 마드리드 시민들은 연일 거리에 나와 "스페인 만세, 에스킬라체를 죽여라!"라는 분노의 함성을 터뜨렸다. 그러고는 왕궁까지 시위를 하면서 행진을 했다. 국왕 일행과 에스킬라체 재상은 마드리드에서 50킬로미터 떨어진 아란후에스 별궁으로 피신했다.

그 후 이 폭동은 전국적으로 확산되어 사라고사 지역에서만 250명의 사망자를 냈다. 결국 이 폭동은 에스킬라체 재상이 고국인 나폴리로 추방되는 것으로 마무리되었다. 이는 스페인 전통주의의 승리였다. 이 폭동의 밑바닥에는 반프랑스적인 요소뿐만 아니라 스페인 민족주의 옹호라는 강력한 배경이 있었던 것이다.

계몽 전제주의

: 카를로스 3세
(재위 1759~1778년)

예수회 추방

부르봉 왕조 소속으로 스페인을 통치한 왕들을 차례대로 살펴보면, 펠리페 5세, 페르난도 6세, 카를로스 3세, 카를로스 4세, 페르난도 7세, 이사벨라 2세 등이다. 그중 세 번째 왕인 카를로스 3세는 1759년부터 1778년까지 스페인을 통치했다. '계몽 군주'를 자처했던 카를로스 3세는 가톨릭 신자였지만 절대군주제를 훨씬 더 강조한 왕이었다. 다시 말해, 종교보다 국가관에 더 큰 비중을 둔 왕이었던 것이다. 그는 죽은 사람들을 교회에 매장하는 것을 금지했으며 왕의 허가 없이 일을 처리했다며 종교 재판관을 파면하기도 했다.

이러한 교권에 대한 단호한 조치는 1776년, 예수회 추방으로 절정을 이루었다. 카를로스 3세는 자신의 권력이 교회와 귀족들의 과다한 권력과 동등할 수 없다고 생각하여 예수회를 추방했던 것이다. 이로 인해 예수회가 거의 독점하고 있던 교육은 폐지되고, 보다 자유로운 교육 제도가 채택되었다. 이는 또한 예수회와 밀접한 관계를 맺으면서 부르봉 왕조의 개혁에 반대하던 보수적인 스페인의 귀족 계급들에게도 큰 타격을 입혔다.

프라도 박물관. 계몽 전제
군주였던 카를로스 3세는
많은 연구 기관을 세워 다
양한 분야의 연구와 교육
에 지원을 아끼지 않았다.
박물관도 많이 건립했는
데, 마드리드의 프라도 박
물관이 카를로스 3세 시절
에 건립된 것으로, 처음에
는 자연과학 박물관으로
사용하려 했으나 페르난도
7세의 명으로 미술관으로
쓰였다.

계몽 전제군주: 카를로스 3세

예수회를 추방한 카를로스 3세는 개혁적인 정치가들과 함께 '계몽 전제주
의'에 의거하여 개혁을 했다. 이 '계몽 전제주의'는 국가의 부를 축적하는 데
주안점을 두었을 뿐, 민중들이 통치에 참여하는 것은 허용하지 않았다. 즉,
"백성을 위하여 모든 것을, 그러나 백성 없이"가 바로 계몽 전제주의의 특징
이었다. 계몽 전제주의는 모든 정책에 효율성만을 추구했다. 아울러 다양한
분야의 연구기관을 세워 교육을 장려하고 박물관도 많이 건립했는데, 유명
한 프라도 미술관도 이때 건립되었다.

한편, 17세기 동안 현저하게 쇠퇴했던 농업과 산업 그리고 상업 분야는 카
를로스 3세의 효율적인 경제 정책 덕분에 18세기에 다시 회복되었다. 중상
주의 대신 도입한 경제 자유주의의 일환으로 공업원료 수입에 대한 세금이
폐지되었다. 이로 인해 카탈루냐 지방에 미국산 원면을 이용한 면직물 공업
이 발달했다. 또한 바스크 지방에도 농지 개혁과 산업 기술 도입 등 자유주
의 사상을 가진 귀족들이 경제 발전에 중요한 역할을 했다. 그러나 이러한
괄목할 만한 경제 발전에도 불구하고 대부분의 토지가 귀족과 교회에 편중
되어 있어 스페인의 경제 발전에는 그 한계를 드러냈다. 이는 시민 계급이

성장하는 데에도 커다란 장애가 되었다.

호베야노스의 등장

에스킬라체의 뒤를 이어 아란다 백작이 재상으로 임명되었다. 그는 토지 분배 등 사회의 전반적인 개혁을 추진하는 임무를 부여받았다. 그는 이 임무를 성공적으로 수행하기 위해서 아스투리아스 출신의 청년 판사 호베야노스를 수석 고문으로 임명했다. 23세부터 37세까지 14년간 세비야에서 판사 생활을 했던 호베야노스는 재상 아란다 백작의 눈에 띄어 마드리드의 왕립 학술원 회원으로까지 출세했다.

호베야노스는 안달루시아의 감옥을 개혁하고 고문의 관습을 없앴다. 그는 재판관이 쓰던 전통적인 가발을 벗어던지고 맨머리로 입정함으로써 스페인의 근본적인 문제부터 개혁하는 데 많은 노력을 기울였다. 그러나 호베야노스는 계몽주의란 단순히 복장의 문제가 아닌, 그 이상의 것임을 확신하고 있었다. 그는 스페인이 진정으로 필요로 하는 것은 '유용한 과학과 경제 원칙, 그리고 올바른 계몽주의 정신'이라고 주장했다.

태생적인 한계

플로리다 블랑카, 아란다, 호베야노스 등 개혁주의자들은 대내적으로 중앙과 지방의 행정 조직을 정비하고 화폐를 개혁했다. 그리고 마드리드를 비롯한 도시를 정비하는 등 개혁의 바람을 일으켰지만 카를로스 3세 또한 역대 부르봉 왕조의 왕들처럼 태생적인 한계에 부딪힐 수밖에 없었다. 그의 통치 기간에 이루어진 일련의 개혁 조치들은 외형적인 수준에서만 성과를 거두었을 뿐, 일반 대중들에게는 역대 부르봉 왕조의 왕들과 마찬가지로 이국 출신의 지배자일 뿐이었다.

스페인 국민들 또한 사회를 개혁할 수 있는 세력이 되지 못했다. 스페인 국민들은 겉으로는 명령에 복종하는 듯했지만 실제로는 카를로스 3세의 개혁 정책에 적극적으로 호응하지 않았다. 그들은 정보의 부재로 유럽의 정세와 과학 기술이 어떻게 변해가고 있는지조차 모른 채, 아직도 과거에 세계 최강국이었다는 헛된 몽상에 사로잡혀 쓸데없는 자존심만을 내세우고 있었다. 더욱이 그들은 은연중에 외국인 왕에 대한 반감을 드러내고 있었다.

사상적인 면에서도 스페인은 한계를 드러냈다. 가장 강력한 권력 기관인 종교 재판소는 당시의 계몽주의 사상 서적들, 즉 몽테스키외의 《법의 정신》, 디드로와 달랑베르의 《백과전서》, 볼테르의 작품들, 루소의 《에밀》 등이 수입되어 전 국민에게 유포되는 것을 금지시켰다. 이런 이유로 열정적으로 스페인 근대화를 추진했음에도 불구하고 카를로스 3세의 개혁 정책은 빛을 보지 못했다.

스페인 왕의 유폐

: 나폴레옹의 스페인 침공
(1808년)

DIGEST 66 SPAIN

트라팔가르 해전

계몽 전제 정치를 폈던 카를로스 3세의 뒤를 이어 왕위에 오른 카를로스 4세(재위 1788~1808)는 통치에는 관심이 없었다. 그는 매우 게을렀으며 겁쟁이였다. 그의 관심은 학문이나 교육보다는 사치스런 생활에 있었다. 그는 왕비인 마리아 루이사에게 이리저리 휘둘렀는데 특히 왕비와 밀통한 27세의 장교 마누엘 데 고도이의 전횡이 매우 심했다. 그는 근위대 장교 신분임에도 불구하고 재상으로 발탁되어 권력을 마음대로 휘둘렀다.

1805년 여름, 나폴레옹은 영국 본토 상륙군 15만을 집결시키는 한편, 해군에게 영국 함대를 견제하라고 명했으나 여의치 않았다. 대신 영국의 넬슨 함대가 영국 해협에 집결하여 나폴레옹을 견제했다. 이에 나폴레옹은 영국 본토 상륙을 포기, 상륙군을 동쪽으로 이동시키고, 스페인의 카디스에 있던 빌뇌브 제독이 이끄는 프랑스-스페인 연합 함대는 이탈리아의 나폴리로 옮기려 했다.

1805년, 빌뇌브 제독이 이끄는 프랑스-스페인 연합 함대가 스페인의 남부 지역에 위치한 항구 카디스를 떠나 나폴리로 가고 있었다. 이를 알아차린 영국의 넬슨 제독은 카디스 근처의 트라팔가르 곶 앞바다에서 대기하고 있었다. 넬슨 제독은 전함 33척으로 구성된 빌뇌브의 함대가 트라팔가르 곶을 통과하고 있다는 사실을 확인하고 27척의 영국 함대를 자신이 몸소 이끄는 15척과 부사령관 콜링우드가 지휘하는 12척의 두 함대로 나누었다.

그는 기함 빅토리아 호에 '영국은 각자가 의무를 다할 것을 기대한다'라는 깃발

트라팔가르 해전에 나서는 영국 함대. 1805년, 나폴레옹의 프랑스와 스페인의 연합 함대는 이베리아 반도 남단의 트라팔가르 해에서 영국 함대에 참패를 당했다.

을 내걸고 프랑스-스페인 연합 함대를 공격했다. 그 결과, 프랑스-스페인 연합 함대는 5척이 격침되고 17척이 나포되었으며, 전사자가 약 8천 명이었던 반면에, 영국 함대는 침몰된 배는 없고 전사자는 약 1,600명에 불과했다. 이렇게 스페인-프랑스 연합 함대는 1805년, 트라팔가르 해전에서 영국 함대에 참패했다.

트라팔가르 해전에서의 패배 후, 나폴레옹은 적으로서 유일하게 남아 있는 영국에 대해 군사력에 의존하지 않는 경제적 봉쇄를 시도했다. 나폴레옹은 영국이 모든 외국과의 통상 관계를 못하도록 1806년 11월에 대륙 봉쇄령을 내렸다. 그리고 유럽의 다른 나라들에게 이 봉쇄령을 준수하도록 압력을 가했지만, 영국은 나폴레옹의 봉쇄령에 굴복하지 않았다. 오히려 영국 상품이 끊임없이 독일이나 네덜란드 또는 스페인, 포르투갈 등에 밀수입되었다. 그리하여 나폴레옹은 1807년에 대륙 봉쇄령을 위반했던 포르투갈을 먼저 공격했다.

나폴레옹의 침공

1807년, 나폴레옹은 앙도슈 주노 장군에게 3만 명의 병력을 주어 스페인을 지나 포르투갈로 진군하라고 명령했다. 이에 포르투갈 왕실은 브라질의 리우 데 자네이루로 도피했고, 주노 장군은 포르투갈을 점령했다. 프랑스 군대는 스페인 북부의 일부 지역도 함께 점령했다.

1808년, 스페인에는 이미 10만 명의 프랑스군이 진주해 있었다. 마누엘 데 고도이는 포르투갈 왕실처럼 남아메리카로 스페인의 수도를 옮기려면 철수에 유리한 안달루시아로 피신하는 것이 바람직하다고 국왕 카를로스 4세에게 압력을 가했다. 그동안 스페인 국민들은 '속세의 삼위일체'라 불리는 카를로스 4세, 왕비 마리아 루이사, 재상 마누엘 데 고도이의 무능과 부패에 많은 불만을 갖고 있었는데, 이 소식을 들은 스페인 국민들은 카를로스 4세의 아들 페르난도의 지지자들과 아란후에스에서 폭동을 일으켜 마누엘 데 고도이 내각을 붕괴시켰다. 그리고 카를로스 4세를 퇴위시키고 그의 아들 페르난도를 스페인의 왕(페르난도 7세)으로 옹립했다.

이에 나폴레옹은 페르난도 7세와 직접 협상을 한다는 구실로 페르난도 7세를 프랑스 남부에 위치한 바요나로 오게 했다. 이어 카를로스 4세와 왕비 마리아 루이사, 그리고 재상 마누엘 데 고도이를 바요나로 불러들였다.

나폴레옹은 이들에게 스페인의 모든 권리의 포기를 강요하고 카를로스 4세와 마리아 루이사, 마누엘 데 고도이를 퐁텐블로로 이송했다. 그리고 페르난도 7세는 발렌시아 성에 유폐시켰다. 나폴레옹은 이렇게 소설 같은 음모와 기만술을 이용하여 카를로스 4세와 그의 아들 페르난도 7세를 유폐시켰다. 왕이 유폐되어 있는 동안 나폴레옹은 스페인을 침공, 점령했다.

스페인 점령 후, 나폴레옹은 그의 형 조제프 보나파르트를 스페인과 신대륙의 왕으로 임명했다. 조제프 보나파르트(호세 1세)는 1808년부터 1814년까지 스페인을 통치했다.

스페인 사람들의 애국심
: 독립 전쟁
(1808~1814년)

계몽 사상의 여행자 호베야노스

호베야노스는 카를로스 3세 치하에서 개혁 정책을 추진한 인물이었다. 그는 교통 수단을 개선하고 공공교육의 발전 등 계몽주의 정책에 앞장섰지만, 카를로스 3세가 죽고 카를로스 4세 시대가 시작되자 많은 핍박을 받았다. 새로 정권을 잡은 보수 세력의 귀족들은 그를 궁정에서 격리시키기 위해 스페인 북부의 아스투리아스 지방으로 보냈다.

호베야노스는 비록 수도 마드리드에서 멀리 떨어져 있었지만, 스페인을 또다시 몰락의 길로 빠져들게 할 수는 없다고 생각했다. 그래서 아스투리아스에 학술 기관을 세워 지역 발전과 각종 학술 활동을 위해 많은 노력을 기울였다. 또한 그가 머물던 아스투리아스는 농업에 적합한 비옥한 땅이 펼쳐져 있었고, 석탄이 풍부하게 매장되어 있었다. 그래서 호베야노스는 스페인의 이런 잠재적인 부를 사람들에게 인식시키고자 아스투리아스 지방에 광물학 협회를 설립하고 에너지원으로 석탄을 이용하도록 권장했다. 그리고 새로운 항구와 농업 개혁이 시급한 스페인의 오지와 중심부를 연결하는 도로를 건설했다.

그는 광대한 토지를 휴한지(休閑地)로 만드는 관습, 즉 넓은 농지를 소유했던 소수의 부재 지주가 그들의 이익만을 위해 작물을 생산하지 못하게 하는 관습을 비판했고, 양(羊)이 인간보다 더 보호받는 비인간적인 농촌 생활에 격분했다. 그는 또한 "부자들은 가난한 사람들의 궁핍 위에 부를 쌓고 동포들을 억압하여 국가의 행복을 세운다."라며 사회의 불의를 질타했다. 그는 학교나 고문서관, 관개 시설 그리고 도로 건설에도 애썼는데 이를 위해서 선조들이 살았던 거칠고 고립된 오지를 돌아다녔다. 이로 인해서 사람들은 그를 '계몽 사상의 여행자'라고 불렀다.

호베야노스의 좌절

나폴레옹은 카를로스 4세와 페르난도 7세를 유폐시킨 뒤, 스페인에서 새로운 헌법을 제정하고 종교 재판과 세금에 대한 차별을 폐지했으며, 귀족들과 교회의 많은 특권들을 박탈했다. 그리고 자신의 형 조제프 보나파르트를 스페인 국왕으로 임명했다. 그 뒤 나폴레옹 형제는 '계몽 사상의 여행자' 호베야노스를 불러들여 국정에 합류토록 했다. 그러나 호베야노스는 단호하게 거절했다.

당시 마드리드 시민들은 프랑스 점령군을 상대로 폭동을 일으키고, 또 폭동에 가담한 상당수 마드리드 시민들이 총살당했다. 이 모습에 분노한 호베야노스는 스페인의 독립을 위해 싸울 것과 우매하고 부패하기 짝이 없는 부르봉 왕조에는 결코 가담하지 않을 것을 결심했다.

이렇게 사회 개혁과 조국의 독립을 위해서 노력한 호베야노스는 1801년에 '금서를 읽고 있다'는 밀고를 당해 7년이란 긴 세월을 마요르카 섬에 있는 벨베르 성에 수감되었다. 1808년에 자유의 몸이 된 호베야노스는 프랑스 군의 침입에 대항하여 투쟁했으나, 좌절감만 안은 채 고향 아스투리아스로 돌아왔다. 고향 사람들은 그를 '조국의 아버지'라 부르면서 열렬히 환영했으나 그는 결국 프랑스군의 추적을 피해 피신해 있던 지방에서 폐렴으로 세상을 떠났다. 그의 죽음으로 스페인을 근대적인 국가로 만들려던 '계몽 사상의 여행자'의 이상은 좌절되고 말았다.

〈1807년 5월 3일〉. 프랑스군이 마드리드의 스페인 민중을 무참하게 학살하는 모습을 묘사한 고야의 이 그림은 "지금까지 예술가가 남긴 인간의 인간에 대한 잔학 행위를 고발한 것 중 가장 통렬한 작품"으로 평가받고 있다.

나폴레옹의 착각

나폴레옹이 스페인을 지배하고자 계획했을 때, 그는 한 가지 중요한 내용을 간과하고 있었다. 즉, 스페인 사람들의 존엄성을 크게 염두에 두지 않았던 것이다. 그는 스페인 왕들을 마음대로 우롱한 것처럼 스페인 사람들도 쉽게 다룰 수 있으리라 생각했다. 그러나 소수의 귀족들만이 정치적인 이유 때문에 나폴레옹에게 호의적이었을 뿐, 대다수 민중은 나폴레옹의 군대에 반기를 들었다. 이들은 스페인 왕과는 전혀 관련이 없었으며, 훈련을 잘 받은 사람들은 더더욱 아니었다. 비조직적이긴 했지만 침략자들을 몰아내겠다는 일념으로 뭉친 일반 민중들이었다.

나폴레옹은 그들의 강력한 저항에 부딪혔다. 전혀 예상하지 못한 일이었다. 성난 스페인 민중이 봉기한 것이었다. 그러나 나폴레옹은 여전히 상황을 제대로 판단하지 못하고 군대를 보내 무력으로 진압하려 했다. 1808년부터 1814년까지 곳곳에서 범국민적인 투쟁이 지속되었다. 남녀노소 모두가 보잘것없는 무기와 칼, 몽둥이 그리고 끓는 기름 따위를 들고 게릴라전을 펼쳐 나갔다. 나폴레옹 군대는 수적으로나 무기 면에서는 훨씬 월등하여 많은 도시를 점령했지만 결코 점령 지역의 민중들을 지배하지는 못했다. 모든 곳에 스페인 민중들이 매복했다가 불시에 나타나 나폴레옹 군대를 괴롭혔기 때문이다. 나폴레옹과 그에게 협력한 귀족들에 대한 저항은 국토 회복과 반봉건 투쟁의 성격을 띤 '독립 전쟁'으로 발전했다.

이러한 스페인 민중들의 저항에도 불구하고 1809년에 프랑스군은 카디스를 제외한 스페인 영토를 거의 모두 장악했다.

그러나 프랑스에 적대적이었던 영국이 군대를 보냈다. 아서 웰즐리(후일의 웰링턴 장군)의 지휘로 영국군이 포르투갈에 상륙하여 프랑스군과 전투를 벌였다. 스페인 각지에서 전투가 계속되자 프랑스군은 병력과 물자가 고갈되기 시작했다. 게다가 나폴레옹은 1811~1812년에 러시아에 모든 전력을 쏟아붓고 있었기 때문에 이베리아 반도에 있던 3만 명의 병력을 차출했다. 웰링턴 장군은 1813년, 빅토리아 전투에서 프랑스군을 무찌르고 전쟁을 종결시켰다.

전투에서 승리한 웰링턴 장군은 피레네 산맥을 넘어 프랑스 본토까지 쳐들어갔다. 이에 나폴레옹은 스페인을 계속 점령한다는 것이 불가능함을 깨닫고 조제프 보나파르트를 스페인에서 철수시켰다. 그리고는 1808년에 퇴위시킨 페르난도 7세를 석방했다. 마드리드로 돌아온 페르난도 7세는 1814년에 왕위에 올랐다.

혁명아인가, 출세주의자인가
: 프란시스코 데 고야
(1746~1828년)

미술 아카데미 낙방

고야는 아라곤 지방의 사라고사에서 그리 멀지 않은 푸엔데토도스라는 작은 도시에서 태어났다. 그림에 있어서만은 누구에게도 지기 싫어했던 고야는 1752년부터 신입생을 받기 시작한 마드리드의 미술 아카데미에 입학할 것을 결심했다. 그는 스승인 호세 루산의 가르침을 받으면서 명화를 복제하는 훈련을 거듭했다. 17살이 되던 해, 그림에 어느 정도 자신이 생기자 고야는 곧장 마드리드로 향했다. 1763년, 고야는 미술 아카데미의 첫 번째 입학시험을 치렀는데 보기 좋게 낙방했다. 심사 위원 전원이 부적격 판정을 내려서 고야는 만장일치로 꼴찌를 했다. 하지만 그 정도로 실의에 빠질 고야가 아니었다. 3년 뒤 고야는 다시 응시했다. 그러나 결과는 마찬가지였다. 고야는 불합격의 결정적인 이유가 궁정에 연줄이 없었기 때문이라는 결론을 내렸다.

미술의 메카 이탈리아로!

시험에 실패한 고야는 이탈리아로 향했다. 고야는 설레는 가슴을 주체할 수 없었다. 이탈리아는 고대 문화와 르네상스 고전기의 대가들이 활동했던 나라이자 명실상부한 미술의 메카였기 때문이다. 고야는 이탈리아 유수의 미술 아카데미 가운데 하나인 파르마 아카데미의 시험에 응시하기로 했다. 준비에 만전을 기하면서 심사위원들의 면면을 익혔다. 그들이 선호하는 화풍에 대한 조사도 빼놓지 않았다. 이미 두 차례 쓰라린 고배를 마셨는데 또다시 실패할 수는 없었다. 고야는 심사위원들의 마음에 쏙 드는 그림을 제출해서 일단 합격만 하면 된다고 생각했다. 며칠 후, 드디어 고대하던 결과가 나왔다. 예상대로 합격이었다. 난생 처음 합격 소식을 들은 고야는 뛸 듯이 기뻤다.

궁정 진출을 위한 결혼

고야는 이탈리아 미술 아카데미에 합격한 후, 곧장 스페인으로 돌아왔다. 때마침 고향 친구 프란시스코 바예우가 마드리드의 미술 아카데미 회원으로 입회했다는 소식이 들렸다. 바예우의 여동생 호세파는 고야와 동갑내기여서 어릴 적부터 소꿉동무로 지내던 사이였다. 1773년에 고야는 호세파와 결혼했는데, 꿍꿍이는 다른 데에 있었다. 처남이 된 바예우를 장차 마드리드 궁정 진출을 위한 든든한 발판으로 삼겠다는 속셈이었다.

이듬해에 드디어 기다리던 소식이 고야에게 전해졌다. 처남 바예우의 추천으로 궁정의 벽걸이 양탄자(태피스트리)의 밑그림을 그릴 수 있게 된 것이다. 이는 궁정의 전속 화가가 되어야 맡을 수 있는 일이었다. 고야의 데생을 밑그림삼아 완성된 벽걸이 양탄자를 본 국왕 부처는 고야에게 추가로 20여 점의 양탄자 데생을 주문했다. 드디어 국왕으로부터 실력을 인정받은 것이었다. 고야는 온 세상이 다 자기의 손 안에 들어온 것 같았다. 세상에 거리낄 것이 하나도 없었다. 심지어 자신을 궁정으로 소개한 왕실 전속화가인 처남 바예우보다 못할 것이 없다고 우쭐대기도 했다.

그러던 가운데 고야는 사라고사의 필라르 대성당의 천장 벽화를 그리는 작업을 맡게 되었다. 고야는 이 작업에서 미술 아카데미의 조화롭고 균형 잡힌 구성과는 거리가 먼, 고야 특유의 생생한 화풍을 표현했다. 처남 바예우는 고야의 그림이 성스러운 교회의 천장화에는 어울리지 않는다고 생각했다. 결국 바예우와 의견이 일치되지 않아 둘 사이의 관계는 악화되었다. 고야는 뒤도 돌아보지 않고 마드리드로 돌아갔는데 불행히도 마드리드의 벽걸이 양탄자 일도 더 이상 할 수 없다는 소식이 들려왔다. 이로 인해 고야는 경제적으로 매우 어려운 형편에 처하게 되었다.

착잡한 심경으로 힘겨운 나날을 보내던 고야에게 마침내 기회가 찾아왔다. 왕세자 부부가 고야의 양탄자 데생을 썩 마음에

고야의 초상화. 고야는 온갖 역경을 극복하고 왕실에서 가장 영향력 있는 화가가 되었다. 전쟁의 끔찍한 참상과 인간의 숨겨진 광기에 대한 분노를 그림으로 표현하기도 했다.

들어 한다는 이야기를 들은 것이다. 이어 왕세자 부부의 주문이 들어오더니 1785년에는 고관귀족들이 너도나도 고야에게 초상화를 부탁하려고 줄을 서기 시작했다. 고야의 진가는 두 군데에서 빛을 발했다. 하나는 파리에서 비싼 돈을 주고 사온 고급 레이스와 외제 옷감을 붓으로 그럴듯하게 그려내는 재주였고, 또 하나는 은빛 반바지나 분홍색 허리띠의 매끈한 광채를 제법 근사하게 모방하는 기술이었다. 고야의 붓이 스치면 목이나 가슴팍이 훤히 비치는 얇디얇은 비단의 하늘거리는 촉감이 거짓말같이 살아났다. 먼저 우아한 의상을 그린 다음, 귀족 남녀의 무표정하고 멍청한 얼굴을 붙여놓으면 초상화가 완성되었다. 초상화를 주문한 사람들도 얼굴보다는 값비싼 옷이 제대로 표현되었는지에 더 신경을 썼기 때문에 고야의 인기는 하늘을 찌를 듯했다. 이로써 고야의 어려운 시절은 지나간 것처럼 보였다.

알바 백작 부인과의 만남

1789년에 왕위를 계승한 카를로스 4세의 전속 화가가 된 고야는 경제적으로 넉넉한 생활을 누렸다. 같은 해, 프랑스에서 혁명이 일어났다. 프랑스에서 유혈 참상이 진행되는 동안 고야는 스페인에서 귀족들의 사치스런 초상화와 활기 넘치는 시민들을 소재로 한 그림을 계속해서 그렸다. 한편으로는 지긋지긋한 양탄자 벽걸이 데생을 그만두고 싶은 마음이 굴뚝같았지만 새로 즉위한 카를로스 4세가 고야를 다시 궁정

"오직 고야뿐". 목숨을 위협할 정도의 병마에 시달리다 가까스로 헤어난 고야는 스페인의 명문 가문 출신의 알바 백작 부인과 운명적인 만남을 가졌고, 이 만남은 스페인 전체를 떠들썩하게 만들었다. 고야는 알바 백작 부인과의 사랑을 표현하기 위해 백작 부인의 손가락이 모래 위에 써 있는 "오직 고야뿐"이란 글씨를 가리키는 모습을 그렸다.

화가로 임명했기 때문에 그만둘 수 없었다. 이로 인해서 고야는 자신이 그리고 싶은 그림을 마음껏 그리지 못하는 것에 대해서 몹시 괴로워했다.

설상가상으로 1792년에 고야는 갑작스럽게 병이 들어서 거의 죽을 뻔했다. 머리가 깨질 듯이 울리고 심한 어지럼증이 나타났다. 귀가 완전히 먹어서 옆에서 벼락이 쳐도 들리지 않았다. 어렵사리 고비를 넘기고 건강을 회복했지만 양쪽 귀는 영원히 들리지 않게 되었다. 고야의 그림도 변하기 시작했다. 따뜻하고 부드러운 그림이 사라지고 섬뜩하고 공포감을 자아내는 그림이 늘어났다. 산적떼의 습격, 난파선, 대화재, 정신 병동 등이 청력을 잃은 이후로 그가 즐겨 그리는 그림의 주제가 되었다.

병마에서 가까스로 헤어난 고야는 카디스와 세비야에 들러 유명한 화가들

의 작품을 보면서 심신의 안정을 되찾았다. 그러는 가운데 고야에게 운명적인 사건이 일어났다. 스페인에서 가장 오만하고 매력적인 알바 백작 부인 카에타나와 만나게 된 것이다. 그녀는 스페인 유수의 전통 있는 귀족 중에서 명문 중의 명문으로 꼽히는 가문 출신이었다. 알바 백작 부인은 사람들의 시선 따위 아랑곳하지 않았다. 법보다 더 높은 위치에서 절대 권력을 소유한 소수의 사람 가운데 한 사람이기 때문이었다. '털끝 하나까지 관능으로 충만한' 요녀 알바 백작 부인과 '걸어다니는 남성'이라는 별명을 가진 고야의 사랑은 이내 스페인 전체를 들썩이게 만들었다. 고야는 알바 백작 부인의 초상을 그렸는데, 그림에서 당돌한 모습의 부인은 흙바닥에 쓴 '나에게는 고야뿐(Solo Goya)'이라는 글씨 앞에 서서 손가락으로 가리키고 있다.

이처럼 알바 백작 부인은 고야와의 뜨거운 사랑을 자랑스레 고백하고 있지만, 두 사람의 사랑이 식는 데는 그리 오래 걸리지 않았다. 백작 부인이 관계를 정리하고 돌아선 것이다. 사랑했던 알바 백작 부인의 배신에 고야는 거의 이성을 잃을 정도로 상심했다. 그녀에 대한 사랑의 상처는 평생 그를 따라다녔다.

〈1808년 5월 2일〉

1799년에 카를로스 4세는 고야를 마침내 수석 궁정 화가로 임명했다. 그 후 고야는 카를로스 4세 시대의 퇴폐적인 궁정 인물들을 그렸는데, 망나니 기질과 천부적 재능을 겸비했던 고야는 대범하고 아주 정확하게 왕가의 구성원들을 묘사했다. 〈옷을 입은 마하〉, 〈옷을 벗은 마하〉, 〈카를로스 4세의 초상〉, 〈카를로스 4세의 가족〉 등이 바로 그것이다.

그러나 무엇보다도 고야의 내면에 상처를 준 사건이 일어났다. 1808년, 나폴레옹의 군대가 마드리드에 들어와 군인과 민간인을 가리지 않고 무자비하게 살상하는 모습을 목격했던 것이다. 고야는 이러한 무자비한 살상을 잊을 수가 없었다. 〈1808년 5월 2일〉과 〈1808년 5월 3일〉은 전쟁의 참혹한 장면들을 그린 그림이다. 이 그림에서 고야는 전쟁에서 희생된 사람들의 원을 풀어보겠다는 굳은 의지와 억압받는 인간성에 대한 저항의 외침을 표현했다.

유럽 각국에서 일어난 혁명과 외국 군대의 침략과 그에 따른 참상들을 온 몸으로 겪었던 프란시스코 호세 데 고야 이 루시엔테스는 1828년, 82세를 일기로 망명지인 프랑스 보르도에서 세상을 떠났다.

최초의 민주헌법
: 카디스 의회
(1812년)

최초의 민주헌법

나폴레옹의 점령 기간 동안 스페인 민중들은 손에 무기만 들고 싸우지는 않았다. 그들 중 소수는 카디스에 모였다. 스페인 남부에 위치한 카디스는 개혁주의적 기상과 부르주아 계층이 많아 사상적으로 매우 개방적인 도시였다. 이곳에 모인 사람들이 소집한 카디스 의회에서 1812년 3월에 10장 384조로 된 카디스 헌법이 제정, 공포되었다.

카디스 헌법은 스페인의 전통과 법령을 규범으로 하여, 형태 면에서는 1791년의 프랑스 헌법을 모방, 축소한 것이었다. 그러나 카디스 헌법은 자유주의 사상에 입각하여 국민들의 주권 보장과 권력 분립을 내용으로 하고 있는 입헌군주 헌법이었다. 왕은 신으로부터 절대적인 힘을 부여받는 것이 아니며, 이 힘은 국민에게 있으므로 앞으로 왕은 의회가 결정하는 대로 따라야 한다는 내용이었다. 이는 스페인 고유의 절대왕정제에 배치되는 법이었다.

이 법에는 검열 제도, 영주의 특권, 종교 재판 및 사관학교 입교 때의 귀족 증명서 제출 등을 폐지한다는 내용이 포함되어 있었다. 아울러 성직자의 한정 상속 제도 폐지, 노동의 자유, 간접 보통선거, 25살 이상의 모든 남자는 투

카디스 의회. 나폴레옹 점령 기간인 1812년, 스페인 민중들은 스페인 남부 안달루시아 지방에 있는 항구도시 카디스에 모여, 자유주의 사상에 입각하여 국민들의 주권 보장과 권력 분립을 내용으로 하는 입헌 군주 헌법을 제정했다. 이 헌법은 스페인 최초의 민주헌법이었다.

표권을 가질 수 있다는 점도 명시되어 있었다. 이러한 모든 내용들은 사회 계층의 근간에 대한 대대적인 개혁을 의미하는 것이었다.

결국 이 법은 귀족과 성직자 위주의 절대 왕정주의자들인 보수주의자들과 그 반대편에 서 있던 자유주의자들과의 대립을 낳았고, 포르투갈, 이탈리아 및 중남미 신생국 헌법에 큰 영향을 끼쳤다.

독립의 성취

영국의 아서 웰즐리(훗날의 웰링턴 공작)는 이베리아 반도를 점령하고 있던 나폴레옹 군대를 포르투갈 · 스페인군과 연합하여 1813년에 이베리아 반도에서 몰아내는 데 성공했다. 수많은 친프랑스 세력들은 바요나로 피신했다. 나폴레옹은 페르난도 7세와 협정을 맺어 전쟁에 종지부를 찍고 페르난도 7세에게 왕위를 돌려주었다. 독립 전쟁은 종결되었고 이로써 스페인 국민들은 독립을 성취했다.

1814년, 귀국길에 오른 페르난도 7세는 왕당파를 자칭하는 69명의 대표들로부터 탄원서를 받았다. 이 탄원서에는 그가 스페인에 없던 6년 동안에 일어났던 일들이 들어 있었는데, 특히 카디스 의회와 헌법의 폐기 등 자유주의 정신을 완전히 무시하는 내용들도 포함되어 있었다.

페르난도 7세는 마드리드에 돌아오자마자 카디스 헌법을 완전히 무시하고, 절대왕정 체제를 유지하면서 폭정과 압제 정치를 시작했다. 그는 카디스 의회의 서류를 공개적으로 불태우도록 명령하고 가톨릭 왕들의 정책을 계승하여 종교 재판소를 부활시켰다.

이처럼 페르난도 7세와 왕당파가 통치권을 확고히 하려고 노력하는 동안, 자유주의자들은 비밀 결사 단체와 군부의 지원 하에 왕정 체제에 반기를 들었다. 1814년에서 1820년 사이 바스크와 카탈루냐, 나바라의 군대가 반란을 일으켰지만 모두 진압되었다. 그러나 1820년에는 카디스에서 아메리카 식민지의 해방 운동을 저지하기 위해 원정군으로 가려던 라파엘 데 리에고 장군이 반란을 일으켰다. 반란은 즉시 진압되었지만 군부의 반란이 전국적으로 확산되는 계기가 되어 마침내 페르난도 7세는 카디스 헌법을 인정하고 자유 헌정의 길을 택했다.

자유주의 정부

리에고 장군의 반란 이후에 수립된 자유주의 정부는 1820년에서 1823년까지 계속되었다. 그러나 자유주의 체제가 왕, 정부, 비밀 결사 단체, 자유주의자, 절대주의자 등 이질적인 요소로 구성되어 있어 의견의 일치를 보기가 쉽지 않았다. 개혁의 수행 과정에서 온건파는 왕의 참여를 인정했으나 급진파들은 왕의 참여를 반대하여 왕의 권한을 축소하려 했다. 이처럼 체제 내에서의 반목과 갈등으로 자유주의 정부는 많은 어려움을 겪었다.

이러한 혼란 속에서도 자유주의 정부는 3년 동안 귀족 소유의 토지 매각을 허용하고 장자상속제와 세습제를 폐지하는 등 나름대로 개혁적인 정책을 폈으나 나라 전체에 미치는 효과는 미미했다.

한편, 페르난도 7세는 절대주의자들에 대한 경제적 지원을 강화하여 자유주의 정부에 대항하는 반란을 꾀하는 데 도움을 주었고, 외국에서 자유주의 정부에 대항할 지원 세력을 찾았다. 프랑스는 페르난도 7세의 정책이 영국의 영향력을 사전에 억제하면서 부르봉 왕가의 회복에 도움이 된다고 판단, 1823년에 10만 명의 프랑스군을 스페인에 파견했다. 이들은 카디스까지 진입하여 자유주의 정부를 붕괴시키고 페르난도 7세를 절대 군주로 선언했다.

페르난도 7세는 박해받던 왕당파와 함께 다시 자유주의자들에게 잔혹한 복수를 시작했다. 이에 많은 자유주의자들이 지브롤터를 통해 영국과 프랑스로 망명 또는 이민을 가고 상당수는 그곳에 체류하면서 훗날을 기약했다.

이로써 스페인은 또다시 이념 때문에 내분에 휩싸이게 되었다. 가톨릭의 수호와 절대주의 왕권을 지지하는 전제주의자들의 눈에 자유주의자들은 무신론자들이며 혁명주의자들이었다. 반면에 자유주의자들은 국왕을 추종하는 전제주의자들을 신앙심을 빙자한 반동주의자들이라고 생각했다.

독립 운동의 기수 크리오요
: 라틴아메리카 제국의 독립
(1810~1825년)

다인종 사회의 출현

콜럼버스가 신대륙에 도착했을 때, 그 땅에는 이미 많은 원주민들이 거주하고 있었다. 이들은 수적인 우세에도 불구하고 스페인 제국의 군대 앞에 힘없이 무너지고 말았다. 스페인의 신대륙 정복으로 이 땅의 주인이었던 원주민들은 하루아침에 피지배 계층으로 전락했고, 스페인의 정복자들은 이 사회의 지배 계층으로 군림하게 되었다.

식민지 시대의 지배 그룹은 첫째로 크리오요스(criollos, 신대륙에서 태어난 백인들), 두 번째 그룹은 부왕 등 식민지 고위 관료들이며, 세 번째는 대주교·주교·교구장 등 고위 성직자로 나누어졌다. 두 번째와 세 번째 그룹은 대부분 페닌술라레스(peninsulares, 본국에서 온 스페인 사람들)로 채워졌다.

한편, 식민 초기에 대부분의 피지배 계급을 형성했던 원주민의 수가 격감하면서 아프리카 흑인 노예들이 수입되어 신대륙의 인종 구성 분포는 획기적으로 바뀌었다. 식민 초기에 들어온 이민자의 대부분은 가족 단위보다는 개인적인 이주가 더 많았다. 이들 대부분은 30세 미만의 남자들이어서 이들 백인과 원주민 사이에서 태어난 혼혈인 메스티소(mestizo), 백인과 흑인 간의 혼혈인 물라토(mulato), 그리고 원주민과 흑인 사이에서 태어난 삼보(zambo) 등 새로운 계통의 혼혈들이 신대륙의 사회 계층을 형성하기 시작했다. 이처럼 신대륙은 유럽계 백인들과 혼혈 그리고 원주민 및 흑인으로 구성되어 있는 다인종·다문화 사회라고 할 수 있다.

독립 운동의 기수 크리오요

신대륙의 식민지들이 스페인의 지배로부터 독립하는 데 커다란 역할을 했던 계층이 있었다. 그들이 바로 크리오요들인데, 크리오요는 '신대륙에서 태어난 스페인 사람'을 의미한다. 크리오요들은 자신들을 스페인 사람이 아니라 라틴아메리카인이라고 생각했다. 그들은 능력에 따라 경제적인 부를 획득할 수는 있었으나, 정치적으로는 식민지 모국에서 파견된 관리들, 즉 페닌술라레스의 그늘에 가려 있었다. 크리오요들은 식민지 관료 체계의 중하위직을 독점하다시피 했지만 상위직을 독차지하고 있는 페닌술라레스와는 경쟁이 되지 않았다.

크리오요들은 경제적으로도 본국의 중상주의 정책에 불만을 품고 있었다. 이 정책은 본국에서 생산되는 산물이 식민지에서 생산되는 것을 금지했고, 또 식민지에서 크리오요들 간에, 또는 다른 나라와의 교역을 제한했다. 크리오요들은 스페인 본국의 이런 정책에 불만을 터뜨렸다. 크리오요들의 이런 불만이 비록 자신들의 이익 보호를 위한 단순한 이권 투쟁이라는 한계를 지니고 있었지만, 한편으로 그들이 불만을 표시하면서 자신들의 세력을 과시한 것은 스페인 본국의 신대륙에 대한 통치력의 약화를 의미하기도 했다.

스페인 왕실은 이러한 통치력의 약화를 우려했다. 그리하여 부르봉 왕조의 스페인 왕실은 식민지 관직에서 크리오요들을 페닌술라레스로 교체하고, 유럽 국가들과의 밀무역 통제를 통한 식민지의 독점 무역 체제의 강화 등을 골자로 한 강력한 개혁 조치를 취했다(1765). 이러한 조치는 크리오요들의 거센 반발을 불러일으켰다. 그렇지 않아도 크리오요 자신들은 비록 사회 계층의 상위에 있었지만, 페닌술라레스에 비해서 관직에의 진출이나 정치적인 의사 결정권 등에서는 열등한 위치에 놓여 있었다. 크리오요들은 이를 계기로 스페인으로부터의 독립에 대한 필요성을 더욱더 자각했다.

19세기 초에 일어난 라틴아메리카에서의 독립 운동의 근본적인 원인은 18세기 후반 부르봉 왕조가 꾀했던 식민 통치의 정책에 대한 크리오요들의 이러한 저항의식에서 찾을 수 있다. 그 후 크리오요들은 미국 독립 운동과 프랑스 혁명의 정신으로부터 라틴아메리카 독립

시몬 볼리바르(오른쪽)와 산 마르틴(왼쪽)의 만남. 베네수엘라와 콜롬비아, 에콰도르를 독립시킨 후, 이들을 통합하여 '그란 콜롬비아 공화국'을 결성하는 데 주도적 역할을 했던 '아메리카의 해방자' 시몬 볼리바르와 아르헨티나 · 칠레를 거쳐 페루를 독립시키는 데 큰 역할을 했던 산 마르틴. 이 두 사람이 에콰도르의 과야킬 항구에서 해방된 나라의 장래를 논의하기 위해서 처음이자 마지막으로 만났다.

의 필요성에 대한 이론적 정당성을 확보하며 독립의 기치를 들었다.

독립 운동

라틴아메리카 식민지들은 일부 지역을 제외하고는 거의 모두가 1810년부터 1825년 사이에 독립했다. 1810년 한 해에 독립 운동은 당시의 누에바 에스파냐 부왕령(오늘날 멕시코)부터 리오 데 라 플라타 부왕령의 수도 부에노스 아이레스에 걸친 지역까지 동시에 맹렬한 기세로 일어났다. 4월에 베네수엘라의 카라카스에서 혁명을 일으킨 사람들이 스페인 총사령관을 쫓아냈고 5월에는 부에노스 아이레스 시민들이 스페인 부왕을 추방했다. 9월 16일에는 멕시코의 이달고 신부가 스페인 정부에 대항해서 봉기했으며 9월 18일에는 칠레의 산티아고에서도 독립 운동이 시작되었다.

라틴아메리카 식민지의 독립에는 무수한 독립 영웅들이 나타났다. 베네수엘라와 콜롬비아, 에콰도르를 독립시킨 후, 이들을 통합하여 '그란 콜롬비아

공화국'을 결성하는 데 주도적인 역할을 했던 '아메리카의 해방자' 시몬 볼리바르, 아르헨티나의 독립을 달성한 후 해발 4천 미터의 안데스 산맥을 넘어 칠레를 독립시키고 페루를 거쳐 에콰도르까지 진격하여 이들 나라에 독립의 초석을 세운 산 마르틴 등이 그들이다.

이렇게 활발하게 독립 운동이 일어나기 시작했던 1810년, 라틴아메리카에 살고 있던 인구는 모두 1,800만 명이었다. 그중에서 800만 명은 원주민인 인디오였고 약 100만 명 정도가 노예 무역을 통해 아프리카에서 온 흑인이었다. 그리고 스페인 본국에서 태어난 스페인인들(페닌술라레스)과 라틴아메리카 식민지에서 태어난 스페인인(크리오요)은 다 합쳐도 400만 명 정도였다. 그리고 메스티소라고 불리는 혼혈인이 약 500만 명 정도였다.

인구 분포를 살펴보면, 크리오요가 페닌술라레스보다 수적으로 훨씬 많았고, 크리오요보다 인디오나 메스티소의 인구가 더 많았다. 따라서 이러한 인구 분포를 놓고 볼 때, 크리오요나 메스티소들이 라틴아메리카에서 자신들만의 조국을 갖기 위해 독립 운동을 활발하게 전개했던 것은 어쩌면 당연한 일인지도 모른다.

왕위 계승의 문제
: 마리아 크리스티나의 섭정
(1833~1840년)

살리카법

1823년, 프랑스의 개입으로 3년 동안 스페인을 통치했던 자유주의 정부가 붕괴되자 다시 정권을 잡은 페르난도 7세는 박해받던 왕당파와 함께 다시 자유주의자들을 탄압하기 시작했다. 이러한 탄압을 피해서 많은 자유주의자들은 지브롤터를 통해 영국과 프랑스로 망명했다.

1829년에 페르난도 7세는 세 번째 부인인 마리아 아말리아가 사망하자 네 번째로 나폴리 출신의 마리아 크리스티나와 결혼했다. 그때까지 페르난도 7세는 전처들에게서 왕위를 계승할 자식을 얻지 못했다. 이에 절대주의자들(가톨릭 전통주의자로서 왕정 옹호주의자)은 페르난도 7세의 동생 카를로스 마리아 이시드로를 후계자로 지지하고 나섰는데, 1830년에 페르난도 7세가 공주(이사벨라)를 얻음으로써 페르난도 7세의 동생 카를로스와 페르난도 7세의 딸 이사벨라 공주 사이에 왕위 계승 문제가 발생했다.

스페인의 정치 전통상 여성도 왕위를 계승할 수 있었지만, 펠리페 5세 (1713) 때 공포된 살리카법(여성은 왕위를 계승할 수 없다고 규정한 법)으로 인해 스페인에서 여자는 왕이 될 수 없었다. 이를 불합리하게 여긴 카를로스 4세가 1789년에 여자에게도 왕위 계승권을 주는 법을 제정하려 했지만 실패했다.

페르난도 7세는 스페인에서 여자의 왕위 계승권을 부활시키기 위한 승인안을 의회에 제출했다. 그러나 이는 동생 카를로스의 왕위 계승을 지지했던 절대주의자들의 반발만 초래했다. 결국 카를로스 지지파들은 이 승인안을 철회시키는 데 성공했다. 1832년에 병으로 드러눕게 된 페르난도 7세는 비록 딸은 있었지만 1713년에 제정한 살리카법에 따라 동생인 카를로스를 왕위 계승자로 승인했다. 이에 자유주의자들은 세 살난 이사벨라 2세의 왕위 계승을 위하여 투쟁하여 결국 이사벨라 2세가 왕위를 계승하는 데 성공했다.

마리아 크리스티나의 섭정

1833년에 페르난도 7세가 죽자 세 살난 이사벨라 2세가 뒤를 이었다. 그러나 이사벨라 2세는 나라를 통치하기에는 나이가 너무 어렸으므로 왕비 마리아 크리스티나가 섭정을 시작했다.

마리아 크리스티나는 섭정 취임과 동시에 온건 자유주의자들과 함께 국정을 이끌어갔다. 첫 번째 내각은 여러 분야에서 개혁을 약속했으나 절대주의자들이나 자유주의자들 양쪽 모두를 만족시키지 못했다. 결국 첫 번째 내각은 1834년에 물러나고 새로운 내각이 들어섰다. 새롭게 들어선 내각은 1834년에 흠정헌법을 제정하여, 영국식으로 상원(귀족원)과 하원(평민원) 양원제를 채택했다. 하지만 이 제도 역시 극단적 온건주의자까지 포함하여 그 어느 쪽도 만족시키지 못했다. 세 번째 내각이 새롭게 들어섰지만, 새 내각에 대한 반대파들이 중앙정부와 별개로 지방과 주에 평의회를 구성하는 등, 정부에 강력하게 반발했다. 그러자 왕비 마리아 크리스티나는 내각을 자유주의자들로 모조리 교체했다. 자유주의자들로 구성된 새 내각은 각 지방에서 진보적인 평의회를 구성했고, 또 전쟁 비용을 충당하기 위해 교회가 소유했던 땅을 강제로 몰수하는 등의 개혁 조치들을 단행했으나, 근본적인 정치 개혁을 이루지는 못했다.

계속해서 개혁 정책이 실패로 돌아가자 정국의 혼란은 극심해져갔다. 그

틈을 타서 1836년에 왕실 수비대가 반란을 일으켜 칼라트라바가 내각을 장악했다. 그는 주민을 충성분자와 비충성분자로 구분하는 매우 급진적인 정책을 펼쳤다. 또한 자유주의자들과 절대주의자들 간의 화합을 모색했다. 그러나 1837년에 군부가 별도로 새로운 급진주의적 헌법을 제정, 공포하여 의회를 원로원과 대의원으로 양분하고, 국가 예산은 대의원에서 주관하게 했다. 또한 한정 상속제 폐지와 교회가 소유한 토지의 해체, 출판의 자유, 왕의 거부권과 법령의 승인권 부여 등 매우 급진적인 정책을 추구했다.

페르난도 7세. 나폴레옹에 의해 유폐되었다가 스페인으로 돌아와 1812년에 제정된 카디스 헌법을 완전히 무시하고 폭정과 압제 정치를 시작했다.

마리아 크리스티나 왕비의 섭정 기간에 주로 권력을 잡았던 자유주의 진영에서도 이처럼 온건 및 급진주의자 간에 현격한 차이를 보였다. 온건주의자들은 중산층과 상류층을 통합하여 사유재산을 보호했다. 그들은 또한 주권이 왕과 의회에 속한다는 전통적인 가치관을 옹호하여 각 지방과 시의 자치권을 줄이고 노동자들의 정치 참여에 반대했다. 반면에 급진주의자들은 하류층을 대변하여 지방 자치제와 저소득층을 옹호했다.

이처럼 1840년까지 마리아 크리스티나의 섭정 하에서 여러 차례 온건주의자들로 내각이 구성되었지만 결국 1840년의 혁명으로 정권은 급진주의자들에게 넘어갔다.

절대주의자와 자유주의자의 대립
: 1차 내란
(1833 ~ 1839년)

절대주의자와 자유주의자

나폴레옹 제국이 무너진 뒤, 유럽은 절대군주제와 프랑스 혁명에서 부각된 자유와 평등의 이념 사이에서 길고도 힘든 싸움을 시작했다.

유럽에서 이 두 이념의 차이로 많은 갈등이 일어나는 사이에 스페인에도 유럽에서 일고 있던 자유, 평등, 민주주의, 과학, 반종교적인 사상 등 새로운 움직임이 등장했다.

스페인에서의 자유주의자들은 그들이 살고 있는 사회의 불합리를 지적하면서 다른 나라에서 들어온 개혁 사상을 근간으로 정치 · 경제 체제에 변화를 제안하고 해결책을 모색했다. 종교적인 면에서는 반종교주의라기보다는 반사제주의였다. 이는 교회의 과다한 정치 권력이나 퇴폐적이면서 비합리적인 의식주의를 공격했던 것이다.

자유주의자들은 스페인의 후진성을 가톨릭 교회의 탓으로 돌렸다. 그래서 교회는 스페인 사회에서 제거되어야 할 목록에 올라 있었다. 급진 · 혁명파들은 행동 강령에 교회 파괴까지 포함시켰다.

이에 맞서 가톨릭 사상가들과 스페인 중산층의 상당수는 이러한 자유주의나 민주주의 또는 공화주의라는 말을 물질주의나 반(反)종교와 같은 의미로 해석했다. 이러한 절대주의자들은 절대 군주제를 지지하고, 자유주의 사상 으로부터 스페인의 종교 사상 보호를 가장 중요한 목표로 삼았다.

크라우시스모

1850년대 들면서 스페인에서는 사상의 변화가 일어났다. 스페인 사람들은 그동안 유행했던 프랑스의 철학 사상보다는 독일 철학자들의 사상에 관심을 더 두었다. 처음에는 헤겔 사상에 흥미를 보였으나 스페인 사람들은 이를 너 무 이상적으로 생각했다. 그 후 그들은 자유주의 이념에 더 쉽게 적용될 수 있는 독일 철학자인 카를 크라우제(1781~1832)를 선호하게 되었다.

크라우제 철학은 1843년에 훌리안 산스 델 리오에 의해 스페인에 도입되 었다. 이 철학은 과학을 찬양했으며 근대 교육에 대한 확고한 신념을 갖고 있었다. 1890년에 '스페인 자유 교육 기관'이 설립되면서 이 철학의 원칙은 실효를 거두었는데, 이 기관은 스페인의 근대 교육 기관으로서 공화국을 지 지하는 지식인들에게 자유주의 사상을 심어주었다.

크라우제 철학을 지지했던 지식인들은 '종교는 인간과 신의 기본적인 합 일'이라는 논리를 도출시켰다. 크라우제 철학은 또한 스페인 문화에 많은 이 바지를 했는데, 특히 가톨릭 교회의 의식 위주의 행사나 교리 등을 이성, 자 유, 발전, 인류 등의 용어를 빌려 경멸하기도 했다.

스페인의 가톨릭이 스페인 국민들을 200년 동안이나 무지와 불신 그리고 미신의 구렁텅이로 빠뜨렸다는 크라우제 철학자들의 주장에 대해 스페인의 가톨릭 교단은 "크라우제 철학의 추종자들은 우리보다 못한 열등한 민족의 것이나 모방한다."는 주장을 펴면서 그들의 논리를 비판했다.

이렇게 시작된 절대주의자들과 자유주의자들 간의 싸움은 20세기에 들어 서면서 더욱 격화되었다.

1차 내란

페르난도 7세가 죽자 스페인은 그의 딸 이사벨라 2세 지지파와 페르난도

이사벨라 2세. 그녀는 여성은 왕위를 계승할 수 없다고 규정한 살리카법이 존재함에도 불구하고 자유주의자들의 투쟁으로 페르난도 7세의 뒤를 이어 세살 때 왕위를 물려받았다.

7세의 동생 카를로스 지지파로 양분됨으로써 왕조의 위기가 시작되었다. 이사벨라 2세 지지파는 군부와 온건파, 급진주의자 등 이질적인 집단으로 구성되어 있었으며 1834년에 프랑스, 영국, 포르투갈과 과달루페 동맹을 결성하여 외국으로부터의 지원까지 받고 있었다. 이는 외세의 개입을 의미하는 것이었다. 반면에 카를로스 지지파는 왕당파를 주축으로 한 과거의 귀족과 성직자 및 농촌 대중으로 구성되어 있었다.

이들은 바스크, 나바라, 바스콩가다스 등지에서 주요 거점을 확보하고 오스트리아, 프러시아, 러시아, 나폴리의 지지를 받고 있었다.

1차 내란은 단순히 왕위 계승의 문제뿐만 아니라, 이념적인 문제까지 개입되었다. 정부는 종래의 지방 단위를 무시하고 새롭게 주 제도를 도입하여 지방의 특수법을 폐지하려 했다. 이러한 강력한 자유주의와 새로운 부르주아 사상에 대항해서 카를로스 지지자들은 전통을 고수하기 위한 강령으로 신, 조국, 왕 그리고 지방의 특수법 보호를 주장했다. 특히 그들은 교회의 한정 상속제 폐지에 반대하여 가톨릭의 방어자로 자처하고 나섰다.

내란 초기에는 카를로스 지지자들이 이사벨라를 지지하는 왕실군들을 물리치며 유리한 상황을 전개해나갔다. 그 후 내란은 전국적으로 확대되어 양측이 일진일퇴의 공방을 계속하였는데 결국 절대주의자들이자 전통주의자들인 카를로스 지지파가 패배했다. 그 뒤 이사벨라 지지파를 이끌었던 에스파르테로 장군이 카를로스 지지파들이 지배하던 영토의 대부분을 되찾았다.

그리고 카를로스 지지파들 중의 온건파와 에스파르테로 사이에 협정이 체결됨으로써 내란은 종식되었다. 1839년에 체결한 협정에서 에스파르테로는 바스크·나바라 지역의 특수법을 인정하고, 카를로스를 지지한 군인들의 정규군 편입과 진급훈장 상신 등으로 화해를 시도했다. 그러나 상당수의 카를로스 지지파들은 1840년에 국외로 망명했다. 이로써 7년간의 제1차 내란은 종식되었다.

11개월 앞당긴 성년식
: 이사벨라 2세의 자유 체제
(1843~1868년)

에스파르테로의 섭정

마리아 크리스티나 섭정 왕비는 절대주의자와 자유주의자들 간에 일어났던 내란 평정의 최고 공로자이며 실력자인 에스파르테로에게 내각 구성을 요청했다. 이에 에스파르테로는 장군들로 내각을 구성하여 군사 통치를 실시했다. 1841년에 에스파르테로는 마리아 크리스티나 왕비와 공동 섭정이 되었다. 그러나 마리아 크리스티나 왕비가 섭정직을 포기하고 마르세유로 가자 온건주의자들과 군부가 바르셀로나에서 반란이 일으키면서 정국이 매우 혼란한 양상으로 변해갔다. 결국 에스파르테로는 사태의 책임을 지고 섭정직을 내놓고 영국으로 도주했다.

1843년 10월 10일, 정부는 11개월 앞당겨 이사벨라 2세의 성년식을 올렸다. 이는 이사벨라 2세가 스페인을 직접 통치할 수 있게 되었음을 의미했다. 이사벨라 2세의 통치 이후 스페인의 역사는 온건파 자유주의 시대, 급진주의 시대 그리고 자유 연합 정부 시대 등 모두 세 시기로 나뉘어진다.

온건파 자유주의 시대: 1843~1854년

온건파는 우선 1845년에 새로운 헌법을 제정하여, 왕이 내각 임명권과 의회 해산권, 상원의원 임명권을 가질 수 있도록 했다. 대신 하원은 정치가, 재정가, 군인, 성직자 및 중산층 이상의 인사들만으로 구성되었다. 1851년에는 로마 교황청과 화해하여 한정 상속세 폐지에 따른 분규를 종식시켰다.

그러나 무엇보다도 온건파 정부 시대에 가장 주목할 만한 것은 중앙 집권화 정책이었다. 먼저 법적으로 국가의 통합을 시도했고, 1844년에 전국의 질서 유지를 위하여 민병대를 창설, 체제의 중앙 집권화를 이룩했다. 행정에 있어서는 주지사가 관리하던 권한을 제한함으로써 중앙의 권한을 확대했다. 교육은 1845년에 수립한 교육 계획안에 따라 중앙에서 관리했다. 재정 면에 있어서는 조세 제도를 단순화시키고, 각 지방의 특권을 폐지시켰다.

한편, 카를로스 루이스(이사벨라 2세와 왕위 계승 전쟁을 벌였던 페르난도 7세의 동생 카를로스의 아들)는 영국과 프랑스의 지원을 받아 카탈루냐에서 제2차 내전을 일으켰으나(1847~1849) 결국 실패하여 제2차 내란은 종식되었다.

내란이 끝난 후, 온건파 정부는 도로 및 철도 건설 등의 공공사업에 치중하여 근대화 계획을 시행해나갔고 쿠데타를 예방하는 새로운 정치 체제를 만드는 등의 개혁안을 추진해나갔다. 그러나 급진파는 이러한 개혁안을 헌정 체제의 폐지로 생각하여 반란을 일으켰다.

급진주의 2년: 1854~1856년

1854년, 군부가 온건파 정부에 반란을 일으켜 마드리드에 입성했다. 이로써 온건파 정부는 붕괴되고 급진 세력이 집권했다. 이사벨라 2세는 1차 내전 이후 내각을 이끌었던 에스파르테로를 권좌에 복귀시켰다. 에스파르테로는 집권과 동시에 예수회교도들을 추방하고 종교 행사를 금지시켰다. 온건파와 급진주의자들 간의 대립이 있었지만 정부의 체제 안정은 계속되었다.

1856년에 에스파르테로는 급진주의적인 요소가 포함되어 있는 새로운 헌법을 제정했는데, 이 헌법은 주권재민의 원칙에 기반을 두었다. 양당제도 채택했는데, 1845년의 헌법과는 달리 상원도 보통 선거로 구성되고, 상하원 모

철도 건설. 1843년부터 1854년까지 지속된 온건파 자유주의 정부는 민병대를 창설하여 체제의 중앙집권화를 이룩했으며, 특히 도로 및 철도 건설 등 공공사업에 치중하여 근대화에 앞장섰다. 사진은 스페인 최초의 기차로서 1864년 마드리드-이룬 간에 처음으로 철도가 개설되었다.

두 입법권을 가졌으며 언론의 자유도 인정되었다. 경제적인 면에서는 수출이 호전되어 국제 수지가 개선되었지만 개혁 수행 과정에서 이념적인 차이의 골이 깊어져 결국 1856년에 에스파르테로 정권은 붕괴되었다.

자유주의 연합 정부: 1856〜1868년

에스파르테로 정권 붕괴 후 온건 자유주의자들은 오도넬을 중심으로 자유 연합을 구성하여 정권을 장악했다. 오도넬은 정치적 절충주의를 택하여 사회·경제적인 개혁 정책을 전통적인 사상에 부합시키려고 노력했다. 이로 인해 스페인은 상당 기간 정국이 안정되었다. 그는 또한 군사·외교 정책을 훌륭하게 수행하여 대내외적으로 모든 스페인 국민들의 의지를 통합하고 민족주의를 부상시켰다. 모로코에서도 협상 능력을 발휘하여 모로코군의 세우타 도발에 대한 보상을 받아냈다.

그러나 이사벨라 2세의 집권 말기에 들어, 모로코와 체결한 조약 내용의 불만으로부터 발생된 정치적 위기는 경제·사회 및 재정 문제까지 파급되었다. 급기야는 야당 세력인 급진파와 민주파가 이사벨라 2세의 퇴위를 주장하고, 신헌법에 따른 공화제 수립을 요구했다. 이로 인해 오도넬을 중심으로 한 자유주의 연합 정부는 혼란에 빠졌고, 모든 야당 세력들이 연합하여 반정부 투쟁을 전개함으로써 결국 자유주의 연합 정부는 붕괴되었다.

여섯 차례의 헌법 공포와 41개의 정부

위에서 살펴본 것처럼 이사벨라 2세가 왕위에 있던 1833년부터 1868년까지는 정치의 불안이 점철된 혼란기였다. 35년 동안 여섯 번의 헌법이 공포되었으며, 41개의 정부가 들어섰고, 열다섯 차례의 군부 쿠데타가 일어났다. 또한 카를로스 추종자들은 훗날 1936~1939년 사이에 일어났던 스페인 내전의 전초전이 될 내란을 두 번에 걸쳐 일으켰다. 이 두 차례의 내란으로 국가는 파산 상태에 빠졌으며, 국민들은 정치적으로 분열되었다. 이렇게 정부가 불안하고 정치인들이 무능함에 따라 사회의 혼란이 가중되자 반군주 혁명이 일어났다. 이사벨라 2세는 프랑스로 도피하고 자유 진보 민주파인 후안 프림 장군이 1868년에 혁명을 일으켜 정권을 잡았다.

스페인의 명예혁명
: 이사벨라 2세의 퇴진
(1868~1874년)

제1차 임시 정부

1868년, 이사벨라 2세가 프랑스로 도주한 이후, 스페인에서는 급진 자유주의자들이 정권을 잡았다. 이는 피를 흘리지 않고 정권이 교체된 '명예혁명'이었다. 급진 자유주의자들은 주권재민의 원칙 수립, 보통선거 실시, 개인의 권리 보장 등을 정착시키려 노력했다. 그리고 새로운 세력으로 부상한 하층 계급이 국가 정책에 적극 참여할 수 있는 길을 열어주었다. 이는 결과적으로 노동자들의 위상을 높였으며, 노동자들에게 집회·출판·결사의 자유를 부여함으로써 노동 운동이 활성화되는 계기를 마련했다. 한편 스페인의 부르주아 계층은 다른 유럽 국가들보다 늦게 출현했는데, 이들이 혁명에 참여함으로써 오히려 정국의 불안정과 무질서만을 초래했다.

이런 정국의 불안정은 1868년부터 1874년 사이의 6년 동안 이사벨라 2세 퇴진, 혁명위원회 결성, 1차 임시정부 수립, 세라노 장군의 섭정, 아마데오 1세의 민주군주국, 제1공화국의 수립 등으로 나타났다.

1868년, 급진 자유주의자들이 정권을 잡으면서 주 및 지방의 혁명위원회가 부활했다. 마드리드에서는 최고 군사평의회가 결성되었는데, 이 최고 군

활기찬 바르셀로나의
람블라스 거리. 바르셀
로나는 마드리드 다음
가는 스페인 제2의 도
시로서 카탈루냐 지방
의 중심도시이다.

사평의회가 온건 자유파를 제압한 뒤에는 급진주의자와 통합주의자 및 민족
주의자들이 새로운 세력으로 부상했다. 그러나 군과 민병대 폐지라는 공통
점을 제외하고는 일부는 군주국을 선호하고 일부는 급진적인 공화국 체제를
주장하는 등 각 정파 간의 내분이 심했다.

새로 구성된 세라노 장군의 제1차 임시 정부는 공화국 사상을 선호했다.
임시 정부는 일련의 법령을 통하여 노동조합의 결성 허용, 신앙과 교육의 자
유, 보통선거의 실시 및 헌정 의회 소집을 약속했다. 제1차 임시정부 또한 선
거를 통해 헌정의회를 구성했는데, 여기에는 급진주의자와 공화주의자, 온
건 전통주의자 등 그 구성원이 매우 다양하여 헌법의 심의 과정에서 정부의
형태 및 종교의 자유에 대한 문제로 많은 대립이 있었다. 급진주의자들은 민
주주의를, 공화주의자들은 신앙의 자유와 국가로부터 종교의 분리를 주장했
고, 온건 및 전통주의자들은 국가와 종교의 통합을 강력하게 지지했다.

마침내 다양한 구성원들의 의견이 모아져 새로운 헌법이 제정되었다. 이
헌법은 주권재민, 3권 분립의 민주 군주제를 주요 내용으로 했는데, 이 헌법
에는 인권의 보장과 거주, 집회, 결사, 출판, 교육 및 신앙의 자유가 포함되어
있었다. 입법권은 선거에 의해 하원과 상원으로 구성된 의회에 부여되었다.
비록 왕이 법령의 제정권과 거부권, 의회 해산권을 가졌지만 민주적으로 진
일보된 헌법이었다. 한편 의회에서 왕위를 대신할 섭정으로 세라노 장군이

임명되었고, 섭정으로 임명된 세라노 장군은 프림 장군을 수상으로 임명했다.

외국 출신의 왕: 아마데오 1세

섭정인 세라노는 프림 장군에게 정부 구성을 위임하고, 새로운 왕위 계승자를 물색하도록 했다. 새로 왕위를 계승할 후보로는 이사벨라 2세의 아들 알폰소 왕자와 카를리스타(전통주의자 또는 절대주의자) 측의 후보, 그리고 자유 연합파와 세라노가 지지하는 이사벨라 2세 여동생의 남편, 급진주의자들이 이베리아 반도의 통합 가능성을 생각하고 지지했던 포르투갈의 섭정 페르난도 데 코부르고 등이 있었다.

이렇게 여러 세력 간의 왕위 쟁탈로 프림 수상은 왕위 계승자를 물색하는 데 1년이란 세월을 허비했다. 우여곡절 끝에 프림 수상은 1869년 의회에서 왕위 계승자로 스페인 왕실에 일부 권리를 갖고 있던 이탈리아 사보이 왕가의 아마데오를 지명하고, 이탈리아에 사절을 파견하여 그를 스페인으로 데려왔다.

스페인에서 아마데오 1세의 통치는 불과 2년 만에 끝났다. 아마데오 1세가 마드리드에 도착하기도 전에 그의 최고 지지자인 프림 장군이 암살되었고 민주 공화파와 이사벨라 2세의 아들인 알폰소를 지지하는 세력의 거센 반대에 부딪혔으며 카를리스타들이 제3차 내란을 일으켜 아마데오 1세는 극심한 혼란 속에 빠졌다. 또 다른 한편에서는 노동자 출신들이 아마데오 1세를 외국 출신의 왕이라고 반대 의사를 표명했고 카탈루냐 지방의 노동자들은 대토지 소유제 하의 농민과 노동자들의 의식을 깨우치는 데 커다란 역할을 했던 무정부주의에 관심을 가지게 되었다. 이러한 혼란 속에서 결국 아마데오 1세는 1873년 의회에 퇴위 의사를 밝혔다.

11개월 천하
: 제1공화국
(1873~1874년)

네 명의 대통령

아마데오 1세가 퇴위하자 의회는 투표를 통해 스페인을 공화국으로 선포했다. 그러나 1873년 2월부터 1874년 1월까지 11개월 동안 무려 네 명의 대통령이 통치하게 됨으로써 무질서와 무정부 상태를 드러냈다.

첫 번째 대통령인 피게라스는 스페인 합중국을 지향했으나 집권 4개월 동안 북부에서는 절대주의자들과 전투를 벌여야 했고 쿠바에서는 반란이 일어났으며 카탈루냐의 바르셀로나 의회가 독립을 선언했다. 피게라스 대통령은 혼미를 거듭하는 국내 상황을 제대로 수습할 수 없게 되자 결국 프랑스로 망명했다.

의회는 피게라스 대통령의 후임으로 프란시스코 마르갈을 지명했다. 그는 집권과 동시에 1783년의 연방 헌법을 수정하기 위해서 헌정 의회를 소집하려 했으나 뜻을 이루지 못했다. 비록 의회의 인준을 받지 못했지만 이 수정 헌법은 스페인 헌정사에서 중요한 전기를 제공했다. 이 헌법은 쿠바와 푸에르토리코를 스페인에 통합하여 17개 주로 했으며, 교회와 국가를 서로 분리하고, 신앙의 자유 등을 포함하고 있었다. 그러나 스페인 각지에서 분리주

제1공화정의 선언 모습. 외국 출신의 왕 아마데오 1세가 퇴위하고, 의회는 투표를 통해 공화국을 선포했다. 그러나 11개월 동안 무려 네 명의 대통령이 통치하는 등, 극심한 무질서와 무정부 상태를 드러냈다.

의 운동이 일어나 많은 지역들이 독립을 선언하는 등 스페인 전체가 무정부 상태가 되었다. 두 번째 대통령이었던 프란시스코 마르갈은 불과 1개월 동안 집권한 단명 대통령이 되었다. 그 후 보수적인 니콜라스 살메론에게 정권이 이양되었으나, 그 역시 광적인 분리주의자들과 각지에서 전투를 벌이는 등 곤란을 겪다가 2개월 만에 물러나야 했다.

네 번째 대통령으로 온건파의 에밀리오 카스텔라르가 취임했다. 그는 기존의 헌정 의회를 해산시킨 후, 군인 중심의 의회를 구성했다. 그는 정국의 안정에 많은 노력을 기울였으며, 중앙집권적 전제주의 공화국으로 스페인을 변모시키려 했으나 의회는 그의 정책을 거부하고 카스텔라르 대통령을 불신임했다.

공화국의 종말과 부르봉 왕가의 재건

네 명의 대통령이 11개월 만에 차례로 물러나고, 1874년 1월부터 12월까지 공화국의 최고 통치권은 세라노 장군에게 위임되었다. 세라노 장군은 집권 후 부르봉 왕가의 복귀를 생각하지 않았다. 그는 중앙집권적인 대통령 체제를 구축하여 자신이 종신제로 나라를 통치하려 했다.

세라노 장군이 통치하는 동안, 아마데오 1세의 왕위 계승에 반발하여 일어났던 제3차 카를리스타 전쟁이 확대되어 무질서와 정치적 불안이 계속되었다. 이에 일부 장군들은 부르봉 왕가를 재건하기 위해 이사벨라 2세의 아들인 알폰소 왕자를 추대하려 했다. 이와 동시에 보수 계층도 국내의 무질서와 정치적 불안을 종식시키기 위해 군주국의 재건을 열망했고, 따라서 일부의 장군들과 정치가들은 알폰소 왕자를 추대하여 평화적인 군주국을 건설하려 했다.

그 후 군부는 당시 17살로 영국의 육군사관학교에서 수학 중이던 이사벨라 2세의 아들 알폰소 왕자를 스페인 왕(알폰소 12세)으로 선언했다. 이에 세라노 정부가 이를 허락함으로써 공화국은 완전히 종말을 고하고 부르봉 왕가는 재건기를 맞이했다.

1874년, 알폰소 12세가 부르봉 왕조를 회복시킴으로써 스페인에 입헌 군주국이 수립되었다. 그러나 입헌 군주국이 수립되기 위해서는 1869년에 제정된 헌법을 대체할 새로운 헌법이 필요했다. 1876년에 새로 제정된 헌법은 1845년의 헌법과 1869년의 민주헌법을 각각 절충하여 종전의 모든 헌법에서 독소 조항만을 개정했다.

이 헌법에는 주권이 의회와 왕에게 있다고 규정하는 입헌 군주제가 제시되었다. 입헌 군주국의 수립으로 왕은 의회와 함께 입법권, 법령의 재가와 거부권, 의회의 소집 및 해산권을 가질 수 있었다. 다른 한편으로 새로 제정된 헌법은 왕자가 너무 어려서 왕의 임무를 제대로 수행할 수 없을 때는 의회가 섭정에 개입할 수 있게 했다. 의회는 대의원과 원로원으로 하고, 상원의 구성에서 일부는 계승되고 일부는 선출되며 일부는 왕이 임명하는 종신제 등의 혼합 방식을 채택했다. 하원은 제한선거로 각기 주민 5만 명에 1명씩 선출하도록 했다. 국교는 가톨릭으로 했으며 표현과 결사의 자유를 인정했다.

양당 제도

당시 스페인은 두 개의 정당 체제가 유지되었다. 즉, 귀족·지주 및 중산층을 대변하는 보수당과 상공인이 주축이 된 자유당으로 나누어졌는데, 이들 보수-자유 양당의 결성으로 스페인에는 평화적 정권 교체의 기반이 확립되었다. 양당은 서로 정권을 교체하고 안정과 균형을 유지하기로 암묵적으로 합의했다. 이는 당시까지 반란에 의해서 결성된 정당이 권력을 잡아왔던 종래의 형태를 탈피하는 것을 의미했다.

제국의 몰락
: 미국·스페인 전쟁
(1898년)

스페인과 쿠바

쿠바는 빼어난 경관과 온화한 기후, 농사에 적합한 토질, 그리고 니켈, 망간, 크롬 등 풍부한 지하자원을 가진 섬이다. 1511년에 스페인 사람들은 쿠바를 강제로 점령, 신대륙 경영의 기지로 삼은 뒤, 농업에 종사하며 평화롭게 살고 있던 원주민들을 혹독하게 착취했다. 원주민들은 이에 대항해서 1528년에 반란을 일으켰으나 실패하여 대부분 처형당했다. 게다가 1530년에 유럽에서 건너온 전염병으로 원주민들은 거의 다 죽었다.

이로 인해 노동력을 상실한 스페인의 정복자들은 궁여지책으로 아프리카에서 흑인 노예들을 수입했다. 스페인 사람들은 이들을 이용하여 사탕수수와 담배 재배로 엄청난 이윤을 남겼다. 이후 이들 흑인 노예들과 백인 이주민, 그리고 이들 사이에 태어난 혼혈인들이 쿠바의 주된 구성원이 되었다.

흑인 노예들은 17~18세기에 들어와 여러 차례 반란을 일으켰으나 스페인 제국주의자들의 가혹한 탄압으로 노예 해방의 꿈을 이루지는 못했다. 그러던 중 19세기 초 아메리카 대륙에서 일어난 독립 전쟁의 영향이 이곳에도 파급되어 1812년에 대규모 흑인 반란이 일어났다. 그 후 노예 제도 폐지, 노동력의 착취 금지와 독립을 요구하는 목소리가 점점 커져갔다. 1868년에는 최초의 무장반란이 일어났고 1878년까지 쿠바의 독립 전쟁은 10년간이나 계속되었다.

이처럼 쿠바 독립의 열기에 두려움을 느낀 스페인 정부는 산 후안 조약을 체결, 공화제 헌법을 공포하고 정치·경제적 개혁과 노예 해방을 약속하여 일단 전쟁을 종식시켰다. 그러나 독립 전쟁의 열기가 식자 스페인 정부는 산 후안 조약에서 흑인 노예들과의 약속을 헌신짝처럼 버렸다.

1895년, 호세 마르티(1853~1895)를 중심으로 쿠바의 제2차 독립 전쟁이 시작되었다. 쿠바 혁명당을 결성한 그는 쿠바 민중들에게 독립, 자유, 평등의 중요성을 널리 알렸다. 이런 호세 마르티의 혁명 사상으로 인해서 수많은 쿠바 민중들이 혁명의 대오에 뛰어들었다. 1895년 7월, 드디어 쿠바 혁명군은 스페인으로부터 독립을 쟁취해냈고 쿠바 공화국을 수립했다. 그러나 혁명군을 이끌었던 지도자 호세 마르티가 스페인군에 의해서 죽자 스페인은 쿠바인들의 독립 운동에 대대적인 탄압을 가했고 이로 인해 수많은 쿠바인들이 무고하게 죽어갔다.

미국과 스페인의 전쟁

1898년 2월 15일 해질 무렵, 쿠바의 아바나 항에 정박해 있던 미국의 6천 톤급 순양함 메인 호에서 갑자기 천지를 뒤흔드는 폭음과 함께 불길이 치솟았다. 또 한 차례 폭음이 연달아서 울려퍼졌고, 거대한 메인 호는 서서히 물속으로 가라앉고 말았다. 이로 인해 미군 장교 두 사람과 사병 258명의 사상자가 났다. 메인 호는 쿠바에서 설탕이나 담배 농장, 또는 큰 광산을 경영하는 미국인들의 생명과 재산을 보호할 목적으로 미국 정부에서 파견한 전함이었다.

미국 정부는 즉각 사고 원인을 조사했으나 이미 파괴되어 물 속에 가라앉아버린 선박에 대한 조사는 쉽지 않았다. 이렇게 사고 원인을 명확하게 밝혀낼 수 없었으나, 미국 신문들은 그 사고가 스페인의 음모에 의한 것이라는 심증 기사를 발표하여 국민들의 반스페인 감정을 부추겼다.

이로 인해 미국민 사이에
서는 스페인과 전쟁을 치러
야 한다는 목소리가 점점 높
아갔다. 그리고 먼저 독립을
쟁취한 나라인 미국이 쿠바
공화국의 독립을 지원해야
한다는 그럴듯한 명분도 제
시했다. 한편 쿠바를 미국의
영토에 아예 합병해야 한다
는 노골적인 주장이 나오기
도 했다.

1898년 4월, 미국은 스페
인에 최후통첩을 보냈다. 쿠
바에서 군대를 철수할 것과

'메인을 기억하자'. 1898년 2월 17일자 〈뉴욕 저널〉에 실린 미국
선박 메인 호의 폭발을 다룬 기사.

쿠바의 독립을 보장하라는 내용이었다. 이에 스페인은 미국에 선전포고를
했고 미국은 기다렸다는 듯이 군대를 출동시켰다. 미국과 스페인과의 전쟁
은 어른과 아이의 싸움처럼 미국의 압도적인 승리로 끝났다.

전쟁에서 패배한 스페인은 미국의 일방적인 강압에 의해 쿠바에 대한 주
권 포기와 전쟁 보상의 명목으로 푸에르토리코를 미국에 양도하였고, 마닐
라의 미국 점령 인정 등의 내용을 받아들여야만 했다. 이러한 강화 조건이
1898년 12월의 파리 평화 조약에서 그대로 추인됨으로써 무려 400년에 걸
친 쿠바에 대한 스페인 통치는 막을 내렸다. 이와 함께 스페인은 태평양에
마지막 보루로 지켜왔던 필리핀과 괌도 잃었다.

1898년은 이렇듯 라틴아메리카의 정복자였던 스페인이 완전한 종말을 맞
이한 역사적인 해였다. 신대륙 발견 이래 식민지는 스페인 국부의 원천이자
국가 융성의 기반이었다. 그런데 19세기 이후 식민지는 스페인의 영향력에
서 이탈해갔고, 마침내 1898년 미국과의 전쟁에서 패배하여 아메리카와 태
평양에서 마지막 식민지 보루로 지켜왔던 쿠바와 필리핀을 상실했다. 이들

양 식민지의 상실로 스페인은 국가의 존립 기반이 위태로워졌을 뿐만 아니라 국민들의 사기도 땅에 떨어졌다. 그러나 이러한 결과는 스페인의 국민 의식을 새롭게 재조명할 수 있는 계기가 되기도 했다.

DIGEST100SERIES

제5장
20세기 초의
스페인

SPAIN

해골만 남은 거인
: 98세대
(1898년)

98세대

1898년에 미국과의 전쟁에서 패배한 사건은 스페인 사회에 깊은 상처를 남겼고, 스페인이라는 나라가 세계 대국이 될 것이라는 꿈을 꺾어버리고 말았다.

이 1898년의 패배는 스페인 국민들에게 좌절을 느끼게 하는 계기가 되었다. 그러나 지성인들은 자신들의 무능과 좌절, 그리고 위축되고 쇠진해가는 조국의 참담함을 새롭게 인식하기 시작했다. 이러한 인식은 스페인의 국가적 한(恨)으로 확대되었고, 국제 사회에서의 위신 실추에 대한 반성을 통해 국가의 재건을 모색하는 국민 의식이 강조되었다. 스페인의 지성인들은 스페인 식민 제국의 종말에 즈음한 시대 상황을 한 마디로 '파멸'이라 불렀다. 그들은 이러한 파멸적 위기 의식으로부터 스페인의 민족 정신에 대한 새로운 검토를 시도했다.

이들은 우선 스페인이란 나라의 참모습을 발견하기 위하여 문화와 역사를 다시 고찰하기 시작했다. 그리고 농업의 활성화와 재정 개혁, 공공교육의 의무화에 대한 필요성을 역설했다. 그들은 또한 민족 정신을 재구축하고, 국가가 쇠퇴하게 된 근본적인 원인을 분석해서 그 해결 방안을 모색해야 한다고 주장했다. 과거뿐만 아니라, 앞으로 어떻게 해나가야 하는지에 대한 문제도 분석해나갈 것을 강조했다. 동시에 국민적 내분이나 정치적 불안정 등, 전쟁의 패배를 불가피하게 했던 몰락의 역사를 일깨워서 스페인 내부의 국가 질서를 확립하는 한편, 제국주의 정책을 포기하고 스페인의 전반적 개혁의 당위성을 확고히 하는 게 중요하다고 역설했다.

이러한 반성이나 그에 따른 활동들이 스페인의 마지막 식민지인 쿠바를 미국에게 빼앗긴 1898년에 시작되었다고 해서 이러한 활동을 했던 지성인들을 '98세대'라고 부른다.

98세대의 선구자로는 앙헬 가니베트(1865~1898)를 들 수 있는데, 그는 스페인의 어둡고 침울한 역사적 상황 속에서 시대의 위기를 조망하고 문제를 제기했다. 그는 스페인과 유럽의 역사에 대한 해박한 지식으로 말년에《스페인의 이상》이란 책을 썼다. 그는 이 책에서 스페인의 결점과 패망의 원인을 심오하게 다루며 스페인 민족의 긍지와 가치를 고양시킨다면 다시 일어설 수 있다고 주장했다. 아울러 그는 스페인의 위대한 역사가 가톨릭과 밀접한 관련을 맺고 있음을 지적하면서 가톨릭의 역사를 찬양했다. 또한 스페인인들의 지나친 개인주의 성향을 질타했고, 스페인의 제국주의적 해외 팽창주의를 지양하고 국력을 내부로 집중시켜 스페인 제국의 부흥을 도모해야 한다고 주장했다. 이처럼 작가로서뿐만 아니라 사상가로서도 많은 활약을 했던 가니베트는 1898년에 자살로 생을 마감했다.

98세대를 대표하는 또 다른 지식인으로 미겔 데 우나무노(1864~1936)가 있다. 북부 바스크 지역의 빌바오에서 태어난 그는 살라망카 대학 그리스어 교수와 총장을 역임했다. 우나무노는 스페인의 유럽화를 원했다. 그러나 프랑스를 무작정 모방하는 것이 아니라 유럽의 문화를 스페인답게 받아들이자고 주장했다. 그는 또 다른 한 명의 유럽인이기를 원하지 않았으며 급하게 유럽식으로의 옷 입기를 거부했다. 그는 특히《돈 키호테와 산초의 생애》에서 돈 키호테를 축으로 주요 인물과 사건의 상징성을 분석하면서 스페인의 국가적 문제와 인간적 문제를 함께 고찰했다. 그는 돈 키호테를 스페인 정신의 상

징적 인물로 생각하여, 돈 키호테야말로 이성적인 것에 도전하여 불멸의 명예를 추구한 전형적인 인물이며 돈 키호테가 추구하는 불멸의 명예나 모든 개인적 이해로부터의 초탈 등이 스페인 정신의 핵심을 나타내고 있다고 천명했다. 또한 스페인이 서구 문명에 이바지한

98세대를 대표하는 지식인 미겔 데 우나무노는 쇠진해가는 조국 스페인을 다시 인식하고 스페인의 민족 정신을 재검토하자고 주장했다.

것은 가속화되어가는 물질주의적 현실에서 인간의 정신적 본질을 고수한 데 있다고 주장했다.

98세대의 가장 대표적인 시인으로는 안토니오 마차도(1875~1939)를 들 수 있다. 마차도는 스페인이 직면한 사회 상황에 대한 해결 방안의 제시보다 회의주의와 실존적 고뇌, 철학에 대한 깊은 관심, 실존의 궁극적 기초로서의 윤리 의식을 강조했다.

앙헬 가니베트, 우나무노, 마차도 외에 사회에 대한 환멸과 인간에 대한 원한의 세계를 묘사하기 위해서 현실 세계를 변형시키는 기법을 개발했던 바예 잉클란, 아무런 생명력 없이 하나의 의식으로만 되어버린 스페인의 가톨릭을 비판한 아소린 등도 98세대를 대표하는 인물들이다.

98세대의 의의

98세대의 특성은 정신의 개혁을 위해서 인간의 실존을 탐구하고, 정치·경제적 또는 사회적인 차원에서보다는 정신적 차원에서 스페인의 문제들을 검토하고, 또 이러한 문제 의식을 문학으로 표출하는 데 있다고 할 수 있다. 특히 98세대의 문학이 무엇보다도 유럽 현대 문학 사상 처음으로 인간의 실존에 대한 확신과 믿음의 상실에서 오는 좌절을 체계적으로 문학화했고, 또 이후 유럽의 수많은 작가와 사상가들이 98세대가 체험한 이 사상적 고뇌를 문학의 주된 주제로 다루게 되었다는 데 그 의미를 찾을 수 있다.

그러나 98세대는 그들의 이데올로기를 실천하는 데 역부족이었으며 사회 개혁이나 스페인 부흥이라는 이상은 좌절로 끝났다. 그들의 이러한 무능은 특히 좌파 세력이나 후세대 지식인 작가들의 공격의 초점이 되기도 했다. 다만 그들이 수행한 긍정적인 역할은 '해골만 남은 거인'이었던 스페인이란 나라의 뿌리 깊은 고뇌를 후세대까지 명백히 부각시켜주었다는 점이다.

착한 정치가
: 알폰소 13세
(재위 1902~1931년)

알폰소 13세의 집정

알폰소 13세(재위 1902~1931)는 아버지인 알폰소 12세(이사벨라 2세의 아들) 가 1885년에 28세의 나이로 사망한 몇 개월 뒤에 태어났다. 알폰소 13세는 1살 때인 1886년에 왕위를 물려받았으나 나이가 너무 어려 알폰소 12세의 두 번째 부인이자 알폰소 13세의 어머니인 합스부르크 가의 왕비 마리아 크 리스티나가 섭정을 했다. 왕비 마리아 크리스티나의 섭정은 알폰소 13세가 성년이 된 1902년까지 계속되었다.

1902년에 16살의 성년이 된 알폰소 13세는 헌법에 의해 의회에서 집정을 선언했다. 정치면에서 알폰소 13세는 착한 정치가였으나 국가적인 인물은 아니었다. 그는 집권 초기부터 경제 문제와 함께 교권주의와 반교권주의 간 의 대립, 교육의 질 향상, 경제 개발, 모로코 문제 등과 직면했다. 또한 노동 자들의 사회 개혁 요구에 귀를 기울여야 했으며 사회의 폭력 · 파업 및 범죄 의 증가로 인한 사회적 불안을 해소하는 데 온 힘을 쏟아야 했다.

모로코 문제

알폰소 13세가 직면한 가장 큰 문제는 스페인령 모로코였다. 모로코는 스페인이 19세기 중엽 이래 몇 개의 거점을 확보하여 세력을 침투시켜온 지역이며 지중해 연안의 광산 개발 등을 위해서 눈독을 들인 곳이었다. 1906년 스페인과 프랑스는 모로코를 공유한다는 협정을 체결했다. 그러나 스페인에 할당된 지역은 프랑스에 할당된 지역의 1/20밖에 되지 않았고, 그마저도 불모지이며 산악지대였다. 게다가 모로코인들은 노련한 투쟁가 아브드 엘 크림의 지휘 아래 독립을 위해 스페인에 대항해서 싸웠다. 대부분의 스페인 사람들은 모로코에서의 전쟁을 격렬히 반대했지만 스페인은 모로코에서의 경제적 · 인적 손실을 감수하면서 군대를 유지했다.

1909년 7월에 모로코의 지중해 연안 멜리야의 광산에서 원주민 노동자들이 임금 투쟁을 벌였다. 이에 대해 스페인의 보수주의 정부는 카탈루냐 예비군대를 모로코로 파견하기로 결정했다. 하지만 카탈루냐 사람들은 모로코인들과의 전쟁에 목숨을 바치고 싶어 하지 않았다. 카탈루냐는 총파업을 일으켰고 바르셀로나에서는 '비극의 주'로 불리는 노동자 반란이 일어났다. 스페인 정부는 무자비하게 진압하였다. 이 기간 동안 200여 개의 성당과 30개 이상의 수도원이 파괴되었으며 120명의 노동자가 살해되었다.

마침내 1921년 7월, 모로코의 민족운동주의자들이 스페인군을 격파하고 모로코의 독립을 선언했다. 스페인 국내에서도 반식민지 운동이 일어났다. 이러한 일련의 사건은 국

알폰소 13세 부부. 착한 정치가였으나 국가적인 인물은 아니었던 알폰소 13센느 경제 문제, 교권주의와 반교권주의의 대립, 모로코 독립 문제등에 제대로 대처하지 못해 결국 프리모 데 리베라 장군의 쿠데타에 구실을 제공했다.

왕 알폰소 13세가 군에 무모한 지시를 내렸기 때문이며, 또 군 자체가 부패했기 때문이라는 소문이 돌아, 이 책임 문제를 둘러싸고 정치적 위기가 고조되었다. 이러한 위기는 프리모 데 리베라 장군이 쿠데타를 일으키는 구실이 되었다.

스페인과 제1차 세계대전

1914년에 제1차 세계대전이 일어났을 때 스페인은 전쟁이 끝날 때까지 중립을 지켰다. 이는 스페인의 경제에 많은 이익을 가져다주었다. 양쪽 모두와 거래를 함으로써 빚도 갚고 금 보유고 세계 4위의 국가가 될 정도였다. 또한 1차 세계대전으로 스페인의 농산물 수출은 증가하고 석탄·해운·펄프의 수요 증대와 함께 철강과 면화의 생산량이 늘어났다.

그러나 이렇게 단기간에 축적된 부는 일반 대중과는 너무나 거리가 멀었다. 더군다나 독일이 대서양을 통제하는 바람에 스페인에 물자가 부족하게 되었다. 이는 바로 스페인 국내의 물가 상승의 원인이 되었고 이로 인해 노동자와 공무원이 불만을 갖게 되었다. 이러한 불만의 표출은 무정부주의자와 사회주의자 조합이 노동자 총동맹(UGT)과 노동자국민동맹(CNT)과 합세하여 일으킨 1917년의 첫 번째 총파업으로 나타났다. 바르셀로나와 마드리드에서 시작된 파업은 빠른 속도로 빌바오, 세비야, 발렌시아로 퍼져나갔고 주요 공장들은 마비되었다. 결국 군대가 개입하여 수백 명의 노동자들을 죽이고 주동자를 체포하면서 파업은 일단락되었다.

프리모 데 리베라의 등장

1차 세계대전으로 융성하던 산업이 전쟁의 종결과 함께 갑자기 쇠퇴해지자 수천 명의 노동자들이 일자리를 잃었다. 여기에 무정부주의자들은 거리에서 투쟁을 다시 시작했고 정부는 다시 계엄령을 선포했다. 사회의 긴장이 더욱 고조되었다.

더욱이 모로코에서 일어난 반란을 진압하기 위해서 파병된 15,000명의 스페인 군인들이 죽었다. 모로코에서의 비극에 책임을 지고 새로운 내각이 들어섰으나 새 내각은 이러한 혼란을 적절하게 수습하지 못했다. 결국 1923년에 바르셀로나의 수비대가 반란을 일으켰다. 이를 시작으로 스페인 전역에서 반란이 일어났다. 이로 인해 결국 카탈루냐의 총사령관이었던 프리모 데리베라 장군이 쿠데타를 일으켰고 알폰소 13세는 프리모 데 리베라 장군에게 정권을 넘겨주어야만 했다.

입헌군주국의 위기
: 프리모 데 리베라의 군사 독재
(1923~1930년)

혼란의 시대

1917년, 스페인에는 개혁 정책에 따른 군부의 반발과 카탈루냐 지역 부르주아들의 왕권에 대한 도전, 그리고 8월의 총파업 등 많은 혼란이 이어졌다. 특히 1917년 8월의 총파업 기간 중에 노동자 총동맹(UGT)과 스페인 사회주의 노동당(PSOE) 집행위원회는 임시 정부 수립, 선거 실시 및 헌정 의회의 구성을 요구했다. 총파업은 전국에 걸쳐 일어났으나 정부가 전시 사태를 선언하고 강력히 제지함으로써 아스투리아스 지방을 제외하고는 모두 종결되었다. 총파업이 종결된 후 스페인에는 양당 제도의 종식을 의미하는 강력한 중앙 집권적인 정부가 수립되었다.

그러나 1917년부터 1923년까지 스페인의 정치적 불안은 계속되었다. 전국적으로 일어나고 있는 위기는 수습 불능 상태에 도달하여, 일부 지역에서는 폭력까지 난무했다. 정치적인 혼란에 더하여 사회 계층 간의 투쟁까지 일어나 스페인은 혼란 속으로 빠져들었다. 더욱이 모로코 문제와 지역적인 갈등, 특히 많은 카탈루냐인들의 자치와 독립의 요구로 인하여 스페인의 정치적 혼란은 걷잡을 수 없게 되었다.

프리모 데 리베라 장군의 독재

이러한 스페인 국내의 여러 가지 혼란을 수습하기 위하여 1923년에 카탈루냐 지구 사령관인 프리모 데 리베라 장군이 쿠데타를 일으켰다. 이에 군부, 우익 정치가, 부르주아, 지주, 교회 그리고 혼란스런 사회에 시달린 많은 시민과 언론이 그를 지지했다. 그러나 프리모 데 리베라는 대부분의 독재자들이나 군인들이 그러하듯이 정치 토론 같은 민주주의 정치를 별로 좋아하지 않았다.

군 수뇌부 회의의 의장을 겸직한 프리모 데 리베라는 즉각 비상 사태를 선언하고, 1876년에 제정된 헌법을 중지시키고 의회 폐지, 공민권 정지, 지방의회 폐지, 전국노동자연맹 해산령을 내렸다. 또한 언론 자유와 노조 결성권, 헌법에서 보장하는 모든 권리들을 철폐했다. 대신에 그는 스페인의 전통적인 질서를 유지해왔던 군대와 교회 그리고 군주의 권한을 되살리기 위한 장기 계획안을 내놓았다. 사법부에도 정부의 대표를 임명했다. 공공질서를 확립하고, 중앙과 주 및 시의 새로운 행정 체제를 장악하여 정치 안정을 이루었다. 모든 사람들은 의회의 무능과 부패에 싫증이 나 있었기 때문에 처음에는 프리모 데 리베라의 조치를 열렬히 환영했고 심지어 사회당조차 그의 독재에 협력했다.

그러나 그는 초기의 카탈루냐 연방안은 존중하여 지방 분권과 자치권을 허용하겠다는 약속을 어기고 카탈루냐 연방체 구성을 해체하고 자치를 불허한다는 주장을 폈다. 또한 학술원을 폐쇄하고 우나무노 등 지식인들을 추방하는 등 강권 정치를 단행

프리모 데 리베라. 알폰소 13세의 무능으로 혼란이 계속되어 수습 불능의 상태에 이르자, 카탈루냐 지역 총사령관인 프로모 데 리베라 장군은 쿠데타를 일으켰다.

했다. 이에 카탈루냐인뿐만 아니라 모든 스페인 사람들, 심지어 군대까지도 독재자 프리모 데 리베라에 반대하고 나섰다.

한편 프리모 데 리베라는 경제 분야에서 많은 노력을 했다. 수출을 장려하기 위하여 스페인 외환은행을 창설했고, 바르셀로나의 세계 박람회와 세비야의 이베로 아메리카 박람회를 개최하는 등 다양한 경제 부흥 정책을 폈다. 기존 도로의 보수와 7천 킬로미터의 특별 국도망을 개수했고 철도는 기존 노선의 개수 및 전철화·복선화 작업을 추진했으며, 국영석유공사(CAMPSA)도 설립하는 등, 경제 발전을 위해 노력했다. 그러나 국제 수지는 초기에는 감귤류와 철광석 수출로 개선되었으나 지나친 보호주의 정책으로 큰 피해를 입었다. 공공사업은 차관, 외자 및 해외 이민의 송금으로 이루어졌다. 더구나 1929년에 세계 경제 공황이 일어나 그의 경제 정책은 위기에 처하게 되었다.

독재 정치의 종식

프리모 데 리베라의 독재정치가 강화됨에 따라 1927년 말부터 구(舊) 정치인들과 군부에서 반대 세력이 형성되기 시작했다. 특히 군주제를 지지했던 정치가들이 공화주의자인 우나무노, 오르테가 이 가세트, 바예 잉클란, 블라스코 이바네스 등의 지식인들과 공동 전선을 구축했다. 더욱이 대학들과 카탈루냐 자치주의자들이 정면으로 프리모 데 리베라의 군사 독재에 도전했다. 또한 노동자국민동맹(CNT)은 지하 운동을 전개하고 무정부주의자들은 발렌시아에서 이베리아 무정부주의 연합(FAI)을 결성했다.

1929년에는 세계 경제 공황에 따른 재정 위기와 대학생들의 시위로 대학이 일시 폐쇄되는 사태까지 일어났다. 특히 통화 위기와 외자 유출에 따른 공공사업의 중단으로 실업률이 증가하고 대외 채무는 1923년에 비하여 두 배나 되었다. 이러한 여러 가지 어려운 경제 상황으로 인해 위기가 계속되자 프리모 데 리베라는 군부의 신임까지도 잃게 되었고 1930년에 결국 사임했다. 프랑스 파리로 간 프리모 데 리베라 장군은 몇 개월 후 그곳에서 세상을 떠났다.

스페인 현대사의 결정적인 사건
: 제2공화국
(1931~1936년)

1931년 4월 선거

1931년 4월 선거는 스페인 현대사에서 결정적인 사건이었다. 이 선거에서 41개의 시(市)가 공화정을, 지방에서는 군주파를 지지했다. 바스크, 바르셀로나, 발렌시아 등 많은 도시에서 공화정이 선언되었고 마드리드에서는 1930년에 사모라를 중심으로 임시 정부가 구성되어 공화정이 선언되었다.

1931년에는 공화파 의원들과 사회주의자들이 다수를 이룬 제헌의회가 구성되었다. 부유하고 온건한 가톨릭교도인 사모라가 초대 공화국의 대통령이 되었고, 민주 인사인 마누엘 아사냐는 개혁 정신을 지닌 사회주의자들과 공화파 인사들로 이루어진 초대 정부를 이끌었다. 군주제가 무너지고 제1공화정(1873~1874)이 붕괴된 지 약 60년 만에 제2공화정이 탄생한 것이다.

1931년 12월, 공화국 헌법이 공포되었다. 제1조는 '스페인은 노동자들의 공화국'이라고 되어 있다. 이는 지역의 자치주의와 평화주의가 포함되어 있는 진보된 민주 헌법이었다. 스페인 역사상 처음으로 교회와 국가의 분리를 규정했으며 이혼, 농업 개혁, 노동 계약, 군대의 인원 감축, 여성의 참정권과 같은 스페인에서는 혁명적이라고 여겨지는 법률들이 통과되었다.

그러나 군대와 교회 그리고 부자들로 이루어진 우익 세력은 혁명적인 체제를 원하지 않았다. 교회의 고위층은 교회와 국가의 분리에 동의하지 않았으며 소수의 부유한 자본가들은 자신의 재산을 은행에 동결시키거나 해외로 유출하기까지 했다.

한편 혁명적인 사회주의자들은 공화국이 지나치게 보수적이라고 여기고 있었다. 그들은 정부의 점진적인 개혁에 동의하지 않았으며 사회 계층을 타파하는 완전한 혁명을 원하고 있었다. 이러한 우익 세력과 사회주의자들 간의 배타적인 태도로 인한 정치·사회적인 긴장이 그 후로도 계속되었다.

아사냐의 사회주의

아사냐의 사회주의 정부(1931~1933)가 직면한 최대의 과제는 농지 개혁이었다. 농지 개혁은 정치적 혁명을 정당화할 수 있는 토대가 되었으나 그 방법에 있어서는 통일된 기준이 없었다. 그래서 특별위원회를 설치하여 토지 수용법으로 지주에게 보상금을 지불하고 경작 농민들에게 많은 토지가 분배되었다. 그러나 이러한 급진적인 조치는 전국적으로 많은 부작용을 일으켰고 1933년에 무정부주의 노동자들이 반란을 일으킴으로써 아사냐의 사회주의 정부의 위기는 시작되었다. 이 반란의 진압 과정에서 보여준 정부의 무자비한 행동을 급진 사회주의자들과 우익 세력들이 맹렬히 비난하고 나섰다. 이에 아사냐는 의회를 해산하고 선거를 실시했다. 이 선거에서 급진파와 연합한 우익 세력, 농민, 전통주의자가 승리했다.

우익 동맹의 2년

1933년 선거에서 우익 세력이 다수 표를 획득했지만, 내각을 구성하기에는 부족하여 중도 연합을 구성했다. 반면에 분열을 겪고 있었던 좌파와 극우파와의 대립은 갈수록 커져만 갔다.

보수층을 대표하는 우익동맹은 급진파와 연합하여 좌익 공화파를 제거한 뒤 아사냐 정부가 단행한 개혁 조치를 무효화하고 교회에 대한 특권 부여와 자치법 폐지, 새 농지법 공포 등의 보수적인 정책을 폈다. 이에 좌익은 무정부주의자와의 연합을 모색했다.
1934년 10월에 카탈루냐와 아스투
리아스 지방을 중심으로 총파업이
일어났고, 동시에 전국적으로 반란
이 일어났다. 그러나 이들 두 지역을
제외하고는 모두 진압되었다.

1931년의 제2공화국은 스페인의
모든 역사적인 문제들을 해결하고
정치적인 과오들을 치유하는 만병
통치약으로 여겨졌지만 실제 스페
인 사람들에게 그것은 환상에 지나
지 않았다. 보수파와 중도파는 공화
정이 시행하는 정책에 대해서 거부
감을 나타냈다.

노동자총동맹(UGT)의 포스터. 1931년 공포된 제2공화국 헌법 제 1조에는 '노동자들의 공화국'이라고 되어 있다.

한편 사회주의자들은 부르주아 공화제를 지지함과 동시에 소련에 대한 맹목적인 추종과 폭력적인 혁명주의를 선택했다. 따라서 균형을 유지하는 데 필요한 중도파가 설 자리는 사실상 사라져버렸다. 이렇게 공화정으로 야기된 갈등과 혼란이 마침내 1936년 7월, 피비린내 나는 전쟁을 불러일으켰다.

81

스페인의 노동 운동
: 아스투리아스 혁명
(1934년)

노동 운동의 활성화

스페인은 근본적으로 농업국이었다. 하지만 토지 소유에 있어서는 전 인구의 8%인 지주들이 전체 토지의 반을 소유하는 비정상적인 현상을 보였다. 따라서 농지 개혁은 20세기 초 스페인 사회 문제의 핵심이었다. 소수의 지주 계급은 많은 토지를 소유했고, 그들은 산업 활동에도 큰 영향을 끼쳤다. 정치인들 또한 그들의 이익을 보호하는 데 앞장섰다. 또한 이 시기에 군대에는 전체 군인의 수에 비해 지나치게 많은 장교들이 있었다. 이는 군대의 발전을 저해했음은 물론 비용을 증가시켜 정부의 부담만을 가중시켰다. 더욱이 지도층을 이루고 있던 성직자들조차도 군대를 지지하여 기득권 유지에 힘을 쏟았다. 이에 반해 노동자 계층은 절대 다수를 차지했지만 생활 조건은 매우 열악했다. 최저의 임금을 받았던 노동자들은 자신들의 권리를 찾기 위해 노동조합에 가입했다. 그리고 농민들이 살기 힘든 농촌을 떠나 도시로 이주함으로써 도시 노동자들의 실업률이 급격히 증가했다.

소수의 지도층과 성직자, 지주들과 노동자, 농민 사이에 극심한 대립 양상을 보였던 당시의 사회 상황은 스페인에서 노동 운동이 활성화되는 데 커다란 밑거름이 되었다.

스페인의 노동 운동

스페인의 노동 운동은 유럽의 다른 나라들에 비해 상대적으로 늦게 시작
되었다. 노동자들은 1825년에 처음으로 노동조합을 결성, 임금 인상과 노동
조건의 개선을 요구했다. 1830년대에는 카탈루냐의 직물산업 종사자들이 노
조를 결성하기 시작했고, 그 후 1868~1874년 사이에 노동 운동이 활기를 띠
기 시작했다. 스페인의 노동 운동은 1869년에 국제노동기구에 가입함으로써
본격화되었는데, 이어 마드리드와 바르셀로나, 안달루시아에 지부가 설치되
었다. 그러나 이즈음 노동 운동에 참여했던 무정부주의자들과 사회주의자들
간에 분열이 일어났다. 무정부주의자들은 제1공화정(1873~1874)이 끝나고 부
르봉 왕조의 알폰소 12세와 13세의 통치 기간 중에 많은 지도층인사들에게
테러와 범죄 행위를 저질렀다. 이에 정부는 그들의 범법 행위를 막기 위해
새로운 법령을 제정, 공포했다.

한편 사회주의권에서는 파블로 이글레시아스가 지휘하는 금속인쇄노조가
1879년에 스페인 사회주의 노동당(PSOE)을 창당했다. 그들은 계급 타파, 개
인 재산의 사회 환원 및 노동자들의 집권을 주요 정책으로 삼았다. 비록 정
부로부터는 합법적인 인정을 받지 못했지만 사회주의 노동당은 산업의 중
심지인 마드리드와 광부들이 많은 아스투리아스, 비스카야 등지에서 그들의
세력을 확산시켰다.

그 후 노동조합의 결성이 자유로워지고 보통선거 실시와 노동자들에게 투
표권이 부여됨으로써 노동자들이 노동 운동을 하는 데 유리한 상황이 되었
다. 사회주의 노동당(PSOE)의 파블로 이글레시아스는 1888년 바르셀로나에
서 노동자총동맹(UGT)을 결성하여 사회주의 노동당과 매우 긴밀한 관계를
맺었는데, 특히 도시의 노동자들로 구성된 노동자총동맹(UGT)에 가입한 노
동자들의 수는 약 150만 명에 육박했다.

또 하나의 중요한 노동자 조직인 노동자국민동맹(CNT)은 1911년에 창설
된 무정부주의자들의 조직으로서 카탈루냐에서 크게 세력을 확장하여 안

아스투리아스 지방의 히혼 항구. 1934년 10월 사회주의 노동자 조직과 카탈루냐 분리주의자들은 온건 공화파와 가톨릭계 우익 정권에 대항하여 혁명을 일으켰다. 주로 아스투리아스 지방의 석탄 광부들로 구성된 혁명군들은 아스투리아스의 거의 모든 지역을 점령하여 사회주의 혁명 체제를 건설하는 데 성공했지만 정부군의 잔인한 진압으로 15일만에 종말을 고했다.

달루시아의 농촌에까지 뿌리를 내렸다. 제2공화국 초기인 1930년대 초에는 80만 명의 노동자가 노동자국민동맹에 가입했다. 1927년 7월에는 프리모 데 리베라 독재하에서 비밀 무정부주의 조직인 이베리아 무정부주의 연합(FAI)이 조직되어, 그 구성원들이 노동자국민동맹(CNT)의 지도부로 활약했다. 이렇게 스페인에서 무정부주의가 대중적으로 튼튼한 지반을 확립한 이유는 스페인이 지역적으로 분산되어 있으며 정당이 타락하고 정부가 대중에게 많은 혜택을 주지 못했다는 점을 들 수 있다.

2주 천하: 아스투리아스 혁명

스페인 북서부의 아스투리아스는 북쪽의 칸타브리아 해와 남쪽의 칸타브리아 산맥 사이에 위치하고 있어 해안선 부근에 있는 약간의 평지를 제외하면 거의가 산악지대로 되어 있다. 레콘키스타(국토 회복 운동)의 발상지답게 그곳 사람들은 강한 기질을 갖고 있으며 독립심도 매우 강했다. 아스투리아스 지역에서는 19세기 말경부터 석탄 산업이 발달했고, 공장 건설과 철도의 부설이 뒤따랐다. 특히 이 지역에서는 사회주의 노동당(PSOE)과 노동자총동맹(UGT)이 우위를 확보하고 있었다.

1934년 10월, 아스투리아스 지역에서 사회주의 노동자 조직들과 카탈루냐의 분리주의자들이 온건 공화파와 가톨릭계 우익 정권에 대항하여 혁명을 일으켰다. 이들은 주로 스페인 북부 아스투리아스의 석탄 광부들로 구성되어 있었다.

그들은 아스투리아스의 거의 모든 지역을 점령하는 데 성공했으며, 그곳에 사회주의 혁명 체제를 건설했다. 그러나 정부는 모로코에서 파견한 군대를 보내 혁명을 진압했다. 혁명군과 정부군의 격렬한 전투 결과, 수천 명이 체포되어 고문을 당하거나 총살되었다. 스페인의 감옥들은 아스투리아스의 혁명 분자들로 가득 채워졌다. 정부군의 잔인한 진압으로 아스투리아스 혁명은 시작된 지 15일 후에 종말을 고했다. 이 혁명은 비록 15일 동안의 성공에 그쳤지만 '러시아 혁명 이래 세계가 기록한 가장 중요한 노동자 운동'으로 평가받고 있다.

DIGEST100SERIES

제6장
프랑코와 스페인

SPAIN

DIGEST 82 SPAIN

인민전선의 총선 승리
: 스페인 내전 1
(1936~1939년)

이데올로기의 시대

스페인 내전(1936~1939)의 발생과 전개는 1930년대라는 국제적 상황을 떠나서는 이해할 수 없다. 1930년대는 이데올로기가 만발한 시대였다. 민주주의, 파시즘, 공산주의라는 세 가지 주의(主義)의 투쟁이 이 시대 정치사의 기본을 이루고 있었다.

1930년대는 실로 많은 사람들이 자기가 신봉하는 이데올로기에 몸을 바쳤다. 이 시대는 사상에 대한 정열이 역사를 움직인 시대였고, 이런 시대적인 특징이 집약적으로 나타난 것이 바로 '스페인 내전'이었다. 스페인 사회의 독특한 사정이 내전의 직접 원인이기는 했지만, 세계 경제 공황, 국제 파시즘의 대두, 국제 공산주의 운동 등의 여러 요인들도 스페인 내전의 원인이라 할 수 있다. 이런 여러 가지 직·간접적인 원인에 의해 일어난 스페인 내전은 국제적으로 커다란 반향을 불러일으켰고, 1930년대 후반 스페인의 국내외 정치 상황을 더욱 복잡하게 만들었다.

"공화제에게 먹여달라고 해!"

20세기 초반 스페인은 농업 문제와 지역 자치 문제, 노동 운동 문제 등이 서로 얽혀서 사회적·정치적 위기에 놓여 있었다. 알폰소 13세가 이를 제대로 극복하지 못하자 1923년부터 1931년까지 독재자 프리모 데 리베라 장군이 등장하여 정권을 장악했다. 그는 국회를 해산하고 무력 독재 정치를 폈다. 1931년에 실시된 지방 선거에서 공화파가 대거 진출했다. 공화파의 진출은 왕권 약화와 왕당 정치의 폐지를 의미했다. 임시 정부 수립과 동시에 공화제 정부가 들어섰다. 공화파는 왕당파와 교회의 낡아빠진 지배 사상에 맞서는 투쟁을 전개했다. 새로 탄생한 공화국 정부는 교회의 힘을 약화시키고, 국민의 생활 수준을 향상시키려 노력했으나 농민과 노동자들의 생활은 여전히 열악했고 사회는 낡은 봉건제의 틀에서 벗어나지 못했다.

이런 상황에서 공화국 정부는 스페인 민주 정치 실현의 기초라 할 수 있는 토지 개혁을 효과적으로 실현하지 못했다. 특히 스페인 전체 토지와 재산의 1/3 가량을 장악하고 있던 교회를 포함한 모든 지주들에게 농지개혁법은 그야말로 과격한 혁명으로 여겨졌고 무정부주의자들로부터는 속임수라고 비난받았다. 따라서 농지개혁법은 이름만 존재할 뿐 제대로 실행되지 못했다. 이런 상황에서 농민들이 지주들에게 많은 요구를 하자 지주들은 이렇게 대답했다. "공화제에게 먹여달라고 해!"

1933년에 들어서자, 전 독재자 프리모 데 리베라의 아들인 호세 안토니오 프리모 데 리베라가 이끄는 극우 정당 팔랑헤당이 파시즘 독재를 꿈꾸며 급격히 부상했다. 1933년 11월에 다시 총선이 실시되었다. 이 선거에서 공화국 정부는 스페인 자치 연합(CEDA, 왕당파와 교권주의자의 파시즘을 내세운 우파 민족주의자 단체)에게 권좌를 내주어야 했다. 1934년 5월, 라르고 카바예로를 위시한 사회주의 세력은 스페인 자치 연합의 탄압에 대항해 대대적인 파업을 단행했으나 스페인 자치 연합은 야만적인 방법으로 진압했다.

인민전선의 총선 승리

1936년, 사회당 계통의 노동자총동맹(UGT)과 무정부주의자 그룹인 노동

프랑코 반란군의 진격을 저지하는 인민전선 부대(1936년, 마드리드). 사회당 계통의 노동자총동맹(UGT)과 무정부주의자들의 그룹인 노동자국민동맹(CNT)이 서로 손을 잡고 인민전선을 형성, 1936년 2월에 실시된 총선거에서 과반수의 지지를 획득했다.

자국민동맹(CNT)이 서로 손을 잡았다. 이른바 인민전선(Frente Popular)이 형성된 것이다. 그리고 1936년 2월에 실시된 총선거에서 인민전선은 과반수의 지지를 얻었다. 국민들은 집권에 성공한 인민전선 정부에 대하여 '좋은 정치'를 갈망했고, 인민전선 정부의 총리가 된 아사냐는 '좋은 정치'를 위하여 힘을 쏟았다. 그는 정치범 석방, 농민의 조세와 지대 경감, 노동자의 임금 인상과 실업 대책, 중소기업 보호, 교육 개혁 등 개혁적이고 민주적인 정책을 단행했다. 또한 아사냐 정부는 팔랑헤당의 활동을 불법화하고 프랑코 장군을 카나리아 제도의 경비 사령관으로 좌천시켰다.

한편 총선에 패배한 대지주들과 부르주아들은 왕당파와 팔랑헤당으로 분열되었지만, 두 세력 모두 인민전선 정부의 타도에 골몰했다. 그리하여 가톨릭 교회와 지주, 대자본가, 군부 등이 범 파시즘 세력을 형성하여 모든 수단을 동원, 인민전선 정부를 방해했다. 어떤 자본가는 고의로 생산을 중단하여 노동자를 실업 상태로 내몰기도 했고 팔랑헤 당원은 인민전선 지도자의 집에 폭탄 테러를 하거나 기관총을 장착한 차를 몰고 다니며 인민전선 지지자들을 사살하기도 했다. 파시즘 세력의 편에 선 법원은 이러한 폭력 범죄를 대수롭지 않게 처리했다.

나아가 파시즘 세력은 인민전선 정부가 질서를 유지할 능력이 없다는 것을 선전했다. 그리고 사회적으로 어수선한 분위기를 만들어내면서 은밀하게 인민전선 정부를 전복할 계획을 추진했다. 그러던 중 왕당파 지도자가 피살되는 사건이 일어났다. 그것은 쿠데타의 기회를 엿보고 있던 파시즘 세력에게 좋은 구실을 만들어주었고 마침내 보수 기득권 세력을 등에 업은 군부가 1936년 7월 17일, 스페인령 모로코에서 쿠데타를 일으켰다.

두 개의 스페인
: 스페인 내전 2
(1936~1939년)

두 개의 스페인

스페인 내전이 일어난 원인은 물론 여러 가지가 있지만, 가장 근본적인 원인은 1936년 이전으로 거슬러올라가 오랫동안 대립해온 '두 개의 스페인', 즉 '두 개의 광신적이라 할 만한 정열과 이상'이 파괴적인 형태로 충돌한 것이라 할 수 있다. 결국 스페인 내전은 '두 스페인'이 공존의 길을 찾지 못해 마지막으로 도달한 유일한 출구였다.

역사가들은 18세기부터 '두 스페인'에 관한 개념을 말해왔는데, 하나는 개방적이고 관대하며 급진적이고 범 세계적인 지식인과 진보주의자들의 스페인이고, 다른 하나는 가톨릭적이고 맹목적이며 엄격하고 스스로 폐쇄적이며 민족주의적인 보수주의자들의 스페인이었다.

1936년 당시 군대와 공공질서를 유지하는 경찰과 같은 국가 기관 내에서까지도 이러한 '두 스페인'의 모습을 볼 수 있었다. 이처럼 당시의 스페인 사회는 하나의 이데올로기를 가진 사회가 아니었다. 양 진영에는 각각 군인도 있고 사제도 있었다. 또 중산층과 지식인층, 가톨릭교도와 반교회주의자, 전통을 옹호하는 계층과 진보적인 그룹 사이에 갖가지 알력과 상극도 존재했다. 말하자면 당시의 스페인 사회는 가로와 세로로 분단되어 서로의 틈을 메우기에는 그 상처가 너무 넓고 깊었다.

스페인 내전 전개

1936년 7월 17일, 스페인령 모로코에서 군사 봉기가 일어났다. 다음 날인 18일, 프랑코는 좌천당해서 근무하고 있던 카나리아 제도에 계엄령을 발동하고 아프리카 반란군의 지휘를 맡았다. 세계를 뒤흔든 스페인 내전은 이렇게 시작되었다. 19일, 이미 스페인령 모로코에 가 있던 프랑코는 북아프리카 주둔 스페인군에게 본토로 이동하라고 명령했다. 이 본토 상륙 작전은 전투의 국면을 좌우하는 중요한 분기점이었다. 그러나 공화국 정부군의 작전상 실수로 프랑코의 본토 상륙을 허용하고 말았다. 그 결과 '실패로 끝났을 쿠데타'가 스페인 전체의 '내전'이라는 새로운 양상을 띠게 되었다. 즉, 반란군을 지지하는 한쪽의 스페인 국민과 공화국 정부를 지지하는 또 다른 한쪽의 스페인 국민, 다시 말해 '두 스페인'이 서로를 증오하고 죽이기 시작한 것이다.

내전은 공화국 정부군 쪽이 우세한 가운데 시작되었다. 주요 도시와 우수한 무기, 많은 자원, 공업 지대, 풍요한 농촌 지대, 외화 등이 모두 공화국 정부군의 손 안에 들어 있었다. 한편 반란군은 각 지방에 뿔뿔이 흩어져 있었고, 군수 물자마저 부족했다. 하지만 양쪽 진영의 사기를 비교해보면 반란군 쪽이 더 높았다. 공화국 정부가 교회와 군대를 억눌러온 데 대한 반란군 진영의 복수심, 그것이 바로 반란군 쪽의 사기를 높이는 데 커다란 역할을 했던 것이다.

반란군 진영은 봉기한 곳이 서로 떨어져 있었기 때문에 횡적인 연락망이 충분하지 못했다. 하지만 지배하고 있는 지역에서만큼은 한 명의 군사령관이 모든 권한을 장악하고 통솔했다. 공화국 진영은 공화국 정부와 혁명을 지향하는 여러 정파가 서로 의견의 일치를 보지 못하고, 내전이 '전쟁이냐 혁명이냐'라는 소모적인 논쟁만 일삼고 있었다.

스페인 내전은 초기 단계부터 유럽과 온 세계의 주목을 받았다. 소련과 멕

시코가 공화국 정부군을, 독일과 이탈리아가 반란군을 지원했다. 이는 스페인 내전이 국제전으로 확대되었음을 의미했다. 공화국 정부군 측에서는 작가인 헤밍웨이와 조지 오웰 등이 참여한 의용군으로 이루어진 4만여 명의 국제여단이 활약해 세계적인 관심을 불러일으키기도 했다.

승리 행진을 사열하는 프랑코 장군과 지휘관들(1939년, 마드리드). 3년간의 스페인 내전으로 30~60만 명 정도의 사람이 사망한 것으로 추정된다.

외국의 원조가 시작된 이후로 공화국 정부군 진영에 주어진 인적 · 물적 원조가 반란군 진영에 주어진 것보다 훨씬 많았음에도 불구하고 실제 전투에서는 그 효과가 나타나지 않았다. 정규군으로 이루어진 반란군 쪽이 절대적인 우세를 보인 가운데, 1939년 3월 28일 마침내 마드리드가 함락되고 반란군이 승리했다. 2년 9개월 동안 스페인을 보수와 혁신으로 양분한 스페인 내전에서 약 30~60만 명으로 추산되는 사람들이 사망했으며 25~50만 명의 공화국 정부군과 민간인들이 프랑스로 망명했다.

공화국 정부군의 패배 원인에 대해서 당시 공화국 정부군 편이었던 역사가 산체스 아르보르노스는 "공화국 정부를 넓게 뒤덮고 있던 '태만의 정신', '미래를 향한 비전의 결여', '충분하지 못한 조직화'가 그 원인"이라고 지적했다. 한편 스페인 내전에 참가했던 영국 작가 조지 오웰이 "스페인의 역사는 1936년에 멈추고 말았다."라고 말할 정도로 스페인 내전은 수많은 희생자를 내고 스페인 민주주의의 싹을 짓밟아버렸다.

202회째의 성공자

스페인에는 옛날부터 스페인의 정치 상황을 숙명론적으로 표현한 우화가 있다.

> "성모 마리아는 스페인 사람들에게 그들이 갖고 싶은 것을 하나님에게
> 주선해주겠다고 약속했다. 그래서 그들은 세계에서 가장 좋은 풍토(風土)를
> 부탁했다. 하나님은 이것을 들어주었다. 다음에는 가장 좋은 과일과 밀을 부탁했고,
> 가장 뛰어난 말과 칼도 부탁했다. 하나님은 이것들도 모두 들어주었다. 그들은
> 다시 가장 아름다운 노래와 춤을 부탁했고, 또 가장 아름다운 여성과 가장
> 용감한 남성을 부탁했다. 하나님은 이것도 들어주었다. 마지막으로 그들은 좋은
> 정부(政府)를 부탁했다. 그러자 당황한 성모님은 고개를 가로저으며 말했다. '그것은
> 안 됩니다. 그렇게 된다면, 천사들이 하루도 천당에 머물려고 하지 않을 것입니다.'"

이것은 스페인 사람들이 하나님으로부터 그들이 원했던 것은 무엇이든 손에 넣을 수 있었지만 좋은 정부만은 얻지 못함으로써 역사적으로 악정에 시달리는 백성이 되고 말았다는 이야기이다.

더구나 19세기 중엽부터는 군부에서 쿠데타를 일으켜 군사 독재 정권을 수립하는 나쁜 전통이 생기게 되었다. 한 스페인 전문학자는 1841년 이래 스페인에서는 202회의 군부 쿠데타가 일어났으며 1975년에 사망한 프랑코는 그 202회째의 성공자였다고 전하고 있다.

DIGEST 84 SPAIN

스페인 내전의 젊은이들
: 국제여단
(1936년~1939년)

국제여단

1936년 늦여름과 가을 무렵, 일단의 젊은이들이 칠흑 같은 어둠을 뚫고 험준한 피레네 산맥을 넘어 프랑스에서 스페인으로 잠입해 들어왔다. 그들은 위조한 여권을 들고 국경을 통과했다. 미국과 멕시코의 젊은이들은 배를 타고 대서양을 건너 스페인에 도착하기도 했다. 모두 50여 개 나라에서 온 4만여 명의 젊은이들이 군부 쿠데타로 위기에 처한 스페인의 공화국 정부를 수호하기 위해서 총을 들고 '국제여단'의 이름으로 전투에 참여했다.

이들에게 스페인 내전은 한 나라의 내전이 아니라 민주 세력과 파시즘 세력 사이의 전쟁이었다. 그리고 공화국 정부의 승리는 곧 유럽의 반파시즘 전선의 승리를 의미했다. 그들은 스페인에서 파시즘을 막으면 당시 유럽을 공포에 떨게 했던 '세계대전'의 발발까지도 막을 수 있다고 믿었다. 더구나 파시스트 정권이 들어선 독일과 이탈리아 출신의 사회주의자들에게는 국제여단원이 되어 스페인에서 벌이는 투쟁이 곧 자기 조국을 파시즘의 마수로부터 해방시키기 위한 투쟁이기도 했다. 한 독일 출신의 공산주의자는 "이 내전은 스페인 사람들의 전쟁이 아니라 우리의 전쟁이다."라고 말할 정도였다.

이탈리아 출신 국제여단원들은 "마드리드를 거쳐 로마로 간다!"가 자신들의 구호였다고 말했다. 실제로 국제여단의 이탈리아 연대는 과달라하라 전투에서 프랑코군의 편에 선 조국의 파시스트 부대에 치욕적인 패배를 안겨주기도 했다.

반란군은 프랑코 장군의 지휘 아래 이탈리아의 지원을 받아 본토에 상륙했다. 독일 또한 물자를 지원하는데 그치지 않고 병력과 무기를 투입해 프랑코를 도왔다. 독일과 이탈리아, 두 파시즘 국가가 서로 협조하여 반란군을 지원하는 동안 위기감을 느낀 유럽의 좌익 세력은 어떻게든 스페인의 공화국 정부를 지원하려 했다. 내전은 이렇게 국제전으로 확산되었다.

마드리드를 점령하기 위해 반란군은 정예부대를 앞세워 파상공격을 가했으나 마드리드 시민들과 국제여단의 완강한 저항에 밀려 점령에 실패했다. 마드리드 공방전에서 국제여단원들의 구호는 "노 파사란(No pasarán)", 즉 "그들은 통과하지 못 한다!"였다. 만약 마드리드를 반란군에 빼앗긴다면 프랑코가 손쉽게 스페인 전역을 손에 넣을 것이라고 국제여단원들은 생각했다. 국제여단의 활약으로 마드리드는 사수되었다. 이로써 스페인 내전은 프랑코의 예상과는 달리 장기적인 소모전이 되고 말았다.

국제여단원들의 피해

국제여단원들은 늘 앞장서서 싸우기를 마다하지 않았다. 그러나 이렇게 용감하게 싸웠던 국제여단원들은 처음에는 기초적인 군사 훈련을 받았지만 전선의 상황이 급박해지면서 거의 훈련을 받지 않고 전선에 투입되는 일이 잦아졌다. 많은 국제여단원들은 난생 처음 소총을 만져보았다고 회고하기도 했다. 또 벨기에 출신의 한 국제여단원은 "잿빛 바다와 구름낀 하늘의 1936년 비오는 가을에 생긴 모험심과 권태감 때문에 스페인에 갔다."고 스페인 내전에 참여했던 이유를 지극히 낭만적인 투로 말하기도 했다.

국제여단이 실제로 전투를 치르면서 입은 피해는 실로 막대했다. 전투에 투입된 지 석 달 만에 영국인 국제여단 600명 가운데 400명이 전사했다. 국제여단에 맞서 싸운 상대방은 독일과 이탈리아 정부로부터 지원받은 최신

통과하지 못 한다! 마드리드를 빼앗기면 프랑코 반란군이 쉽게 스페인 전역을 손에 넣을 것이라고 생각한 국제여단원들은 '통과하지 못 한다(No pasarán)'라는 구호 아래 프랑코 반란군과 싸웠다.

무기로 무장한 정규군이었다. 한 미국인 연대는 어떤 일이 있더라도 공격을 하라는 명령을 수행하다 단일 전투에서만 400명 가운데 298명이 전사하는 큰 피해를 입었다. 1937년 1월에 제11국제여단이 재정비를 위해 후방으로 물러났을 때 2천 명이던 여단 병력은 600여 명으로 줄어들어 있었다. 군사학에서 보통 전력의 30%가 사상해도 '괴멸'되었다고 본다는 것을 감안하면 국제여단이 당한 피해가 얼마나 심한 것이었는지를 상상할 수 있다.

이러한 피해는 단지 국제여단원들의 훈련 부족이나 무기 부족 때문만은 아니었다. 혹독한 자연에서 오는 고통은 말할 것도 없었고 공포심이나 물자 부족은 일상사였다. 그러나 가장 큰 문제는 언어 장벽이었다. 세계 각지에서 모여든 젊은이들로 구성된 부대인 만큼 부대원 사이에 의사 소통이 되지 않아 전투에서 치명적인 상황을 맞이하는 경우도 드물지 않았다.

이런 상황을 조지 오웰은 《카탈루냐 찬가》에서 "정의의 편에 섰다는 의식은 사기를 높일 수 있다. …… 그러나 자연의 법칙이 반혁명군(프랑코 측)보다 혁명군(공화국 정부군)에게 유리하게 작용하지는 않았다."라고 묘사하고 있다.

국제여단의 비극

가장 투철한 혁명 세력인 무정부주의자들의 아성이었던 카탈루냐마저 프랑코군에게 빼앗기면서 공화국 정부군의 패색은 짙어만 갔다. 내전 막바지

에 공화국의 총리가 된 네그린은 1938년 9월 스위스 제네바에서 열린 국제
연맹 총회에서 "스페인 정부는 정부 편에 서서 전투를 벌이는 비스페인인 전
투 부대(국제여단)를 완전히 철수하기로 결정했습니다."라는 성명을 발표했
다. 이후 국제여단원들은 차례로 스페인을 떠났다. 그 이듬해인 1939년 2월
국제여단은 스페인에서 완전히 철수했다. 1939년 2월 말, 영국과 프랑스는
프랑코 정권을 정식으로 승인했고 3월에는 결국 마드리드가 프랑코의 수중
으로 넘어갔다.

　내전이 끝나고 스페인을 떠난 많은 국제여단원들을 맞이한 것은 따뜻한
환영만은 아니었다. 독일이나 이탈리아 출신의 국제여단원들은 여전히 조국
으로 돌아가지 못했고 동포들에게는 조국의 배신자 취급을 받았다. 미국 연
방수사국(FBI) 국장 에드거 후버는 국제여단에 참가한 미국인들을 공산주의
자들의 '봉'이라고 멸시했다. 프랑스로 간 국제여단원들은 곧바로 터진 제
2차 세계대전의 참화를 피하지 못하고 비시 정권 하에서 독일의 비밀 경찰
게슈타포의 추격을 받아야만 했다. 고국으로 돌아간 소련인 군사 고문단을
기다리고 있던 것은 숙청이었다. 숙청의 대상자 수가 할당되는 상황에서 외
국에 갔다온 경험이 있는 소련인이야말로 가장 손쉬운 숙청 대상이었다. 동
구권 출신의 국제여단원들은 고국으로 돌아가자마자 독일군의 추격을 받았
고, 제2차 세계대전이 끝난 뒤에는 소련 비밀경찰의 감시를 받아야 했다.

스페인 내전과 세 명의 작가
: 로르카, 헤밍웨이 그리고 오웰

죽음을 노래한 시인: 페데리코 가르시아 로르카

　페데리코 가르시아 로르카는 1898년 스페인 남부 그라나다 근처의 푸엔테 바케로스에서 태어났다. 그는 피아노 연주를 잘했고 즉흥적인 작곡에도 능했다. 어린 시절 유모인 돌로레스로부터 그라나다의 농민들과 집시들의 민속을 만날 수 있었고 하녀와 어린이들 앞에서 인형극을 상연하기도 했다. 어린 로르카는 자신이 직접 디자인한 옷을 인형들에게 입히고 인형극들을 직접 연출하면서 훗날 위대한 극작가로서의 꿈을 키웠다.

　그라나다 대학에서 법학을 공부한 로르카는 1919년 마드리드 대학의 학생 기숙사에서 초현실주의 화가인 살바도르 달리, 시인 라파엘 알베르티, 영화 감독 루이스 브뉘엘 등 또래 예술가들과 교분을 나누며 예술적 감각을 키워갔다.

　그는 《칸테 혼도의 시》, 《노래집》, 《첫 번째 집시 가곡집》 등으로 지식인층뿐만 아니라 대중적으로도 유명한 작가가 되었다. 미국으로 건너간 로르카는 뉴욕에 머물면서 초현실적인 작품 《뉴욕의 시인》을 쓰기도 했다. 스페인의 극을 완전히 개혁하겠다는 생각을 갖고 쿠바를 거쳐 스페인으로 돌아온 로르카는 대학생들로 구성된 '움집'이란 극단을 통해서 스페인 전통 문화의 정수가 가득 담긴 로페 데 베가나 세르반테스의 극을 상연하는 데 앞장섰다. 이런 그의 노력의 결과로 《피의 결혼》, 《예르마》, 《베르나르다 알바의 집》 등 세 편의 비극이 탄생했다.

활발하게 스페인 전통에 대한 탐구에 몰두하던 로르카에게 죽음의 그림자가 닥쳤다. 1936년 8월 19일 새벽, 그라나다에 있는 집으로 신원을 알 수 없는 세 명의 사나이가 찾아와 로르카를 근교의 과수원으로

동성애자라는 소문을 불러일으켰던 달리(왼쪽)과 로르카(오른쪽). 자신의 작품에서 폭력 · 비극적인 죽음을 유난히 많이 묘사했던 로르카는 1936년 8월, 민족주의자들에게 암살당했다.

끌고 갔다. 그리고 얼마 후, 피살된 그의 시체가 발견되었다. 그가 죽은 후 "그는 소련의 스파이였다." "공화국 정부에 적극적인 협조자였다."라는 소문이 무성했다. 그의 죽음에 대해서는 아직도 의견이 분분하지만 프랑코 지지파에 의해 살해된 것으로 보는 견해가 지배적이다.

로르카의 시와 희곡에는 폭력적인 요소, 비극적인 죽음이 유난히 많이 묘사되고 있다. 로르카의 죽음 또한 폭력에 의한 비극적인 것이었다. 이처럼 로르카는 자기의 작품 속에서 미리 자신의 비극적인 종말을 매번 예고했던 것이다.

스페인 내전은 파시스트에 의한 보수 혁명의 성격을 띠고 있었다. 당연히 '지성'이나 '이성'을 가진 자는 제거되어야만 했다. 이런 생각을 가진 파시스트들에게 로르카는 스페인의 민중들을 깨우칠 수 있는 지식인으로 생각되었던 것이다. 그는 자유를 사랑하는 지식인이었다. 스페인 국민과 사회에 미치는 로르카의 영향력은 매우 커서, 프랑코 정권은 그가 죽은 후 18년 동안이나 그에 관한 논의를 철저히 금지할 정도였다.

어네스트 헤밍웨이

"모든 인간은 인류의 일부이며, 완전히 독립된 개인은 있을 수 없다. 죽은 한 사람의 인간을 위하여 울리는 조종(弔鐘)은 누구를 위하여 울리느냐고 물을 것도 없이 모든 사람인 그대를 위하여 울리느니라."

《죽음에 임해서의 기도》, 존 던

위의 글은 헤밍웨이의 장편소설인《누구를 위하여 종은 울리나》라는 제목의 출처가 되는 글이다.

《누구를 위하여 종은 울리나》는 헤밍웨이가 스페인 내전에 직접 참가했던 경험을 바탕으로 쓴 작품이다. 헤밍웨이는 이 작품에서 1937년 5월의 마지막 주 토요일에서 화요일까지 전개된 상황을 묘사했다.

몬태나 대학의 스페인어 강사로 근무하는 미국인 청년 로버트 조던이 1936년부터 1년의 휴가를 얻어 스페인 내전에 참가하면서 이야기는 전개된다. 로버트 조던은 열렬한 공화주의자로서 파시즘에 대항하기 위하여 정부군의 일원으로 과다라마 산중으로 파견된다. 그곳에 기거하던 게릴라 부대에 합류한 조던은 마리아라는 스페인 처녀와 사랑에 빠진다. 조던은 마리아와 사랑에 빠지면서도 다리 폭파의 사명감을 한 순간도 잊지 않는다. 마침내 다리는 폭파되고 조던은 말 밑에 깔려 중상을 입었지만 마리아와 전우들을 후퇴시키고 홀로 기관총을 움켜쥐고 내습하는 적을 기다리며 숨을 거둔다.

헤밍웨이는 그가 사랑하는 나라 스페인에서 1936년에 파시스트들에 의한 반란이 일어나자 공화국 정부군에 구호차를 구입하기 위한 자금으로 4만 달러를 제공했다. 또한 이듬해 나나 통신 특파원으로서 스페인으로 건너가 내전의 참상을 직접 보도하기도 했다. 스페인 정부군에 협력하여 영화 〈스페인의 땅〉의 제작에 종사하기도 했으며 귀국 후에는 전미작가회의에서 파시즘 타도를 역설했다. 이러한 행동들이 《누구를 위하여 종은 울리나》에 그대로 반영되어 개인과 인류와의 관계, 자유를 위해서는 죽음마저 두려워하지 않는 인류 전체에 대한 굳은 연대 의식의 중요성 등을 보여주고 있다.

조지 오웰

조지 오웰은 배반당한 혁명을 우화적으로 묘사한 《동물농장》과 전체주의를 풍자한 《1984년》을 쓴 작가다. 또한 《카탈루냐 찬가》의 저자이기도 하다. 그는 이 책에서 스페인 내전 시 마르크스주의 통일노동자당(POUM) 소속 의용군들과 함께 싸운 경험을 쓰면서 노동 계급 투쟁과 사회주의에 대한 자신의 확고한 믿음뿐만 아니라, 동시에 스탈린주의와 그 옹호론자들에 대한 굳건한 반대 입장을 명확히 보여주고 있다. 이러한 입장이 스페인 내전에서 그가 이끌어낸 결론이자 이후 평생의 정치적 태도의 기본 축을 이룬다.

"스페인에서의 경험은 모든 것을 뒤바꿔놓았고, 그 후 나는 내가 어디에서 있는지를 알게 되었다. 1936년 이래 나의 모든 작품들은 직접적으로든 간접적으로든 전체주의에 반대하고 민주적 사회주의를 지지하고자 쓴 것이다." 그가 사회주의 혁명의 가능성에 대해 처음으로 완전하게 믿게 된 것도 스페인에서였으며, 그 가능성이 스탈린주의자들의 손에서 파괴되는 것을 직접 목격한 것도 스페인에서였다. 이처럼 스페인 내전은 조지 오웰에게 정치적으로나 사상적으로 커다란 영향을 주었다.

게르니카의 비극
: 파블로 루이스 피카소
(1881~1973년)

독일 공군의 신병기 실험장 게르니카

게르니카는 스페인 북부 바스크 지방에 있는 작은 도시다.

1937년 4월 26일, 그날은 마침 게르니카의 장날이어서 사람들이 많이 붐비고 있었다. 오후 4시경, 독일의 하인켈 111형 폭격기, 융카스 52형 폭격기, 하인켈 51형 전투기 등으로 구성된 편대('콘도르 부대'라고도 불렸다)가 게르니카 상공을 낮게 비행하면서 폭격을 시작했다.

이러한 독일 공군의 참전은 프랑코의 지원 요청에 의한 것이었다. 히틀러는 창설 중인 독일 공군의 신병기 실험장으로 이용하자는 공군 총사령관 헤르만 괴링의 의견을 받아들여 프랑코의 지원 요청에 응했다. 독일 공군 '콘도르 부대'는 편대의 구성, 폭격 및 기총 소사 방법, 각종 폭탄의 성능 등을 스페인에서 실험했다. 바로 이 '콘도르 부대'가 제2차 세계대전에서 독일 공군의 주력 부대가 되었음은 물론이었다.

독일 공군의 폭격 및 기총 소사로 게르니카는 순식간에 불타버렸다. 눈에 띄는 건물에 대한 무차별적인 폭격과 움직이는 모든 물체를 향하여 퍼붓는 기총 소사가 오후 내내 계속되었다. 도시 전체가 불바다가 되었다. 집과 건물이 무너지고 거리마다 잿더미가 쌓이는 바람에 도로의 대부분은 통행이 불가능했다. 생존자들은 불에 탄 시체들을 도로에서 치워냈다. 그들은 가족과 이웃의 시체를 치우면서 모두들 울먹였다. 그러나 게르니카의 생존자들이 이웃의 시체를 챙기는 일도 쉽지 않았다. 곧 프랑코를 지지하는 병사들이 나타나서 시체를 모두 모아 소각해버렸던 것이다.

독일 공군의 만행이 저질러진 뒤 게르니카의 끔찍한 참상이 전 세계에 전해졌지만 프랑코 측은 그런 사실 자체를 부인했다. 몇 주일 뒤 영국의 조사단이라는 사람들이 들어왔으나 시체는 이미 소각되고 없었다. 조사단은 무너져내린 게르니카 시가지를 간단히 둘러본 뒤, 다음과 같은 조사 결과를 발표했다.

"게르니카는 공산주의자들에 의해 계획적으로 방화되었다."

가로 7.8미터×세로 3.5미터

당시 파리에 있던 화가 피카소는 스페인 공화국 정부로부터 파리 만국박람회에 출품할 작품을 의뢰받고 있었다. 그런데 피카소는 게르니카의 폭격 소식을 듣고 '화가의 모델'이란 원래 구상을 접고 게르니카의 폭격을 주제로 하여 한 달 만에 작품을 완성했다.

가로 7.8미터, 세로 3.5미터의 거대한 캔버스에 그려진 〈게르니카〉는 흑색과 회색이 기조를 이루고 있으며 핏빛인 붉은색은 사용되지 않았다. 죽은 어린 아들을 안고 절규하는 어머니, 도움을 구하는 남녀, 상처입고 울부짖는 말, 칼을 쥐고 땅바닥에 쓰러져 있는 사람, 찢어진 깃발과 부러진 칼, 무심한 눈빛의 소 등을 표현한 이 그림에는 전쟁과 파시스트에 대한 피카소의 증오와 분노, 강한 의지가 명료하게 드러나 있다. 게르니카 폭격 소식의 충격과 맞물려 이 그림은 전시 직후부터 전 세계의 비상한 관심을 불러일으켰다.

1939년, 스페인 내전이 프랑코 측의 승리로 끝남에 따라 〈게르니카〉는 피카소와 함께 고국 땅을 밟을 수가 없었다. 〈게르니카〉는 유럽의 여러 도시들에서 전시된 후 뉴욕 근대미술관에 전시되어 고국으로 돌아갈 날만을 기다렸다. 1973년 피카소는 "스페인에 민주 정치가 부활되는 날에 〈게르니카〉를 스페인 땅으로 보내라."는 유언을 남기고 세상을 떠났다.

〈게르니카〉는 1975년 11월에 프랑코가 사망한 뒤에야 비로소 조국 스페인의 품으로 돌아올 수 있었다.

20세기 최고의 예술가 파블로 루이스 피카소

피카소를 한 마디로 규정하기란 쉽지 않다. 그는 끊임없는 열정과 샘솟는 실험 정신으로 미적 영역의 새로운 분야를 개척하여 19세기 미술의 마침표를 찍은 20세기 최고의 예술가였다.

피카소는 1881년에 스페인 남부의 도시 말라가에서 태어났다. 미술 교사였던 아버지는 피카소의 천재성을 알아보고 14살인 피카소를 바르셀로나의 미술학교 시험에 응시하게 했다. 피카소는 이 시험에서 한 달 걸려 그릴 수 있는 그림을 단 하루 만에 그려내어 모든 이들을 놀라게 했다.

19세 되던 1900년에 그는 프랑스 파리의 몽마르트로 갔다. 모든 진보를 대표하는 도시 파리에서 피카소는 여러 박물관을 누비며 폴 고갱, 로트렉, 반 고흐, 드가 등 대가들의 작품에 대해서 정열적으로 탐구했다.

그러나 피카소는 파리에서 매우 궁핍한 삶을 살아가야 했다. 그는 이러한 고통스러운 삶을 짙푸른 청색으로 표현했다. 이 시기가 바로 피카소의 '청색 시대(1901~1904)'이다. 이 시대의 작품에서 피카소는 차가운 느낌을 주는 청색으로 고통과 비참함, 그리고 절망을 표현하고 있다.

1904년, 23살의 피카소는 파리의 가난한 사람들이 모여 사는 빈민굴인 일명 '세탁선'에서 살았다. 이곳은 예전에 르누아르, 브라크, 막스 자콥, 모딜리아니 등 가난한 예술가들의 집합소였고, 동시에 약장수, 삼류 가수, 목수, 건달 등 하층 계급들이 모여 사는 곳이기도 했다. 그러나 자유분방한 피카소에게는 이러한 환경이 새로운 예술을 위한 풍부한 아이디어와 창조력을 키우는 토양이 되었다.

이를 토대로 피카소는 자신감이 넘치는 '장밋빛 시대(1904~1906)'를 맞이하는데, 이 시기를 일명 '어릿광대 시대'라고도 한다. 이 시대에 그는 광대나 여성 곡마단 사람들과 교류하면서 그들을 소재로 그림을 그렸다. 맹인, 반신불

수, 난쟁이, 정신박약아, 거지, 피에로, 창녀, 줄타는 무희, 곡예사, 유랑 악사 등이 그의 '장밋빛 시대'의 주 등장인물이었다.

그 후 피카소는 인상주의나 사실주의를 넘어서 새로운 돌파구를 찾던 중, 인류사 박물관에서 흑인 미술만이 갖고 있는 독특한 생명력에 매료되었다. 또한 그들의 역동성, 대지의 순결성, 춤이나 탈, 조각 속의 원

라갈루아즈에서의 피카소(1951년). 예술에서 혁명적이었던 피카소는 정치적 입장에서도 혁명적인 성향을 가지고 있었다. 평화로웠던 스페인 북부 바스크 지방의 작은 도시 게르니카에 독일 공군의 무차별 폭격으로 인해서 수많은 희생자가 발생했다. 이 소식을 전해들은 피카소는 전쟁과 파시스트에 대한 증오와 분노를 캔버스에 옮겼다.

시적이고 원색적인 표현기법에 깊은 감명을 받아 입체주의(큐비즘)를 탄생시켰다.

〈아비뇽의 처녀들〉(1907)은 바로 흑인 미술의 지극히 단순하면서도 기하학적인 감각을 토대로 반 장방형의 눈, 원주코 등 새로운 조형 세계를 표현한 큐비즘의 대표작이다. 그러나 이 작품은 초기에 많은 비판을 받았는데, 피카소의 절친한 친구였던 조르주 브라크는 "자네는 우리가 톱밥을 먹고 석유를 마시길 원하는 것 같군."이라고 혹평할 정도였다.

그러나 이 그림이야말로 지구상의 모든 회화 세계를 붕괴시킨 미술사의 대혁명이었다. 이 그림은 자연이 갖고 있는 3차원의 세계, 즉 평면적 관점이 아닌 입체적 관점인 '원형 · 원측 · 원구'로 처리되었다. 그는 지극히 복잡한 다원적 공간을 아주 단순하고 축소된 기하학적인 그림으로 창조해내어 그 당시 모든 사람들에게 엄청난 충격을 주었다. 그의 입체주의는 시각 미술, 영화, 건축을 포함한 모든 예술 장르에 큰 영향을 주었다.

끊임없는 실험 정신으로 도자기, 조각, 연극, 시 등 예술 세계의 폭을 넓혀나간 피카소는 1973년, 남프랑스에 있는 별장에서 92살을 일기로 세상을 떠

낳다. 그가 남긴 작품은 거의 5만여 점이었다. 그림 1,885점, 조각 1,228점, 도자기 2,280점, 동판화·석판화 24,000점 등 그의 작품만 전시하는 미술관이 세 개나 되며 수많은 작품이 전 세계 유명 미술관에 전시되어 있다.

'하나님과 역사 앞에서만 책임 있는'
: 독재자 프란시스코 프랑코 (1892~1975년)

최연소 장군

프랑코는 1892년에 스페인 북부 갈리시아 지방에서 태어났다. 타고난 군인이었던 그는 모로코의 게릴라전에서 용맹을 떨치며 유능한 장교로 명성을 얻었다. 그는 1912년부터 1925년까지 모로코에서만 근무했다. 그 후 계속 승진하여 33세에 장군으로 진급, 나폴레옹 이래 유럽 최초의 최연소 장군이 되었다. 그는 지휘에 능했으며 사회의 규범을 군대식으로 해석했다. 즉 군인은 훌륭한 지휘 하에서만 복종을 잘하고 국민 또한 그래야 한다고 믿었다. 그에게 있어 민간인의 불복종은 바로 반란이었다. 따라서 1934년에 아스투리아스 지방에서 발생한 광부들의 폭동을 무자비하게 진압한 것도 프랑코 장군의 엄격한 규율 지상주의에 의한 것이었다.

프랑코는 기묘한 카리스마를 지닌 인물이었지만 처량하고 작은 목소리 때문에 인상적인 대중 연설가는 되지 못했다. 가끔씩 그는 공무를 뒤로 하고 며칠씩 낚시와 사냥을 즐기곤 했다. 그는 매우 가정적이며 전통적으로 신앙심이 강한 사람이었던 반면에, 모든 사람이 그의 면전에서는 겁에 질려 떨면서 양같이 온순하게 행동할 정도로 강한 카리스마를 지닌 인물이었다.

프랑코 총통. "하나님과 역사 앞에서만 책임 있는 입헌독재자", "나는 정당을 미워한다", "우리는 투표 행위 따위의 위선적인 방법이 아닌 총칼과 동지들의 피로써 정권을 쟁취했다". 이러한 프랑코의 말에서 프랑코의 정신세계가 극명하게 드러나고 있다.

다음은 모로코에서 일선 외인부대를 지휘할 때의 이야기이다. 이 일화에서 프랑코의 규율 지상주의자다운 면모를 엿볼 수 있다.

"한번은 보급된 식료품이 매우 좋지 않아서 병사들의 불평이 터져나왔는데, 겁 없는 졸병이 프랑코의 얼굴에 배급받은 음식을 던져버린 사건이 벌어졌다. 프랑코는 식당 당직 장교를 급히 불러 불평한 병사 앞에서 '식사의 질을 즉각 끌어올려라'고 명령하고서는, 티끌만큼의 동요 없이 단호하게 명령했다. '이 병사를 끌어내 즉각 총살형에 처하라.'"

준엄한 규율이었다. 프랑코는 이처럼 상사에게 대드는 자는 어떤 정당한 이유가 있어도 결코 용서할 수 없다는 무자비한 규율 지상주의자의 태도를 지닌 군인이었다.

독재자 프랑코

프랑코는 마드리드에 입성한 1939년 4월부터 1975년 11월, 그가 죽을 때까지 스페인을 통치했다. 그는 1936년 9월에 동료 장군들에 의해서 스페인 정부 수반으로 임명되었다. 그는 스페인의 동전에 새겨져 있듯이 총통이고, 국가원수이고, 정부 수반이며, 또 내각의 의장이기도 했다.

프랑코는 1938년 1월과 8월에 공포한 두 개의 법령을 통해서 자기가 원하는 모든 법률과 법령을 공포할 수 있는 권한을 스스로 부여받았다. 그의 법률 담당 변호사들은 그의 권력에 대해서 '프랑코는 입헌 독재자이고, 그의 권한은 자기 스스로 내리는 한계 외에는 제한이 없다'고 말해왔다. 프랑코 자신이 언명했듯이 그의 독재권 행사에는 '하나님과 역사 앞에서만 책임이 있을 뿐'이었다.

모든 것을 지배하고 통치하는 유일한 존재로서, 그는 언제나 옳고 언제나 현명하기 때문에 모든 사람은 그의 명령에 무조건 순종해야 했다. 정치는 물론 모든 국민의 일상 생활을 장악했던 프랑코는 무슨 일이든, 무슨 정책이든 최종 결정권자였다. 한 마디로 모든 카드가 '그의 손 안'에 있었다.

"민주주의 때문에 망했다"

또한 프랑코는 단호한 절대 군주였다. "짐은 곧 국가다."라고 루이 14세는 말했다지만 '프랑코는 곧 스페인'이었고, 스스로 그렇게 믿고 있었다. 그는 항상 "나는 역사와 천주님에게만 책임진다."고 말했다. 편리한 논리였다. 프랑코는 한 마디로 '위대한 스페인'을 외쳤다. 가톨릭 왕들이 다스렸던 스페인, 라틴아메리카 대륙에 걸쳤던 웅대한 제국으로서의 스페인이야말로 프랑코의 뇌리에 입력된 위대한 스페인이었다. 그리고 프랑코는 이 '위대한 스페인'이 '평등 선거'나 '의회 민주주의' 때문에 망했다고 믿었다. 적어도 그에게 있어서 스페인을 쇠퇴하게 한 것은 19세기의 자유주의 사상이었고 자유 민주주의라는 깃발 아래 사리사욕에 날뛰는 정당 정치인들이었다. 프랑코는 "나는 정당을 미워한다."라고 거리낌 없이 말하기도 했다.

내전이 끝나자 그는 모든 민주주의를 철저하게 분쇄했다. 그에게는 군대, 강력한 가톨릭 교회, 그리고 팔랑헤당의 지지가 있었다. 이런 든든한 배경을 갖고 있었기 때문에 시끄럽고 위험한 민주주의를 말살시키는 데 어려움이 없었다. 그는 무정부주의자, 공산주의자, 사회주의자는 말할 것도 없이 씨를 말렸고, 자유주의자, 수정주의자, 나아가서는 막연히 민주주의자로 낙인찍힌 사람, 그리고 반프랑코 분자로 지목되는 사람들을 투옥시켰다. 정치 단체나 노동조합 등 일체의 조직이 철저히 파괴되었고 반정부 성향의 언론사는 폐쇄되었으며 언론인은 모두 투옥되었다. 그 누구도 대항할 자가 없었고, 복종하지 않는 자가 아무도 없었다.

내전이 끝난 후, 힘에 의한 안정을 찾았을 때 그는 "우리는 투표 행위 따위의 위선적인 방법으로 정권을 얻지 않았다. 우리는 총칼로써 그리고 가장 훌륭한 동지들의 피로써 정권을 얻었다."라고 솔직하게 말했다. 이는 획득한 권좌는 절대로 어떤 경우든 내놓을 수도 없고, 필요하다면 총칼과 피로써 수호하겠다는 무서운 결의의 표명이었다.

19세기 수준으로 경제 하락
: 빈곤의 시대
(1940년대)

1940년대의 스페인 경제

"매일 밤 스페인 사람들의 절반이 굶주림 속에서 잠자리에 든다. 그들을 괴롭히는
병은 위장 질환이다. 그들의 병은 귀가 아니라 입을 통해서 치료되어야 한다.
농업은 어떤 방법으로 스페인 사람들의 배를 채워줄 것인가?"

1900년의 스페인 국민들의 빈곤함에 대한 묘사이다. 그리고 이러한 빈곤은 내전이 끝나고 프랑코가 집권하기 시작한 1940년대에도 계속되었다.

1940년대 스페인의 경제 체제는 소비도 생산도 아무것도 없었다. 스페인의 1940년대는 '배고픔의 기간'이었다. 스페인의 국민 소득은 1936년에 비해 1/5로 감소되어 있었다. 당시 스페인의 물가는 소득 수준을 훨씬 앞질렀고 육류나 구두는 노동자와 실업자들에게는 사치품이었다. 이처럼 내전은 스페인에 전례 없는 경제적인 후퇴를 가져왔다. 따라서 '배고픔의 기간'인 1940년대 10년간, 프랑코 체제는 스페인 국민들이 충분하게 먹을 수 있는 빵을 생산하는 데 모든 힘을 쏟아야만 했다.

자립 경제 정책과 국가 주도주의

정권을 잡은 프랑코는 피폐해진 스페인 경제를 재건하고, 자신이 해방시킨 스페인 사람들을 먹여 살리고 그들에게 일거리를 제공해야만 했다.

1940년대 말에는 전력이 부족하여 산업시설뿐 아니라, 가정용 전력까지도 제한 조치를 취해야만 했다. 특히 농업 생산이 침체의 늪에 빠져 있었는데, 계속되는 가뭄과 비료의 부족으로 경작지의 40%를 점하던 곡물 생산은 1931~1935년 사이의 생산 수준에 비해 13%나 감소했다. 결국 1940년대에는 밀을 대량으로 수입해야만 했다.

1950년대까지 프랑코는 1937~1939년 스페인 내전 중에 만들어진 통제 기구들로 경제를 재건하려 했다. 당시에 가장 역점을 두고 추진된 정책은 경제 자립과 국가 주도주의(간섭주의)였다. 즉 정부는 자급자족과 국내에서의 자본 조달을 통해서 국내의 경제가 국가의 간섭 아래 고율의 관세를 통해 외국과의 경쟁에서 보호받을 수 있게 했다. 이와 같은 보호 정책은 높은 생산 원가와 경쟁력 약화에 따른 국내 생산을 장려하기 위해서는 필수적이었다. 한편 가격과 봉급은 정부에 의해서 통제되고 무역과 환율 또한 엄격히 규제되었다.

신경제 정책: 관광 산업

1957년, 정부는 내각을 새로운 기술 관료들로 구성했다. 새 내각은 스페인을 서구의 선진 자본주의, 특히 유럽 시장에 통합시키는 것을 골자로 하는 신경제 정책을 펼쳤다. 새로운 내각의 이러한 신경제 정책에 대해서 경제협력개발기구(OECD)와 세계은행은 "만일 스페인이 번영을 원한다면 '시장에 대한 공포증'과 '자립 경제'라는 정형외과의 도구를 버리고, 외국 투자와 대외 무역에 국가를 개방해야 한다."고 스페인의 새 내각에 충고했다.

이러한 충고에 스페인 경제 전문가들은 서비스업 분야의 발전에 중점을 두면서 스페인 경제의 개방 정책을 추진해나갔다. 서비스업 분야의 성장은 관광 산업의 발달을 불러왔다. 이는 농업 분야에서의 잉여 노동력을 흡수하는 데 큰 도움을 주었다. 관광 산업은 초기에 손목이 드러나는 투피스 형

목탄 가스로 작동하는 자동차. 스페인에서 1940년대는 '배고픔의 기간'이었다. 스페인 내전으로 인해 스페인 경제는 피폐해질대로 피폐해져서 19세기 수준으로 후퇴했다.

태의 수영복을 보여줌으로써 주교들로부터 비난을 받았다. 하지만 정부는 1960년대에 들어서 외국 자본의 투자 유치뿐만 아니라 관광객 유치를 위한 캠페인을 시작했다. 관광은 당시 가난하고 낙후된 스페인을 경제적으로 회복시키는 구세주 역할을 했다. "스페인은 다르다."라고 선전하면서 유럽 국가의 중산층들도 스페인에서 휴가를 보내고 태양을 즐길 수 있다는 점을 부각시켰다. 그리고 스페인이 물가가 싼 국가라는 이미지도 갖게 했다. 이렇게 해서 스페인에 몰려든 관광객들은 스페인 경제에 생기를 불어넣을 수 있을 정도로 많은 돈을 썼다.

1970년대에 들어서 연간 3천만 명 이상의 관광객이 밀려들어 관광 수입이 30억 달러에 이르렀다. 1930년대 스페인에 오는 관광객들은 스페인에 산재해 있던 예술성이 풍부한 문화재들을 보러 왔었다. 하지만 1970년대에는 지중해 연안의 해변이 전 세계의 관광객들을 끌어들였다(코스타델솔 같은 곳은 1년에 300일 정도 햇빛이 나기 때문에 많은 관광객들로 붐볐다. 이는 석탄이나 철강보다 더 가치가 있었다). 관광 산업의 호황은 또한 60만 명의 계절 노동자가 고용된다는 것과 건설 경기가 살아난다는 것(호텔 객실수는 1950에서 1975년 사이에 7배나 증가했다)을 의미했다.

경제 비판

스페인 경제의 발전은 노동자와 가난한 지방 사람들의 희생으로 이루어졌다. 이들은 지역간 빈부 격차로 인해 자기 고장을 떠나 카탈루냐와 바스크 지방의 산업 지대와 마드리드, 사라고사 등 대도시로 이동했다. 이 지역들은 농촌 출신의 노동자들의 중심지로 변화되었다. 반면, 농촌 지역은 더욱더 빈곤해져갔고, 사회보장 시설 수준 역시 매우 낮았다.

이처럼 1957년부터 채택된 경제 정책과 1964년부터 시작된 경제 개발 계획은 사회 전반의 수요와 복지 문제를 보다 폭넓게 내다보지 않고 오직 생산 증대에만 치중했다. 이로 인해 스페인 국민들에게 돌아가는 경제적인 혜택은 극히 미미할 수밖에 없었다. 또한 경제 개발을 무리하게 추진하는 데서 나타났던 비효율성과 그에 따른 스페인 국민들에 대한 사회보장의 수준 저하에 대한 진지한 반성도 없었다.

문화의 황무지
: 프랑코 시대의 회피 문화
(1940년대)

지식인 수난시대

프랑코 시대에는 우나무노의 가택 연금, 마에스투의 처형, 로르카의 죽음 등에서 볼 수 있듯이 스페인의 새로운 황금세기를 구축했던 거의 모든 지식인들이 수난을 당했다. 또한 철학자 오르테가 이 가세트나 첼리스트 파블로 카잘스 등 명성을 떨치던 수많은 작가 및 예술가들이 일시적 또는 항구적으로 망명의 길을 떠났다.

이처럼 프랑코는 공화국을 지지하던 지식인들에 견줄 만한 명성 있는 지식인들을 자기 곁에 두지 못했다. 프랑코는 스페인을 통치하면서 가톨릭의 지지를 얻어 자신의 체제를 합법화시켰으나 명성 있는 지식인들의 지지를 끌어들이지 못한 것은 프랑코 체제의 큰 결함이었다. 이는 98세대에서부터 오르테가 이 가세트와 로르카 세대로 계승된 스페인의 매우 풍요로웠던 지적 생활의 시대가 중단됨을 의미했다. 이는 또한 1940년대 프랑코 통치 하의 스페인이 '문화의 황무지'였음을 뜻하기도 했다.

회피 문화

　지식인들과 예술가들은 프랑코 체제의 이념을 기피하려는 풍조가 두드
러졌다. 이것이 바로 스페인 사회의 '회피 문화'였다. 회피문화는 당면한 현
실로부터 도피하는 것이었다. 그리고 프랑코 체제는 이러한 회피 문화를 사
회·경제적으로 긴장을 완화시키는 안전판으로 이용하려 했다. 즉 프랑코는
체제에 대한 이념보다는 지극히 통속적인 문화를 통해 국민들이 근심 없이
만족스러운 생활을 하고 있다는 생각을 갖도록 노력했다. 1960년대의 영화,
라디오, 스포츠 관람, 텔레비전—소규모로는 연극—등이 바로 '회피 문화'를
뒷받침해주는 통속적인 하부 문화였다.

　영화와 축구 그리고 텔레비전은 이러한 통속적인 하부 문화들 중에서 가
장 대표적인 것들이다. 그중에서 영화는 가장 큰 대중 흥행물의 하나였다.
1947년에 스페인에는 평균 500여 석을 갖춘 영화관이 3천여 개나 있었다.
개인당 좌석수에서 스페인을 능가하는 나라는 미국뿐이었다. 프랑코 체제는
영화 시나리오나 번역에 대해 엄격한 검열을 실시하고 그와 병행하여 교회
에서도 재검열을 했다. 당시의 검열은 주로 정치적 성격의 영화와 가톨릭 도
덕관에 어긋나는 장면과 테마, 즉 간음, 자살, 그리고 범죄 같은 것을 다룬 영
화에 대해서 주로 행해졌다. 이러한 영화에 대한 검열과는 별도로 프랑코 체
제는 군인의 용기와 내전 시대를 다룬 영웅 영화를 제작하여 영화산업을 체
제 이념 전파의 수단으로 이용했다.

　영화에 필적하는 또 다른 인기 있는 흥행물은 축구였다. 1948년의 빈곤한
스페인의 수도에 연고지를 둔 강력한 축구팀 레알 마드리드는 10만 명을 수
용할 수 있는 전용 경기장을 건설했다. 얼마 후, 바르셀로나 팀도 비슷한 경
기장을 가지게 되었다. 축구는 스페인의 민족주의를 고취시키는 최고의 촉
매제가 되었다. '스페인식' 축구의 신화는 스페인의 역사적 용맹성의 구현처
럼 순수한 남성다운 힘과 과격한 공격력에 바탕을 두고 형성되어갔다.

　1956~1964년 사이에 스페인 축구팀이 국제적으로 거둔 커다란 성공은 근
본적으로 대량의 외국 선수 영입과 현대적 기술의 채택 때문이었다. 축구는
또한 국민들에게 부자가 될 수 있다는 희망을 주었다. 적은 돈으로 복권을

2002년 월드컵 축구, 남아공−스페인 경기(대전). 프랑코는 사회적 · 경제적인 긴장을 완화시키는 안전판으로 영화, 스포츠, 텔레비전 등을 이용했다. 이 중에서 특히 축구는 남성다운 힘과 과격한 공격으로 스페인의 민족주의를 고취시키는 수단이었다.

구입하여 축구경기 결과에 따라 부자가 될 수도 있었고, 이와 같은 행운은 사회적 신분의 이동을 가져올 수 있다는 희망을 제공하고 있었다.

영화, 축구와 더불어 텔레비전은 매우 짧은 기간에 스페인 전역에 보급되었다. 풍부한 상업 광고로 재정 지원을 받던 국영방송(TVE)은 미국이 제작한 필름과 옛날 영화, 경연 대회, 운동경기, 음악 프로그램 등을 주로 내보냈다. 국내 문제는 조직적인 침묵(또는 왜곡)을 통하여 스페인의 평온을 부각시켰다. 국내의 정치 문제는 거의 보도가 되지 않았으며, 장관들의 홍보용 보도를 제외하고는 인터뷰 기사도 거의 없었다. 반면에 텔레비전으로 생중계되는 운동 경기의 인기는 더욱 높아졌다.

이렇게 스페인의 텔레비전 방송은 프랑코 시대 말기 20년 동안 스페인 사회에서 오락의 주된 도구가 되었다. 1972년, 카탈루냐의 작가 호세프 룰라는 당시 스페인 문화에 있어서 커다란 부분을 차지했던 텔레비전에 대해 "모든 사람들이 입을 벌리고 텔레비전의 연속극을 보고 있다."라고 평했다.

이렇게 체제에 순응하고 국민들을 우민화시키는 프랑코 체제 하의 모든 문화들에 대해서 초현실주의 화가 호안 미로는 "프랑코주의 시대의 문화들은 단순히 피부 속의 할퀸 자국에 불과했다."라고 과소평가했으며 이 '할퀸 자국'은 1970년대부터 허용된 다양한 문화적 활동으로 아물기 시작했다. 비록 상당수의 출판사들을 좌익 서적을 출판했다는 이유만으로 폐간시켰지만 프랑코는 1970년대부터 예전에는 상상할 수 없었던 관용적 태도를 보여주었다. 그것은 어떤 의미에서 현대화 과정에 있는 사회의 점증하는 지적 욕구에 따른 것이라고 할 수 있었다.

프랑코의 착각
: 노동 계층과의 갈등
(1960년대)

노동 계층과의 갈등

스페인 내전은 노동조합과 사회주의 노동당(PSOE)의 패배를 의미했다. 노동조합과 정당의 활동은 금지되고, 재산은 몰수되었으며 당원들은 가혹한 탄압을 받았다. 그러나 정권을 쥔 프랑코는 무슨 방법을 통해서라도 노동자들을 통합시키고 합법화하려 했다. 이를 위해서 프랑코는 1938년에 노동특별법을 만들었다. 이 법은 기업인, 기술자, 노동자들을 국가의 조직 하에 하나의 '산업별 노동조합'에 의무적으로 가입하도록 규정했다. 또한 이 법에서 노동조합은 국가의 생산을 책임지며 국가에 봉사하는 사회적 규율의 도구이고, 국가를 보좌하는 기구로 규정지었다. 정부는 노동자들의 주된 무기인 파업을 금지시킴으로써 노동자들을 통제하려 했다. 반면에 노동자들에 대한 임의적인 해고도 금지하여 노동자들의 불만을 무마하려 했다.

1940년대와 1950년대 중반은 스페인 노동 계층에게는 매우 어렵고 고된 시기였다. 스페인 경제는 1954년까지 내전 이전의 수준으로 회복되지 않았다. 때문에 스페인에서 전통적으로 발전이 뒤진 농촌 지역 출신의 노동자들은 다른 지방이나 해외로 이주했다. 농촌에서 도시로 이주했던 노동자들은 저임금에 시달렸으며 주택 시설은 빈약했다. 그들은 술집에서 여가를 보내며 간혹 영화나 축구 경기를 관람할 수 있을 뿐이었다. 이와 같은 상황에서 노동조합이 노동자들에게 제공할 수 있는 것은 매우 적었다. 대부분의 노동자들은 해고를 당했을 때의 법적 자문에 대비해 노조에 가입했을 뿐이었다. 프랑코의 노동법은 노동자들에게 개인적인 권리를 부여하되, 집단적인 권리는 제도적으로 허용하지 않았고, 또 노동 문제(임금이나 노동 조건)에 있어서 국가의 개입을 확대하고 노동조합을 국가가 엄격히 통제했다.

이에 힘입어 1950년대 말까지는 노사 분쟁이 매우 적었다. 그러나 바르셀로나의 총파업과 바스크 지방에서의 조업 중단, 그리고 아스투리아스 광부들의 파업 등이 비조직적이고 산발적으로 발생했다. 프랑코 정권은 공공질서 확립이란 구실로 많은 사람들을 체포하면서 부분적으로는 양보하고 때로는 지방 관리들을 능력 부족이란 이유로 해임하면서 문제를 해결하려 했다.

그러나 사태는 급변하여 1962년 봄, 아스투리아스의 광부(약 45,000명)들이 임금 인상을 요구하며 거의 2개월간이나 파업을 단행했다. 뒤를 이어 바스크 지방의 노동자 5만 명과 카탈루냐의 노동자 7만 명이 파업을 단행했다. 이를 시작으로 매년 파업 건수가 증가하여 1963년에 777건에 불과하던 것이 1970년에 1,500건, 1974년에는 1,926건에 달했다. 파업이 금지된 국가—1975년까지 금지되었다—에서 이렇게 많은 파업이 일어났다는 사실은 놀랍고도 주목할 만한 일이었다. 이는 프랑코 체제 하에서 갈등이 증폭되고 있고, 이러한 갈등을 수습하기 위해서 내놓은 여러 개혁 조치들이 한계를 드러내고 있음을 의미했다.

'스페인의 평화'

1966년에 국가 조직법에 대한 국민투표가 실시되었다. 프랑코 정권은 이 법에 대한 승인이 평화로운 스페인을 보증하는 것이라고 끊임없이 선전했다. 즉, '평화에 한 표를, 발전에 한 표를!'이었다. '스페인의 평화'는 관광객 유치를 위한 외침이었다. 스페인에 온 수많은 관광객들 어느 누구도 호텔이나 교통 수단의 파업으로 고생을 하거나 가두시위를 목격하지 못했다. 스페인 사람들도 마찬가지였다. 사실상 스페인 사회는 1960년대 말까지 몇몇 분야를 제외하고는 정치적 동기로 인한 극단적인 혼란을 경험하지는 않았다.

이러한 표면상의 평화는 1960년대 말부터 위기와 갈등으로 변해갔다. 프랑코는 텔레비전과 승용차를 소유하고 축구를 즐길 수 있는 노동자들은 혁명 세력이 될 수 없다고 생각했으며, 학생들은 외국의 이념에 의해 길을 잘못 들어선 부류라고 간주했다. 교회 또한 시간이 흐르면서 프랑코에 반대하는 태도를 취하곤 했지만 프랑코는 그 책임

"파시즘은 싫다!"는 카탈루냐 사회당 포스터. 스페인 내전은 노동조합과 사회주의 노동당의 패배를 의미했다.

이 소수의 공산주의자들에 있다고 생각했다. 이러한 프랑코의 착각과 오해가 집권 말기에 나타나기 시작한 갈등을 더욱 격화시켰다.

갈등의 또 다른 요인으로는 1970년 초반 제조업 중심으로 직업 구조가 개편되고 또 산업 인구가 증가하면서 발생했던 노사 갈등을 들 수 있다. 노동자들에게 파업은 금지되었지만 단체교섭권은 인정되었다. 또한 산업 자본가가 금융 자본가로부터 분리되면서 지배 계급 자체도 다원화되기 시작했다.

그러나 프랑코 정권은 집권 세력 내의 이해 다툼으로 인해서 이러한 사회의 변화에 적절히 대처하지 못했다. 따라서 프랑코 정권은 점점 늘어가는 시민 사회의 개혁에 대한 요구로 인해 내부적인 결속이 약화되었고 결국에는 국가에 의한 통제 및 억압 정책이 한계에 달함으로써 체제의 위기에 직면하게 되었다.

프랑코의 분노
: 교회와의 갈등과 학생 시위
(1956~1975년)

프랑코와 교회의 밀월

프랑코는 믿음이 깊은 가톨릭 신자였다. 뿐만 아니라, 프랑코의 추종자들은 가톨릭이 스페인의 본질이고, 그들의 체제를 공고히 해주는 이념적 유대가 된다고 생각했다. 따라서 그들에게 교회의 지지는 매우 중요했다. 프랑코 체제는 교회의 지지를 유지하기 위해 최선의 노력을 기울였다. 교회 밖에서 행해지는 일반 결혼과 이혼을 금지했으며, 공화국 정부에 징수된 재산을 교회측에 되돌려주기까지 했다. 또한 교회가 교육을 전담할 수 있도록 정책적·재정적 지원도 아끼지 않았다.

1953년에는 바티칸과 화친 조약을 체결하여 바티칸 당국이 스페인에 주교를 임명할 수 있는 권리를 부여했고 국가의 재정 지원도 약속했다. 이처럼 프랑코 치하의 스페인에서 국가와 교회의 밀월은 오랫동안 견고하게 지속되었다.

교회와의 갈등

이렇게 견고하게 지속되어온 프랑코 체제와 교회와의 밀월 관계는 교회 내부에서 개혁 운동이 일어남으로써 깨지기 시작했다. 가톨릭 사제들은 스페인 노동조합 제도의 불합리성과 하류 계층의 어려운 경제 상황을 비난했으며, 이에 일부 고위 성직자들도 동조했다. 또한 1950년대 초반부터 스페인 교회 내에서 일어난 종교의 형식과 이념을 점진적으로 변화시키려 했던 움직임으로 인해 프랑코 체제와 갈등이 생기기 시작했다.

스페인 가톨릭 교회의 젊은 성직자들은 정치·사회적으로 과격한 양상을 보이기도 했다. 신학자들과 지식 있는 신부들은 마르크스주의에 관심을 보였으며, 일부 노동 계층 신부들은 노동자 위원회의 열렬한 행동 대원이 되어 경찰과 정부에 공개적으로 도전하며 교회를 노조의 집회 장소로 제공하기도 했다.

그밖에도 바스크 지방에서 신부들은 바스크 출신 주교의 임명과 종교 행사에서 바스크어 사용을 요구했고, 심지어 어떤 신부는 '바스크 조국과 자유(ETA)'의 행동 대원들을 보호하기도 했다. 프랑코 체제는 이에 대응하여 바스크 출신의 신부들에게 10년 이상의 형을 선고하고 많은 신부들에게 벌금을 부과하기도 했다.

1974년과 1975년에는 바스크 지방의 빌바오 주교가 바스크 민족은 그들 고유의 언어를 사용할 권리가 있다는 설교를 했다는 이유로 가택연금을 당하는 최악의 사태가 발생했다. 이에 주교단은 교회의 자유로운 권리를 옹호하고 프랑코 정권에 반대하는 내용이 담긴 책자를 발간했다. 교회는 이미 프랑코 체제측에 있지 않고, 그 반대편에 있었다. 이렇게 1965년부터 명백해진 교회와의 갈등은 프랑코를 가장 화나게 하는 일들 가운데 하나였다.

그러나 프랑코는 교회 내부에서 일어나는 일들을 이해하지 못하고 있었다. 프랑코는 다른 어떤 통치자들보다 교회에 많은 지원을 했다고 생각했기 때문에 교회의 이러한 반발은 프랑코에게 그 무엇보다도 큰 배신감을 안겨주었다. 프랑코는 교회가 잘못하고 있다고 확신했고 가톨릭의 원칙과 가르침에 역행하는 자가 자신이라고 비난하는 교회의 행동을 인정할 수 없었다. 프랑코는 자신이 하나님에 대해 책임이 있었지, 교회에 대해서는 책임이 없다고 생각했다.

학생들의 시위

프랑코와 교회와의 이런 갈등은 학생들과의 사이에서도 나타났다. 1956년 2월에 대학생들이 마드리드에서 일으킨 시위는 아마도 프랑코 체제 출범 이후 가장 과격한 시위였고, 가장 심각한 공공질서의 파괴였을 것이다. 이 사건은 우선 대학가에서 프랑코 정권에 대해 고조되고 있던 불만이 극에 달했음을 의미했다. 이미 1954년에 학생들에 의한 영국 대사관 앞에서의 '지브롤터 반환' 요구 시위로 경찰과 대립이 있었고, 1955년에 치러진 오르테가 이 가세트의 장례식은 학생들과 지식인 집단들에게 프랑코 체제에 대한 시위의 기회가 되었다. 프랑코 정권은 이런 일련의 사태를 공공질서에 대한 도전으로 간주하여 학생들을 체포, 투옥하고 사건에 연루된 장관들을 파면했다. 그러나 1956년부터 공개적인 반프랑코 세력인 비밀 정치 단체가 스페인 대학 내에서 확산되기 시작하면서 프랑코 체제와 학생들의 갈등은 커져만 갔다.

1965년에 먼저 마드리드와 바르셀로나에서 대대적인 학생 시위가 발생하기 시작하여 1967년에는 전국의 모든 대학으로 확산되었다. 1969년, 바르셀로나에서 프랑코의 흉상이 학생들에 의해 파괴되고 마드리드에서는 대학생 한 명이 시위 과정에서 죽었다. 이에 항의하는 시위가 전 대학으로 확산되자 정부는 스페인 전 지역에 비상령을 선포했다.

학생들의 시위는 학내 문제에도 그 원인이 있었지만 궁극적인 목적은 스페인 사회의 민주화였다. 프랑코 정권은 이러한 대학생들의 요구에 대하여 강압적으로 대처하면서도 한편으론 개혁의 제스처를 취하기도 했다. 많은 학생들을 처벌하고 학생들에게 동조한 몇몇 교수들을 추방했지만 학생 관련 단체는 학생들 편에 서서 점진적으로 개혁하려 했다. 그러나 그것으로 충분하지 않았다. 더욱이 프랑코 정권이 시도했던 교육 제도 개혁의 실패, 1972년의 고등학교 학생들의 대규모 시위, 1973년 스페인의 모든 대학에서 일어난 파업 등으로 프랑코 체제에 대한 학생들의 반발은 갈수록 극심해져 갔다.

이처럼 프랑코의 치세 말기 10년 동안의 스페인은 대학 문제로 야기된 혼란과 폭력 때문에 한시도 조용한 적이 없었다. 이는 학생들이 1939년 프랑코

대학생들의 시위.
1956년 마드리드에서
일어난 학생들의 시위
이후, 학생들은 지속
적으로 스페인의 민주
화를 요구하는 시위를
벌였다.

의 집권 이후 얼어붙었던 스페인 민주화에 사회의 다른 어떤 집단보다 크게
이바지했음을 나타낸다.

36년 철권 통치의 종식
: 프랑코 사망
(1975년)

운명의 날

1975년 11월 20일, 프랑코가 사망했다.

한 달 동안 매스컴은 얼마나 많은 의사들이 프랑코를 보살피고 있는지 시시각각 보도했다. 성녀 테레사의 썩지 않은 팔이 프랑코의 병실에 놓여 있다는 소문도 있었다. 칸테로 주교가 사라고사에서 마드리드로 가져온, 기적을 낳는다는 필라르 성녀의 망토가 프랑코의 몸을 감싸고 있었다는 소문도 있었다. 프랑코의 육체적 저항은 대단했다. 프랑코는 30대 젊은이도 목숨을 잃기 쉬운 대수술을 세 차례나 받았다. 죽기 전 며칠 동안 그의 몸은 정상보다 매우 낮은 온도로 냉동, 보존되었다. 그럼에도 그를 살리려는 노력은 허사로 끝나고 말았다. 다음은 프랑코가 최후로 남긴 '영결의 말'이다.

스페인 국민 여러분!
하나님에게 나의 목숨을 넘겨드리고, 하나님의 절대적인 심판의 법정에 설 때가 왔습니다. 이 엄숙한 때를 맞아 언제나 가톨릭 신자로 살다 죽을 것을 희망해온 나를 아무쪼록 하나님께서 사랑으로 받아주시기 바랍니다. (중략)

나는 국민 여러분에게 용서를 빕니다. 무릇 나의 적이라고 공언하는
모든 사람들—나는 적이라고 생각하지 않습니다—을 내가 진심으로 용서함과
마찬가지로 아무쪼록 나를 용서해주십시오. (중략)
나는 스페인을 통합된 위대한 자유 국가로 만드는 일에 열성을 갖고 철저히
헌신하고 협력한 사람들 모두에게 깊은 감사를 드립니다. 조국애를 위해 여러분이
화합과 평화 안에 머물고, 새로 국왕이 된 후안 카를로스 1세를 이제까지 나에게
보여준 것과 같은 사랑과 충성으로 감싸고 항상 받드는 좋은 협력자가 되어주시기
바랍니다. 스페인과 가톨릭 문명의 적들이 끊임없이 틈을 노리고 있습니다.
여러분들도 항상 깨어 있어 조국과 국민 전체의 큰 이익 앞에서는 자기의 개인
생활을 우선시키지 말고, 사회 정의와 문화의 달성을 첫째 목표로 삼아주십시오.
스페인의 지리적 상황에 따른 풍부한 다양성을 조국을 화합하는 힘의 원천으로
소중히 여기고, 무엇보다도 스페인 사람끼리 일체가 되어 조국을 더욱 사랑스러운
곳으로 만들어주십시오. 죽음에 임한 내 생애의 이 순간, 사랑하는 하나님과
스페인의 이름 아래 여러분을 진심으로 포옹하고 여러분과 함께 목청껏 외치고
싶습니다.
¡Arriba España! (아리바 에스파냐)
¡Viva España! (비바 에스파냐)

"¡Arriba España!"는 "스페인 만세!"라는 뜻으로, 1930년대부터 프랑코 체제의 한 축을 이루었던 팔랑헤당이 사용하기 시작한 말인데, 오른손을 뻗고 다섯 손가락을 펴면서 '통합된 위대한 스페인을 이룩해주십시오'라는 뜻을 가진 애국심에 불타는 외침이다. 반면 "¡Viva España!"도 역시 "스페인 만세!"의 뜻이지만, 이는 왕당파가 애국심을 표현할 때 외쳤던 말이다.

무너지는 프랑코주의

사람들은 프랑코가 죽음으로써 스페인의 정치가 새롭게 변화할 수 있을 것인가 그렇지 않으면 반대로 프랑코 사후에도 프랑코주의가 지속될 것인가에 큰 관심을 가졌다.

프랑코 자신은 1969년, "모든 것이 묶여 있다, 잘 묶여 있다."라는 유명한 말을 통해 체제 지속에 대한 강렬한 희망을 피력한 바 있었다. 프랑코는 많

프랑코의 장례식. 생명을 지속하기 위한 필사적인 노력에도 불구하고, 1975년 11월 20일에 프랑코는 사망했다. 스페인 내전으로 정권을 잡고 36년 동안이나 독재 정치를 폈던 독재자가 사라진 것이다.

은 장성들이 군대 동료였기 때문에 군부가 프랑코주의를 지속시켜 주리라 확신했다. 체제를 지속시키기 위한 주요 제도들(왕실 자문위원회, 국회, 국민운동당 전국평의회)은 모두 프랑코주의자들의 수중에 있었다.

프랑코가 죽은 후 6개월 동안, 경찰은 엄격하게 공공질서 유지에 힘썼으며 저명한 반대파 지도자들을 구속했다. 그러나 시간이 지나면서 스페인이 누렸던 정치적 자유의 수준은 상상을 초월할 정도였다. 정당은 공공집회와 회합을 개최하고 정당 신문이 거리에서 판매되었다. 시위도 허용되었다. 언론의 자유는 거의 완벽했다. 그러나 헌법상으로 진전된 것은 거의 없었다. 1971년에 구성된 국회는 존속되고 있었다. 프랑코 정권의 체제는 관제 노동조합과 마찬가지로 여전히 건재했다. 국가 자문위원회와 왕실 자문위원회는 난공불락의 프랑코주의를 사수하는 요새였다.

그러나 이러한 난공불락의 프랑코주의도 사회 각층의 요구로 인해서 점점 무너져갔다. 전면적인 정치적 사면, 모든 정당의 합법화, 관제 노동조합의 해체, 노동조합의 완전한 자유, 더 나아가 새로운 헌법 제정을 위한 제헌의회 구성 등 모든 계층의 민주화에 대한 요구는 이미 거스를 수 없는 대세로 자리를 잡아갔다.

쓰러진 자들의 계곡

마드리드에서 약 50킬로미터 떨어진 과다라마 산맥에 위치한 '쓰러진 자들의 계곡'은 스페인 내전 때 전사한 사람들을 위한 거대한 기념물이다. 프랑코는 직접 건축가들의 설계를 지휘, 감독했다. 그는 공사가 진행된 약 20년 동안(1941~1959) 수차례에 걸쳐 공사 현장을 방문했다. 그곳에서는 약 2만 명의 인부들이 작업했으며 그들 대부분은 정치범들이었다. 이 기념물은 바위에 구멍을 뚫고 만든 거대한 성당으로 정상에는 125미터의 거대한 십자가가 설치되었다. 성당의 전체 길이는 300미터이며 암벽 속의 길이만 해도 260미터에 달한다. 로마의 바티칸 성당이 260미터인데 그보다 길어서는 안 된다는 지침 때문에 중간에 턱을 만들어 구분함으로써 바티칸 성당과 같은 260미터가 되었다. 성당 맨 안쪽에는 프랑코의 무덤이 자리하고 있으며, 그 위 높은 천장은 바로 산 정상의 거대한 십자가에 닿아 있다. 이곳에는 프랑코의 우군과 적군이었던 전사자들도 모두 안치되어 있다. 이 포용력 있어 보이는 단면은 독재자 프랑코에 대한 부정적 이미지를 어느 정도 상쇄시키는 대목이기도 하다.

DIGEST 93 SPAIN

스페인의 봄
: 프랑코 사후의 민주화
(1976년 이후)

과도내각의 수반: 카를로스 아리아스 나바로

프랑코 사후, 후안 카를로스 왕자는 스페인의 왕(후안 카를로스 1세)으로서 의회에서 선서를 했다. 그러나 일부 스페인 국민들은 후안 카를로스 1세가 스페인을 민주주의 국가로 이끌 수 있을지, 스페인의 민주주의를 진정으로 원하고 있는지에 대한 확신이 없었다. 당시의 스페인은 인플레가 심했고 정치범은 여전히 감옥에 있었다. 이런 상황에서 후안 카를로스 1세는 정치 조직과 군대를 장악하여 정치적 안정을 유지해야 했으나 그것은 그리 쉽지 않았다.

후안 카를로스 1세는 프랑코 총통 밑에서 마지막 총리를 지낸 카를로스 아리아스 나바로에게 새 정부를 구성할 임무를 맡겼다. 그러나 프랑코가 죽은 후, 최초로 구성된 정부는 나바로 총리의 보수성으로 인하여 좌우의 화합은커녕 오히려 대립만 증폭시켰다. 그는 다양한 각계의 요구를 수용하여 의견의 일치를 보는 의회민주주의를 받아들이려고 하지 않았을 뿐만 아니라, 사회주의자와 공산주의자를 포함하는 반대 세력을 서로 분리, 고립시킴으로써 궁극적으로 프랑코 체제를 고수하려 했다.

개혁의 성공: 아돌포 수아레스

프랑코 체제를 지속시키려 했던 나바로 총리가 물러나고, 1976년 7월에 후안 카를로스 1세가 지명한 아돌포 수아레스가 두 번째 총리가 되었다. 그는 사회의 폭넓은 지지를 받았다.

1977년에 프랑코 사후 최초의 민주적인 국회의원 선거가 실시되었다. 이 선거에서 아돌포 수아레스가 이끄는 민주중도연맹(UCD)이 승리했다. 새 국회에서 새 헌법이 통과되고 1979년에 국민투표로 새 헌법이 인준되었다. 새 헌법에 따라 1979년에 총선거가 실시되었는데, 그 결과 아돌포 수아레스가 이끄는 민주중도연맹(UCD)이 다시 집권했다.

수아레스 총리는 정치범 석방, 공안 재판부 폐지, 바스크 · 카탈루냐 지방의 부분적 자치 허용 등의 조치를 취했고 공산당까지 합법화시킴으로써 정당 제도의 틀 안에서 좌우 공존을 가능케 하는 화합의 장을 마련했다. 물론 이러한 과감한 민주 개혁의 추진 과정에서 수아레스 정부는 프랑코 계열의 테러와 극좌파의 시위로 많은 어려움을 겪었으나 극단적인 논리를 배제한 좌파와 우파의 협조에 의해 스페인 국민들의 압도적인 지지를 받으며 민주적인 개혁 정책을 추진해나갔다. 그러나 보수파들에 의해 민주중도연맹이 분열되고 1981년에는 정부 수반인 수아레스가 사임했다.

신헌법 제정

신헌법안은 1978년에 상하 양원 합해서 찬성 551, 반대 11, 기권 2표의 압도적 다수로 가결되었으며 12월 6일의 국민투표에서 무려 찬성 88%로 통과되었다. 1978년 12월 27일, 국내외 각계인사들이 참석한 가운데 국회의사당에서 국왕 후안 카를로스 1세의 헌법 재가식이 거행되었다. 여기서 국왕은 "이것은 스페인 전 국민의 헌법이며, 저는 힘껏 그 정신을 존중하여 헌법에 임할 것입니다."라고 연설했다.

신헌법은 스페인의 정치 형태를 '의회군주제 및 민주적 법치국가'로 규정하고 있다. 제2조에서는 스페인 내 모든 민족의 자치권을 인정하고 있다. 이것은 프랑코 체제의 엄격한 중앙집권주의에 대한 근본적인 변화를 의미했다. 헌법 제6조와 7조에서는 프랑코 총통이 철저하게 무시했던 노동조합과 정당에 대한 헌법상의 지위를 부여하고 있다. 또한 모든 기본적 자유(표현, 시위, 주거 이동, 집회, 파업, 결사 등)를 보장하고 있으며, 국왕은 국가 원수이고 군의 최고 통수권자라고 규정하고 있다.

이 신헌법은 프랑코에 의해 후계자로 지명된 후안 카를로스 국왕이 민주주의 이념에 대한 확고한 신념을 갖고 입헌 군주의 상징적 구심점이 되는 데 버팀목이 되었다. 아울러 신헌법은 의회민주주의를 위한 정당 정치의 틀을 제도화시킴으로써 나중에 좌우의 극단 세력이 혁명이나 쿠데타를 통해 권력을 장악할 수 있는 여건을 제거하는 데 커다란 역할을 했다.

평화적인 정권 교체

스페인의 민주 개혁을 성공적으로 수행한 아돌포 수아레스에 이어 레오폴도 칼보 소텔로가 총리로 취임했다. 그런데 1981년 2월 23일, 칼보 소텔로를 총리로 인준하는 투표를 하고 있는 동안, 300여 명의 시경찰과 군인이 국회 의사당을 덮쳤다. 그러나 후안 카를로스 국왕은 스페인의 민주화에 대한 단호한 의지를 표명했다. 그로부터 12시간 뒤 반란군은 항복했다.

칼보 소텔로는 2월 25일, 총리로 인준을 받았고 수백만의 스페인 사람들이 마드리드에서 민주주의를 수호하기 위한 행진에 참가했다. 이는 스페인 역사상 모든 정치인들이 당의 구분 없이 모두가 단결하여 행진한 첫 번째 사건이었다.

그러나 정권을 잡은 민주중도연합(UCD)의 수명은 내분 때문에 그리 오래가지 못했다. 1982년 10월 총선에서 스페인 사회주의 노동당(PSOE)이 하원 의석 350석중 202석을 획득, 승리했다. 1936년 이후 처음으로 사회주의자들이 정권을 잡은 것이다. 이 선거에서 민주중도연합(UCD)은 참패하여 당이 분열되었고 스페인 공산당도 패배했다. 반면에 마누엘 프라가가 총재였던 보수당인 인민동맹당(AP)이 106석을 차지해서 제2당이 되었다. 이리하여 스페인 정치는 양당 체제로 들어갔다.

1977년 6월과 1982년 6월에 치러진 총선거 결과는 다원화된 정당 정치의

스페인 내전 이후 40년 만에 처음으로 실시된 국민투표 (1979년). 후안 카를로스 국왕은 프랑코가 사망하자 아돌포 수아레스를 총리로 임명했다. 그 후 스페인의 민주화는 빠르게 정착되었다.

틀 안에서 의회민주주의가 스페인에 확고히 자리 잡았음을 시사해주고 있다. 1977년 선거가 우파의 승리로 귀결되었다면 1982년 선거는 좌파의 승리로 끝났다. 이는 스페인이 프랑코 사후 불과 7년 사이에 평화적인 정권 교체를 잡음 없이 실현했음을 의미했다. 즉 1977년과 1982년 두 차례의 총선거를 통해 스페인은 보다 폭넓은 국민들의 지지를 바탕으로 의회민주주의를 정착시켰던 것이다.

제7장
현대의 스페인

SPAIN

스페인 민주주의의 수호자
: 후안 카를로스 1세
(재위 1975~2014년)

바르셀로나 백작의 왕정복고 운동

프랑코에 대항한 야당으로서 왕당파가 형성된 것은 1943년 전반이었다. 그리고 이 왕당파 운동, 즉 왕정복고 운동으로 추대된 사람은 부르봉 왕조의 알폰소 13세(재위 1902~1931)의 셋째 아들인 바르셀로나 백작(돈 후안)이었다. 바르셀로나 백작은 두 차례에 걸친 왕정복고를 요구하는 선언에서 "여러 나라의 반스페인 움직임을 반박하기보다는, 왕정복고로 나아가는 것이 스페인을 위해 '더 나은 길'이다. 그 이유는 프랑코 정권이 독일과 이탈리아 등 추축국의 전체주의 원칙에 따르고 있기 때문이다. 이는 스페인의 전통에 위배될 뿐 아니라, 세계대전 후 유럽의 새로운 체제에도 적합하지 않았다. 더구나 프랑코 정권이 이제까지 실시한 외교는 스페인의 국제적 입지를 불안하게 만들었다. 이대로 가다간 또 다시 내전으로 번질 위험이 있다. 이것을 피하고 해결하기 위해서는 스페인에 전통적인 왕정을 수립하는 길밖에 없다."고 호소했다.

그러나 왕당파 역시 공화주의자들과 마찬가지로 스페인 국내에서 일반 대중의 지지를 얻지 못했다.

결국 왕당파의 왕정복고 운동은 내부의 분열과 지지 세력 획득의 실패, 그리고 프랑코의 교묘한 여론 조작으로 무산되고 말았다. 그 후 1969년에 프랑코는 왕정복고 운동에 실패한 바르셀로나 백작 돈 후안의 아들 후안 카를로스(알폰소 13세의 손자)를 자신의 후계자로 지명했다.

프랑코의 후계자

프랑스의 부르봉 왕가는 1589년에 엔리케 4세에서 시작, 프랑스 대혁명을 거쳐 1830년 카를로스 10세에 끝나며 그 분가인 스페인 왕가는 1700년 펠리페 5세에서 시작, 1868년 이사벨라 2세의 퇴위로 막을 내렸다가 1875년 알폰소 12세와 함께 재개되었다. 제2공화국 시기(1931~1939)와 프랑코 체제(1939~1975)의 공백기 이후, 현재의 후안 카를로스 1세(재위 1975~2014)가 프랑코의 직접 지명에 의해 1969년에 후계자로 지명되어 왕위에 올랐다.

후안 카를로스 1세는 1955년 중·고등학교를 졸업하고 3군 사관학교에 입학했다. 그리하여 2년의 기초 과정을 수료하고 해군·공군의 전문 과정을 각각 1년씩 마쳤다. 대학 교육은 선발된 교수들에 의해 왕실 내에서 받았다. 1960년에는 그리스 왕가 출신인 소피아와 결혼했다. 그 후 후안 카를로스는 1969년에 프랑코로부터 후계자로 지명되었다. 이 후계자 지명은 1947년 7월 6일, 총투표수 93%(전 유권자의 82%)의 지지를 받아 통과된 '국가 수장 계승법'에 의한 것이었다. 이 법은 스페인의 헌정상, 그리고 스페인의 장래 체제를 결정하는 데 있어 중요한 의미를 지니고 있었다. 이 법에는 프랑코가 사망하거나 집무가 불가능한 상태에 빠질 경우, 왕정복고가 지장 없이 이루어질 수 있도록 하는 규정이 명시되어 있다.

1975년, 후안 카를로스는 프랑코의 사망으로 왕위에 올랐다. 국회에서 즉위식을 거행한 37세의 새 국왕 후안 카를로스 1세는 첫 번째 조치로 카탈루냐어, 갈리시아어, 바스크어, 발렌시아어 등의 사용을 금지했던 법령을 폐지했다. 그는 즉위에 즈음하여 국민에게 보내는 메시지에서 '스페인 국내의 여러 지방과 그 전통의 존재를 인정한다는 것'과 '스페인은 유럽의 일원이라는 점', '근대적이고 자유로운 사회에서는 정책 결정에 전 국민의 참여가 필요

후안 카를로스 스페인 국왕의 즉위식(1975). "후안 카를로스는 스페인 전 국민의 왕이 되어 모든 국민이 정책 결정에 자유롭게 참여할 수 있게 해달라." 이 말은 타란콘 추기경이 대관식 미사에서 행한 설교의 일부이다. 후안 카를로스 국왕은 1981년 2월 23일, 일부 군인들의 쿠데타를 단호하게 저지하여 추기경의 바람을 저버리지 않았다.

하다는 점'을 강조했다. 후안 카를로스 1세는 내전이나 프랑코 체제에 대해서는 한 마디도 언급하지 않았다. 다음 날의 여론 조사에서는 국민의 75%가 이 연설을 환영했다.

한편 타란콘 추기경은 대관식 미사에서 행한 설교에서 스페인 국민들을 대변하여 "후안 카를로스는 스페인 전 국민의 왕이 되고, 모든 국민이 정책 결정에 자유로이 참여할 수 있게 해달라."고 부탁했다.

이러한 전 국민의 열망에 부응하여 후안 카를로스 1세는 여러 가지 개혁을 성공적으로 수행함으로써 타란콘 추기경의 주문대로 '스페인 전 국민의 왕'으로 거듭났다.

민주주의의 위기

1981년 2월 23일, 국왕 후안 카를로스는 태어난 이래 가장 긴 밤을 지새우고 있었다. 2월 23, 24일 이틀 밤낮을 국왕은 한숨도 자지 않고 스페인의 민주주의를 지키는 보초 역할을 한 것이다.

23일 오후 6시, 칼보 소텔로의 총리 지명 투표가 한창 진행되고 있을 때, 테헤로 중령이 이끄는 치안경비대가 국회에 난입했다. 자동소총으로 무장한 300명의 치안경비대원이 각료와 347명의 의원을 인질로 삼고 의사당을 점령했다. 테헤로 중령은 전화로 쿠데타를 공모했던 발렌시아 지방의 보수 장군에게 "각하, 임무 완수, 이상 없음"이라고 보고했다. 보슈 장군은 발렌시아 전역에 계엄령을 선포하고 전차와 장갑차를 출동시켰다.

그러나 국왕은 카탈루냐와 바스크 지역의 군 수뇌부에게 평정을 유지할 것을 명령했고 각 지방 사단장으로 구성된 군사평의회는 "헌법에 위반되는 행동은 모두 단속하며, 질서 회복에 노력한다."는 성명을 발표했다.

24일 오전 1시 14분, 군 최고사령관인 국왕은 군복 차림으로 TV 앞에 서서 국민에게 "헌법으로 정해진 질서를 유지하기 위해 필요한 조치를 취하도록 나는 군사평의회와 경찰당국에 명령했습니다. 나는 스페인을 버리지 않습니다. 최후까지 저항할 것입니다. 따라서 반란자는 나를 총살하지 않으면 안 될 것입니다."라고 단호한 어조로 자신의 의지를 천명했다.

국왕의 단호함에 기가 꺾인 보슈 장군은 발렌시아에서 장갑차를 철수시켰다. 국민은 TV와 라디오를 통해서 발렌시아 등지에서의 군대의 움직임과 의사당의 상황을 주시했다. 쿠데타 전통의 뿌리가 깊은 이 나라에서 또 다시 군대는 민중을 공포와 절망의 나락으로 떨어뜨린 것이다. 그러나 후안 카를로스 국왕의 단호한 의지 표명에 이은 테헤로 중령의 투항과 인질 석방으로 쿠데타는 종결되었다.

후안 카를로스 국왕이 없었다면 쿠데타는 성공해서 스페인의 민주주의를 프랑코의 독재 시대로 되돌렸을 수도 있다. 후안 카를로스 국왕은 이를 계기로 스페인 민주주의의 수호자로서 전 국민의 존경을 한 몸에 받게 되었다.

'하나의 신화이자 꿈'
: 스페인의 자치권 인정
(1978년)

스페인에서의 지역 문제

4천만 명의 스페인 사람들은 4개의 공식 언어(카스테야노, 카탈란, 가예고, 바스크어: 에우스케라. 이 가운데 우리가 보통 '스페인어'라고 부르는 것은 카스테야노다)를 사용하고 17개의 자치주로 나뉘어 살고 있다. 스페인은 가톨릭교도들이 이슬람교도들을 축출하기 위하여 800년 동안이나 벌인 '국토 회복 운동'에서 되찾은 영토를 왕족 형태의 독립적인 가톨릭 국가들로 각각 발전시켜가면서 형성된 나라다. 이 각각의 왕국들은 지금도 그 당시의 이름대로 스페인에서 자치권을 행사하는 주 단위로 나누어져 있다. 이처럼 이베리아 반도에는 오랜 역사 속에서 형성된 언어적 · 문화적 다양성이 존재한다.

그러나 프랑코는 공화국 정부가 지지한 자치제를 없애는 것을 자신의 의무로 인식했다. 그는 공화국 정부가 카탈루냐와 바스크 지방에 부여한 자치제를 폐지하고 학교에서는 카탈루냐어와 바스크어 사용을 금했다. 그리고 카탈루냐와 바스크 지방의 민족주의를 탄압하면서 국가 행정의 중앙집권화를 강화했다. "하나이고, 위대하며, 또 자유로운 스페인"이라는 프랑코의 신조에서 볼 수 있듯이 프랑코는 '하나의 스페인'을 강조했다.

스페인의 공식 언어. 스페인에는 카스테야노, 가예고, 카탈란, 바스크어, 이렇게 4개의 공식 언어가 사용되는데 우리가 흔히 말하는 스페인어는 카스테야노다.

카탈란주의

18세기에 카탈루냐의 수도 바르셀로나는 랭커셔 다음으로 중요한 면방적 산업의 중심지였다. 1930년 무렵에 카탈루냐에는 면과 양모 외에도 경공업, 기계 제작 및 자동차 공장이 설치되었다. 최초의 기관차도 바르셀로나에서 만들어졌다.

카탈루냐는 농업 위주의 낙후된 카스티야에 비해서는 진보적이고 발전된 지역이었다. 수도 마드리드의 중앙정부 정치인들과 관리들은 자유교역주의를 지지했는데 이는 스페인의 경제적 현실과는 동떨어진 정책이었다. 왜냐하면 카탈루냐인들은 영국의 경쟁에 두려움을 느끼고 있어서 카탈루냐의 경제 발전을 위해서는 보호 무역이 절실했기 때문이다.

이러한 카탈루냐와 카스티야 사이의 경제력의 격차와 정책 차이로 인해서 19세기 말부터 카탈루냐에서는 자치주의에 대한 강한 열망을 지니게 되었다. 카탈루냐인들은 자체의 언어와 문화, 과거 교역의 중심지로서의 자부심, 그리고 중세부터 1715년(펠리페 5세가 카탈루냐를 정복하여 스페인 군주국에 통합시킨 해)까지 지켜왔던 독립의 전통을 갖고 있었다. 그 후 카탈루냐 민족주의자들은 완전한 독립을 위해서 1932년의 법령에 명시된 제한적인 자치제를 거부했으며 1939년 프랑코 집권 후에 행해진 카탈루냐 자치제 법령의 폐지, 카탈루냐어의 사용 금지로 인해서 카탈루냐인들은 자치와 독립의 열망을 더욱

더 키워나갔다.

이러한 자치와 독립에의 열망의 근저에는 '카탈란주의(catalanismo)'가 있었다. 이는 카탈루냐의 문화와 역사에 대한 애정에서부터 순수한 민족주의에 이르기까지 모든 것을 포용하고 있었다. 따라서 카탈루냐에서는 어떤 정당도 그것을 무시할 수 없었다. 카탈란주의의 한 이론가는 "스페인은 '민족들'의 한 집합체를 지칭하기 위한 '지리적 표현'에 불과하고 '각기 다른 민족'은 반드시 '자체의 국가'를 가져야 한다."고 주장하기까지 했다.

이렇게 1900년부터 계속된 카탈루냐인들의 자치제 요구는 스페인의 정치를 지배해왔다 해도 과언이 아닐 정도로 그 영향은 지대했다.

'하나의 신화이자 꿈'

각 지역의 자치제에 대한 열망에 부응하여 1978년에 제정된 신헌법 제2조에서는 스페인 내 모든 민족의 자치권을 인정하고, 또 보장하고 있다. 그것은 프랑코 체제의 엄격한 중앙집권주의에 대한 근본적인 변화이다. 이 헌법은 예전부터 구분되어 있던 지역들—카탈루냐, 바스크, 갈리시아 등—을 국가에 해당하는 자치 지역으로 정의하고 있으며, 각 지방의 자치권을 보장하고 있다.

그런데 지방자치권의 보장 문제가 신헌법 제정 과정에서 최대의 쟁점이 되었다. '국가는 적절한 기준에 근거해 문화적 · 언어적 소수 민족을 후견한다'는 표현에 대해 사회주의 노동당과 공산당은 자치권의 승인이 명기되어 있지 않다면서 반대했다. 대신 '스페인의 통일과 각 민족의 연대를 기초로 해서 각 지방의 자치권을 인정한다'라고 정정할 것을 요구했다. 이 표현이 스페인 민족의 단일성을 부정한다는 이유로 반대하는 의견도 있었지만 '헌법은 모든 국민 공통의 조국인 스페인의 견고한 통일에 기초를 두며, 스페인을 형성하는 여러 지방의 자치권을 인정하며 이를 보장한다'로 지방자치에 관한 최종 결론을 내렸다. 이에 카탈루냐는 어느 정도 만족했으나 바스크는 지방자치 규정이 불충분하다는 이유로 불만을 나타냈다. 특히 완전한 독립을 주장하는 바스크 조국과 자유(ETA)는 신헌법을 거부하기 위해 더욱 활발히 테러 활동을 전개했다.

스페인은 1978년의 헌법에 명시된 것처럼 스페인 내의 각 '자치 단체'를 기초로 국가를 재조직하여 이베리아 반도 내의 지리적 · 문화적 다양성의 문제를 해결하고자 했다. 그러나 이러한 재조직화는 문제를 해결하기는커녕 오히려 지역적 · 문화적 차이를 강조하여 각 지역 주민의 지방자치에 대한 열망을 더욱더 크게 할 뿐이었다.

특히 스페인 동북부 바르셀로나 시를 중심으로 한 카탈루냐 지역과 바스크 지역에 뿌리를 둔 정당들은 지방자치, 나아가 독립에 대한 열망을 부각시키려 노력했다. 그러나 이러한 그들의 열망은 결코 쉽게 달성될 문제가 아니다. "스페인이 하나의 국가를 이루는 일은 하나의 신화이자, 정치가들과 이상주의자들의 꿈"이라는 말이 결코 지나친 과장이 아닐 정도로 지방자치 문제 해결은 스페인이 당면한 최대의 과제라 할 수 있다.

바스크 분리 독립 운동

: ETA
(1959~2018년)

언어학자의 절망

바스크 지방은 스페인 북부와 프랑스 남서부 지역에 걸쳐 있지만 스페인 어나 프랑스어와는 완전히 다른 독립적인 언어를 사용하고 있다. 바스크 분리 독립 운동 지도자 호세 안토니오 데 아기레는 바스크를 다음과 같이 정의 했다.

"바스크인의 기원에 대하여 확실한 것은 아무도 그 기원을 모른다는 것이 다. 모든 학자들은 바스크에 대하여 각자 독자적인 학설을 갖고 있으며, 바스크인은 모든 인종의 선조라는 설도 있다. 어떤 학자는 바스크어에 대하여 '언어학자의 절망'이라고 말한다. 바스크어와 비슷한 언어는 세계 어느 곳에 도 없으며, 관련 있는 언어도 없다. 세계에는 바스크어를 쓰는 사람과 쓰지 않는 사람 두 종류밖에 없다."

이처럼 반도 내 여타 지역의 문화적, 역사적 특성과 전혀 다른 면모를 지 닌 바스크인들은 자신들의 정체성 유지와 완전한 독립에 대한 열망이 지나 치게 컸다. 그래서 상당한 기간 동안 스페인 전체의 정치적인 안정을 위협했 다.

'이베리아 반도의 창조적 이방인'

이는 바스크인을 가리켜 마드리드 콤플루텐세 대학교 교수를 역임한 역사학자 후안 파블로 푸시 아이스푸루아가 한 말이다. 독일의 철학자이자 정치가이면서 바스크어를 연구한 언어학자 빌헬름 폰 훔볼트(1767~1835, 참고로, '훔볼트 해류'를 발견한 박물학자이자 탐험가로 유명한 알렉산더 폰 훔볼트는 그의 동생이다) 역시 바스크 지방을 방문한 뒤 괴테에게 편지를 썼다.

"나는 그토록 강한 민족성과 한눈에 식별할 수 있는 외모를 지닌 민족을 어디서도 본 적이 없습니다."

또 다른 '창조적 이방인'의 시각으로 본 바스크인들의 독자적인 정체성을 알 수 있는 대목이다.

바스크인들은 신대륙에서도 '창조적 이방인'으로 활약했다. 대표적인 인물로는 후안 세바스티안 엘카노가 있다. 그는 1521년에 마젤란이 세부의 막탄섬에서 전사하자 남은 탐험대를 이끌고 1522년에 귀국하여 최초로 세계 일주를 완수한 탐험가였다. 또 다른 탐험가 로페 데 아기레는 남아메리카의 아마존강에 있는 황금의 땅 엘도라도를 찾아 나선 정복자 집단의 우두머리였다. 베르너 헤어초크 감독은 그의 전설 같은 이야기를 영화로 만들었다. 바로 〈아기레, 신의 분노〉(1972)다. 멕시코의 테페약 언덕에서 과달루페 성모가 발현할 당시 멕시코 주교였던 후안 데 수마라가도 바스크 출신이다. 그는 '인디오의 보호자'로 불리며 16세기 중엽 아메리카에 인쇄술을 도입했다. 예수회를 창립하여 선교사 지원 활동, 복음화, 연구와 교육의 분야에서 뛰어난 업적을 쌓았던 이그나시오 로욜라 역시 바스크 출신이다. 이처럼 바스크인들은 탐험가, 식민지 개척자, 성직자, 군인. 정부 관리 등으로 신대륙에서도 '이베리아 반도의 창조적 이방인'으로 활약했다.

바스크 조국과 자유(ETA)

이 '창조적 이방인'들은 자치를 넘어 독립에 대한 열망이 매우 강했는데, 이는 동시에 프랑코의 탄압을 불러왔다. 바스크인들은 스페인 내전(1936~1939) 때 게르니카에서 프랑코와 독일의 연합군에게 무차별 폭격을

테러 중단 촉구 시위. 바스크인들은 전통적으로 완전한 독립을 추구해왔다. "이제는 됐다. ETA는 아니다!"라는 플래카드를 들고 스페인의 북부 도시 산 세바스티안에서 수많은 사람들이 거리행진을 벌이고 있다.

당했다. 이를 계기로 바스크 분리주의자들은 더욱더 단결했다. 이후 바스크인들은 1959년 '바스크 조국과 자유(ETA, Euskadi Ta Askatasuna)'를 결성해서 중앙집권적인 프랑코 정부의 탄압에 납치, 자살 테러, 암살, 무장 습격 등으로 대응했다.

그러나 초기 ETA는 바스크 지역 대중들의 지지를 받지 못했다. 이들은 지방자치를 희망하는 바스크민족당(PNV)을 지지하고 있었다. 바스크민족당은 문화와 행정의 자치는 유지하면서도 스페인에 정치적·경제적으로 통합되는 것을 목표로 했다. 대중의 눈에는 ETA의 분리 독립주의가 일종의 감상적인 생각이며 경제적인 자살 행위로 비쳤을 뿐이었다.

하지만 프랑코 체제가 바스크 지방에 가한 무차별적 탄압은 ETA에 대해 무관심하고 적대적이었던 사람들을 변화시켰다. 사실 프랑코는 1876년부터 1936년까지 바스크 지방에서 실시되었던 경제 자치제와 같은 전통적인 방식조차 재도입하려 하지 않았다. 또한 1968년부터 수차례에 걸쳐 바스크 지방에 비상 사태를 선포했고, 그때마다 공공 질서 수립을 위해서 투입된 병사들은 점령군처럼 행동했다. 심지어 프랑코는 바스크어 사용을 금지하기도 했는데, 프랑코의 이런 모든 정책들은 바스크인들의 분노를 산 것이다.

ETA의 테러

무차별적인 프랑코의 탄압에 대항하여 테러를 저지른 ETA 출신 바스크인 아홉 명이 1970년, 부르고스에서 개최된 군사재판에서 사형을 선고받았다. 또, 테러 행위로 기소된 16명의 바스크 청년 민족주의자들은 총 518년의 언도를 받았다. 이 재판은 국외에서 프랑코 체제에 대한 격렬한 비난을 불러일으켰다. 국내에서는 바스크 지방의 도시 산 세바스티안에서 독일 영사가 ETA에게 납치되는 일이 일어났다. 이후에도 ETA는 경찰에 대한 습격, 폭행, 폭탄 설치, 납치, 총격전 등을 계속 자행했다. 이로써 1976년 말까지 많은 수의 경찰관들과 ETA 요원들이 사망했고, 많은 바스크인들이 장기간 투옥되거나 프랑스로 망명했다.

1975년 프랑코가 사망하고 민주화가 진행되면서 바스크에도 자치권이 부여되었다. 그러나 ETA의 노선을 대변하는 정당인 바스크 대중연합(HB, 헤리 바타수나)은 이에 아랑곳하지 않고 완전한 독립을 줄기차게 요구했다. 이 과정에서 ETA는 주로 경찰과 민병대를 상대로 무자비한 테러를 자행하여 많은 희생자를 냈고, 1981년과 1983년에도 두 차례에 걸쳐 인질들을 납치하여 살해했다. 또 1997년 7월에는 투옥되어 있는 ETA 동료들의 석방을 요구하며 지방의원을 인질로 삼았으나 자신들의 요구가 관철되지 않자 납치한 지방의원을 살해하기도 했다. 이처럼 ETA는 1968년에 분리 독립운동을 공식적으로 시작한 이후 테러를 통해서 자신들의 독립에 대한 의지를 세상에 알리려 했다.

' ¡ Basta Ya!(이제 됐어!)': ETA 해산

ETA는 바스크인들에 대한 무차별적인 억압 조치를 유발하고, 이를 활용해 국내 다른 지역의 바스크인들을 자극하여 테러 행위에 적합한 분위기를 조성하는 것을 전략으로 삼았다. 이러한 전략은 정부군이 자신들의 테러 행위에 격렬하게 대응함에 따라 효과를 발휘했다. 그러나 이러한 무차별적인 테러 행위는 바스크 지방을 경제적, 도덕적으로 붕괴 직전까지 몰고 갔다.

바스크는 원래 부유한 지역이었다. 그 중심 도시인 산세바스티안과 빌바오는 항상 활력이 넘치는 근대 도시이자 자유주의의 중심지였으며, 스페인의 대외무역에서 중요한 역할을 했다. 1876년 이후 산업화 과정에서는 영국으로 철광석을 수출하여 부를 축적했고 타지방의 노동자들이 이주하여 인구도 증가했다. 특히 빌바오는 1970년대까지 스페인의 철강과 조선 산업의 중심지였다. 그러나 1980년부터 세계 시장에서 경쟁력을 잃고 불황을 겪으면서 도시 전체가 쇠락하기 시작했다. 여기에 기업인들에 대한 과도한 세금 부과와 투자 중단, ETA의 바스크 분리 독립을 위한 테러 행위까지 겹쳐 대중들은 ETA에 대한 지지를 거두기 시작했다. 스페인 사회주의 노동자당, 바스크 공산당 등 주요 정당들 역시 ETA의 테러 행위를 강력히 비난했다.

'¡Basta Ya!', '이제 됐어!'라는 의미다. 이 말에는 "내전은 절대 되풀이되어서는 안 된다."라는 바스크인들의 확고한 생각이 담겨 있다. 대부분의 바스크인들은 비폭력, 민주주의, 전체의 화합을 원했다. 그 결과 2017년 4월 ETA는 드디어 무장 해제를 선언했다. 1년 뒤인 2018년 5월에는 결성된 지 거의 60년 만에 ETA는 해산을 선언했다. 이로써 바스크 지역에 완전한 평화가 시작되었다.

카탈루냐인들의 자긍심
: 카탈루냐의 분리 독립 열망

엘 클라시코(El Clásico)

'엘 클라시코'는 레알 마드리드와 FC 바르셀로나 축구팀 간의 경기를 말한다. 전 세계인의 이목을 집중시키고 축구팬을 설레게 하는 빅 매치다. 하지만 이 경기를 대하는 양 팀의 태도는 서로 상반된다. 레알 마드리드가 축구에 대한 사랑으로 출발했다면, FC 바르셀로나는 정치적 반감과 카탈루냐에 대한 자긍심에서 시작했다. FC 바르셀로나는 마드리드 중심의 중앙집권적 통치 체제에 반대하는 지역 주민들의 정서를 대표하는 축구팀이다.

양 팀의 적대적인 감정이 형성된 연유는 다음과 같다. 1920년대 스페인을 통치한 독재자 프리모 데 리베라 장군은, 바르셀로나 관중이 스페인 국가(國歌)가 연주되는 동안 야유를 보냈다는 이유로 FC 바르셀로나 팀의 경기장을 6개월 동안 폐쇄하고, 창립자 한스 감페르(Hans Gamper)의 사임까지 요구했다. 이는 중앙집권 통치를 추구하는 카스티야가 지방자치를 주장하는 카탈루냐를 탄압한 상징적인 사건이었다. 더구나 스페인 내전(1936~1939) 중에는 프랑코 측의 군인들이 정당 대표이자 FC 바르셀로나의 구단주인 조세프 수뇰(Josep Sunyol)을 살해하는 사건이 발생했는데, 이는 바르셀로나 사람들에게 자신의 카탈루냐 정체성과 FC 바르셀로나 축구팀의 의미를 생각해 보는 계기가 되었다. 또한 스페인 내전이 끝난 뒤, 정권을 잡은 독재자 프랑코는 마드리드의 카스티야 지방에 대해서는 전폭적인 지원을 아끼지 않은 반면, 바르셀로나의 카탈루냐 지방에 대해서는 가혹한 탄압을 멈추지 않았다. 이것이 바로 레알 마드리드와 FC 바르셀로나 간의 경기인 '엘 클라시코'가 총성 없는 전쟁이 된 이유다.

그렇기에 '엘 클라시코'는 단순한 축구 경기가 아니다. 스페인 전체의 민족주의(레알 마드리드)와 카탈루냐의 민족주의(FC 바르셀로나)로 대표되는 두 팀 간의 정치적 자존심이 걸린 싸움이다.

카탈루냐의 자치권 박탈

1714년에 카탈루냐는 스페인 왕위 계승 전쟁에서 카스티야 왕국에 패했다. 스페인 왕위 계승 전쟁은 부르봉 왕조의 펠리페 5세와 합스부르크 왕조의 카를로스 대공 간의 맞대결이었고, 이 전쟁에서 부르봉 왕조의 펠리페 5세가 승리했다. 승리한 펠리페 5세는 상대편인 합스부르크 왕조의 카를로스 대공을 지지했던 카탈루냐의 자치권을 박탈했으며 카스티야의 왕이었던 자신이 직접 바르셀로나의 백작에도 올랐다. 이는 스페인이 자치권을 가진 각 지역의 집합체가 아닌 하나의 중앙집권적 국가가 되었다는 것을 의미했다. 그는 카탈루냐의 정치 체제를 완전히 폐지하고 카탈루냐어 사용을 금지했다.

19세기 들어서 카탈루냐에서는 분리 독립을 요구하는 민족주의 운동이 시작되었다. 19세기의 카탈루냐는 스페인의 산업화와 근대화의 선두주자였다. 직물업자를 중심으로 형성된 카탈루냐의 산업 부르주아 계급은 스페인의 미래가 산업화에 달려 있기 때문에 산업 발전을 위해서는 각 지역의 시장이 개방되어야 한다고 주장했다. 그러나 산업화를 이루지 못한 카스티야를 비롯한 다른 지역은 이를 받아들이지 않았다. 자영농 중심이기 때문이었다. 카탈루냐인들의 이런 야심은 다른 지역의 부정적인 태도로 인해서 번번이 좌절되었는데, 이는 19세기 후반까지 언어, 민속 문화, 건축 등 문화의 부흥을 중심으로 이루어진 카탈루냐 민족운동이 정치운동으로 변화되는 계기이기도 했다. 카탈루냐는 스페인 내전 후에도 자치권을 완전히 상실했다. 내전에서 승리한 프랑코 장군은 반(反)공산주의와 반(反)분리주의 정책을 펼치며 카스티야 중심의 강력한 중앙집권 정책을 추진했다. 그는 '하나로 통일된 스페인'을 내세우며 다른 자치 지역들을 탄압했다. 특히 카탈루냐 지역에 대해서는 자치 정부 폐지, 카탈루냐어와 카탈루냐 국기 사용 금지 등 카탈루냐인의 정체성을 상징하는 것들을 말살했다.

그 억압의 강도가 너무나 강해서 카탈루냐인들은 카탈루냐의 정체성뿐만 아니라 자신들마저 절멸하지 않을까 하는 두려움을 갖게 되었다. 그러나 카탈루냐인들은 이에 굴하지 않고 자신들의 사회적, 정치적 결속을 강화시켜 나갔다. 가혹한 탄압이 프랑코의 의도와는 반대로 카탈루냐인들의 자치권에 대한 열망을 더 키운 것이다.

카탈루냐인들의 분노

1975년, 프랑코가 죽고 스페인에 민주주의가 시행되면서 각 지역의 자치권 논의가 활발해졌다. 1978년에 개정된 헌법에는 강력한 중앙집권체제가 아닌 '혼합된' 또는 '개방적인' 지역주의 체제가 담겼다. 이는 중앙 정부가 가지고 있던 많은 정치적 권한과 기능이 자치 정부에 이양되었음을 의미한다. 그러나 카탈루냐와 바스크 지역 사람들은 헌법에 다양한 민족의 요구가 충분히 반영되지 않았다고 주장했다. 스페인 내 민족주의 성향인 정당들의 태도 역시 이들의 분노를 키웠다. 이 정당들은 카탈루냐인을 강력한 스페인이 되는데 방해 요인으로 간주했을 뿐만 아니라 정권을 잡았을 때 '평등한 스페인 시민권'을 강조하며 스페인 각 지역의 자치권이나 특권을 축소시키는 법안을 발의했기 때문이었다.

카탈루냐의 분리 독립 운동

이러한 분노가 바로 카탈루냐의 분리 독립 운동으로 표출된 것이다. 카탈루냐인들은 헌법에만 근거하는 스페인 정부의 민주주의에 대한 경직된 해석을 변화시키려 했다. 또한 스페인 내의 다양한 민족의 권리를 인정하도록 함으로써 자신의 존재 기반을 확고히 하려는 시도를 줄기차게 해왔다. 이 시도는 2017년에 실시된 분리 독립 여부를 묻는 주민투표에서 구체화되었다.

2017년 10월 1일, 카탈루냐 자치 정부는 중앙 정부의 반대에도 불구하고 분리 독립 여부를 묻는 주민투표를 시행하여 투표율 42%에 투표자의 90% 이상이 분리 독립에 찬성했다고 발표했다. 카탈루냐의 분리 독립에 대한 열망은 그들의 경제적 자신감에 바탕을 둔다. 카탈루냐 주는 스페인 전체 GDP의 약 20%를 차지하는 스페인의 경제 중심지다. 카탈루냐의 중심도시 바르셀로나는 세계적인 관광 도시로 2017년 기준으로 약 3,000만 명 이상의 관광객 유입에 힘입어 지속적인 경제 발전을 이루고 있었다. 그래서 카탈루냐인들은 자신들이 스페인 경제 전반을 이끌고 있다고 생각해왔다.

중앙 정부는 헌법에 근거해서 카탈루냐의 분리 독립에 대한 투표 결과가 무효라고 선언했다. 이에 카탈루냐 자치 정부는 일단 독립을 유예하고 중앙 정부와의 협상을 제안했지만, 중앙 정부는 이 제안을 거부하고 카탈루냐의 자치권 몰수, 자치 정부의 권력 교체 등의 조치를 취했다. 이로써 중앙 정부와 카탈루냐 자치 정부 간의 대립이 첨예화되었다. 중앙 정부는 헌법 155조, 즉 자치 정부가 헌법상 의무를 이행하지 않거나 국익을 심각하게 침해할 경우 중앙 정부가 이를 강제하는 모든 조치를 취할 수 있다는 조항을 들어 카탈루냐 자치 정부의 분리 독립 운동에 제동을 가했다. 반면 카탈루냐 자치 의회는 2017년 10월 27일에 분리 독립을 결정하는 독립국가 선포안을 통과시켰다. 이에 스페인 상원은 카탈루냐의 자치권 박탈을 가결하는 '직접 통치안'을 승인했다. 중앙 정부가 카탈루냐 자치 정부의 해산을 선언한 것이다.

카탈루냐의 분리 독립 운동의 앞날

스페인 검찰은 반역죄 혐의로 카를레스 푸지데몬(Carles Puigdemont) 수반을 제외한 오리올 훈케라스(Oriol Junqueras) 부수반 등 자치 정부 각료 8명을 구속했다. 푸지데몬은 "현 상태에선 스페인 법원으로부터 공정한 재판을 받을 수 없다."는 이유로 벨기에로 도피했다. 2017년 12월 21일에 치러진 카탈루냐 조기 지방선거에서 독립을 주장하는 정당들은 가까스로 의회의 과반 의석을 차지했다. 이들은 벨기에에서 망명생활을 하는 푸지데몬을 수반으로 재추대하기로 했다. 푸지데몬은 스페인으로 귀국하지 않고도 '원격'으로 카탈루냐 자치 정부 수반직을 수행할 수 있다고 주장했다. 인터넷과 모바일 기술 등을 이용하면 스페인에 없어도 얼마든지 통치가 가능하다는 것이다.

그러나 2018년 1월, 헌법재판소는 푸지데몬이 카탈루냐 수반이 되려면 법원의 허가를 받아 카탈루냐 의회에 '물리적으로' 참석해야 한다고 판결했다. 중앙 정부 역시 카탈루냐 의회가 외국에 있는 푸지데몬을 자치 정부 수반으로 선출하면 자치권 박탈 조치를 이어가겠다며 강경한 태도를 보였다. 이에 카탈루냐 자치 의회는 푸지데몬의 재추대를 무기한 연기했다. 이런 와중에 2018년 2월, 카탈루냐의 분리 독립운동이 사실상 실패했음을 인정하는 푸지데몬의 사적인 문자가 언론에 노출되어 카탈루냐의 분리 독립운동은 진퇴양난에 빠지게 되었다.

이후 이들 분리 독립운동의 주역들에 대한 사면은 스페인에서 '뜨거운 감자'가 되었다. 이를 과감히 품에 안은 정당은 바로 사회주의 노동자당(PSOE)이었다. 집권당이었던 사회주의 노동자당은 2023년 총선에서 국민당에게 제1당 자리를 내주었다. 그러나 국민당도 과반을 얻지 못해 다른 당과의 연정 구성에도 실패했다. 집권당 총리였던 페드로 산체스 총리는 카탈루냐 독립 운동 주역들의 사면을 약속하면서 분리주의 정당의 지지를 얻어 재집권에 성공했다. 이후 사회주의 노동자당은, 2024년 1월에 부결된 카탈루냐 분리주의자 사면을 위한 법안을 5월에 다시 하원에 상정해 가결시켰다. 그러나 이에 대해서 카탈루냐 지역을 제외한 국내의 반대가 만만치 않아서 향후 집권당과 카탈루냐 지역주의 정당들과의 관계가 초래할 결과에 대해서 많은 우려가 제기되고 있다.

Podemos, '우리는 할 수 있다'
: 스페인의 현대 정치

스페인의 정치제도

스페인은 군주의 권력이 헌법에 의해 일정한 제약을 받는 입헌군주국가이다. 국왕은 스페인을 대표하는 국가 원수이며 수상이 실질적인 국가 통치 행위를 하는 내각책임제 국가다. 입법부는 상하 양원으로 구성되어 있다. 임기는 각각 4년이다. 전국적인 정당으로는 국민당(PP)과 사회주의 노동자당 (PSOE) 등이 있으며, 그 외 카탈루냐 민주당(CIU)과 바스크 국민당(PNV) 등이 대표적인 지역별 정당들이다.

사회주의 노동자당의 집권

1982년 10월 28일, 마드리드의 팔라시오 호텔 앞은 대혼잡을 이루고 있었다. 수많은 군중들이 호텔 옆의 화면에 당시 사회주의 노동자당 소속 하원의원이었던 알폰소 게라의 모습이 비치자 큰 환호를 올렸다. 게라는 선거 결과를 낭독했다. "사회주의 노동자당 202석, 국민 동맹 102석, 민주 중도연합 12석, 바스크 민족당 8석, 공산당 4석, 사회민주주의중도당 2석……." 예상대로 사회주의 노동자당(PSOE)의 압승이었다. 프랑코의 독재가 계속되고 있던 10년 전에는 꿈도 꿀 수 없던 일이 일어났던 것이다. 이로써 40년간의 우익 보수 정권이 붕괴되었다.

펠리페 곤살레스는 "노동과 일상생활에 뿌리를 내린 새로운 문화가 이제까지의 사회 형태를 변화시킬 것이다. 경제적 정의가 실현될 것이다. 개인을 존중하는 윤리가 널리 퍼질 것이다. 법 앞에서의 평등, 모든 환자가 치료를 받을 권리, 모든 계층의 사람이 각자의 재능에 따라 교육을 받을 권리가 보장될 것이다."라고 기염

투표하는 펠리페 곤살레스 총리(1986년, 마드리드). 1982년 총선거에서 사회주의 노동당이 압승함으로써 40년간의 우익 보수 정권이 붕괴되었다.

을 토했다. 총리의 이런 확신에 국민들은 큰 기대를 걸었다.

펠리페 곤살레스는 국민들의 기대에 부응해 무상교육 나이를 14세에서 16세로 인상하고, 가톨릭 교회의 반발에도 낙태를 부분적으로 합법화시켰다. 또한 보편적 의료 보험과 주 40시간 노동제도를 도입했으며 군사 개혁을 통하여 군대의 힘도 약화시켰다. 1992년 바르셀로나 올림픽을 성공적으로 개최하기도 했다. 외교면에서는 서방 세계와의 단절을 극복하고자 했다. 북대서양조약기구(NATO) 가입을 반대하는 사회주의 노동자당의 강령을 뒤집고 북대서양조약기구 가입을 적극적으로 추진했다. 유럽연합(EU)의 전신이라 할 수 있는 유럽경제공동체(EEC)에도 가입했다. 미국, 프랑스, 독일과 스페인의 관계가 좋아졌고 외국의 자본이 들어와 그가 집권하던 시기의 스페인 경제는 유례없는 호황을 맞이했다.

그러나 펠리페 곤살레스가 스페인을 통합된 국가로 만들지 못했다는 평도 적지 않았다. 그는 스페인으로부터 독립하고자 했던 지역을 강경하게 탄압했다. ETA를 극좌 테러 집단으로 지목하며 불법적인 도감청과 바스크인들에

대한 인권 탄압까지 불사했고, '분리 독립 세력과의 전쟁'을 선포했다. 이는 스페인을 더욱더 분열시켰다. 곤살레스는 스페인 최대 노동조합인 노동자 총연맹(UGT)과 갈등을 빚으며 좌파 총리답지 않게 노동조합을 탄압하기도 했다. 또한 망각 협정(Pacto del Olvido)을 지지하면서 프랑코 정권 부역자 청산에 소극적이기도 했다.

국민당의 집권

펠리페 곤살레스의 이러한 정책에 실망한 국민들은 그의 집권 14년이 되던 해인 1996년, 사회주의 노동자당에 대한 지지를 거둬들였다. 그 결과, 호세 마리아 아스나르 당수가 이끄는 국민당이 156석을 획득, 141석을 차지한 펠리페 곤살레스 총리의 사회주의 노동자당을 물리치고 제1당이 되었다. 14년 만의 정권 교체였다. 1975년 민주화 이후 첫 보수당 집권의 시대가 열린 것이다.

국민당 당수인 아스나르가 총리에 취임했다. 그의 할아버지와 아버지는 열렬한 프랑코 정권의 지지자이자 군사독재 부역자였으며, 아스나르 본인도 고등학생 시절 청년 프랑코당에서 활동한 인물이었다. 그는 집권과 동시에 외국기업의 국내 투자에 대한 규제를 풀었고, 국영 기업을 민영화시켰다. 또한 엄청난 부동산 붐과 함께 관광업 또한 호황을 맞이했다. 이로 인해 실업률이 낮아지는 등 아스나르의 경제 정책은 어느 정도 성공을 거두는 듯했다. 그러나 회복된 경제 상황이 관광업의 호황에 따른 것이어서 스페인 경제를 허약하게 만들었다는 평가도 있다.

외교면에서는 프랑스와 독일과의 관계가 나빠졌지만 영국, 미국과는 좋은 관계를 유지했다. 이라크 전쟁 참전에 대해서 스페인 국민의 91%가 반대했지만 아스나르는 영국과 함께 유럽 국가 중 가장 먼저 이라크 침공을 지지하고 군대를 파병했다. 설상가상으로 2004년 총선을 사흘 앞두고 중동 테러 조직이 이라크 철수를 요구하며 마드리드 지하철 폭탄테러(11-M 테러 사건)를 감행한 사건이 발생하여 아스나르는 곤경에 처하게 되었다. 그 결과 국민당은 총선에서 패배했다.

준비되지 않은 총리

2004년 총선에서 사회주의 노동자당이 8년 만에 정권 교체를 이루었다. 당수는 호세 루이스 로드리게스 사파테로였는데 사실 그는 준비되지 않은 총리였다. 당 대표가 될만한 사람이 없다 보니 우연히 대표가 된 인물이었고 폭탄테러로 우연히 총리가 된 인물이었다. 사파테로는 하원의원을 몇 년 지낸 것 외에는 별다른 경력이 없는 인물이었다. 사파테로 정권은 2008년 금융 위기를 적절하게 대처하지 못했다. 전 정권에서 크게 육성시킨 부동산업과 관광업에서 거품이 터졌기 때문에 스페인 경제는 더 악화되었다. 사파테로가 퇴임할 때인 2011년 실업률이 거의 23% 가까이 되었다. 2007년부터 2011년까지 스페인에서 총 270만 개의 일자리가 사라졌는데 이중 거의 2/3가 건설업, 부동산업, 관광업에서 사라진 것이었다.

다시 국민당, 분열된 스페인

2011년 총선은 마리아노 라호이가 이끄는 보수파인 국민당이 350석 중 186석을 차지, 단독 과반 의석을 차지하면서 정권 교체에 성공했다. 국민들은 신임 라호이 총리의 안정된 리더십에 큰 기대를 걸었다. 그러나 그 기대는 이내 실망으로 변했다. 그의 정책은 해고, 구조 조정, 긴축 등 세 가지로 요약되었다. 2012년 4월 라호이 총리는 100억 유로 규모의 의료와 교육 복지제도 축소안을 발표했다. 스페인 전역의 교사와 의사들은 이에 반발해 거리로 뛰쳐나왔다. 이는 스페인 역사상 최대 규모의 교사와 의사 파업으로 기록되었다. 이후 라호이 총리는 실업 수당 감축, 공무원 임금 동결 및 보너스 삭감 등 복지란 복지는 모조리 축소시켰다. 그리고 유럽연합으로부터 구제 금융을 받아 경제 회복에 힘쓴 결과, 1년 만인 2013년 12월 구제 금융 체제를 종료시켰다. 비록 2013년에 실업률이 스페인 역사상 가장 높은 수치인 27%까지 치솟았지만 2014년을 기점으로 경제가 회복되면서 실업률이 떨어지기 시작했다.

그러나 고위층의 부패가 라호이 정권의 발목을 잡았다. 국민당 소속이었던 전임 총리 아스나르는 많은 기업과 자선단체에 부정 청탁을 하고 뇌물을 수수하는 등의 부패 행각으로 국민들의 원성을 샀다. 후안 카를로스 1세의 스캔들까지 터지자 라호이 내각의 지지율이 급속도로 추락했다.

"우리는 할 수 있다", 포데모스(Podemos)

2012년 바스크 지역의 지방선거에서 바스크 분리 독립을 지지하는 정당인 바스크 지방연합(EH Bildu)의 득표율이 25%에 달했다. 엄청난 선전이었다. 이로 인해서 스페인은 준내전의 상태에 빠졌다. 스페인 전국에서 분리 독립을 요구하는 정당이 지방의회 의석을 휩쓸었고 라호이 내각은 바스크, 카탈루냐 등 분리 독립 여론이 강한 지역의 통제권을 사실상 상실했다. 이때 '포데모스(Podemos)'가 대항 세력으로 떠올랐다. 포데모스(Podemos)는 "우리는 할 수 있다"라는 의미다. 포데모스는 15-M 당시 시위를 이끌었던 청년 좌파 세력이 구성한 극좌 정치 플랫폼이다. M-15운동의 뿌리는 2008년 경제 위기 속에서 무능력하고 부패한 체제에 맞선 거대한 대중운동이었던 인디그나도스(Indignados: 분노한 사람들) 운동이었다. 인디그나도스 운동은 2011년 5월 15일 마드리드 푸에르테 델 솔 광장의 집회를 시작으로 전국의 모든 광장을 점거하는 운동으로 커졌다. 운동이 시작된 5월(Mayo) 15일을 기념하는 의미로 M-15운동이라고 불렸다. 이 운동을 이끌었던 세력이 주축이 된 포데모스는 청년층을 중심으로 엄청난 인기를 구가하며 2015년 총선에서 크게 선전했다. 사회주의 노동자당과 국민당이 모두 단독 과반 확보에 실패하며 조기 총선에 이르기까지 할 정도로 이들의 파괴력은 컸다. 또한 포데모스와 연대한 범좌파 세력의 여성 후보들이 바르셀로나와 마드리드 시장에 당선되는 성과를 올렸다.

그러나 포데모스는 공약의 현실성이 부족하다는 평가를 받았고, 시간이 흐름에 따라 기성 정당과 무엇이 다르냐는 비판도 제기되었다. 결국 2016년 치러진 조기 총선에서 모두의 예상을 깨고 포데모스가 패배했으며 우파 진영이 과반 의석을 지켜 라호이 총리가 재선에 성공했다.

현직 총리의 불신임

2018년 6월, 하원은 카탈루냐의 분리 독립 움직임을 저지하며 강한 이미지를 과시한 라호이 총리에 대한 불신임 결의안을 통과시켰다. 정치인들의 부패 스캔들 때문이었다. 국민당 인사들은 뇌물이나 탈세 혐의로 기소돼 유죄 판결을 받았다. 돈을 준 기업인들 역시 유죄가 선고되었다. 라호이 총리 역시 재판에 증인으로 출석하기도 했다. 라호이 총리는 스페인 역사상 현직 총리가 불신임 투표로 물러난 첫 사례가 되었다.

라호이 총리의 뒤를 이어 사회주의 노동자당의 페드로 산체스가 총리가 되었다. 그는 카탈루냐 분리주의 계열 정파들의 도움으로 집권했지만, 소수 의석의 내각이라는 한계 속에서 고전했다. 특히 2019년 7년간의 긴축 재정을 끝내고 정부가 제출한 예산이 우파 진영에 의해서 부결되자 의회를 해산하고 4월에 조기 총선을 단행했다. 그 결과 제1당은 유지했지만 그 어떤 정당도 과반을 넘지 못했으며, 이로 인한 연정의 필요성에도 불구하고 어떤 정당도 연정에 성공하지 못해 11월에 다시 총선거가 실시되었다. 이때 보수 정당인 국민당과 극우 정당인 Vox가 약진했지만 사회주의 노동자당과 포데모스 연합이 보수 정당들보다는 많은 의석을 얻었다. 사회주의 노동자당과 포데모스 연합은 그동안의 정치적 갈등은 제쳐두고 정부 구성 협상에 성공하여 페드로 산체스 총리가 집권을 계속하게 되었다. 이는 스페인 민주화 이후 최초의 연정이었다.

2023년 지방선거에서 국민당과 Vox 연합에 패하자 페드로 산체스 총리는 의회를 해산하고 또다시 조기 총선 카드를 꺼내 들었다. 산체스 총리는 총선에서 국민당에 제1당 자리를 내줬으나 소수 정당들과 연정을 구성하면서 연임에 성공했다. 논란을 일으킨 카탈루냐 분리주의자들의 사면을 약속해 분리주의 정당의 지지를 얻은 덕분이었다. 이처럼 페드로 산체스 총리는 고비마다 과감한 승부수를 통해 위기를 돌파했다.

그러나 2027년으로 정해진 임기 4년을 다 채울지는 의문이다. 카탈루냐나 바스크에서 다시 분리 독립이 강행되면, 연정이 붕괴할 가능성이 높기 때문이다. 산체스 총리와 분리주의 정당 간의 사면 합의는 보수층은 물론 사법부로부터도 "국기를 문란케 하고, 법질서를 훼손한다."는 거센 비판을 받고 있다. 그러나 산체스 총리는 "카탈루냐 분리주의자들에 대한 사면은 사회 통합과 상처 치유를 위한 것이며 대화와 용서를 통해 스페인의 통합을 보장하겠다."고 밝혔다. 앞으로 스페인이 무엇을 '할 수 있을지' 지켜볼 대목이다.

새로운 왕의 등극
: 펠리페 6세
(2014년~)

스페인 왕실

스페인 헌법 56조 1항에 "국왕은 국가의 원수로서 통일성 및 영속성의 표상이고, 모든 제도의 정상적 기능을 중재·조정한다. 국가 관계 특히 역사적 공동체의 모든 국가와의 관계에 있어서 스페인 최고의 대표자이며, 헌법과 법률이 명문으로 부여하는 권한을 행사한다."라고 스페인 국왕에 대한 내용이 명시되어 있다. 헌법에서 볼 수 있듯이 스페인 국왕은 스페인을 대표하는 존재다.

1975년 프랑코가 사망한 이후, 후안 카를로스 1세가 왕위에 올랐다. 그는 스페인 민주화가 정착된 후에는 활발한 외교 활동을 펼쳤다. 바스크, 카탈루냐 등 분리주의 성향이 강한 지역들을 다독이는 구심점 역할도 했다. 지난 2000년, 국왕 취임 25주년을 맞이하여 실시한 여론조사에서는 국왕의 지지율이 80%를 상회했다. 2007년 여론조사에서도 《돈 키호테》의 작가 미겔 데 세르반테스를 제치고 '가장 위대한 스페인인'에 뽑힐 정도였다. 왕실에 대한 신뢰도 조사에서도 60%의 스페인 국민이 긍정적으로 답변한 것을 보면 스페인 국민의 왕실에 대한 신뢰가 얼마나 높았는지를 알 수 있다. 펠리페 곤살레스 전 총리는 후안 카를로스 1세를 '공화제적인 군주'라고 말하면서 "스페인 국민들이 군주제를 수용했는지는 잘 몰라도 왕을 받아들인 것만은 확실하다."라고 추켜 세우기까지 했다.

이렇게 국민의 신망이 높았던 국왕이었지만 후안 카를로스 1세는 1남 2녀 중 막내딸인 크리스티나 공주의 탈세 연루 의혹과 국왕 자신의 적절치 못한 행동으로 스페인 국민의 신뢰를 잃었다. 그녀는 바스크 혈통에 카탈루냐에서 성장한 이냐키 우르단가린과 결혼하면서 지역감정이 심한 스페인에서 통합의 아이콘이 되었다. 명실공히 스페인 왕실의 완벽한 사윗감이었다. 그러나 이들은 공금 횡령, 돈세탁, 탈세 등의 혐의로 검찰에 기소되었다. 왕실 전체의 명예가 추락한 것은 물론이었다. 이렇게 악화된 왕실의 여론에 불을 한껏 더 지핀 사람은 의외로 국민의 존경을 한 몸에 받았던 후안 카를로스 1세였다. 그가 아프리카 보츠와나에서 호화판 코끼리 사냥을 하다가 엉덩이뼈가 골절되어 수술을 받은 사실이 뒤늦게 밝혀진 것이다. 이로 인해 당시 27%의 높은 실업률에 시달리던 상당수의 스페인 국민들은 이러한 국왕의 행실에 실망하여 왕실에 대한 지지를 거둬들이기 시작했다.

펠리페 6세

이렇게 여론이 악화되자 후안 카를로스 1세는 2014년 6월 18일, 스페인 국왕 자리를 아들인 펠리페 6세에게 넘겼다. 왕위에 오른 지 39년 만이었다. 죽으면서 왕위를 자연스럽게 물려주는 게 아닌, 살아 있는 상태에서 왕위를 물려준 것이다. 펠리페 6세는 18세 때인 1986년 1월에 정식으로 왕세자가 되었다. 그는 왕세자로서 오랫동안 국왕 수업을 받으며 왕실에 부여된 활동을 수행해 왔다. 캐나다와 미국에서 공부했고, 스페인의 육·해·공군 사관학교에서 3년간 군사 훈련을 받기도 했다. 또한 펠리페 6세는 유능한 군 지휘관의 자질이 있다는 평가도 받는다. 최첨단 전투기와 헬기를 자유자재로 조종할 수 있으며, 1992년 바르셀로나 올림픽에 요트 국가대표로 출전한 이력도 있다. 게다가 카탈루냐어, 프랑스어, 영어, 그리스어 등 많은 언어를 구사하며, 소탈하고 인간적인 성품과 수려한 외모를 갖추고 있어서 스페인 국민

들의 평이 좋은 편이
다.

그가 특히 세인
의 관심을 끌었던
것은 '평범치 않은'
결혼이었다. 그는
2004년, 평범한 가문
출신에 이혼 경력이
있는 레티시아 오르
티스 로카솔라노와
결혼했다. 보수적인
가톨릭 국가에서 평

펠리페 6세의 5주년 재위기념일에 열린 국민훈장 수여식에서 펠리페 6세와 그의 가족들. ⓒ 스페인 대통령부, la moncloa

민 출신의 이혼녀 왕세자비가 적합하지 않다는 여론이 높았지만, 두 사람은
이를 극복하고 결혼에 성공했다. 스페인 최초로 평민 출신의 이혼 경력을 가
진 왕비가 탄생했다. 새 왕비 레티시아는 유명 TV 앵커 출신답게 박식한 지
식과 뛰어난 언어 구사 능력으로 어디에서나 분위기를 능수능란하게 주도했
다. 수많은 외교사절과 정치, 경제, 문화 등 각계각층의 사회 지도자급 인사
들과 교류하면서 스페인의 국격을 높였다는 평가를 받는다.

왕위에 오른 펠리페 6세는 활발한 대외 활동을 벌이면서 자신의 존재감을
보여주고 있다. 특히 2017년 7월, 영국을 방문했을 때 영국 정부를 향해 지
브롤터 영유권에 대한 새로운 합의를 촉구했다. 정치 문제에 개입하지 않았
던 스페인 국왕이 민감한 현안을 언급한 것이다. 또한 금융 비리 의혹을 받
는 부친 후안 카를로스 1세의 유산을 포기하겠다고도 선언했다. 펠리페 6세
는 왕실에 대한 스페인 국민의 신뢰 회복을 위해서 애쓰고 있는 중이다.

스페인의 심장에 박힌 가시, 지브롤터

지브롤터는 스페인과 아프리카 대륙을 가르는 해협이다. 가장 좁은 곳은
폭이 14킬로미터에 불과해서 스페인에서 아프리카 대륙이 보일 정도다. 지

브롤터는 또한 스페인 땅에 있는 영국 영토이기도 하다. 이 '지브롤터'란 이름은 북아프리카에 살던 이슬람계인 무어족 장수의 이름에서 왔다. 8세기 초에 스페인을 지배하고 있던 서고트족의 지배층에 내분이 일어났다. 반란을 일으킨 측에서 자신들의 열세를 만회하고자 바다 건너 지금의 모로코를 다스리고 있던 무사(Muza)에게 도움을 요청했다. 이에 무사는 그의 부하인 타리크 빈 지야드를 보냈다. 711년 타리크가 이끄는 군대는 아프리카 북부에서 바다를 건너 이베리아 반도 남단의 '헤라클레스의 기둥'이라 불리는 우뚝 솟은 해발 426미터의 바위산에 도착했다. 후에 이 산은 그의 이름을 따서 '타리크의 산'이란 의미의 '자발 타리크'로 명명되었고, 이 이름이 나중에 '지브롤터'가 된 것이다. 면적 6.8제곱킬로미터에 불과한 자그마한 땅인 지브롤터가 오랜 기간 스페인과 영국의 관계 개선에 걸림돌이 되고 있다. 이 문제는 21세기에 들어와서도 여전히 현재진행형이다. 위에서 언급한 펠리페 6세의 지브롤터 영유권에 대한 언급 역시 이와 궤를 같이 한다.

지브롤터가 영국의 식민지가 된 이유는 다음과 같다. 1704년 8월 1일, 스페인 왕위 계승 전쟁(62. '합스부르크 왕조의 몰락' 참조)이 진행되는 가운데 영국군과 네덜란드군이 이곳을 점령했다. 1713년 위트레흐트 조약에서 스페인은 정식으로 지브롤터를 영국령으로 인정했다. 그 후 이곳은 지중해를 오가는 영국 상선들을 보호하고 적국의 함대를 감시하는 거점이 되었다. 지브롤터의 가치가 높아진 것이다. 이후에 스페인은 영국으로부터 지브롤터를 반환받고자 했지만 영국은 번번이 이를 거부하거나 무시했다. 그리고 19세기 중반, 영국이 세계 최강대국이 되자 스페인은 더 이상 무력을 통한 지브롤터 탈환을 시도할 수 없었다. 지브롤터는 1869년에 수에즈 운하가 개통되면서 영국에게 더 중요한 곳이 되었다. 지브롤터 점령 250주년인 1954년에 엘리자베스 여왕이 지브롤터를 방문했다. 프랑코는 이를 스페인에 대한 공격으로 받아들여 지브롤터 주재 스페인 영사관을 철수시켰고, 국경 통행을 제한했다. 이렇게 스페인은 지브롤터 탈환을 위해서 부단히 노력했지만 만족할 만한 성과를 거두지 못했다.

영국은 1967년에 지브롤터 주민을 대상으로 '영국과의 긴밀한 관계를 유지하는 자치'와 '스페인의 통치' 중 하나를 선택하는 주민투표를 실시했다. 그 결과 12,138 대 44로 주민들은 '영국'을 선택했다. 그 후 영국은 1969년에 헌법을 제정하여 지브롤터인에게 자치권을 부여했다. 이러한 영국의 조치에 항의하여 스페인은 지브롤터를 완전히 폐쇄하였고, 통행과 통상을 금지시켰으며 통신선도 끊었다. 이 조치는 1985년이 되어서야 해제되었다. 2002년에도 영국과 스페인이 지브롤터에서의 주권 문제를 묻는 주민투표가 실시되었다. 이 투표에서 98%가 반대표를 던졌다. 지브롤터 문제는 지브롤터 주민 자신들이 직접 결정해야 한다는 입장을 분명히 한 것이다. 그리하여 현재 지브롤터의 국방과 외교는 영국 정부가, 나머지 자치권은 지브롤터인들이 갖고 있다.

지브롤터 문제에 대한 영국, 지브롤터, 스페인 3자 간의 협상이 2006년에 다시 시작되었다. 2009년 2월 스페인의 라호이 총리가 영국을 방문하여 지브롤터 문제를 논의했다. 그러나 영국은 '지브롤터의 영유권 문제는 지브롤터 주민들이 결정해야 할 사항'이라는 기존 입장을 고수했다. 같은 해 7월, 스페인의 모라티노스 외교장관이 스페인 고위직으로는 처음으로 지브롤터를 공식 방문했다. 이는 1713년 위트레흐트 조약으로 지브롤터를 영국에 양도한 지 296년만이었다. 그러나 회담은 양국의 입장만 확인한 채 끝났다.

지브롤터에는 2022년 기준 약 32,700명이 살고 있다. 지브롤터에서는 영어와 스페인어를 사용한다. 종교 역시 대부분의 스페인인들이 믿는 가톨릭이다. 1713년에 지브롤터를 영국에 넘긴 펠리페 5세는 지브롤터를 '스페인의 심장에 박힌 가시'라고 표현했다. 후손들이 이 '가시'를 뽑을 가능성은 희박해 보인다. 지브롤터에 대한 양국의 입장이 첨예하게 대립하고 있기 때문이다.

태양의 나라
: 스페인 경제

경제 위기의 그림자

　1996년에 약 4천만 명이었던 스페인의 인구가 2010년에는 4,700만 명으로 증가했다. 외국 이민자 수가 500만 명을 넘어섰기 때문이었다. 1996년에 2% 수준이었던 외국인 인구 비율이 2009년에는 12%까지 상승했다. 특히 스페인은 북아프리카와 라틴아메리카, 그리고 동유럽 출신들이 가장 선호하는 나라였다. 경제 발전에 따라 이민자에 대한 대규모 고용이 창출되었고, 스페인의 실업률은 1993년의 25%에서 2007년에 8%까지 감소했다. 이민자들에게 주거 공간을 마련해주는 정책은 건설과 부동산의 호황을 불러왔다. 호황의 정점이었던 2006년에 스페인은 약 60만 채의 주택을 새로 지었다. 이는 1996년 유럽연합 전체의 신규 주택 완공 수 약 20만 채의 거의 세 배에 달하는 수치였다. 건설노동자는 스페인 고용의 13%를, 건설업은 GDP의 10%를 차지했다.

　그러나 건설업과 부동산의 호황은 주택 가격의 거품을 초래했다. 스페인 국민들은 부동산 호황으로 주택 가격이 상승하자 미래의 추가적인 가격 상승에 대한 기대로 대출을 통해서라도 자기 주택 또는 제2, 제3의 주택을 구입하였다. 이는 전형적인 부동산 거품 생성 과정에의 참여를 의미했다. 부동산 가격이 급등함에 따라 스페인 저축은행들은 부동산 관련 대출을 확대했다. 매년 15%씩 오르던 집값이 2007년에는 무려 173%나 폭등했다. 이로 인해 부동산 거래에 따른 세금, 이주노동자들의 소득세, 그리고 막대한 소비에 따른 부가가치세의 증가로 지방 정부의 재정이 튼튼해졌다. 지자체들은 교육과 건강보험 등 복지시스템을 강화하는 한편, 도로, 공항, 항만 등 사회간접자본에 대한 투자도 늘렸다.

그러다 2008년 미국발 금융 위기가 닥쳐 부동산 거품이 꺼졌다. 2008년 미분양 주택이 거의 100만 채나 웃돌았다. 이로 인해 재정 수입이 급감한 지자체들은 복지와 사회간접자본에 대한 지출을 충당하기 위해 은행으로부터 돈을 빌렸다. 계속된 경기 침체와 실업 사태는 부동산 거품의 후유증을 더욱 심화시켰다. 부동산 거품을 주도한 지방 정부의 재정난 역시 갈수록 심각해졌고 중앙 정부 역시 지방 정부의 요구를 감당할 수 없는 상태까지 이르렀다. 2009년 이후 2013년까지 2010년을 제외하고는 줄곧 마이너스 경제 성장률을 기록했다. 한편 실업률은 2007년에 8%였으나 2008년에는 11%, 2009년에는 18%로 상승했으며 2010에는 20%가 넘었다.

경제 회복의 노력

스페인은 유로존의 4대 경제 대국으로 그리스에 견줘 경제 규모가 5배나 크다. 그리스의 부도 위기가 '폭풍'이라면 스페인의 그것은 '초대형 태풍'이다. 그럼에도 유럽연합(EU) 차원의 뾰족한 돌파구는 없었다. 독일 등 재정 여력이 있는 나라들의 구제 금융은 이미 그리스와 포르투갈 등에 묶여 있었다. 유럽중앙은행이 돈을 더 찍어 위기를 막는 방법도 있었지만 이는 유럽 전체의 물가 앙등을 감수해야 하는 조치였다. 더구나 신재정협약에 따라 정부의 채무를 줄여야 하는 상황에서 대규모의 공적자금 투입도 어려웠다. 이는 자국 수준에서 해결할 방법이 없다는 것을 의미했다. 스페인 정부는 신뢰 회복을 위해 2012년에만 재정 적자를 300억 유로(약34조 원) 이상 줄인다는 긴축 방안을 내놓았지만 이는 오히려 '재정 적자의 악순환'에 대한 우려만 불러왔

카하 마드리드에서 돈을 인출하는 마드리드 시민. 1702년에 개설된, 스페인에서 가장 오래된 저축은행인 카하 마드리드는 2011년 6개의 다른 저축은행을 합병해서 스페인에서 네 번째로 큰 은행인 방키아(Bankia)로 거듭났다. 2012년 5월에는 경제 위기로 인해 일부 국유화 되었다. 스페인 경제 위기의 진앙지이기도 하다.

다. 과도한 재정 긴축으로 인해서 실업 증가와 투자 및 소비의 위축을 초래하고 세수도 줄어 결국 재정수지가 더 나빠졌다. 실제로 스페인의 산업 생산은 2012년 1월 4.3%(전월 대비)가 줄어든 데 이어 2월에는 5.1%로 감소폭이 커졌다. 실업률은 23%까지 치솟았다.

결국 스페인 정부는 2012년 6월, 유럽연합에 1천억 유로의 구제 금융을 신청했고, 2012년 12월부터 유럽안정화기구로부터 413억 유로의 자금을 대출 형태로 지원받았다. 이를 바탕으로 스페인 정부는 부실자산을 정리하고 금융 감독 강화 등 전반적인 금융시스템 개혁을 추진했다. 이와 함께 노동 개혁, 연금 개혁, 긴축 재정 등의 고강도 경제구조개혁을 추진하여 경제가 회복되기 시작했다. 2013년 12월, 1년 만에 구제 금융 체제를 종료하며 같은 시기 위기를 겪었던 기타 남유럽 국가들에 비해 모범적으로 경제 위기를 극복한 국가로 평가받았다. 2014년을 기점으로 스페인 경제는 3%대의 견고한 성장률, 실업률 하락, GDP 대비 재정 적자의 감소 등으로 다시 성장하기 시작했다.

스페인 경제의 일등 공신, 관광 산업

2008년 글로벌 경제 위기 이후 회복 중이던 스페인 경제는 2020년부터 시작된 코로나19로 막대한 피해를 입었다. 그러나 스페인 정부는 국가경제재

건계획을 통해 코로나19 위기 극복을 넘어 친환경·디지털 전환을 축으로 하는 근본적인 경제 모델 현대화를 추구하는 등 경제 회복에 총력을 기울였다.

무엇보다 스페인 경제의 일등 공신은 관광 산업이라 할 수 있다. 관광 산업이 호황세를 이어가면서 스페인 경제 역시 함께 성장하는 모습을 보여왔다. 2023년 세계경제포럼(World Economic Forum)의 관광 발전 지수 평가 결과에 따르면 스페인은 2위를 차지했다. 미국이 1위이고, 일본(3위), 프랑스(4위), 호주(5위)가 각각 그 뒤를 잇고 있다. 이 지수는 관광 산업만이 아닌 경제, 사회, 교통 등 다양한 분야를 지표로 삼아 평가하기 때문에 순위를 통해서 각국의 관광 생산성과 관련된 총체적 능력을 가늠할 수 있다. 그렇다면 관광대국 스페인의 경쟁력은 어디서 오는 걸까?

먼저 천혜의 자연환경을 들 수 있다. 반도 북동쪽의 바르셀로나부터 남쪽의 지브롤터까지 햇빛 가득한 긴 해변이 많은 사람을 설레게 한다. 특히 햇빛이 부족한 영국이나 독일과 같은 지역에 사는 사람들에게 스페인은 매력적인 곳이다. 두 번째로는 스페인 사람들의 개방적인 성향이다. 도심은 밤늦게까지 시끌벅적하다. 늦은 시간에도 큰 어려움 없이 시내를 활보할 수 있다. 사람 사는 분위기를 그대로 맛볼 수 있는 곳이 바로 스페인이다. 마지막으로 가톨릭과 이슬람의 문화가 공존했던 역사가 남긴 유적들이다. 800년 동안 이슬람 지배를 겪은 스페인에는 독특한 매력의 문화 유적이 전국에 산재해 있다. 다른 유럽 국가에서 좀처럼 보기 힘든 유적들이다. 유네스코 인류문화유산 보유국 순위에서 2019년 기준으로 스페인은 46개로 이탈리아 53개, 중국 52개에 이어 3위에 랭크되어 있다.

스페인을 대표하는 관광 아이콘하면 사람들은 태양과 긴 해안선을 먼저 떠올린다. 태양이 식지 않고 지중해의 바닷물이 마르지 않는 한, 스페인의 관광 산업은 계속 발전하고 그에 따라 스페인의 경제도 함께 동반 성장할 것이다.

11
스페인역사
다이제스트100